U0817626

用友ERP系列丛书

# 会计信息系统原理与应用

# （用友ERP-U8V10.1）


杨　明　张战友　主　编

陶　文　荣新艳　李　明　副主编



電子工業出版社

Publishing House of Electronics Industry

北京·BEIJING

## 内 容 简 介

本教程是以普通高等院校本、专科会计以及经济管理等相关专业“会计信息系统”课程教学使用为基本目的而编写的，也可作为企业财务及业务人员学习用友 U8 的辅助资料。

本教程共 13 章，第 1 章中简要介绍了会计信息系统的相关概念、发展历程、用友 U8 的主要功能及课程的学习建议。第 2 章至第 13 章以用友 U8V10.1 为蓝本，分别介绍了构成会计信息系统最重要和最基础的系统管理、企业应用平台、总账、报表、薪资、固定资产、应收款管理、供应链总体、采购、销售、库存和存货子系统，内容主要涉及模块的基本功能、与其他模块的数据关联、业务处理流程及业务处理要点，每章后附有实验及操作指导，通过实务操作掌握业务处理方法，进而理解软件的设计原理。每个实验既可以环环相扣，也可以独立运作，适应不同层次教学的需要。



**图书在版编目（CIP）数据**

会计信息系统原理与应用：用友 ERP-U8V10.1 / 杨明，张战友主编. —北京：电子工业出版社，2015.8

ISBN 978-7-121-26297-5

Ⅰ. ①会… Ⅱ. ①杨… ②张… Ⅲ. ①会计信息－财务管理系统 Ⅳ. ①F232

中国版本图书馆 CIP 数据核字（2015）第 126245 号

策划编辑：张云怡
责任编辑：张云怡　　特约编辑：尹杰康　张国栋
印　　刷：北京虎彩文化传播有限公司
装　　订：北京虎彩文化传播有限公司
出版发行：电子工业出版社
　　　　　北京市海淀区万寿路 173 信箱　邮编 100036
开　　本：787×1092　1/16　印张：17.5　字数：448 千字
版　　次：2015 年 8 月第 1 版
印　　次：2019 年 7 月第 5 次印刷
定　　价：39.00 元

凡所购买电子工业出版社图书有缺损问题，请向购买书店调换。若书店售缺，请与本社发行部联系，联系及邮购电话：（010）88254888，88258888。

质量投诉请发邮件至 zlts@phei.com.cn，盗版侵权举报请发邮件至 dbqq@phei.com.cn。

本书咨询联系方式：（010）88254573，zyy@phei.com.cn。

# 前　言

会计信息系统是一门典型的跨学科课程，也是一门专业理论、方法、实践都很强的课程。本教程是以普通高等院校本、专科会计以及经济管理等相关专业“会计信息系统”课程教学使用为基本目的而编写的，如何在限定的教学学时内，掌握会计信息系统的基本原理，熟悉会计信息系统的业务流程和业务处理方式，是本教程写作团队深入思考并着力解决的课题，从《会计信息系统原理与应用》名称上即体现了本教程的定位及诉求。

本教程特色可以归纳为以下几点：

**1．简明原理，清晰逻辑**

会计信息系统从系统设计、开发、实施到应用，涉及多个领域。本教程针对经管类人才的培养目标，从实用角度出发，将重点放在应用能力的培养上，基础理论知识以必需、够用为度。深奥原理简要说明，复杂业务简明演绎。

**2．关注应用，面向应用**

企业会计信息化的迅速发展引发了对大批应用型人才的需求，包括系统管理人员、财务部门和业务部门的信息化应用人员及企业中高层管理人员等。本书从实用性出发，设计了逻辑贯通的实验系列，将一个完整的企业信息化应用案例串接起来，强化动手能力。

**3．注重实效，配套齐全**

本教程每章开始都明确给出了学习目标，用以提示每章要了解和掌握的内容；每章结束都配有思考题、实验题，用以检验学习者是否能学以致用。

本书配套资源包括用友 U8V10.1 教学软件、实验准备账套和 PPT 学习课件，它们都从不同角度帮助学习者快速入门、融会贯通。**相关资源可以登录华信教育资源网（www.hxedu.com.cn）免费下载**。

本教程由东北农业大学杨明、绥化学院张战友担任主编；广西理工职业学院陶文，秦皇岛职业技术学院荣新艳、李明担任副主编；参与本书编写的还有华北地质勘查局的郭凤琼和天津财经大学的王新玲。杨明编写了第 1、5 章；张战友编写了第 2、4 章；陶文编写了第 6、7 章；荣新艳编写了第 3、8 章；李明编写了第 9、10 章；郭凤琼编写了第 11、12 章；王新玲编写了第 13 章，并完成了本书配套教学资源的编制工作。

由于编者水平所限，书中如有不足之处，敬请读者批评指正。

编　者

# 目　录

ONE

# 第1章
# 导论

**本章学习目标**

- 了解会计信息化的相关概念和历史发展，明确学习该课程与个人职业发展的关联
- 了解课程目标，明确学习目的和学习方法
- 了解用友 U8 的总体结构、数据关联、系统运行环境要求

## 1.1 会计信息化概述

20 世纪末，IT 技术，特别是网络技术的飞速发展和广泛应用，把人类带入了一个崭新的信息时代。信息时代使社会赖以存在的经济环境发生了深刻的变化，并彻底改变了社会发展的运行方式。对会计职业领域来说，传统的工作方式、工作流程受到冲击，借助信息化工具武装自己，寻求提升工作效率的新思维已经成为一种全社会的共识。

在企业管理信息系统中，财务管理是其中不可缺少的重要组成部分，它与企业的产、供、销业务活动密切结合，企业的任何行为都会以价值形式在财务系统中反映出来。对于信息时代的企业管理者和财务管理者来说，如果不能将现代信息技术与会计工作相融合，不了解新形势和新环境下如何更好地发挥会计的作用，无疑将会影响到其未来的职业发展。

### 1.1.1 相关概念

#### 1. 会计电算化

会计电算化是以电子计算机为主的将当代电子和信息技术应用到会计工作中的简称。它主要是应用电子计算机代替人工记账、算账、报账，及代替部分由大脑完成的对会计信息的处

理、分析和判断的过程。

会计电算化是会计发展史上的一次革命，对会计工作的各个方面都产生了深刻的影响。会计电算化的普及和应用，有利于促进会计工作的规范化，提高会计工作质量；减轻会计人员的劳动强度，提高会计工作的效率，更好地发挥会计的职能作用，为实现会计工作现代化奠定良好的基础。

#### 2．会计信息化

会计信息化是指将会计信息作为管理信息资源，全面运用计算机、网络通信等信息技术对其进行获取、加工、传输、应用等处理，为企业经营管理、控制决策和经济运行提供充足、实时、全方位的信息。会计信息化是信息社会的产物，是会计电算化发展的高级阶段。会计信息化不仅仅是将计算机、网络通信等先进的信息技术引入会计学科，与传统的会计工作相融合，在业务核算、财务处理等方面发挥作用，它还包含更深的内容，如会计基本理论信息化、会计实务信息化、会计教育信息化、会计管理信息化等。

#### 3．ERP 与会计信息系统

ERP（Enterprise Resource Planning）是企业资源计划系统，ERP 的目的就是优化企业资源。具体地说，ERP 以市场和客户需求为导向，进行企业内外资源的优化配置，消除生产经营过程中的无效劳动和资源浪费，实现企业整体的信息流、物流、资金流、价值流和业务流的有机集成，将企业的所有资源（人力、资金、信息、物料、设备、时间等）充分调配和平衡优化，为企业加强财务管理，提高资金运营水平，建立高效率供应链，减少库存，提高生产效率，降低成本，提高客户服务水平等提供保障，同时为企业管理者提供科学决策的依据。在 ERP 进入普及时代的今天，它几乎成为企业管理软件的代名词。

会计信息系统在企业管理信息系统中占有举足轻重的地位。它是采用现代信息技术，对企业生产经营过程中的业务数据进行采集、加工、整理、传输，以便系统、连续、综合地反映企业经营活动的全过程，以达到客观地反映过去、实时地控制现在、准确地预测未来的目的。把会计信息系统作为企业管理信息系统的一部分来认识和剖析更能反映会计是为企业经营管理决策服务的本质特征。

### 1.1.2　会计信息化的发展历程

世界上任何一个国家的宏观经济管理体制都是随着这个国家经济所处不同的成长阶段而不断发展变化的，作为宏观经济组成单元的微观经济企业，其管理模式也必然随着宏观经济管理体制的变革而变革。会计信息系统作为企业管理信息系统的一个重要组成部分，其开发与应用的最终目的就是要满足企业管理的需要，也就是说，特定时期开发的会计信息系统，其结构与功能必须适应特定时期的企业管理体制。与此同时，会计信息系统的开发与应用也会在一定程度上规范企业业务流程，把企业管理推进到一个更高的层次。企业管理达到一个更高层次后又反过来要求会计信息系统在结构与功能上的进一步发展，以适应企业更高层次管理模式的需要。因此，会计信息系统的发展与企业管理的进步是既相互适应又相互推动的。

会计信息系统的发展与计算机硬件、系统软件、应用软件和专业人才培养息息相关。根据会计信息系统的系统结构、功能与技术的变化过程，大体上将我国会计信息系统的发展分为以下四个阶段。

**1．1979—1988年，会计信息系统理论研究与定点开发阶段**

在我国，计算机最早用于会计事务处理工作是1979年。1979年，财政部拨款500万元，在长春第一汽车制造厂进行会计电算化试点尝试。1981年，在长春召开的"财务、会计、成本应用计算机专题研讨会"上正式把"计算机在会计工作中的应用"简称为"会计电算化"。

该阶段微型机还没有面市，计算机是比较昂贵的，只有实力雄厚的大型企业才有能力购置。市场上还没有商品化的会计软件。部分高校和研究所的学者开始进行会计电算化理论的研究，框架性地提出了会计信息系统的结构和主要功能。部分单位开始进行自主开发，一般首选突破口为易于解决的会计核算工作，如工资发放与管理业务。这一时期的开发工作非常艰难，应用单位不了解计算机技术，也不能准确描述自己的业务需求，而专业技术人员不了解会计业务处理过程，只能依赖于个人的理解能力。因此开发是盲目的，周期长，低水平重复开发现象严重，造成大量人力、物力的浪费。

20世纪80年代中期，外部环境发生变化，计算机技术的迅猛发展、微型计算机的出现、计算机网络技术的应用、数据库管理系统的发展，给会计电算化的发展开辟了广阔的天地，使其呈现出普及化的发展趋势。会计人员也不再把会计电算化看成是技术人员的工作，而是积极参与到这一工作中来。1984年，财政部科研所开始招收"会计电算化"方向的研究生，开始着手培养会计电算化方向的专门人才。

**2．1989—1995年，商品化会计软件面市**

计算机技术在国内逐渐普及，使国民对计算机应用有了一定认识，经过了20世纪80年代初期的探索，部分参与开发的人员积累了一定经验，培养了一大批既懂会计又懂计算机的复合型人才，为我国会计电算化软件的商品化、市场化打下了基础。

根据国际发展趋势和国内情况，我国认识到依靠定点开发是不能解决中国会计电算化问题的，必须走通用化的道路。1988年，中国会计学会在吉林省召开了第一届会计电算化学术讨论会，主题就是会计信息系统的通用化问题。与此同时，市场经济的大潮引领着一批年轻人先后成立了多家专门从事财务软件开发的专业公司。目前，国内最大的管理软件供应商和服务商——用友软件股份有限公司就成立于1988年。1989年，财政部开始组织对会计软件进行评审，同年12月，财政部颁布了关于会计电算化的第一个法规——《会计核算软件管理的几项规定（试行）》，提出了对会计软件的"十条基本要求"，建立了商品化会计核算软件的评审制度。管理部门的介入对会计软件开发从通用化向商品化发展起到了积极的推动作用。

这一期间开发出的商品化会计软件主要以计算机替代手工核算和减轻会计人员记账、算账的工作量为主要目标，一般称之为"核算型会计软件"。它用于财务部门，是一种部门级的会计信息系统，它利用计算机替代了手工记账，实现了会计核算业务的计算机处理。软件模块构成主要包括账务处理、报表、工资核算、固定资产、材料核算等，各模块相对独立，没有形成一个整体系统。

核算型会计软件的开发基于以下环境。

（1）在计划经济向市场经济过渡阶段，企业管理主要注重按计划进行生产组织，财务只是作为记账或会计核算部门，在企业管理中发挥的作用很小，在这种体制下开发出的会计信息系统，其开发和应用必然只注重会计核算。

（2）核算型会计软件的开发与功能扩展仍然是在探索中，软件开发一般从账务处理开始，然后逐步扩大到系统的边界和范围，软件开发缺乏总体设计环节。不断推出的外围专项业务处理系统与账务处理系统之间不存在真正的结构关联性，众多模块不能构成一个系统整体。

（3）在会计人员与计算机软件开发人员结合的过程中，会计人员总是强调对手工会计业务处理流程的模拟而不考虑计算机信息处理的特点；计算机软件开发人员在不精通会计业务的情况下只能根据会计人员对业务的描述进行模拟，所能发挥的作用就是机械地追求在计算机屏幕上模仿手工凭证与印刷账簿的逼真性。

（4）由于核算型会计软件的开发主要是模拟手工业务处理流程，而在手工业务处理过程中，财务部门与业务部门相对独立，资金与实物管理相对分离。此外，在手工业务处理过程中，各部门之间信息重复记录已司空见惯，信息一致性需要人工进行不定期核对，账实不符的现象时有发生。再加上这期间企业人员计算机应用水平有限，使用一个个独立的功能模块完成业务处理有其方便性。

在这期间推出的第一批商品化会计软件是基于 DOS 操作系统、小型桌面数据库系统（如 dBase、Foxbase、FoxPro、Access 等）开发的，以单机应用为主。

### 3．1996—2000 年，会计软件由核算向管理转型

在第一批商品化会计软件的开发与推广应用过程中，开发人员在怎样实现计算机信息处理技术与会计业务处理有机结合方面的认识不断加深，与此同时，会计信息系统应用单位对会计信息系统的应用需求越来越明确。财政部于 1994 年颁布的《会计核算软件基本功能规范》和《商品化会计软件评审规则》对提高会计软件质量和商品化起到了积极的作用。此外，为了解决会计电算化人才不足的问题，从 1995 年开始，财政部在全国大规模地开展会计电算化培训，以提高广大会计人员的计算机应用水平。

20 世纪 90 年代中期以后的会计信息系统在功能上有了很大提高，总体上更加系统化、规范化，已由过去单纯的记账、算账、报账即核算型会计信息系统发展成为以管理为核心的面向企业生产经营全过程的会计信息系统即管理型会计信息系统；由单纯的只对资金流进行管理，发展成为财务与购销存业务一体化管理；由单一的财务部门级的应用系统，发展成为跨越多个部门的企业级会计信息系统；由单机型会计信息系统发展为网络型会计信息系统；由孤立的几个财务模块，发展成为具有账务、报表、应收、应付、工资、固定资产、采购管理、库存管理、存货核算、销售管理、成本管理、财务分析、决策支持等各项功能高度集成化的通用会计信息系统。

与以前的会计信息系统相比，这一时期推出的商品化会计信息系统在以下方面有了明显的改善。

（1）会计软件向更广、更深的层次发展。随着社会主义市场经济的发展，会计核算工作越来越细，这就要求商品化会计软件从软件功能、系统结构、适用范围等方面向更广、更深的层次发展，会计软件的功能体系开始向管理型发展，通用软件通过配置参数满足不同应用者的需求。此外，很多行业软件也日渐成熟。

（2）集成度更高。这一阶段的软件已不是独立的核算模块，而是将各个模块联系起来，统一服务于企业管理。企业级会计信息系统就是总账、报表、应收、应付、工资、固定资产、采购计划、采购管理、库存管理、存货核算、销售管理、成本管理、财务分析、决策支持等各

项功能高度集成化的通用会计信息系统，有效地弥补了部门级会计信息系统下存在的“信息孤岛”缺点，可以实现信息共享。在使用中，会计人员和各层管理者可以以不同的权限进入系统，获得所需信息并进行处理，这样就强化了审核和监督职能，有效地提高了会计信息的质量。

（3）会计信息系统的各项业务划分更加合理，业务处理模块更加完善。在第一批商品化会计信息系统中，往来管理功能一般是在账务处理模块中，主要是进行往来业务核销和账龄分析。改善后的软件将往来分为应收款管理和应付款管理，并成为相对独立的功能模块，使企业会计人员可以更好地对短期流动资金进行管理。此外，材料管理还被分为采购和库存管理两个模块，更加明确了职权划分和责任划分，并将销售等企业管理信息融入系统，企业级会计信息系统增加了决策支持模块，初步体现了会计信息系统的信息管理和决策支持的特点。

这一阶段的会计信息系统主要使用 Windows 环境下的面向对象的开发工具，如 C++、Visual Basic 等，缩短了软件开发周期，而且在 Windows 操作系统上运行，它的友好界面使得软件更容易操作使用。数据库则采用 Oracle、Sybase、SQL Server 等，提高了系统的安全性和数据处理效率。另外，这个时期开发的会计信息系统基本上采用了客户/服务器（C/S）网络体系结构，并逐步出现了三层 C/S 结构和 B/S 结构。

#### 4. 21 世纪，向企业全面管理信息系统发展

当会计信息系统从部门级升级为企业级之后，实际上已经同企业管理信息系统成功接轨。20 世纪，国外的企业管理信息系统经历了 60 年代时段式 MRP、70 年代闭环式 MRP、80 年代 MRP II及 90 年代的 ERP 等几个阶段。从 20 世纪 90 年代末开始，我国一些财务软件公司开始向 ERP 进军，标志着我国会计信息化又一新阶段的到来。

综观中国 ERP 的发展历程，大致经过了三个时期。

（1）1990—1997 年，主要由国际厂商主导，称为 ERP 导入时代。这一时代的特征：ERP 产品复杂、实施周期长、成本高，企业管理与信息化基础薄弱，因此，这一时期的尝试失败多、成功少，给我们留下很多不堪回首的记忆。

（2）1998—2004 年，国内厂商迅速成长超越国际厂商，称为 ERP 发展时代。这一时代的特征：国产 ERP 产品不断成熟，厂商服务能力快速形成，企业管理和信息化基础不断提高，ERP 系统在越来越多的企业中得到成功应用。

（3）从 2005 年开始，国内厂商主导并带动产业链发展，ERP 进入全面普及时代。在 ERP 普及时代，产品实现易用、低成本和快速实施，企业管理与信息化基础普遍提高，ERP 应用得到普遍成功。

需要说明的是，从企业应用的角度看，并非所有制造业都要应用企业管理信息系统，只有实现规范化管理并具有一定规模的企业才有必要考虑实施企业管理信息系统，如世界 500 强企业几乎全部采用了企业管理信息系统。而对于其他大部分企业可以先实现会计信息化，待条件成熟后再应用面向企业全面管理的企业管理信息系统。

### 1.1.3 会计信息化现状分析

我们仍然从会计信息系统的构成要素来剖析会计信息化目前的态势。

**1．技术架构**

计算机硬件的飞速发展使其不再成为任何应用系统的发展瓶颈，网络体系成为会计信息系统的主要运行模式，相应地，网络结构和安全性日益成为企业关注的重点。

从技术实现上，基于局域网应用的 C/S 结构的应用系统仍然占据主流，从安全性考虑，可以设计为三层架构体系，即逻辑上分为数据服务器、应用服务器和客户端，以利于提高系统的运行效率与安全性。此外，互联网的飞速发展是众多软件厂商不能忽略的外界因素，基于互联网的 B/S 结构的应用系统在财务集中核算与管理这种集团业务需求上发挥了无法比拟的优势。

**2．应用软件**

区分会计信息系统是管理信息系统还是 ERP 对企业来说意义不大，软件的真正价值在于延伸管理者的视觉和触觉，使其真正了解企业，以监控业务过程，获取决策所需的必要信息。唯有这样的软件才是企业需要的软件。

目前，市场上常见的软件有 SAP、Oracle、用友、金蝶、新中大、浪潮、神州数码等。不同软件公司的规模不同，发展历史及背景不同，所提供的产品及服务也必然存在差异。

**3．人才建设**

站在软件企业的角度，需要系统分析、设计、开发、销售、市场、实施顾问、维护工程师、培训师等各类人员。从企业应用的角度来看，需要各模块操作人员、信息系统管理员、企业管理人员等。近年来，计算机文化的迅速渗透、高校扩招，为企业会计信息化准备了充足的后备军，但客观地讲，高端人才，如资深的企业顾问、成熟的系统分析师和设计师明显不足。

**4．政策导向**

中国任何事物的发展与政策导向都是直接相关的。从最初的会计电算化到今天的企业信息化，国家宏观管理机构可以说是发起者、推动者、支持者。但是，国家宏观管理以及会计信息化理论研究却远远滞后于实务的发展。

## 1.1.4　会计信息化发展趋势

**1．一体化**

随着用户需求逐渐走向成熟，用户对管理软件的需求不再是单点的、单一的产品，而是整合的、集成的、一体化的、平台化的产品组合形态。中国管理软件也将因势而变，迎来“一体化”浪潮。当前企业在生产经营管理过程中正遭遇越来越多的“痛点”，用户需求也正逐步呈现集成化、深度化、服务化、战略化的“四化趋势”。因此，以 ERP 与 CRM、SCM、OA、BI、PLM 等系统的全面集成为特征的，围绕企业业务一体化框架展开的一体化具体需求渐成中国管理软件行业未来发展的原动力。一体化可以在管理效益、市场效益、成本效益三个重点领域为企业切实带来管理效率提升、市场反应加快、成本降低、企业竞争力增强等多重商业价值。

**2．商业智能**

商业智能通过对数据的收集、管理、分析以及转化，使数据成为可用的信息，从而获得必要的洞察力和理解力，更好地发挥 ERP 的效能和潜能，更好地辅助决策和指导行动。它是能够帮助用户对自身业务经营做出正确、明智决策的工具；它可以利用企业积累的数据增进对业务情况的了解，帮助人们在业务管理及发展上做出及时、正确的判断，并采取明智的行动。

**3．移动商务**

移动商务是指通过移动通信网络进行数据传输，并且利用手机等移动终端开展各种商业经营活动的电子商务模式。其商务活动主要是借助移动通信技术实现随时随地沟通，提供实时准确的信息查询，创造更多的商务机会。

**4．云服务**

新一代以物联网、云计算为代表的信息技术时代已经到来，中国企业的信息化已经从“部门级—职能应用”发展到“企业级—平台集成”的阶段，要进一步满足企业工业化和信息化的深度融合需求，需要更聪明、更好用、更绿色的 IT 技术、产品和服务，而云计算恰好能够帮助企业做到这点。云计算模式给客户带来“多、快、好、省”的价值正日渐凸显——“多”，在云计算模式下，能提供大量传统模式提供不了的服务；“快”，能够随时随地提供信息与应用服务，企业客户可以实时获得经营管理的精准数据，进行实时商业分析；“好”，更好用、更易用；“省”，企业获得同样价值服务的 IT 投入和运营成本将大幅下降。

## 1.2　会计信息系统学习导航

理解学习目标，明确为什么要学习这门课，产生学习的动机和意愿；了解学习方法，善用教学资源，解决如何学习才更有效率，才能事半功倍。

### 1.2.1　课程目标

企业对入门财务人员的能力要求包括：业务解读能力、业务核算能力、善用新现代化管理工具的能力、协同工作能力及良好的沟通能力。

通过本课程的学习，你将能够：

（1）理解会计信息系统与 ERP 系统的关系，认识会计在企业管理中的位置及作用；

（2）理解财务与业务的关系及网络环境下如何对二者进行协同管理；

（3）对财务管理和供应链管理各子系统的工作原理有较为深刻的把握；

（4）熟悉财务管理和供应链管理各子系统的功能及其数据传递关系；

（5）能够运用会计信息系统处理企业日常发生的各种类型的实际业务。

具备以上能力，才可以符合信息化企业中财务部门、业务部门的用人要求。

### 1.2.2　学习方法

会计信息系统融会了会计、信息技术、管理科学等多个学科，又是企业管理系统不可分割的组成部分，因此，我们要学会：

（1）在对比中学，明了手工会计业务处理与计算机会计业务处理的差别；

（2）建立全局观，从服务企业管理的高度出发理解会计工作，把握核心内容；

（3）坚持实践性，易知不易行，易学不易会。只有努力实践，才能终有所成。

### 1.2.3 学习资源

会计信息系统所蕴含的内容日渐丰富，而教学学时相对有限，为了帮助广大读者提高学习的效率，本教程提供了丰富的配套资源，包括两部分内容：用友 ERP-U8V8.72 管理软件和实验账套。其中，用友 ERP-U8V8.72 管理软件作为本教程所附案例的实验平台；实验账套为书中每个章节后的实验提供了准备数据。

## 1.3 用友 U8 概述

本教程选择了用友 ERP-U8（V10.1）版本（以下简称“用友 U8”）管理软件作为实训平台。

### 1.3.1 功能概述

用友 U8 以“精细管理 敏捷经营”为设计理念，定位于中国企业管理软件的中端应用市场，可以满足不同的竞争环境下，不同的制造、商务模式下，以及不同的运营模式下的企业经营；以全面会计核算和企业级财务管理为基础，实现购销存业务处理、会计核算和财务监控的一体化管理，提供从企业日常运营、人力资源管理到办公事务处理等全方位的企业管理解决方案，符合企业“全面应用、按需部署、快速见效”的管理需求。

用友 U8 涵盖财务会计、供应链管理、生产制造、管理会计、人力资源、协同办公、客户关系管理、产品全生命周期管理、分销管理、零售管理、电子商务、商业智能、移动商务等十余个应用领域，拥有 800 余个可视化的业务流程矩阵，支持组建数千个工作流程，助力企业应势而动，随复杂的市场需求应变。

### 1.3.2 总体结构

用友 U8 管理软件的总体结构如图 1-1 所示。

从图 1-1 可见，用友 U8 管理软件提供了企业信息化全面解决方案，它对应了高等教育的多个专业方向，如企业管理、物流管理、信息管理、会计、人力资源管理等。对于教学而言，如果全面展开上述所有内容无疑面临着教学学时不足的瓶颈。因此，在综合考虑教学对象、教学内容、教学学时的基础上，我们选择了其中的财务管理和企业内部供应链管理两部分中的常用模块搭建了本教材的实验体系，以支撑企业财务业务的一体化管理。财务管理中选择了总账管理、UFO 报表、固定资产、应收管理、应付管理、存货核算等主要模块，供应链管理中选择了采购管理、销售管理、库存管理等主要模块。另外，还包括人力资源管理中的薪资管理和计件工资管理。

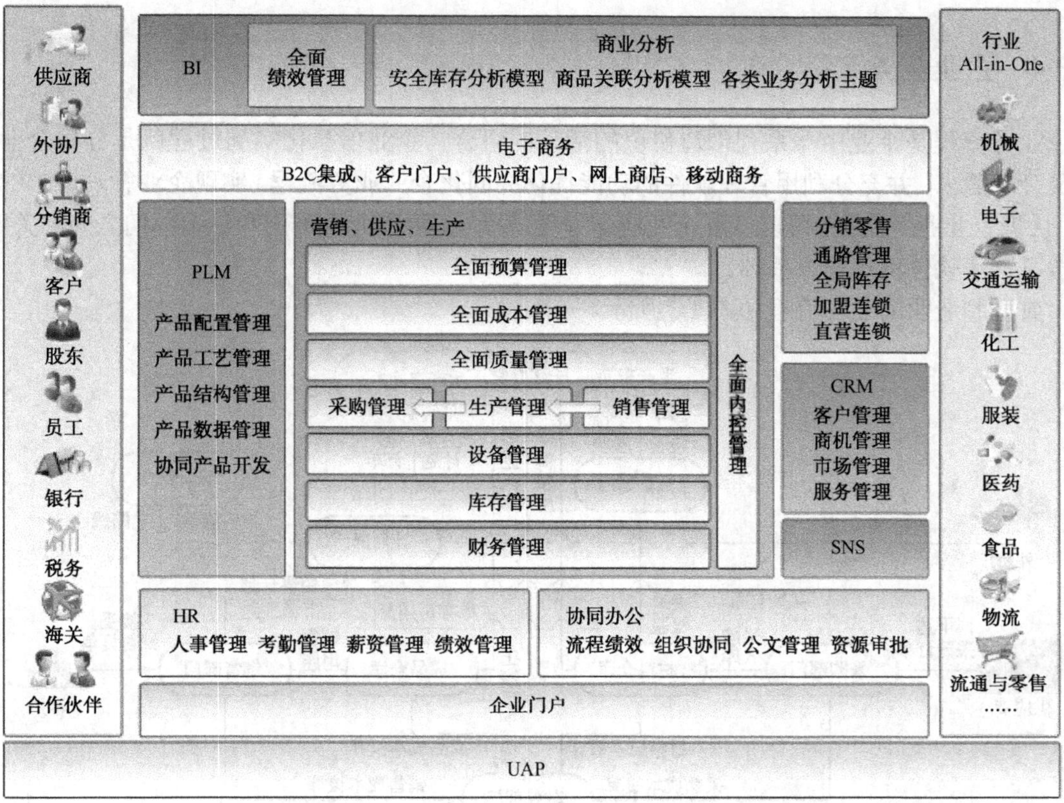


图 1-1　用友 U8 管理软件的总体结构

### 1.3.3　数据关联

为了使大家对财务业务一体化运行模式有总体认识和了解，首先需要清晰地描述这些模块之间的数据关系，如图 1-2 所示。

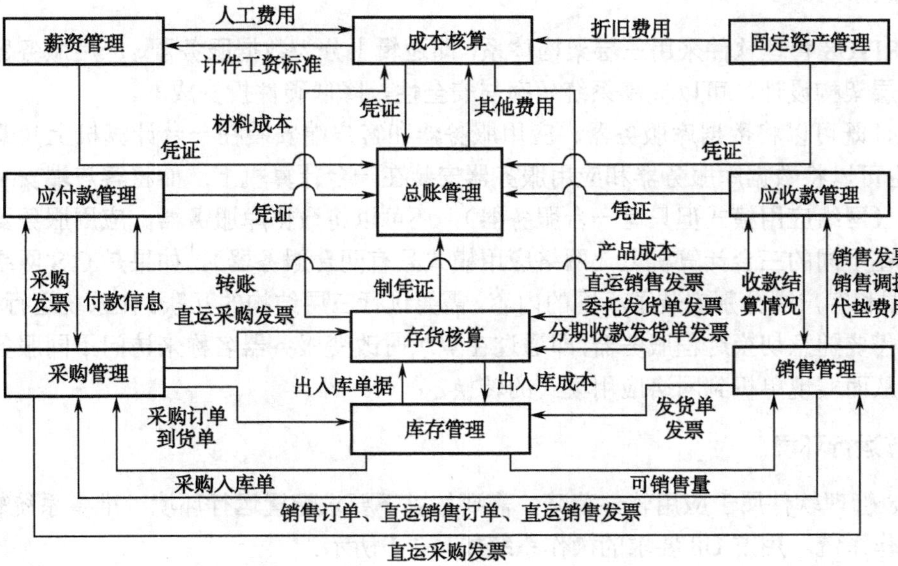


图 1-2　用友 U8 模块间的数据关系

### 1.3.4 企业业务流程

业务流程是企业中一系列创造价值的活动的组合。企业信息化实施过程就是分析企业业务及管理需求，并充分利用管理软件的功能优化并固化企业业务流程，实现企业管理诉求的过程。认识企业业务流程，可以了解企业业务管理的概貌，清晰业务部门和财务部门之间的关联，为学习管理软件奠定业务基础。

典型制造业的业务流程如图 1-3 所示。

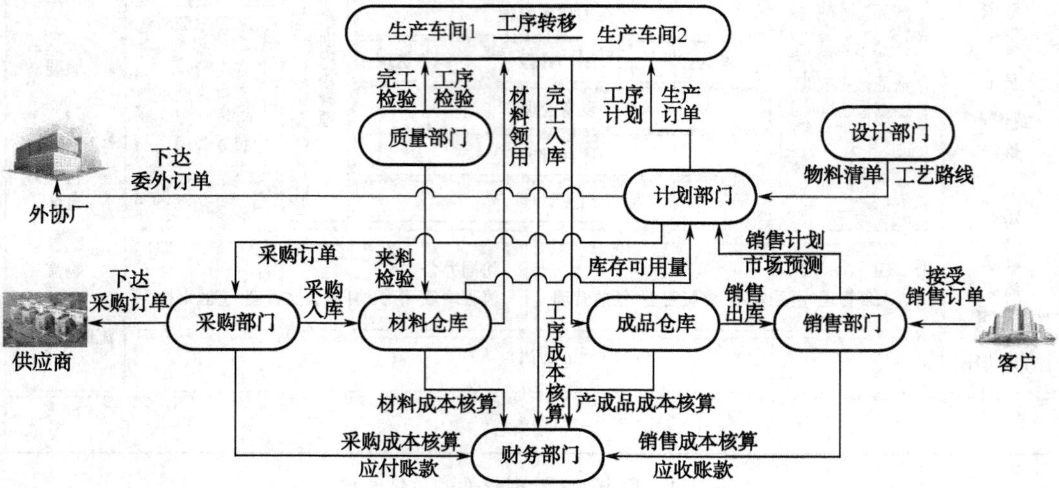


图 1-3 典型制造业的业务流程

### 1.3.5 教学系统安装

#### 1. 系统技术架构

用友 ERP-U8 管理软件采用三层架构体系，即逻辑上分为数据服务器、应用服务器和客户端。采用三层架构设计，可以提高系统效率与安全性，降低硬件投资成本。

物理上，既可以将数据库服务器、应用服务器和客户端安装在一台计算机上（即单机应用模式）；也可以将数据库服务器和应用服务器安装在一台计算机上，而将客户端安装在另一台计算机上（网络应用模式但只有一台服务器）；还可以将数据库服务器、应用服务器和客户端分别安装在不同的三台计算机上（网络应用模式且有两台服务器）。如果是 C/S 网络应用模式，在服务端和客户端分别安装了不同的内容，需要进行三层结构的互联。在系统运行过程中，可根据实际需要随意切换远程服务器，即通过在登录时改变服务器名称来访问不同服务器上的业务数据，从而实现单机到网络应用模式的转换。

#### 2. 系统运行环境

用友 U8 管理软件属于应用软件范畴，需要按以下要求配置运行环境，准备系统软件。

（1）操作系统。用友 U8 要求的操作系统如表 1-1 所示。

表 1-1　用友 U8 要求的操作系统

| 分　类 | 操 作 系 统 | IE | IIS | 是 否 推 荐 |
|---|---|---|---|---|
| 数据服务器<br>加密服务器 | Windows XP+SP2 及以上版本补丁 | | | |
| | Windows 2003 Server+SP2（包括 R2）及以上版本补丁 | | | 是 |
| | Windows Server 2003(X64)+ SP2 及以上版本补丁 | | | |
| | Windows Server 2003(IA64)+ SP2 及以上版本补丁 | | | |
| | Windows Vista+SP1 及以上版本补丁 | | | |
| | Windows Server 2008+ SP1 及以上版本补丁 | | | |
| | Windows 2008 R2+ SP1 及以上版本补丁 | | | |
| | Windows 7 + SP1 及以上版本补丁 | | | |
| 应用服务器 | Windows XP+SP2 及以上版本补丁 | IE6.0+SP1（或 IE7、IE8、IE9） | IIS5.1 | |
| | Windows 2003 Server+SP2（包括 R2）及以上版本补丁 | | IIS6.0 | 是 |
| | Windows Server 2003(X64)+ SP2 及以上版本补丁 | | | |
| | Windows Server 2003(IA64)+ SP2 及以上版本补丁 | | | |
| | Windows Vista+SP1 及以上版本补丁 | IE7.0（或 IE8、IE9） | IIS7.0 | |
| | Windows Server 2008+ SP1 及以上版本补丁 | | | |
| | Windows 2008 R2+ SP1 及以上版本补丁 | | | |
| | Windows 7 + SP1 及以上版本补丁 | | | |
| 客户端 | Windows XP+SP2 及以上版本补丁 | IE6.0+SP1（或 IE7、IE8、IE9） | | |
| | Windows 2003 Server+SP2（包括 R2）及以上版本补丁 | | | 是 |
| | Windows Server 2003(X64)+ SP2 及以上版本补丁 | | | |
| | Windows Server 2003(IA64)+ SP2 及以上版本补丁 | | | |
| | Windows Vista+SP1 及以上版本补丁 | IE7.0（或 IE8、IE9） | | |
| | Windows Server 2008+ SP1 及以上版本补丁 | | | |
| | Windows 2008 R2+ SP1 及以上版本补丁 | | | |
| | Windows 7 + SP1 及以上版本补丁 | | | |

**注意：**

◆ 如果是单机安装，即把数据服务器、应用服务器、客户端安装在一台机器上，需要满足以上几项配置要求。

（2）数据库管理系统。用友 U8 的运行需要数据库管理系统的支持，U8（V10.1）支持以下 SQL Server 版本的标准版、企业版和数据中心版。

Microsoft SQL Server Desktop Engine 2000(MSDE 2000) + SP4（推荐单机使用）

Microsoft SQL Server 2000 + SP4

Microsoft SQL Server 2005 + SP2（及以上版本补丁）（包括 EXPRESS）

Microsoft SQL Server 2008（SP1 或以上版本补丁）

Microsoft SQL Server 2008 R2

### 3．SQL Server 2000 数据库的安装

用友 U8 管理软件要求以 SQL Server 2000 作为后台数据库。SQL Server 2000 有个人版、标准版、企业版、专业版等多个版本，建议服务器上安装 SQL Server 2000 标准版；客户端视其安装的操作系统安装 SQL Server 2000 标准版或个人版。下面以安装 SQL Server 2000 个人版为例介绍安装过程。其操作步骤如下。

（1）执行 SQL Server 2000 安装文件 SETUP 后，打开 SQL Server 2000 自动菜单，选择其中的“安装 SQL Server 2000 组件”命令，打开“安装组件”对话框。

（2）选择其中的“安装数据库服务器”选项，稍候，打开“安装向导—欢迎”对话框，单击【下一步】按钮，打开“计算机名”对话框。选择“本地计算机”选项，单击【下一步】按钮，打开“安装选择”对话框。

（3）选择“创建新的 SQL Server 实例，或安装客户端工具”选项，单击【下一步】按钮，打开“用户信息”对话框。输入姓名，单击【下一步】按钮，打开“软件许可证协议”对话框。阅读后，单击【是】按钮，打开“安装定义”对话框。

（4）选择“服务器和客户端工具”选项，单击【下一步】按钮，打开“实例名”对话框，采用系统默认，单击【下一步】按钮，打开“安装类型”对话框。选择“典型”选项，并选择文件安装路径，单击【下一步】按钮，打开“选择组件”对话框。采用系统默认，单击【下一步】按钮，打开“服务账户”对话框。

（5）选择“对每个服务使用同一账户。自动启动 SQL Server 服务”选项，将服务设置为“使用本地系统账户”，单击【下一步】按钮，打开“身份验证模式”对话框。

（6）为了加强系统安全性，选择“混合身份验证模式”，选中“空密码”复选框，单击【下一步】按钮，打开“开始复制文件”对话框。

（7）单击【下一步】按钮，打开“Microsoft Data Access Components 2.6 安装”对话框，按系统提示关闭列表中的任务，单击【下一步】按钮，打开“安装软件”对话框，单击【完成】按钮开始安装。

（8）稍候片刻，系统安装结束，显示“安装结束”对话框，单击【完成】按钮，结束 SQL Server 2000 安装。

（9）安装 SP4 数据库补丁。

### 4．用友 U8 管理软件安装

（1）安装前注意事项。为确保系统安装成功，提醒读者在安装之前注意以下问题。

① 计算机在安装过操作系统和必要的补丁后最好没有安装过任何其他软件。

② 安装前，请用系统管理员或具有同等权限的人员登录（用户 ID 属于 Administrators 组），进行安装。

③ 机器名不能带“-”字符，不能是中文字符。

④ 安装前关闭所有杀毒软件，否则有些文件无法写入。

⑤ 若系统中未默认安装 IIS（Internet 信息服务），则需要安装该组件。可通过“控制面板”→“添加/删除程序”→“Windows 组件”→“添加 IIS 组件”来安装。安装过程中需要用到 Windows XP 安装盘。

（2）安装用友 U8。下面以单机安装用友 U8 管理软件为例，系统安装操作步骤如下。

① 以系统管理员 Administrator 身份注册进入系统，将用友 U8 管理软件光盘放入服务器

的光驱中，打开光盘目录，双击 Setup 应用程序文件，运行安装程序。

② 根据提示单击【下一步】按钮进行操作，直至出现如图 1-4 所示的选择安装类型界面。

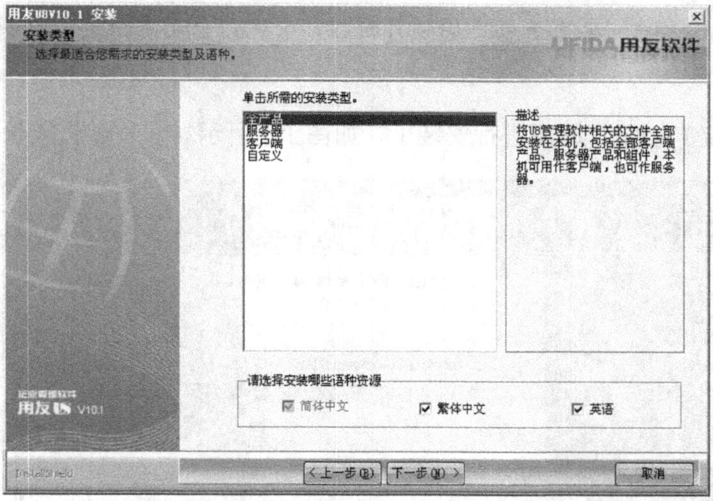


图 1-4　选择安装类型

③ 因为是将 SQL Server 数据库和用友 U8 安装到一台计算机上，这里选择“全产品”安装类型。

④ 单击【下一步】按钮，接下来进行系统环境检测，看系统配置是否已经满足所需条件，如图 1-5 所示。

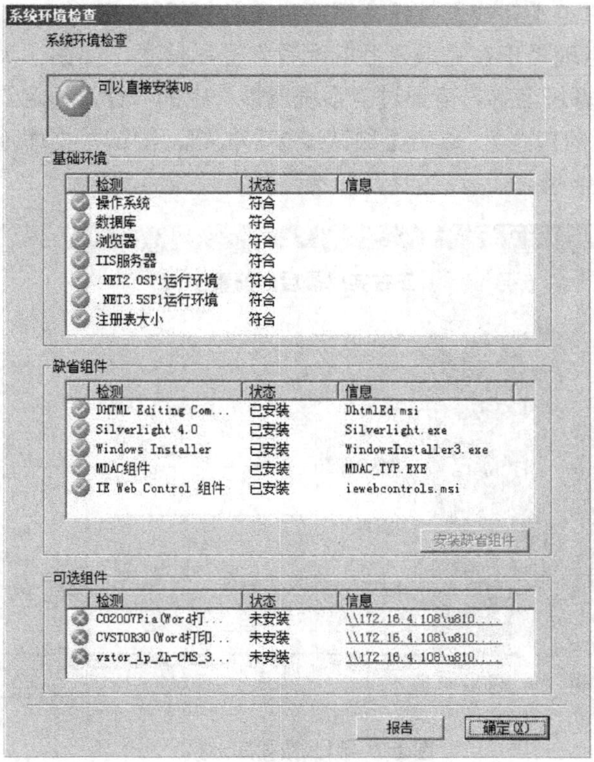


图 1-5　系统环境检测报告

**提示：**

图 1-5 中所示为所需环境已经满足。若有未满足的条件，则安装不能向下进行，并在图中给出未满足的项目，此时可单击未满足的项目链接，系统会自动定位到组件所在光盘位置，让用户手动安装。

⑤ 单击【确定】按钮，即可进行安装了，如图 1-6 所示（安装过程较长，请耐心等待）。

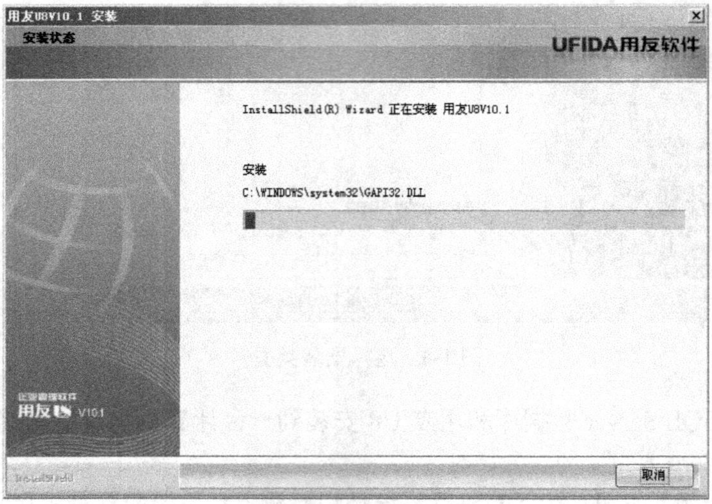


图 1-6　开始安装用友 U8

⑥ 安装完成后，单击【完成】按钮，重新启动计算机。

⑦ 系统重启后，出现“正在完成最后的配置”提示信息，如图 1-7 所示。在其中输入数据库名称（即为本地计算机名称，可通过“系统属性”中的“计算机名”查看），SA 口令（安装 SQL Server 时所设置的口令），单击【测试连接】按钮，测试数据库连接。若一切正常，则会出现连接成功的提示信息。

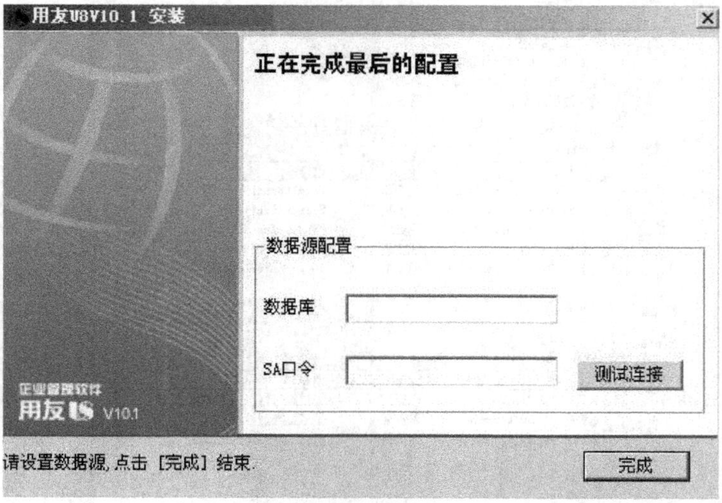


图 1-7　测试数据库连接

⑧ 接下来系统会提示是否初始化数据库，单击【是】按钮，提示“正在初始化数据库实例，请稍候……”数据库初始化完成后，出现如图 1-8 所示的“登录”窗口。

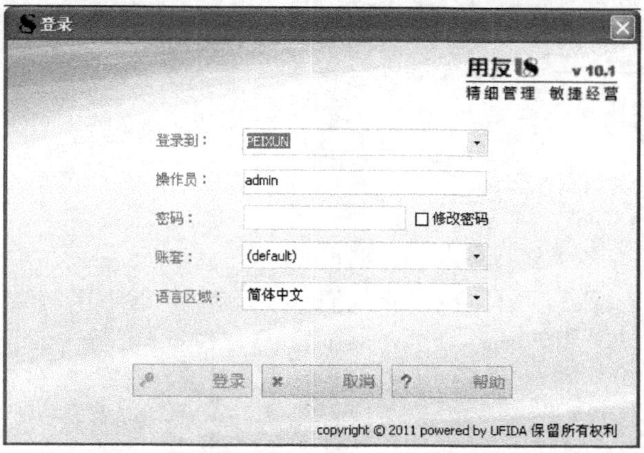


图 1-8　用友 U8“登录”窗口

⑨ 单击【取消】按钮。至此，用友 U8 软件系统全部安装完成。用户可通过“开始”→“程序”→“用友 ERP-U8V10.1”菜单项启动系统管理、登录企业应用平台。

**提示：**

- ◆ 成功安装后，会在屏幕右下角任务栏中显示 SQL Server 数据服务管理器图标和 U8 应用服务管理器图标。
- ◆ 用友 U8 安装完成后，系统内没有安装演示账套。

## 复习思考题 1

1. 你对会计电算化和会计信息化是怎样认识的？
2. ERP 与会计信息系统的关系是怎样的？
3. 影响会计信息系统发展的主要因素有哪些？
4. 会计信息系统的发展大致经过了哪几个过程？
5. 你怎样看待会计信息系统发展的现状？
6. 云技术对会计信息系统的发展有何影响？
7. 用友 U8 各模块间的数据关系是怎样的？
8. 怎样理解用友 ERP-U8 的三层架构体系？
9. 尝试安装用友 U8（V10.1）版本管理软件。

TWO

# 第 2 章 系统管理

**本章学习目标**

- 了解系统管理在用友 U8 管理软件中的地位及作用
- 理解账套、年度账的概念及其关系
- 理解操作员及权限管理的意义，掌握操作员及权限的设置方法
- 掌握如何在系统管理中进行数据安全管理

用友 U8 管理软件由财务管理、供应链管理、生产管理等多个部分组成，每个部分又包括若干个子系统，如财务管理包括总账管理、报表管理、固定资产管理等，各个子系统服务于企业的不同层面，为不同的管理需要服务。子系统本身既具有相对独立的功能，彼此之间又具有紧密的联系，它们共用一个企业数据库，拥有公共的基础信息、相同的账套和年度账。

## 2.1 系统管理概述

用友 U8 管理软件为各个子系统提供了一个公共管理平台——系统管理，用于对整个系统的公共任务进行统一管理，如企业账套及年度账的建立、修改、删除和备份，角色和用户的建立及权限的集中管理、系统安全运行的管理及控制等，其他任何产品的独立运行都必须以此为基础。

### 2.1.1 系统管理功能概述

系统管理的主要功能是对用友 U8 管理软件的各个产品进行统一的操作管理和数据维护，具体包括以下几个方面的管理功能。

### 1. 账套管理

账套是一组相互关联的数据。每一个独立核算的企业都有一套完整的账簿体系，把这样一套完整的账簿体系建立在计算机系统中就称为一个账套。企业可以为其每一个独立核算的下级单位建立一个核算账套。换句话讲，在企业管理系统中，可以为多个企业（或企业内多个独立核算的部门）分别立账，且各账套数据之间相互独立，互不影响，使资源得以最大程度的利用。

账套管理功能一般包括建立账套、修改账套、删除账套、引入/输出账套等。

### 2. 年度账管理

年度账与账套是两个不同的概念，一个账套中包含了企业所有的数据，把企业数据按年度进行划分，称为年度账。年度账可以作为系统操作的基本单位，因此，设置年度账主要是考虑到管理的方便性。

年度账管理包括年度账的建立、引入、输出和结转上年数据，清空年度数据。

### 3. 系统操作员及操作权限的集中管理

为了保证系统及数据的安全性与保密性，系统管理提供了操作员及操作权限的集中管理功能。通过对系统操作分工和权限的管理，一方面可以避免与业务无关的人员进入系统，另一方面可以对系统所包含的各个子产品的操作进行协调，以保证各负其责，流程顺畅。

操作权限的集中管理包括设置角色、用户及为用户分配功能权限。

### 4. 设立统一的安全机制

对企业来说，系统运行安全、数据存储安全是必须的。为此，每个应用系统都无一例外地提供了强有力的安全保障机制，如设置对整个系统运行过程的监控机制，清除系统运行过程中的异常任务，设置系统自动备份计划等。

## 2.1.2 系统管理员与账套主管

鉴于系统管理模块在用友U8系统中的地位和重要性，软件对登录系统管理的人员做了严格界定。系统只允许以两种身份注册进入系统管理：一是以系统管理员的身份，二是以账套主管的身份。

### 1. 系统管理员

系统管理员负责整个系统的安全运行和数据维护。以系统管理员身份注册进入，可以进行账套的建立、引入和输出，设置操作员和权限，监控系统运行过程，清除异常任务等。具体来说，系统管理员主要负责以下几项工作内容。

（1）按岗位分工要求设置系统操作员，分配其对应权限。

（2）按已确定的企业核算特点及管理要求进行企业建账。

（3）随时监控系统运行过程中出现的问题，清除异常任务、排除运行故障。

（4）保障网络系统的安全，预防计算机病毒入侵。

（5）定期进行数据备份，保障数据安全、完整。

#### 2. 账套主管

账套主管负责所辖账套的管理，其工作任务为确定企业会计核算的规则，对企业年度账进行管理，为该账套内操作员分配权限，组织企业业务处理按既定流程运行。对所管辖的账套来说，账套主管是级别最高的，拥有所有模块的操作权限。

因为账套主管是由系统管理员指定的，所以第一次必须以系统管理员的身份注册系统管理。建立账套和指定相应的账套主管之后，才能以账套主管的身份注册系统管理。

## 2.2 账套管理

账套管理包括账套的建立、修改、引入、输出和启用。其中，系统管理员有权进行账套的建立、引入和输出操作，而账套信息的修改则由账套主管负责。

### 2.2.1 建立账套

#### 1. 账套的概念

企业应用会计信息系统之始，首先需要在系统中建立企业的基本信息、核算方法、编码规则等，称之为“建账”，这里的“账”是“账套”的概念。在计算机管理信息系统中，每一个企业的数据都存放在数据库中，称为一个账套。手工核算方式下，可以为会计主体单独设账进行核算，在计算机中则体现为多个账套。在用友 U8 管理软件中，可以为多个企业（或企业内多个独立核算的部门）分别立账，各账套间相互独立，互不影响，系统最多允许建立 999 套企业账套。

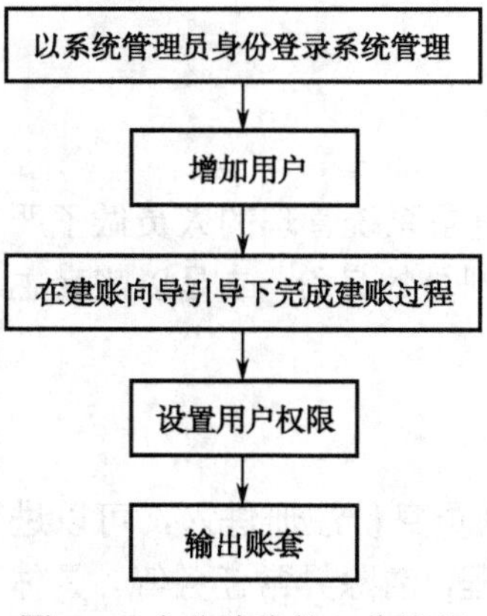

图 2-1　企业建账的工作流程

#### 2. 企业建账的工作流程

为了帮助读者快速、准确地完成企业账套创建过程的学习，下面提供企业建账的工作流程供参考，具体如图 2-1 所示。

#### 3. 企业建账的工作内容

为了方便操作，会计信息系统中大都设置了建账向导，用来引导用户的建账过程。建立企业账套时，需要向系统提供以下体现企业特征的信息，现归类如下：

（1）账套信息：包括账套号、账套名称、账套启用日期及账套路径。

由于在用友 U8 系统中，可以建立多个企业账套，因此，必须设置账套号作为区分不同账套数据的唯一标识。

账套名称一般用来描述账套的基本特性，可以输入核算单位简称或用该账套的用途命名。账套号与账套名称是一一对应的关系，共同来代表特定的核算账套。

账套路径用来指明账套在计算机系统中的存放位置，为了方便用户，应用系统中一般预设一个存储位置，称为默认路径，但允许用户更改。

账套启用日期用于规定该企业用计算机进行业务处理的起点，一般要指定年、月。启用日期在第一次初始设置时设定，一旦启用不可更改。在确定账套启用日期的同时，一般还要设置企业的会计期间，即确认会计月份的起始日期和结账日期。

（2）核算单位基本信息：包括企业名称、简称、地址、邮政编码、法人、通信方式等。

在以上各项信息中，单位全称是必需项，因为发票打印时要使用企业全称，其余情况全部使用企业的简称。

（3）账套核算信息：包括记账本位币、企业类型、行业性质、账套主管、编码规则、数据精度等。

记账本位币是企业必须明确指定的，通常系统默认为人民币，很多软件也提供以某种外币作为记账本位币的功能。为了满足多币种核算的要求，系统都提供设置外币及汇率的功能。

企业类型是区分不同企业业务类型的必要信息，选择不同的企业类型，系统在业务处理范围上有所不同。

行业性质表明企业所执行的会计制度。从方便使用的角度出发，系统一般内置不同行业的一级科目供用户选择使用，在此基础上，用户可以根据本单位的实际需要增设或修改必要的明细核算科目。

编码方案是对企业关键核算对象进行分类级次及各级编码长度的指定，以便于用户进行分级核算、统计和管理。可分级设置的内容一般包括科目编码、存货分类编码、地区分类编码、客户分类编码、供应商分类编码、部门编码和结算方式编码等。编码方案的设置取决于核算单位经济业务的复杂程度、核算与统计要求。

数据精度是指定义数据的保留小数位数。在会计核算过程中，由于各企业对数量、单价的核算精度要求不一致，有必要明确定义主要数量、金额的小数保留位数，以保证数据处理的一致性。

以上账套参数确定后，应用系统会自动建立一套符合用户特征要求的账簿体系。

### 2.2.2 修改账套

账套建立完成后，在未使用相关信息的基础上，可以根据业务需要，对某些已设定的内容进行调整。

**注意：**

- 只有账套主管有权修改账套。
- 部分信息无法修改，如账套号、启用会计期。

### 2.2.3 引入和输出账套

#### 1. 账套引入

通过输出账套输出的账套数据必须通过引入账套引入系统才能使用，因此引入账套是输出账套的对应操作。引入账套功能是指将系统外某账套数据引入本系统中。在计算机环境中，系统及数据安全性是企业首要关注的。无论是计算机故障或病毒入侵，都会致使系统数据受损，这时利用账套引入功能，恢复备份数据，可以将损失降到最小。另外，这一功能为集团公司的财务管理提供了方便。子公司的账套数据可以定期被引入母公司系统中，以便进行有关账套数据的分析和合并工作。

**2. 账套输出**

账套输出是将系统产生的数据备份到硬盘或其他存储介质，备份的作用体现在以下几个方面。

（1）保证数据安全。任何使用计算机系统的企业，均会视安全性为第一要务。威胁来自众多的不可预知因素，如病毒入侵、硬盘故障、自然灾害等，这些都会造成数据丢失，对企业的影响是不可估量的。因此，应定期将系统中的数据进行备份并保存在另外的存储介质上。一旦数据损坏，可以通过引入最近一次备份的数据及时恢复到上一次备份的水平，从而保证企业日常业务的正常进行。

（2）解决集团公司数据合并问题。子公司的账套数据可以定期输出并被引入母公司计算机系统中，以便进行有关账套数据的分析和合并工作。如果需要定期将子公司的账套数据引入到总公司系统中，最好预先在建立账套时就进行规划，使各公司的账套号不一样，以避免引入子公司数据时因为账套号相同而覆盖其他账套的数据。

（3）删除账套。如果企业初始建账时数据错误很多或某些情况无须再保留企业账套，可以将机内账套删除。账套删除会一次将该账套下的所有数据彻底清除，因此执行此操作时应格外慎重，为保障数据安全起见，系统一般提供账套删除前的强制备份，并且只授权于系统管理员。

## 2.3 年度账管理

年度账管理主要包括：建立年度账、年度账的引入和输出、结转上年数据、清空年度账。对年度账的管理只能由账套主管进行。

**1. 年度账的概念**

在 U8 系统中，用户不仅可以建立多个账套，而且每个账套中可以存放不同年度的会计数据，不同年度的数据存放在不同的数据库中，称为年度账。采用账套—年度账两级管理，系统的结构清晰、含义明确、可操作性强，而且由于系统自动保存了不同会计年度的历史数据，利用历史数据的查询和比较分析也显得特别方便。

**2. 建立年度账**

新年度到来时，应首先建立新年度核算体系，即建立年度账，再进行与年度账相关的其他操作。

**3. 年度账的引入和输出**

年度账操作中的引入和输出与账套操作中的引入和输出的含义基本一致，作用都是对数据的备份与恢复。但两者的数据范围不同，年度账操作中引入和输出的不是整个账套的全部数据，而是针对账套中的某一年度的数据。为了区分这两种不同类型的备份文件，系统会用特定的文件名称或扩展名来进行标识。

### 4．结转上年数据

一般情况下，企业是持续经营的，因此企业的会计工作是一个连续性的工作。每到年末，启用新年度账时，就需要将上年度中的相关账户的余额及其他信息结转到新年度账中。如果企业管理信息系统涵盖了财务、业务等多个模块，进行年度数据结转时还要注意先后顺序。

### 5．清空年度数据

如果年度账中错误太多，或不希望将上年度的余额或其他信息全部转到下一年度，这时候，便可使用清空年度数据的功能。“清空”并不是指将年度账的数据全部删除，还是要保留一些信息，如账套基础信息，系统预置的科目报表等。保留这些信息主要是为了方便用户使用清空后的年度账重新做账。

## 2.4 操作员及权限的管理

企业应用 U8 财务管理软件时，首先明确指定各系统授权的操作人员，并对操作人员的使用权限进行明确规定，以避免无关人员对系统进行非法操作，同时也可以对系统所包含的各个功能模块的操作进行协调，使流程顺畅，从而保证整个系统和会计数据的安全性和保密性。

### 2.4.1 角色管理

角色是指在企业管理中拥有某一类职能的组织，这个角色组织可以是实际的部门，也可以是由拥有同一类职能的人构成的虚拟组织。例如：实际工作中最常见的会计和出纳两个角色（他们既可以是同一个部门的人员，也可以分属不同的部门但工作职能是一样的）。我们在设置了角色后，就可以定义角色的权限，当用户归属某一角色后，就相应地拥有了该角色的权限。设置角色的方便之处在于可以根据职能统一进行权限的划分，方便授权。

角色管理包括角色的增加、修改、删除。

### 2.4.2 用户管理

用户是指有权登录系统，并对系统进行操作的人员，即通常意义上的“操作员”。每次注册登录系统，都要进行用户身份的合法性检查。用户和角色的设置可以不分先后顺序，但对于自动传递权限来说，应该首先设定角色，然后分配权限，最后进行用户的设置。这样在设置用户的时候，选择其归属哪一个角色，则其自动具有该角色的权限，包括功能权限和数据权限。一个角色可以拥有多个用户，一个用户也可以分属于多个不同的角色。

用户管理包括用户的增加、修改和删除。

#### 1．增加用户

只有系统管理员有权限设置用户。增加用户时，必须明确以下关于用户的特征信息：编号、姓名、所属部门和口令。

（1）编号。操作员编号是系统区分不同操作人员的唯一标志，因此必须输入。

提示：

- 操作员编号在系统中必须唯一，即使是不同的账套，操作员编号也不能重复。
- 所设置的操作员一旦被引用，便不能被修改和删除。

（2）姓名。操作员姓名一般会出现在其处理的票据和凭证上，因此应记录其真实姓名，以便对其操作行为进行监督。

提示：

- 如果存在两个名字完全一样的操作员，需要加特殊标记以示区别。

（3）口令。口令是指用户进行系统注册时的密码，可由多个数字、字母及特殊符号构成。可以说，口令是用户身份的识别标记，第一次，可以由系统管理员为每个用户赋予一个空密码，当用户登录系统时，建议立即设置新密码，并严格保密。此后，每隔一定时间，需要更换新密码，以确保密码的安全性。

（4）确认口令。第二次输入口令以验证正确性，必须与前面输入的口令完全一致。为安全起见，一般系统要求输入两次密码，核对一致后才予以保存。输入过程中为确保不被他人注意，往往采用屏幕屏蔽的方式，如屏幕显示“*”号用来代表录入的口令字，口令字可以为空。

（5）部门。输入该用户所属部门，此项为可选项。

#### 2. 修改或删除用户

用户刚刚设置完成时，可以对其姓名和口令进行更改，一旦以其身份进入系统后，便不能再修改和删除。

### 2.4.3 权限管理

根据企业内部控制的要求，系统用户要有严格的岗位分工，不能越权操作，权限设置就是对允许登录系统的用户规定操作权限，严禁越权操作的行为发生。

#### 1. 三个层次的权限管理

为了保证系统运行安全、有序，适应企业精细管理的要求，权限管理必须向更细、更深的方向发展。用友 U8 管理软件提供了权限的集中管理功能。除了提供用户对各模块操作权限的管理之外，还相应地提供了金额的权限管理和对于数据的字段级和记录级的控制，不同的组合方式使得权限控制更灵活、更有效。在用友 U8 应用系统中可以实现三个层次的权限管理。

第一，功能级权限管理。功能级权限管理提供了更为细致的功能级权限管理功能，包括各功能模块相关业务的查看和分配权限。例如，赋予用户 SYSTEM 对“800 培训演示账套”中总账模块、工资模块的全部功能。

第二，数据级权限管理。该权限可以通过两个方面进行控制：一个是字段级权限控制，另一个是记录级的权限控制。例如，设定操作员马方只能录入某一种凭证类别的凭证。

第三，金额级权限管理。该权限主要用于完善内部金额控制，实现对具体金额数量划分级别，对不同岗位和职位的操作员进行金额级别控制，限制他们制单时可以使用的金额数量，不涉及内部系统控制的不在管理范围内。例如，设定操作员马方只能录入金额在 20 000 元以下的凭证。

功能权限的分配在系统管理“权限”中设置，数据级权限和金额级权限在“企业应用平台”→“系统服务”→“权限”中进行设置，且必须是在系统管理的功能权限分配之后才能进行。

**2. 系统管理员与账套主管在设置操作员权限上的区别**

前面已谈到系统中的两种角色，即系统管理员和账套主管。两者都有权设置操作员权限，所不同的是，系统管理员可以指定或取消某一操作员为一个账套的主管，也可以对系统内所有账套的操作员进行授权。而账套主管的权限局限于他所管辖的账套，在该账套内，账套主管默认拥有全部操作权限，可以针对本账套的操作员进行权限设置。

账套主管自动拥有所有模块的操作权限。可以为一个操作员赋予几个模块的操作权限，如将购销存业务处理赋予一个操作员；也可以为一个操作员赋予一个模块中部分功能权限，如出纳是日常财务工作中的一个岗位，在系统中属于总账模块，与出纳有关的有日记账管理、出纳凭证签字、资金日报的管理等，赋权时需要将总账功能选中，再将其他出纳不能操作的功能细项排除即可。

## 2.5 系统运行安全管理

对企业来说，系统运行安全是至关重要的。

**1. 系统运行监控**

以系统管理员身份注册进入系统管理后，可以查看到两部分内容：一部分列示的是已经登录的子系统，另一部分列示的是登录的操作员在子系统中正在执行的功能。这两部分的内容都是动态的，它们都根据系统的执行情况自动变化。

**2. 注销当前操作员**

如果需要以一个新的操作员身份注册进入，以启用系统其他功能，就需要将当前的操作员从系统管理中注销；或者使用者需要暂时离开，而不希望他人对系统管理进行操作，也可以注销当前操作员。

**3. 清除系统运行异常**

系统运行过程中，由于死机、网络阻断等都有可能造成系统异常，针对系统异常，应及时予以解决，以释放异常任务所占用的系统资源，使系统尽快恢复正常。

**4. 上机日志**

为了保证系统安全运行，系统随时对各个产品或模块的每个操作员的上下机时间、操作的具体功能等情况进行登记，形成上机日志，以便使所有的操作都有迹可寻。

**5. 设置自动备份计划**

用友 U8 提供了设置自动备份计划的功能，其作用是自动定时对设置的账套进行输出（备份）。利用该功能，可以实现定时、自动输出多个账套的目的，有效减轻了系统管理员的工作量，保障了系统数据安全。

### 6. 升级数据

任何一个应用系统的功能拓展和完善都是无止境的。随着信息技术的不断发展，应用系统的开发不断融入新技术和更为先进的管理思想，这样就出现了对老系统的数据更新问题。为保证客户数据的一致性和可追溯性，用友 U8 应用系统在系统管理中提供了升级工具，此功能可一次性将数据升级到新产品。

## 实验一 企业建账

### 【实验目的】

（1）理解 U8 系统中企业账的存在形式。
（2）掌握 U8 系统中企业账的设立过程。
（3）理解系统用户及权限的含义及设置方法。
（4）理解账套输出及引入的作用。

### 【实验内容】

（1）增加操作员。
（2）建立企业账套。
（3）进行财务分工。
（4）输出/引入账套数据。

### 【实验资料】

#### 1. 企业相关信息

北京新锐科技有限公司（简称“新锐科技”）位于北京市海淀区中关村大街 11 号，法人代表郝佳，企业纳税登记号为 110108473287215。

该企业属于工业企业，从事软硬件及相关产品的生产及销售，采用 2007 年新会计制度科目核算，记账本位币为人民币，于 2014 年 1 月采用计算机系统进行会计核算及企业日常业务处理。

企业只有几个主要供应商，但客户很多，最好实行分类管理，企业有外币业务。

编码规则：科目编码级次 4222；客户分类编码级次和存货分类编码级次均为 122；部门编码级次、地区编码级次、结算方式编码级次和收发类别编码级次均为 12。核算时数量和单价均精确到两位小数。

#### 2. 企业内部岗位分工

企业内部岗位分工情况如表 2-1 所示。

表 2-1 企业内部岗位分工

| 编号 | 姓名 | 角色 | 职责 | 需要补充设置的权限 |
|---|---|---|---|---|
| 330 | 贾涛 | 账套主管 | 负责系统日常运行管理，具有全部权限 | |
| 331 | 任志刚 | 普通员工 | 负责总账、固定资产、薪资管理 | 总账管理、固定资产管理、薪资管理 |

续表

| 编　号 | 姓　名 | 角　色 | 职　责 | 需要补充设置的权限 |
|---|---|---|---|---|
| 332 | 姜小雨 | 普通员工 | 负责往来管理、材料成本核算 | 应收款管理、应付款管理、存货核算 |
| 333 | 侯爱华 | 普通员工 | 对收付款凭证进行出纳签字，管理现金日记账、银行日记账、资金日报以及银行对账 | 出纳、出纳签字、查询凭证 |
| 334 | 徐乐 | 普通员工 | 负责企业的材料采购 | 采购管理 |
| 335 | 宋广利 | 普通员工 | 销售一部负责人，管理一部销售工作 | 销售管理 |
| 336 | 孟斐 | 普通员工 | 销售二部负责人，管理二部销售工作 | 销售管理 |
| 337 | 康贝贝 | 普通员工 | 负责管理产品出入库 | 库存管理 |
| 338 | 李春 | 普通员工 | 负责生产计划、生产管理；负责管理材料出入库 | 库存管理 |

注：为操作简便起见，只设“贾涛”口令为 1，其他操作员口令为空。所有用户的用户类型均为“普通用户”；认证方式均为“用户+口令”。

## 【操作指导】

### 1. 以系统管理员的身份注册进入系统管理

操作步骤如下。

（1）执行“开始”→“程序”→“用友 U8V10.1”→“系统服务”→“系统管理”命令，进入“用友 U8［系统管理］”窗口。

（2）执行“系统”→“注册”命令，打开“登录”系统管理对话框。

（3）“登录到”文本框中默认为本地计算机名称。

（4）在“操作员”文本框中显示用友 U8 默认的系统管理员“admin”，系统默认管理员密码为空，如图 2-2 所示。

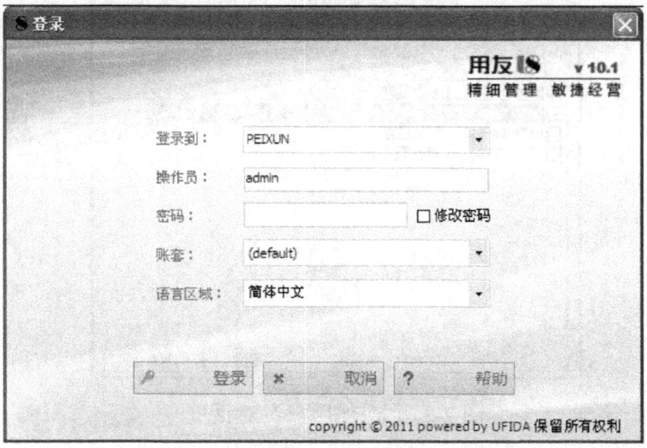


图 2-2　以系统管理员身份登录系统管理

（5）单击【登录】按钮，进入系统管理，系统管理界面最下行的状态栏中显示当前操作员［admin］。

**注意：**

- 为了保证系统的安全性，在“登录”对话框中，可以设置或更改系统管理员的密码。

如设置系统管理员密码为“super”的操作步骤是选中“修改密码”复选框，单击【登录】按钮，打开“设置操作员密码”对话框，在“新密码”和“确认新密码”后面的输入区中均输入“super”，最后单击【确定】按钮，返回系统管理。

- 一定要牢记设置的系统管理员密码，否则无法以系统管理员的身份进入系统管理，也就不能执行账套数据的输出和引入。
- 考虑实际教学环境，建议不要设置系统管理员密码。

**2. 增加用户**

操作步骤如下。

（1）执行“权限”→“用户”命令，进入“用户管理”窗口，其中显示系统安装完成后默认的几个用户。

（2）单击【增加】按钮，打开“操作员详细情况”对话框。

（3）按表 2-1 中提示的资料输入操作员信息，按角色提示在增加用户时指定用户所属的角色，如图 2-3 所示。每增加一个用户后，单击【增加】按钮增加下一位用户，全部完成后，单击【取消】按钮返回。

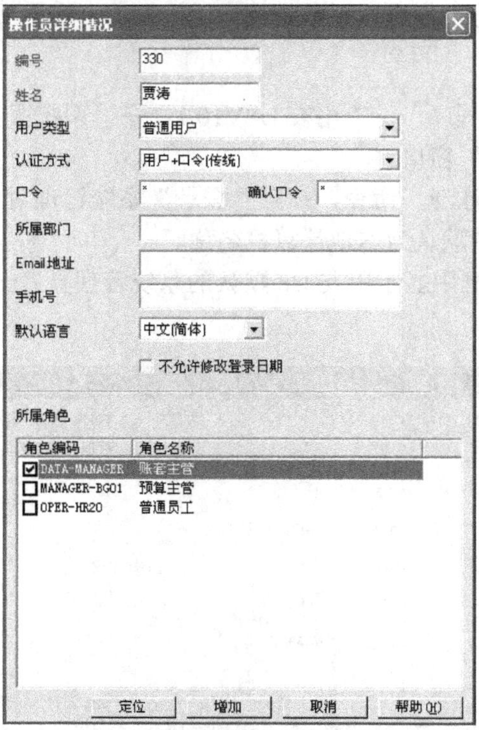


图 2-3 “增加用户”对话框

在“增加用户”对话框中，蓝色字体标注的项目为必输项，其余项目为可选项。这一规则适用于 U8 所有界面。另外需要注意的问题有：

- 只有系统管理员才有权限设置角色和用户；
- 用户编号在系统中必须唯一，即使是不同的账套，用户编号也不能重复；
- 设置操作员口令时，为保密起见，输入的口令字以“*”号在屏幕上显示。

**提示：**

- 未使用的用户可以通过“删除”功能从系统中删除。
- 已使用过系统之后又调离本企业的用户可以通过“修改”功能“注销当前用户”，状态为“注销”的用户不允许再登录本系统。

### 3. 建立账套

建立账套的操作步骤如下。

（1）执行“账套”→“建立”命令，打开“创建账套”对话框。选择“新建空白账套”选项，单击【下一步】按钮，打开“创建账套—账套信息”对话框。

（2）账套信息。

① 已存账套：系统将已存在的账套以下拉列表框的形式显示，用户只能查看，不能输入或修改，目的是为了避免重复建账。

② 账套号：账套号是该企业账套的唯一标识，必须输入，且不得与机内已经存在的账套号重复。可以输入 001 与 999 之间的 3 个字符，本例输入账套号 121。

③ 账套名称：账套名称可以输入核算单位的简称，必须输入，进入系统后它将显示在正在运行的软件的界面上。本例输入“新锐科技”。

④ 账套路径：用来确定新建账套将要被放置的位置，系统默认的路径为“C:\U8SOFT\Admin”，用户可以进行人工更改，也可以利用“...”按钮进行参照输入。

⑤ 启用会计期：启用会计期是指开始使用计算机系统进行业务处理的初始日期，此项必须输入。系统默认为计算机的系统日期，将其更改为“2014 年 1 月”。

输入完成后，如图 2-4 所示，单击【下一步】按钮，打开“创建账套—单位信息”对话框。

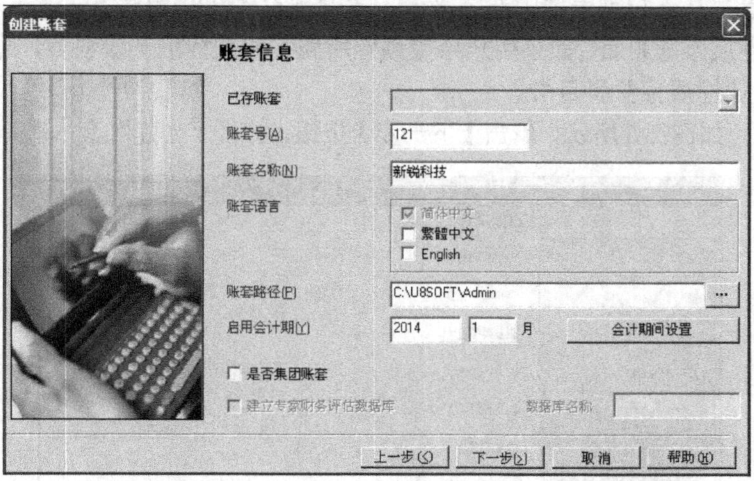


图 2-4 “创建账套—账套信息”对话框

（3）单位信息。

① 单位名称：用户单位的全称，此项必须输入。企业全称只在发票打印时使用，其余情况全部使用企业的简称。本例中输入“北京新锐科技有限公司”。

② 单位简称：用户单位的简称，最好输入。本例中输入“新锐科技”。

其他栏目都属于任选项，参照所给资料输入即可。

输入完成后，如图 2-5 所示，单击【下一步】按钮，打开“账套信息—核算类型”对话框。

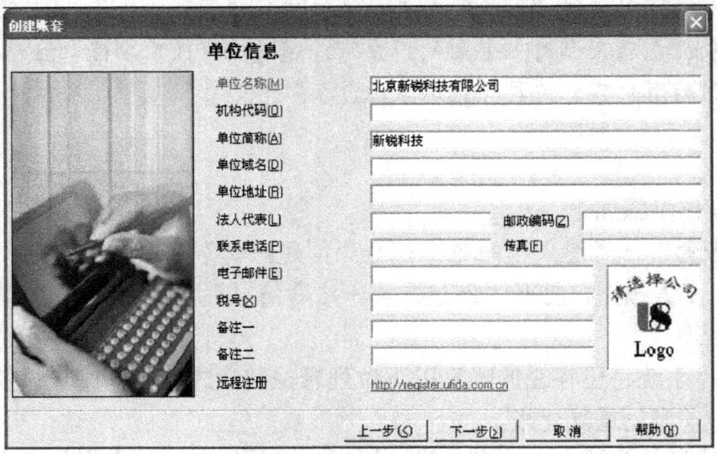


图 2-5 “创建账套—单位信息”对话框

（4）核算类型。

① 本币代码：此项必须输入，本例采用系统默认值——RMB。

② 本币名称：此项必须输入，本例采用系统默认值——人民币。

③ 企业类型：用户必须从下拉列表框中选择输入，系统提供了工业、商业两种类型。本例采用系统默认值——工业。

④ 行业性质：用户必须从下拉列表框中选择输入，系统按照所选择的行业性质预置科目。本例采用系统默认值——2007 年新会计制度科目。

⑤ 账套主管：从下拉列表框中选择输入。本例预设“[330]贾涛”。

⑥ 按行业性质预置科目：如果用户希望预置所属行业的标准一级科目，则选中该复选框。本例选择“按行业性质预置科目”。

输入完成后，如图 2-6 所示，单击【下一步】按钮，打开“创建账套—基础信息”对话框。

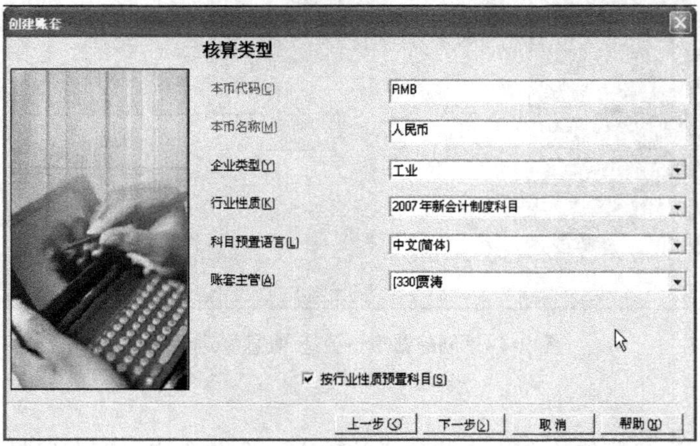


图 2-6 “创建账套—核算类型”对话框

（5）基础信息。如果单位的存货、客户、供应商相对较多，可以对他们进行分类核算。如果此时不能确定是否进行分类核算，也可以在建账完成后由账套主管在“修改账套”功能中设置分类核算。

按照本例要求，选中“存货是否分类”、“客户是否分类”、“有无外币核算”三个复选框，如图 2-7 所示。单击【下一步】按钮，打开“准备建账”对话框。

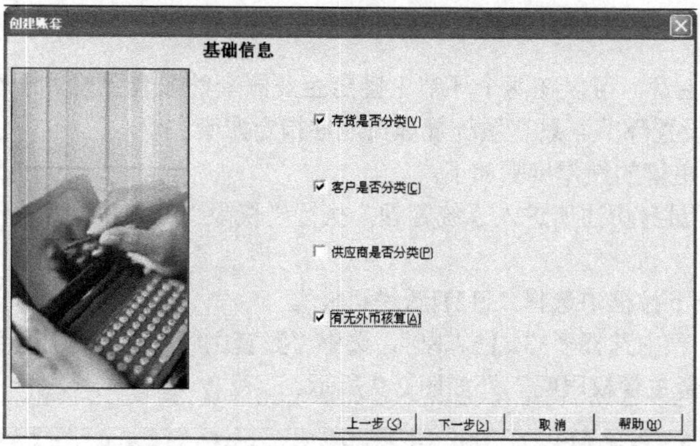


图 2-7 “创建账套—基础信息”对话框

（6）准备建账。单击【完成】按钮，弹出系统提示“可以创建账套了么？”单击【是】按钮，稍候一段时间（提醒注意：这段时间比较长，需要耐心等待），系统按输入信息要求建立企业数据库，完成后打开“编码方案”对话框。

（7）分类编码方案。为了便于对经济业务数据进行分级核算、统计和管理，系统要求预先设置某些基础档案的编码规则，即规定各种编码的级次和各级的长度。

按资料所给内容修改系统默认值，如图 2-8 所示，单击【确定】按钮，再单击【取消】按钮，打开“数据精度”对话框。

| 项目 | 最大级数 | 最大长度 | 单级最大长度 | 第1级 | 第2级 | 第3级 | 第4级 | 第5级 | 第6级 | 第7级 | 第8级 | 第9级 |
|---|---|---|---|---|---|---|---|---|---|---|---|---|
| 科目编码级次 | 13 | 40 | 9 |  | 2 | 2 | 2 |  |  |  |  |  |
| 客户分类编码级次 | 5 | 12 | 9 | 1 | 2 | 2 |  |  |  |  |  |  |
| 存货分类编码级次 | 8 | 12 | 9 | 1 | 2 | 2 |  |  |  |  |  |  |
| 部门编码级次 | 9 | 12 | 9 | 1 | 2 |  |  |  |  |  |  |  |
| 地区分类编码级次 | 5 | 12 | 9 | 1 | 2 |  |  |  |  |  |  |  |
| 费用项目分类 | 5 | 12 | 9 | 1 | 2 |  |  |  |  |  |  |  |
| 结算方式编码级次 | 2 | 3 | 3 | 1 | 2 |  |  |  |  |  |  |  |
| 货位编码级次 | 8 | 20 | 9 | 2 | 3 | 4 |  |  |  |  |  |  |
| 收发类别编码级次 | 3 | 5 | 5 | 1 | 2 |  |  |  |  |  |  |  |
| 项目设备 | 8 | 30 | 9 | 2 | 2 |  |  |  |  |  |  |  |
| 责任中心分类档案 | 5 | 30 | 9 | 2 | 2 |  |  |  |  |  |  |  |
| 项目要素分类档案 | 6 | 30 | 9 | 2 | 2 |  |  |  |  |  |  |  |
| 客户权限组级次 | 5 | 12 | 9 | 2 | 3 | 4 |  |  |  |  |  |  |
| 供应商权限组级次 | 5 | [illegible] | 9 | 2 | 3 | 4 |  |  |  |  |  |  |

图 2-8 “编码方案”对话框

（8）数据精度定义。数据精度涉及核算精度问题。涉及购销存业务环节时，会输入一些原始单据，如发票、出入库单等，需要填写数量及单价，数据精度定义是确定有关数量及单价的小数位数的。本例采用系统默认值。单击【确定】按钮，系统显示“正在更新单据模板，请稍等”信息提示。

（9）完成。完成单据模板更新后，系统弹出提示“新锐科技：[121]建立成功！您可以现在进行系统启用的设置，或以后从[企业门户—基础信息]进入[系统启用]功能。”出现“现在进行系统启用的设置？”提示，单击【否】按钮，系统弹出提示“请进入企业应用平台进行业务操作！”单击【确定】按钮返回。

单击工具栏上的“退出”按钮，返回系统管理。

**提示：**

编码方案、数据精度、系统启用项目可以由账套主管在“企业应用平台”→“基础设置”→“基本信息”中进行修改。

### 4. 权限设置

（1）指定账套主管。可以在两个环节中确定企业账套的账套主管。一个是在建立账套环节；一个是在权限设置环节。只有系统管理员能够指定账套主管。

指定/取消账套主管的操作步骤如下。

① 以系统管理员身份注册进入系统管理，执行“权限”→“权限”命令，进入“操作员权限”窗口。

② 从账套列表下拉框中选择“[121]新锐科技”。

③ 在操作员列表中选择“331 任志刚”，选中“账套主管”复选框，系统弹出提示“设置普通用户：[331]账套主管权限吗？”如图 2-9 所示。

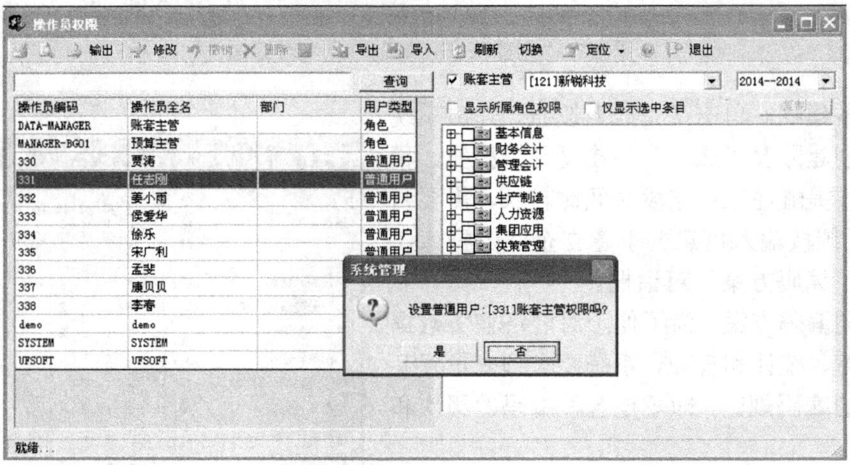


图 2-9　指定账套主管窗口

④ 单击【是】按钮进行确定，任志刚便拥有了账套主管权限。

**注意：**

- 一个账套可以设定多个账套主管，但只有一个系统管理员。
- 账套主管自动拥有该账套的所有权限。

⑤ 取消任志刚的账套主管权限。

（2）给操作员赋权。系统管理员和账套主管都可以给操作员赋权。下面为侯爱华赋予“出纳签字”功能。

给操作员侯爱华赋权的操作步骤如下。

① 在操作员权限窗口中，选择“[121]新锐科技”账套，再从操作员列表中选择“333 侯爱华”，单击【修改】按钮。

② 选中“财务会计”→“总账”前的“+”图标，展开“总账”，选中“出纳”；展开“总账”、“凭证”，选中“出纳签字”和“查询凭证”权限，单击“保存”按钮，如图 2-10 所示。

用同样方法，可以为其他用户赋权。

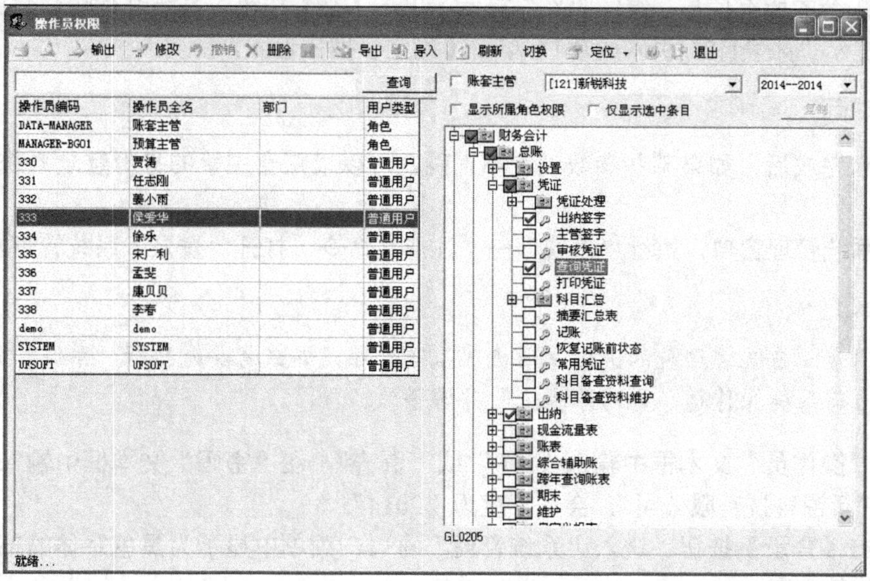


图 2-10　为侯爱华赋权窗口

### 5. 输出和引入账套

假设将本教程所有实验存储于“D：\实验账套”文件夹中，则首先需要在“D：\”中建立“实验账套”目录，再在该目录中分别建立“实验一”、“实验二”……“实验十三”文件夹，用于存放本教程中各实验结果。

进行账套输出的操作步骤如下。

(1) 以系统管理员身份注册进入系统管理，执行“账套”→“输出”命令，打开“账套输出”对话框。

(2) 从“账套号”下拉列表中选择要输出的账套，在“输出文件位置”处选择存放账套备份数据的文件夹为“D：\实验账套\实验一”，单击【确认】按钮。

(3) 系统对所要输出的账套数据进行压缩处理，稍候，系统弹出“输出成功！”信息提示框，单击【确定】按钮。

**注意：**

- 只有系统管理员有权限进行账套的输出和引入。输出账套之前，最好关闭所有系统模块。
- 如果选中“删除当前输出账套”复选框，系统会先备份数据，然后进行删除确认提示，最后删除当前账套。
- 账套输出的结果形成“UFDATA.BAK”和“UfErpAct.Lst”两个文件。

引入账套的操作步骤如下。

(1) 以系统管理员身份注册进入系统管理，执行“账套”→“引入”命令，打开“请选择账套备份文件”对话框。

(2) 选择要引入的账套数据备份文件，系统输出的备份文件为“UfErpAct.Lst”，单击【确定】按钮，系统弹出提示请求确认账套引入的目录，单击【确定】按钮，出现“此项操作会覆盖[121]当前账套的所有信息，继续吗？”提示，单击【是】按钮，系统进行账套数据的引入，完成后系统提示“账套[121]引入成功！”单击【确定】按钮返回。

### 6. 修改账套

账套建立完成后，如果某些参数设置不正确，可以以账套主管的身份登录系统管理进行修改。

（1）在系统管理窗口，执行“系统”→“注册”命令，打开“登录”系统管理对话框。

**注意：**

如果此前是以系统管理员的身份注册进入系统管理，那么需要先执行“系统”→“注销”命令，注销当前系统操作员，再以账套主管身份登录。

（2）在“操作员”文本框中输入“330”或“贾涛”，在“密码”文本框中输入“1”，选择“121 北京新锐科技有限公司”，会计年度为“2014”。

（3）单击【登录】按钮，进入“系统管理”窗口，菜单中显示为黑色字体的部分为账套主管可以操作的内容。

（4）执行“账套”→“修改”命令，打开“修改账套”对话框，可修改的账套信息以白色显示，不可修改的账套信息以灰色显示。

（5）修改完成后，单击【完成】按钮，系统出现“确认修改账套了吗？”提示信息，单击【是】按钮，确定“编码方案”和“数据精度”，单击【确认】按钮，系统提示“修改账套成功！”信息。

（6）单击【确定】按钮，返回系统管理。

**注意：**

账套中的很多参数不能修改。若这些参数出现错误，则只能删除此账套，再重新建立。因此，建立账套时，一定要小心进行参数设置。

## 复习思考题 2

1. 系统管理的主要功能有哪些？
2. 系统管理员与账套主管的区别是什么？
3. 账套的含义是什么？怎样建账？
4. 为什么要输出和引入账套？
5. 年度账管理包括哪些内容？
6. 账套和年度账的关系是怎样的？
7. 操作员权限管理的作用是什么？
8. 角色、用户、操作员是一回事吗？
9. 分类编码方案的意义是什么？
10. 系统运行安全管理包括哪些内容？

THREE

# 第3章 企业应用平台

**本章学习目标**

- 了解企业应用平台在用友 U8 管理软件中的地位及作用
- 掌握在企业应用平台中如何进行系统启用设置
- 理解基础档案设置的意义，掌握基础档案设置的方法

用友 U8 属于通用管理软件，适用于不同的行业和企业，不同企业可以根据自身规模和管理需求选择不同的产品模块，搭建自己的信息化管理平台。企业应用平台是企业应用用友 U8 进行业务管理的基础平台，在这个平台上可以完成各模块公共信息及基础档案的设置，充分体现数据共享和信息集成的优势。

## 3.1 企业应用平台概述

为了使用友 U8 管理系统能够成为连接企业员工、用户和合作伙伴的公共平台，使系统资源能够得到高效、合理的使用，在用友 U8 管理系统中设立了企业应用平台。通过企业应用平台，系统使用者能够从单一入口访问其所需的资源。

### 3.1.1 基础设置

基础设置中主要包括基本信息设置、基础档案设置、单据设置等。

**1. 基本信息**

在基本信息中可以进行系统启用设置，还可以对建账时设定的分类编码方案和数据精度

进行修改。

系统启用是指设定在用友 U8 管理软件中各个子系统开始使用的日期。用友 U8 管理软件分为财务会计、管理会计、供应链、生产制造、人力资源、集团应用、决策支持和企业应用集成等产品组，每个产品组中又包含若干模块，它们中大多数既可独立运行，又可以集成使用，但两种用法的数据流程是有差异的。一方面企业可以按照企业信息化规划及本身的管理特点选购不同的子系统；另一方面企业也可能采取循序渐进的策略有计划地先启用一些模块，一段时间之后再启用另外一些模块。系统启用为企业提供了选择的便利，它可以表明企业在何时点启用了哪些子系统。只有设置了系统启用的模块才可以登录。

系统启用有两种方法：一种是由系统管理员在系统管理中创建企业账套完成时进行系统启用设置；另一种是在建立账套时未设置系统启用，而由账套主管在企业应用平台中进行系统启用的设置。

#### 2. 基础档案设置

一个企业账套是由若干个子系统构成的，这些子系统共享公用的基础档案信息，基础信息是系统运行的基石。企业在启用新账套之始，应根据本单位的实际情况及业务需求，进行基础档案的整理工作，以确保初始建账的顺利进行。

设置基础档案的前提是先确定基础档案的分类编码方案。基础档案的设置必须要遵循分类编码方案中所设置的级次及各级编码长度的规定。按照基础档案的用途不同，系统将基础档案划分为机构人员、客商信息、财务信息、结算信息等几类。

由于企业基础数据之间存在前后承接关系（如必须在设置客户分类的基础上再设置客户档案），因此，基础档案的设置应遵从一定的顺序。

#### 3. 单据设置

不同企业各项业务处理中使用的单据可能存在细微的差别，用友 U8 管理软件中预置了常用单据模板，而且允许用户对各单据类型的多个显示模板和多个打印模板进行设置，以满足企业个性化的单据格式需求。

### 3.1.2 业务工作

在企业应用平台的“业务”页面中集成了登录用户拥有操作权限的所有功能模块，它们分类归属于各产品组中，企业应用平台为企业用户提供了进入用友 U8 管理软件的唯一入口。

### 3.1.3 系统服务

系统服务中包括了服务器配置、工具、权限等内容。下面对权限一项进行简要介绍。

用友 U8 管理软件中，提供了三种不同性质的权限管理：功能权限、数据权限和金额权限。功能权限在系统管理中进行设置，主要规定了每个操作员对各模块及细分功能的操作权限。数据权限是针对业务对象进行的控制，可以选择对特定业务对象的某些项目和某些记录进行查询和录入的权限控制。金额权限的主要作用体现在两个方面：一是设置用户在填制凭证时对特定科目允许输入的金额范围；二是设置在填制采购订单时允许输入的采购金额范围。

## 3.2 基础档案设置

用友 U8 管理软件安装完成之后，其中是不包括任何数据的。但用计算机系统处理企业日常业务需要用到大量的基础信息，如员工、部门、会计科目等。因此，应根据企业的实际情况，结合计算机系统技术信息设置的要求，做好基础数据的整理准备，并正确地录入系统中，作为系统运行的基本条件。

### 3.2.1 基础档案的整理

基础档案是计算机系统运行必需的基础数据。计算机信息处理的优势主要表现在：数据处理速度快、精确度高、分析统计汇总方便等，而基础档案是计算机进行汇总统计的依据。用友 U8 管理软件需要的基础数据不仅涉及财务部门，还大量涉及业务部门，因此数据收集、整理的工作量很大。

按照用友 U8 管理软件的要求，从实现财务业务一体化管理需求出发，需要准备的基础数据如表 3-1 所示。

**表 3-1　基础档案的整理**

| 基础档案分类 | 基础档案目录 | 档案用途 | 前提条件 |
|---|---|---|---|
| 机构人员 | 部门档案 | 设置与企业财务核算与管理有关的部门 | 先设置部门编码方案 |
| | 人员类别 | 按人员类别设置工资分摊、费用分配的对应科目 | |
| | 人员档案 | 设置企业职工信息 | 先设置部门档案和人员类别 |
| 客商信息 | 客户分类 | 便于进行业务数据的统计、分析 | 先确定对客户分类<br>然后确定编码方案 |
| | 客户档案 | 便于进行客户管理和业务数据的录入、统计、分析 | 先建立客户分类档案 |
| | 供应商分类 | 便于进行业务数据的统计、分析 | 先确定对供应商分类<br>然后确定编码方案 |
| | 供应商档案 | 便于进行供应商管理和业务数据的录入、统计、分析 | 先建立供应商分类档案 |
| | 地区分类 | 针对客户/供应商所属地区进行分类，便于进行业务数据的统计、分析 | |
| 存货 | 存货分类 | 便于进行企业存货的录入、统计、分析 | 先确定对存货分类<br>然后确定编码方案 |
| | 计量单位 | 对存货的计量单位进行设置 | |
| | 存货档案 | 便于存货核算、统计、分析和实物管理 | 先确定对存货分类<br>然后确定编码方案 |
| 财务 | 会计科目 | 设置企业核算的科目目录 | 先设置科目编码方案及外币 |
| | 凭证类别 | 设置企业核算的凭证类型 | |
| | 外币设置 | 设置企业用到的外币种类及汇率 | |
| | 项目目录 | 设置企业需要对其进行核算和管理的对象、目录 | 可将存货、成本对象、现金流量直接作为核算的项目目录 |

续表

| 基础档案分类 | 基础档案目录 | 档案用途 | 前提条件 |
| --- | --- | --- | --- |
| 收付结算 | 结算方式 | 资金收付业务中用到的结算方式 | |
| | 付款条件 | 设置企业与往来单位协议规定的收、付款折扣优惠方法 | |
| | 本单位开户银行 | 设置企业在收付结算中对应的开户银行信息 | |
| 业务 | 仓库档案 | 设置企业存货的仓库信息 | |
| | 收发类别 | 设置企业的入库、出库类型 | |
| | 采购类型 | 设置企业在采购存货时的各项业务类型 | 先设置好收发类别为“收”的收发类别 |
| | 销售类型 | 设置企业在销售存货时的各项业务类型 | 先设置好收发类别为“发”的收发类别 |
| | 产品结构 | 用于设置企业各种产品的组成内容，以利于配比出库、成本计算 | 先设置存货、仓库档案 |
| 其他 | 常用摘要 | 设置填制凭证时常用的经济业务说明 | |

### 3.2.2 基础档案的录入

用友 U8 管理软件由多个子系统构成，如总账、固定资产、应收款管理、采购管理等，这些子系统有很多信息是公用的，如部门、职员、会计科目等，另外也有一些基础信息为部分模块所特有，如收发类别、仓库档案等为业务系统所特有。本章先介绍一些公共基础档案的录入，而且侧重于与财务系统相关的基础档案设置，与购销存系统相关的基础档案，将在介绍业务系统时集中介绍。

**1．机构人员**

（1）部门档案。这里的部门是指与企业财务核算或业务管理相关的职能单位，不一定与企业设置的现存部门一一对应。设置部门档案的目的在于按部门进行数据汇总和分析。

（2）人员类别。人员类别与工资费用的分配、分摊有关，工资费用的分配及分摊是薪资管理系统的一项重要功能。人员类别设置的目的是为工资分摊生成凭证设置相应的入账科目做准备，可以按不同的入账科目需要设置不同的人员类别。

人员类别是人员档案中的必选项目，需要在人员档案建立之前设置。

（3）人员档案。人员档案的作用是设置企业的全体员工，对参与业务活动的员工标注为“业务员”，对可以使用系统的人员标注为“操作员”。

**2．客商信息**

（1）地区分类。如果需要对客户或供应商按地区进行统计，就应该建立地区分类体系。

（2）客户分类。当企业的往来客户较多时，可以按照某种分类标准对客户进行分类管理，以便分类汇总统计。可以根据合作时间将客户分为长期客户、中期客户和短期客户；也可以按信用等级分类，或按客户所属行业分类。

客户档案必须建立在最末级客户分类之下。

（3）客户档案。客户是企业的重要资源。手工方式下，客户的详细信息掌握在相应业务员手中，一旦业务员工作变动，就会遗失大量客户信息，给企业带来损失。建立计算机管理系统时，需要全面整理客户资料并录入系统，以便有效地管理客户、服务客户。

客户档案中按客户信息类别分为“基本”、“联系”、“信用”、“其他”四个页签存放。“基本”页签中主要记录客户的基本信息，如客户编码、客户名称、客户简称、税号等。客户名称与客户简称的用法有所不同，客户名称要输入客户全称，用于销售发票的打印；客户简称主要用于录入业务单据时屏幕上的参照显示。如果企业为一般纳税人，还要输入税号，否则专用销售发票中的税号栏为空。“联系”页签中几乎包括了企业的各种联系方式，还可以记录该客户默认的发货地址、发货方式和发货仓库。“信用”页签中是有关客户信用的数据，有些数据是根据本企业的信用政策，结合该客户往年的销售量及信用情况评定计算的，如扣率、信用等级；有些数据与应收账款系统直接相连，如应收余额、最后交易日期、最后交易金额、最后收款日期、最后收款金额，它们反映了该客户当前的信用情况。“其他”页签中记录了客户的专管部门、专管业务员等信息。

（4）供应商分类。当企业的往来供应商较多时，可以按照某种分类标准对供应商进行分类管理，以便分类汇总统计。可以根据地区、行业、供料性质等对供应商进行分类。

（5）供应商档案。供应商档案与客户档案极为相似，供应商档案中也包含了与业务处理环节相关的大量信息，分为“基本”、“联系”、“信用”、“其他”四个页签存放。

### 3．财务

（1）外币种类。企业如果有外币核算业务，需要事先进行外币及汇率的设置。此后，在填制凭证时如果使用了外币核算科目，系统会自动调用在此处设置的汇率，避免了用户重复录入汇率的工作量，也可有效避免差错的发生。

外币设置时需要定义以下项目。

① 币符及币名：定义外币的表示符号及其中文名称。

② 汇率小数位：定义外币的汇率小数位数。

③ 折算方式：分为直接汇率与间接汇率两种，直接汇率即“外币*汇率=本位币”，间接汇率即“外币/汇率=本位币”。

④ 外币最大误差：在记账时，如果外币*（或/）汇率-本位币>外币最大误差，则系统给予提示，系统默认最大折算误差为0.000 01，不相等时就提示。

⑤ 固定汇率与浮动汇率：对于使用固定汇率（即使用月初或年初汇率）作为记账汇率的用户，在填制每月的凭证前，应预先在此录入该月的记账汇率，否则在填制该月外币凭证时，将会出现汇率为零的错误，对于使用变动汇率（即使用当日汇率）作为记账汇率的用户，在填制凭证的当天，应预先在此录入该天的记账汇率。

**注意：**

- 这里的汇率管理只提供录入汇率的功能，对于制单时使用固定汇率还是浮动汇率仅取决于总账系统选项的定义。
- 如果使用固定汇率，则应在每月月初录入记账汇率（即期初汇率），月末计算汇兑损益时录入调整汇率（即期末汇率）；如果使用浮动汇率，则应每天在此录入当日汇率。

（2）会计科目。设置会计科目是会计核算方法的一种，它用于分门别类地反映企业经济业务，是登记账簿、编制会计报告的基础。用友 U8 管理软件中预置了现行会计制度规定的一级会计科目和部分二级会计科目；企业可根据本单位实际情况修改科目属性并补充明细科目。

① 设置会计科目的原则。设置会计科目时，应该注意以下问题。

a. 会计科目的设置必须满足会计报表编制的要求，凡是报表所用数据，需从系统取数的，必须设立相应科目。

b. 会计科目要保持相对稳定。

c. 设置会计科目要考虑各子系统的衔接。在总账系统中，只有末级会计科目才允许有发生额，才能接收各个子系统转入的数据，因此，要将各个子系统中的核算科目设置为末级科目。

一般来说，为了充分体现计算机管理的优势，在企业原有的会计科目基础上，应对以往的一些科目结构进行优化调整，而不是完全照搬照抄。例如，当企业规模不大，往来业务较少时，可采用和手工方式一样的科目结构及记账方法，即将往来单位、个人、部门、项目通过设置明细科目来进行核算管理；而对于一个往来业务频繁，清欠、清理工作量大，核算要求严格的企业来说，应该采用总账系统提供的辅助核算功能进行管理，即将这些明细科目的上级科目设为末级科目并设为辅助核算科目，并将这些明细科目设为相应的辅助核算目录。一个科目设置了辅助核算后，它所发生的每一笔业务将会登记在总账和辅助明细账上。

例如，未使用辅助核算功能，科目设置为：

| 科目编码 | 科目名称 |
| --- | --- |
| 1122 | 应收账款 |
| 112201 | 北京石化公司 |
| 112202 | 天津销售分公司 |
| …… | |
| 1221 | 其他应收款 |
| 122101 | 差旅费应收款 |
| 12210101 | 王坚 |
| 12210102 | 李默 |
| 122102 | 私人借款 |
| 12210201 | 王坚 |
| 12210202 | 李默 |
| …… | |
| 1401 | 材料采购 |
| 140101 | 甲材料 |
| 140102 | 乙材料 |
| …… | |
| 1604 | 在建工程 |
| 160401 | 工程物资 |
| 16040101 | A 部门 |
| 16040102 | B 部门 |
| …… | |
| 6602 | 管理费用 |
| 660201 | 办公费 |
| 66020101 | A 部门 |

| | |
|---|---|
| 66020102 | B部门 |
| …… | |

启用总账系统的辅助核算功能进行核算时，可将科目设置为：

| 科目编码 | 科目名称 | 辅助核算 |
|---|---|---|
| 1122 | 应收账款 | 客户往来 |
| 1221 | 其他应收款 | |
| 122101 | 差旅费应收款 | 个人往来 |
| 122102 | 私人借款 | 个人往来 |
| 1401 | 材料采购 | 项目核算 |
| 1604 | 在建工程 | |
| 160401 | 工程物资 | 部门项目 |
| 6602 | 管理费用 | |
| 660201 | 办公费 | 部门核算 |

② 增加会计科目。由于系统内已预置了行业一级科目，因此，企业需要增加的主要是明细科目。增加会计科目时需要输入以下内容。

a．科目编码。科目编码就是按科目编码方案对每一科目进行编码定义。对科目进行编码便于反映上下级会计科目间的逻辑关系；便于计算机识别和处理，将会计科目编码作为数据处理的关键字，便于检索、分类及汇总；减少输入工作量，提高输入速度；促进会计核算的规范化和标准化。设置会计科目编码时应注意：一级会计科目编码要符合会计制度的统一要求，明细科目编码要满足建账时设定的编码规则。

b．科目名称。科目名称分为科目中文名称和科目英文名称，两者不能同时为空。科目汉字名称是证、账、表上显示和打印的标志，必须意义明确、用语规范、尽量避免重名。

c．科目类型。科目类型是按会计科目性质对会计科目进行划分。按照会计制度规定，科目类型分为六大类，即资产、负债、共同、所有者权益、成本、损益。由于一级科目编码的首位数字与科目类型有直接的对应关系，即科目大类代码“1=资产”、“2=负债”、“3=共同”、“4=所有者权益”、“5=成本”、“6=损益”，因此，系统可以根据科目编码自动识别科目类型。

d．账页格式。规定了查询和打印时该科目的会计账页形式。账页格式一般分为金额式、外币金额式、数量金额式、数量外币式几类。一般情况下，有外币核算的科目可设为外币金额式，有数量核算的科目可设为数量金额式，既有外币又有数量核算的科目可设为外币数量式，既无外币又无数量核算的科目可设为金额式。

e．外币核算。用于设定该科目是否核算外币，如果是，需要选择外币种类。一个科目只能核算一种外币。

f．数量核算。用于设定该科目是否有数量核算，以及数量计量单位。计量单位可以是任何汉字或字符，如千克、件、吨等。

g．汇总打印。在同一张凭证中，当某科目或同一上级科目的末级科目有多笔同方向的分录时，如果用户希望将这些笔分录按科目汇总成一笔打印，则需要将该科目设置为“汇总打印”，汇总到的科目设置成该科目的本身或其上级科目。

h．封存。被封存的科目在制单时不可以使用。

i．科目性质。增加登记在借方的科目，科目性质为借方；增加登记在贷方的科目，科目性质为贷方。只能在一级科目设置科目性质，下级科目的科目性质与其一级科目的相同。已有数据的科目不能再修改科目性质。

j．辅助核算，也叫辅助账类。用于说明本科目是否有其他核算要求，系统除完成一般的总账、明细账核算外，还提供以下五种专项核算功能：部门核算、个人往来核算、客户往来核算、供应商往来核算、项目核算。

辅助核算是 ERP 财务管理系统的优势特色之一。在传统的手工处理方式下，一般是采用设置明细科目的方式来满足特殊的细化核算要求。如管理者需要了解每月各职能部门各项费用的发生情况，在手工方式下通常这样设置科目：

```
管理费用                一级科目
    办公费                  二级科目
        一部门                  三级科目
        二部门
        三部门
        ……
        十部门
    差旅费
        一部门
        二部门
        三部门
        ……
        十部门
    招待费
        一部门
        二部门
        三部门
        ……
        十部门
    报刊费
    ……
```

假定管理费用下分设了 10 个费用项目，企业内设置了 10 个职能部门，那么就要设置 100 个明细科目。月末，如果领导需要“部门费用明细表”，还要查询 100 个明细账才能提供准确的数据。ERP 管理软件借助辅助核算功能采用了全新的设计思路，它保留了一级科目和按费用项目设置的二级科目，共 11 个，将这些科目设置为“部门核算”；将部门提取出来设置为部门目录。待业务发生填制凭证时，只要用到部门辅助核算的科目，系统自动提示输入部门信息，将业务发生数据记入部门。查账时，系统提供部门辅助账，以部门为对象归集相关费用，简单方便。可见，采用辅助核算方式可以简化科目设置，方便信息查询。

一般情况下，收入或费用类科目可设部门辅助核算，日常运营中当收入或费用发生时系统要求实时确认收入或费用的部门归属，记账时同时登记总账、明细账和部门辅助账；其他应收款可设为个人往来核算，用于详细记录内部职工的借款情况；与客户的往来科目，如应收账款、应收票据、预收账款可设成客户往来核算；应付账款、应付票据、预付账款可设成供应商往来核算；在建工程及收入成本类科目可设成项目核算，用于按项目归集收入或费用。

一个科目可同时设置两种专项核算，如：主营业务收入既想核算各部门的使用情况也想了解各项目的使用情况，那么，可以同时设置部门核算和项目核算。个人往来核算不能与其他专项一同设置，客户与供应商核算不能一同设置。辅助账类必须设在末级科目上，但为了查询或出账方便，有些科目也可以在末级科目和上级科目同时设辅助账类。但若只在上级科目设辅助账核算，系统将不予承认。

注意：

- 银行存款科目要按存款账户设置，需进行数量、外币核算的科目要按不同的数量单位、外币单位建立科目。
- 只有会计科目修改状态才能设置汇总打印和封存。只有末级科目才能设置汇总打印，且汇总到的科目必须为该科目本身或其上级科目。当用户将该科目设成汇总打印时，系统登记明细账仍按明细登记，而不是按汇总数登记，此设置仅供凭证打印输出。

k. 日记账。手工核算下，只对现金和银行科目记日记账，计算机环境下，突破了记账速度这个瓶颈，企业可以根据管理需要设置对任意科目记日记账。

l. 银行账。对银行科目需要设置银行账。填制凭证时如果使用设置了银行账的科目需要输入结算方式辅助核算信息，以方便今后进行银行对账，也可以进行支票登记。

注意：

- 增加会计科目时，应先建立上级科目，再增加下级科目。
- 如果某科目已经使用，又需要在该科目下增设下级科目，则系统自动将该科目中数据转入到其下增设的第一个明细科目上。

③ 修改和删除会计科目。如果需要对已建立会计科目的某些属性进行修改，如账页格式、辅助核算、汇总打印、封存标识等，可以通过系统提供的“修改”功能来完成。

如果会计科目未经使用，也可通过“删除”功能来删除。删除会计科目时应遵循“自下而上”的原则。

注意：

- 如果科目已录入期初余额或已制单，则不能删除。
- 非末级会计科目不能删除。
- 被指定为“现金科目”、“银行科目”的会计科目不能删除；如想删除，必须先取消指定。
- 科目一经使用，即已输入凭证，不允许修改或删除。

④ 指定会计科目。指定会计科目是指定出纳的专管科目，一般指现金科目和银行存款科目。指定科目后，才能执行出纳签字，从而实现现金、银行管理的保密性，然后才能查看现金、银行存款日记账。

（3）凭证类别。在手工环境下，企业多采用收、付、转三类凭证或银、现、转三类凭证，还有划分为银收、银付、现收、现付、转五类凭证的，当然，还有更复杂的分类。为什么要对凭证进行分类呢？其深层原因在于：一是不同类别的凭证可以印制成不同的颜色，有些凭证只需要填写对方科目，节省书写的工作量；二是便于分类统计汇总。仔细探究这样两个原因不难看出，转换到计算机环境后，它们已经不是问题了，因此，对凭证进行分类已经不再需要了。

在信息化环境下，如果有多种凭证分类，为了防止填制凭证时将凭证类别选错，系统一般都会提供限制类型及限制科目功能，如借方必有、贷方必有、凭证必有、凭证必无、借方必无、贷方必无等。对于收款凭证可以设置为“借方必有 1001、1002”；付款凭证可以设置为“贷方必有 1001、1002”；转账凭证可以设置为“凭证必无 1001、1002”；现金凭证可以设置为“凭证必有 1001”；银行凭证可以设置为“凭证必有 1002”。

（4）项目目录。项目可以是工程、订单，也可以是产品，总之，需要单独计算成本或收入的对象都可以视为项目。企业中通常存在多种不同的项目，对应地在软件中可以定义多类项目核算，将具有相同特性的一类项目定义为一个项目大类，为了便于管理，对每个项目大类还可以进行细分类，在最末级明细分类下再建立具体的项目档案。为了在业务发生时将数据准确归入对应的项目，需要在项目和已设置为项目核算的科目间建立对应关系。这是不是有些复杂呢？其实，用户只要遵循以下的提示就可以快速建立项目档案。

① 定义项目大类。定义项目大类包括指定项目大类名称、定义项目级次和定义项目栏目三项工作。项目级次是确定该项目大类下所管理的项目的级次及每级的位数。项目栏目是针对项目属性的记录。如定义项目大类“工程”，工程下又分了一级，设置 1 位数字即可，工程要记录的必要内容，如“工程号”、“工程名称”、“负责人”、“开工日期”、“完工日期”等，可作为项目栏目。

② 指定核算科目。指定设置了项目辅助核算的科目具体要核算哪一个项目，建立项目与核算科目之间的对应关系。

③ 定义项目分类。如将工程分为“自建工程”和“外包工程”。

④ 定义项目目录。定义项目目录是将每个项目分类中所包含的具体项目录入系统。具体每个项目录入哪些内容取决于项目栏目的定义。

#### 4．收付结算

（1）结算方式。设置结算方式的目的：一是为了提高银行对账的效率；二是根据业务自动生成凭证时可以识别相关的科目。计算机信息系统中需要设置的结算方式与财务结算方式基本一致，如现金结算、支票结算等。手工系统中一般设有支票登记簿，因业务需要借用支票时需要在支票登记簿上签字，回来报销支票时再注明报销日期。计算机信息系统中同样提供票据管理的功能，如果某种结算方式需要进行票据管理，只需选中“是否票据管理”标志即可。

（2）付款条件。付款条件是指企业为了鼓励客户提前偿还货款而允诺在一定期限内给予的折扣优惠，也叫现金折扣。设置付款条件的作用是规定企业在经营过程中与往来单位协议的收、付款折扣优惠方法。这种折扣条件通常可表示为 5/10、2/20、n/30，它的意思是客户在 10 天内偿还贷款，可得到 5%的折扣；在 20 天内偿还贷款，可得到 2%的折扣；在 30 天内偿还贷款，则须全额支付；在 30 天以后偿还贷款，则不仅要按全额支付，还可能要支付延期付款利息或违约金。系统最多同时支持 4 个时间段的折扣。

（3）本单位开户银行。维护本单位的开户银行信息，支持多个开户行及账号的情况。

## 实验二　基础档案设置

### 【实验目的】

（1）理解系统启用的意义，掌握在企业应用平台中进行系统启用的方法。
（2）理解基础档案的作用，掌握基础档案的录入方法。
（3）理解数据权限的意义，掌握设置数据权限的方法。

### 【实验内容】

（1）系统启用设置。
（2）基础档案设置。
（3）数据权限设置。

### 【实验准备】

引入实验一账套数据。

### 【实验资料】

1．在企业应用平台中启用总账系统。
2．设置以下基础档案。
（1）部门档案。

| 部门编码 | 部门名称 | 负责人 |
|---|---|---|
| 1 | 企管办 | 郝佳 |
| 2 | 财务部 | 贾涛 |
| 3 | 采购部 | 徐乐 |
| 4 | 销售部 | |
| 401 | 销售一部 | 宋广利 |
| 402 | 销售二部 | 孟斐 |
| 5 | 生产部 | 李春 |

（2）人员类别。
企业正式职工人员类别分为以下几类：

| 人员类别编码 | 人员类别名称 |
|---|---|
| 1011 | 企业管理人员 |
| 1012 | 经营人员 |
| 1013 | 车间管理人员 |
| 1014 | 生产工人 |

（3）人员档案。

| 人员编号 | 人员姓名 | 性别 | 人员类别 | 行政部门 | 是否业务员 | 是否操作员 |
|---|---|---|---|---|---|---|
| 001 | 贾涛 | 男 | 企业管理人员 | 财务部 | 是 | |
| 002 | 任志刚 | 男 | 企业管理人员 | 财务部 | 是 | |
| 003 | 姜小雨 | 女 | 企业管理人员 | 财务部 | 是 | |
| 004 | 侯爱华 | 女 | 企业管理人员 | 财务部 | 是 | |
| 005 | 徐乐 | 男 | 经营人员 | 采购部 | 是 | |
| 006 | 宋广利 | 男 | 经营人员 | 销售一部 | 是 | |
| 007 | 孟斐 | 男 | 经营人员 | 销售二部 | 是 | |
| 008 | 康贝贝 | 女 | 生产工人 | 生产部 | 是 | |
| 009 | 李春 | 男 | 车间管理人员 | 生产部 | 是 | |
| 100 | 郝佳 | 男 | 企业管理人员 | 企管办 | 是 | 是 |

（4）地区分类。

| 地区分类编码 | 地区分类名称 | 地区分类编码 | 地区分类名称 |
|---|---|---|---|
| 1 | 北方区 | 3 | 中南区 |
| 2 | 华东区 | 4 | 西部区 |

（5）客户分类。

| 客户分类编码 | 客户分类名称 |
|---|---|
| 1 | 批发商 |
| 2 | 代理商 |
| 3 | 零散客户 |

（6）客户档案。

| 客户编号 | 客户名称 | 客户简称 | 所属分类码 | 所属地区码 | 税号 | 开户银行 | 账号 | 分管部门 | 专管业务员 |
|---|---|---|---|---|---|---|---|---|---|
| 001 | 新京城市学院 | 新京 | 3 | 1 | | 工行北京分行 | 11015892349 | 销售一部 | 宋广利 |
| 002 | 思睿科技有限公司 | 思睿 | 1 | 2 | 5987320101011412 | 工行上海分行 | 22100032341 | 销售二部 | 孟斐 |
| 003 | 致远科技有限公司 | 致远 | 2 | 1 | 1203243242342113 | 工行北京分行 | 11010499852 | 销售一部 | 宋广利 |

（7）供应商分类。

本企业只有几个主要供应商，长期稳定，不需要进行分类管理。

（8）供应商档案。

| 供应商编号 | 供应商名称 | 供应商简称 | 所属分类码 | 所属地区码 | 税号 | 开户银行 | 账号 | 分管部门 | 分管业务员 |
|---|---|---|---|---|---|---|---|---|---|
| 001 | 启星电子科技有限公司 | 启星 | 00 | 1 | 110108534875344 | 工行北京分行 | 10543982199 | 采购部 | 徐乐 |
| 002 | 迅捷科技有限公司 | 迅捷 | 00 | 1 | 110843543722553 | 工行北京分行 | 43828943234 | 采购部 | 徐乐 |

（9）外币设置。

本企业采用固定汇率核算外币，外币只涉及美元一种，美元币符定为“$”，2014 年 1 月初汇率为 6.36。

（10）会计科目。

本企业常用会计科目及期初余额如下：

| 科目编号及名称 | 辅助核算 | 方向 | 币别/计量 | 期初余额 | 备注 |
|---|---|---|---|---|---|
| 库存现金（1001） | 日记账 | 借 | | 3 256.20 | 修改 |
| 银行存款（1002） | 日记账、银行账 | 借 | | 189 285.02 | 修改 |
| 中行存款（100201） | 日记账、银行账 | 借 | | 189 285.02 | 新增 |
| 人民币户（10020101） | 日记账、银行账 | 借 | | 189 285.02 | 新增 |
| 美元户（10020102） | 日记账、银行账 | 借 | 美元 | | 新增 |
| 应收票据（1121） | 客户往来 | 借 | | | 修改 |
| 应收账款（1122） | 客户往来 | 借 | | 75 780.00 | 修改 |
| 预付账款（1123） | 供应商往来 | 借 | | | 修改 |
| 其他应收款（1221） | 个人往来 | 借 | | 6 800.00 | 修改 |
| 坏账准备（1231） | | 贷 | | 10 000.00 | |
| 材料采购（1401） | | 借 | | −41 600.00 | |
| 原材料（1403） | | 借 | | 467 960.00 | |
| CPU 芯片（140301） | | 借 | | 378 000.00 | 新增 |
| | 数量核算（盒） | | | 300.00 | |
| 硬盘（140302） | | 借 | | 68 400.00 | 新增 |
| | 数量核算（盒） | | | 180.00 | |
| 鼠标（140303） | | | | 21 560.00 | |
| | 数量核算（个） | | | 220.00 | |
| 库存商品（1405） | | 借 | | 863 800.00 | |
| 固定资产（1601） | | 借 | | 342 299.00 | |
| 累计折旧（1602） | | 贷 | | 223 471.87 | |
| 短期借款（2001） | | 贷 | | 800 000.00 | |
| 应付票据（2201） | 供应商往来 | 贷 | | | 修改 |
| 应付账款（2202） | 供应商往来 | 贷 | | 144 000.00 | 修改 |

续表

| 科目编号及名称 | 辅助核算 | 方向 | 币别/计量 | 期初余额 | 备注 |
|---|---|---|---|---|---|
| 预收账款（2203） | 客户往来 | 贷 | | | 修改 |
| 应付职工薪酬（2211） | | 贷 | | | |
| 应付工资（221101） | | 贷 | | 228 571.40 | 新增 |
| 应付福利费（221102） | | 贷 | | 32 000.00 | 新增 |
| 工会经费（221103） | | 贷 | | | 新增 |
| 职工教育经费（221104） | | 贷 | | | 新增 |
| 应交税费（2221） | | 贷 | | 8 200.00 | |
| 应交增值税（222101） | | 贷 | | 8 200.00 | 新增 |
| 进项税额（22210101） | | 贷 | | −33 800.00 | 新增 |
| 销项税额（22210105） | | 贷 | | 42 000.00 | 新增 |
| 实收资本（4001） | | 贷 | | 500 000.00 | |
| 本年利润（4103） | | 贷 | | | |
| 利润分配（4104） | | 贷 | | 15 987.69 | |
| 未分配利润（410415） | | 贷 | | 15 987.69 | 新增 |
| 生产成本（5001） | | 借 | | 54 650.74 | |
| 直接材料（500101） | 项目核算 | 借 | | 35 000.00 | 新增 |
| 直接人工（500102） | | 借 | | 17 485.74 | 新增 |
| 制造费用（500103） | | 借 | | 2 000.00 | 新增 |
| 折旧费（500104） | | 借 | | 165.00 | 新增 |
| 其他（500105） | | 借 | | | 新增 |
| 制造费用（5101） | | 借 | | | |
| 工资（510101） | | 借 | | | 新增 |
| 折旧费（510102） | | 借 | | | 新增 |
| 其他（510103） | | 借 | | | 新增 |
| 主营业务收入（6001） | 项目核算 | 贷 | | | 修改 |
| 其他业务收入（6051） | | 贷 | | | |
| 主营业务成本（6401） | 项目核算 | 借 | | | 修改 |
| 营业税金及附加（6403） | | 借 | | | |
| 其他业务成本（6402） | | 借 | | | |
| 销售费用（6601） | | 借 | | | |
| 薪资（660101） | | 借 | | | 复制 |
| 福利费（660102） | | 借 | | | 复制 |
| 办公费（660103） | | 借 | | | 复制 |
| 差旅费（660104） | | 借 | | | 复制 |
| 招待费（660105） | | 借 | | | 复制 |
| 折旧费（660106） | | 借 | | | 复制 |

续表

| 科目编号及名称 | 辅助核算 | 方向 | 币别/计量 | 期初余额 | 备注 |
|---|---|---|---|---|---|
| 其他（660107） | | 借 | | | 复制 |
| 管理费用（6602） | | 借 | | | |
| 薪资（660201） | 部门核算 | 借 | | | 新增 |
| 福利费（660202） | 部门核算 | 借 | | | 新增 |
| 办公费（660203） | 部门核算 | 借 | | | 新增 |
| 差旅费（660204） | 部门核算 | 借 | | | 新增 |
| 招待费（660205） | 部门核算 | 借 | | | 新增 |
| 折旧费（660206） | 部门核算 | 借 | | | 新增 |
| 其他（660207） | | 借 | | | 新增 |
| 财务费用（6603） | | 借 | | | |
| 利息支出（660301） | | 借 | | | 新增 |
| 手续费（660302） | | 借 | | | 新增 |

利用增加、修改、成批复制等功能完成对会计科目的编辑，最后指定现金、银行存款会计科目。

（11）凭证类别。

| 凭证分类 | 限制类型 | 限制科目 |
|---|---|---|
| 收款凭证 | 借方必有 | 1001,1002 |
| 付款凭证 | 贷方必有 | 1001,1002 |
| 转账凭证 | 凭证必无 | 1001,1002 |

（12）项目目录。

| 项目大类 | 产品 | | | |
|---|---|---|---|---|
| 项目分类 | 计算机 | | 打印机 | 软件 |
| 项目<br>核算科目 | 台式机 | 笔记本 | 激光打印机 | 杀毒软件 |
| 500101 直接材料 | 是 | | | |
| 6001 主营业务收入 | 是 | | | |
| 6402 主营业务成本 | 是 | | | |

（13）结算方式。

| 结算方式编码 | 结算方式名称 | 票据管理 |
|---|---|---|
| 1 | 现金结算 | 否 |
| 2 | 支票结算 | 否 |
| 201 | 现金支票 | 是 |
| 202 | 转账支票 | 是 |

续表

| 结算方式编码 | 结算方式名称 | 票 据 管 理 |
|---|---|---|
| 3 | 银行汇票 | 否 |
| 4 | 商业汇票 | 否 |
| 401 | 商业承兑汇票 | 否 |
| 402 | 银行承兑汇票 | 否 |
| 9 | 其他 | 否 |

## 【操作指导】

### 1. 系统启用

系统启用的操作步骤如下。

（1）执行“开始”→“程序”→“用友 U8V10.1”→“企业应用平台”命令，打开“登录”对话框。输入操作员“330”或“贾涛”，输入密码“1”，在“账套”下拉列表框中选择“121 新锐科技”，更改“操作日期”为“2014-01-01”；单击【登录】按钮，进入“UFIDA U8”窗口。

（2）在基础设置中，执行“基本信息”→“系统启用”命令，打开“系统启用”对话框。

（3）单击“GL 总账”前的复选框，弹出“日历”对话框，选择“2014-01-01”，如图 3-1 所示。

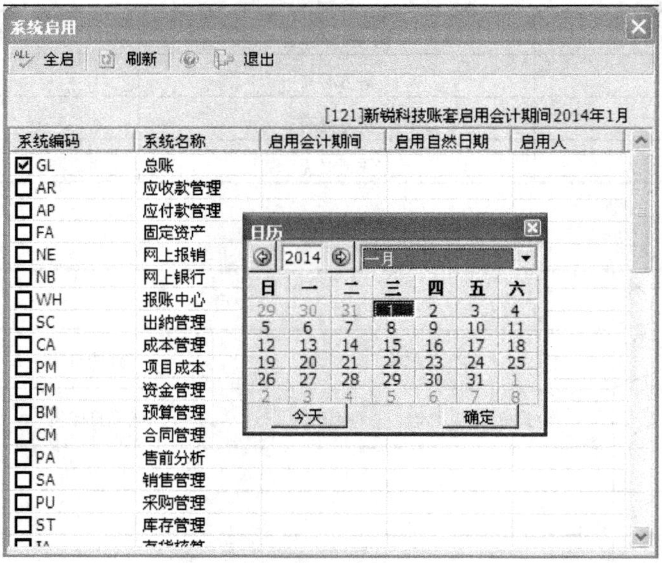


图 3-1　以账套主管身份进行系统启用设置

（4）单击【确定】按钮，系统弹出“确实要启用当前系统吗？”信息提示框，单击【是】按钮返回。

**注意：**

- 只有账套主管才有权在企业应用平台中进行系统启用。
- 各系统的启用时间必须大于等于账套的启用时间。

### 2. 设置部门档案

设置部门档案的操作步骤如下。

（1）在企业应用平台基础设置中，执行“基础档案”→“机构人员”→“部门档案”命令，进入“部门档案”窗口。

（2）单击【增加】按钮，输入部门编码、部门名称信息，单击【保存】按钮。

**注意：**

- 在未建立职员档案前，不能选择输入负责人信息。待职员档案建立完成后，通过“修改”功能补充输入负责人信息。

### 3. 建立人员类别

建立人员类别的操作步骤如下。

（1）在基础设置中，执行“基础档案”→“机构人员”→“人员类别”命令，进入“人员类别”窗口。

（2）在左边窗口中选择“在职人员”人员类别，单击【增加】按钮，按实验资料在在职人员下增加人员类别。

### 4. 设置人员档案

设置人员档案的操作步骤如下。

（1）在基础设置中，执行“基础档案”→“机构人员”→“人员档案”命令，进入“人员列表”窗口。

（2）单击左边窗口中“部门分类”下的“财务部”。

（3）单击【增加】按钮，按实验资料输入人员信息。

**提示：**

- 此处的人员档案应该包括企业所有员工。
- 如果该员工需要在其他档案或其他单据的“业务员”项目中被参照，则要选中“是否业务员”选项。

### 5. 建立地区分类

操作步骤略。

### 6. 建立客户分类

操作步骤略。

### 7. 建立客户档案

操作步骤略。

建立客户档案时，客户开户银行及账号需要在增加完客户档案后单击【银行】按钮，打开“客户银行档案”对话框进行录入。分管部门和专管业务员在“联系”页签中进行录入。

## 8．建立供应商档案

操作步骤略。

## 9．外币设置

外币设置的操作步骤如下。

（1）在企业应用平台基础设置中，执行“基础档案”→“财务”→“外币设置”命令，进入“外币设置”窗口。

（2）输入币符“$”，币名“美元”，其他项目采用默认值，单击【确认】按钮。

（3）输入月份 2014.01 的记账汇率为“6.36”，按回车键确认，如图 3-2 所示。

（4）单击【退出】按钮，完成外币设置。

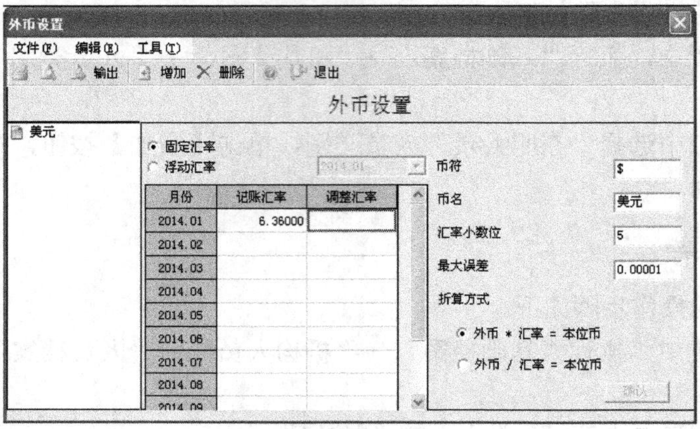


图 3-2 “外币设置”窗口

## 10．会计科目设置

（1）增加会计科目。

操作步骤如下。

① 在企业应用平台基础设置中，执行“基础档案”→“财务”→“会计科目”命令，进入“会计科目”窗口。

② 单击【增加】按钮，打开“新增会计科目”对话框，如图 3-3 所示。

③ 按实验资料输入各个项目，单击【确定】按钮进行保存。

**提示：**

● 销售费用下的明细科目用“成批复制”功能增加。

（2）利用“成批复制”功能增加会计科目。当完成管理费用下明细科目的增加后，可以利用成批复制功能增加销售费用下的明细科目，操作步骤如下。

① 在会计科目窗口中，执行“编辑”→“成批复制”命令，打开“成批复制”对话框。

② 输入复制源科目编码“6602”和目标科目编码“6601”，不选“辅助核算”选项，如图 3-4 所示。

③ 单击【确认】按钮，保存。

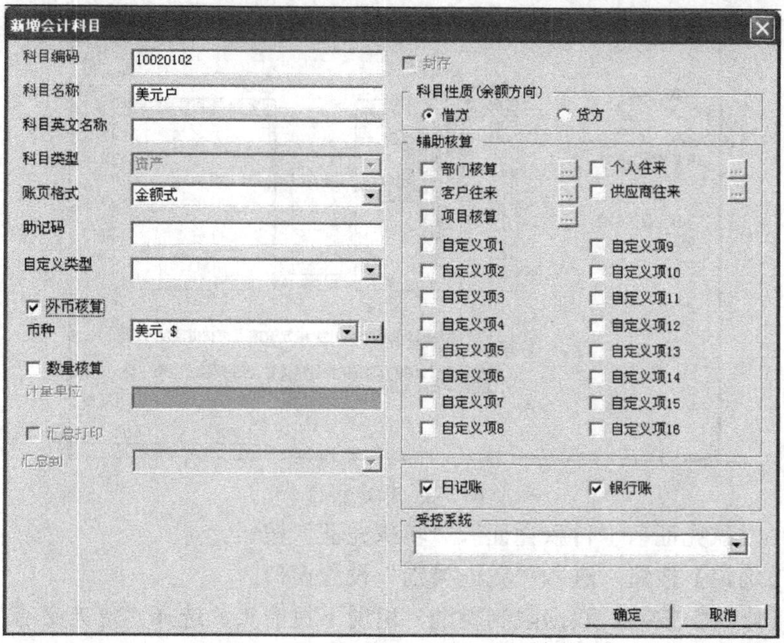


图 3-3 “新增会计科目”对话框

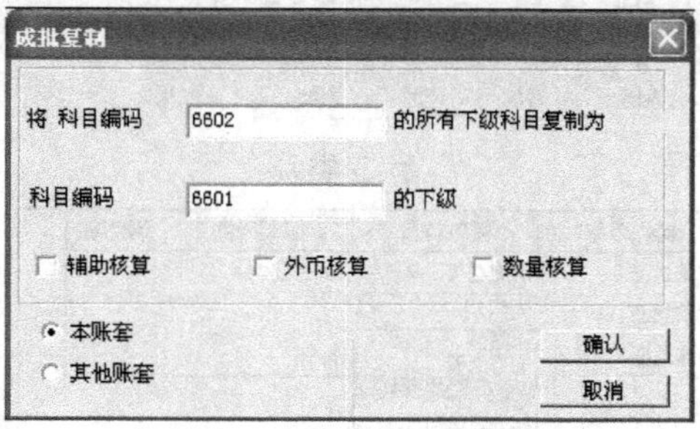


图 3-4 成批复制会计科目

（3）修改会计科目。系统预置的科目中没有指定科目的辅助核算内容，如现金科目未设置日记账核算、应收账款未指定客户往来核算，因此需要对实验资料中标注了辅助核算的科目进行修改，以补充指定科目的辅助核算内容。

（4）指定会计科目。

操作步骤如下。

① 在会计科目窗口中，执行“编辑”→“指定科目”命令，打开“指定科目”对话框。

② 单击“现金总账科目”按钮，从待选科目列表框中选择“1001 库存现金”科目，单击“>”按钮，将库存现金科目添加到已选科目列表中。

③ 同理，将银行存款科目设置为银行总账科目，如图 3-5 所示。

④ 单击【确定】按钮，保存。

**11．凭证类别设置**

设置凭证类别的操作步骤如下。

（1）在企业应用平台基础设置中，执行“基础档案”→“财务”→“凭证类别”命令，打开“凭证类别预置”对话框。

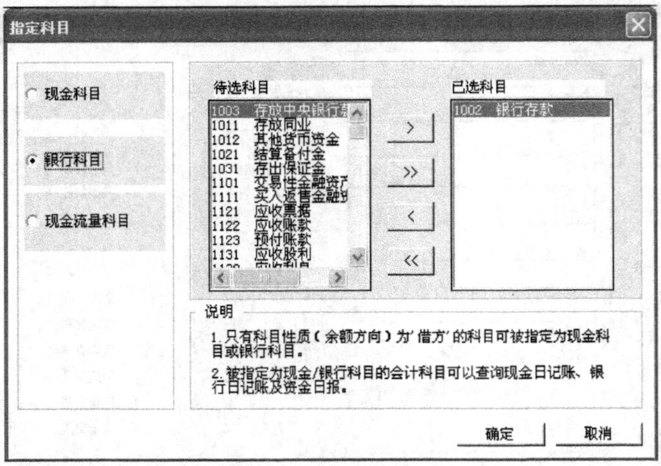


图 3-5 指定科目

（2）单击“收款凭证”、“付款凭证”、“转账凭证”按钮。

（3）单击【确定】按钮，进入“凭证类别”设置窗口。

（4）单击【修改】按钮，双击限制类型，出现下拉箭头，选择“借方必有”，选择或输入限制科目“1001,1002”，如图 3-6 所示。

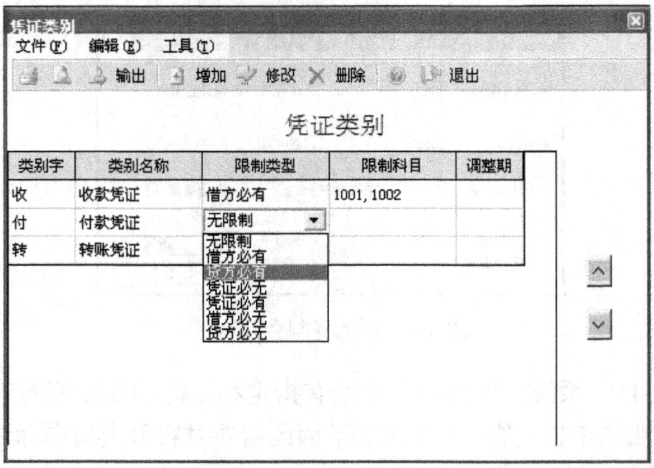


图 3-6 “凭证类别”设置窗口

**注意：**

- 限制科目之间一定为半角符号。

（5）用同样的方法，设置其他限制类型和限制科目。

### 12．项目目录设置

设置项目目录的操作步骤如下。

（1）在企业应用平台基础设置中，执行“基础档案”→“财务”→“项目目录”命令，打开“项目档案”对话框。

（2）单击【增加】按钮，打开“项目大类定义_增加”窗口。

（3）输入新项目大类名称“产品”，选择新增项目大类的属性“普通项目”，如图 3-7 所示。

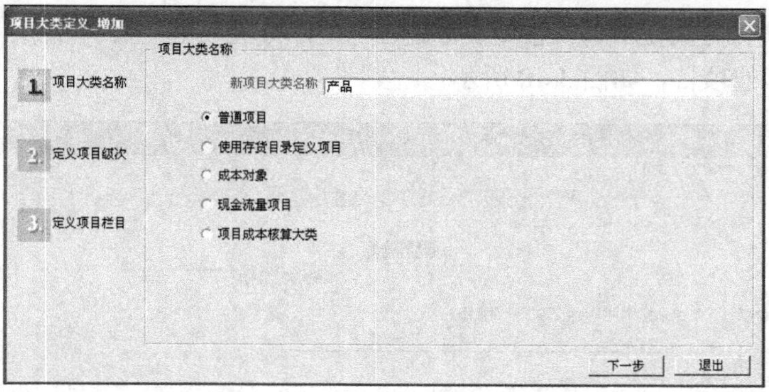


图 3-7　“项目大类定义_增加”窗口

（4）单击【下一步】按钮，打开“定义项目级次”窗口，设定项目级次：一级 1 位，如图 3-8 所示。

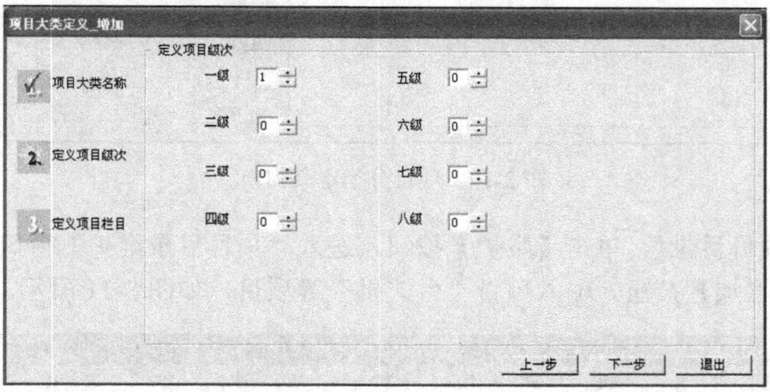


图 3-8　“定义项目级次”窗口

（5）单击【下一步】按钮，打开“定义项目栏目”对话框，取系统默认值，不做修改。

（6）单击【完成】按钮，返回“项目档案”界面。

（7）从项目大类下拉列表中选择“产品”，单击“核算科目”，单击“»”按钮，将全部待选科目选择为按产品项目大类核算的科目，单击【确定】按钮保存。如图 3-9 所示。

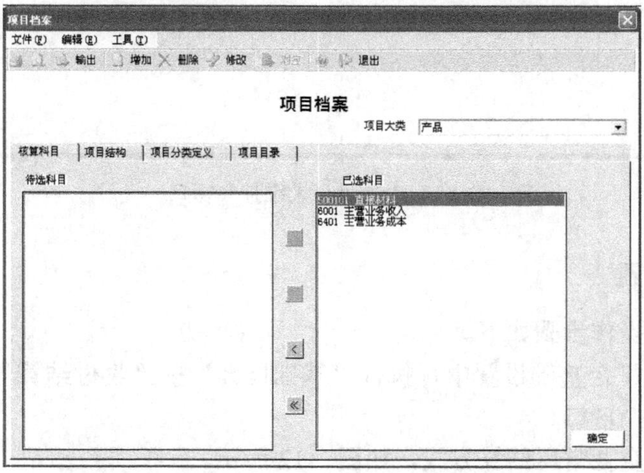


图 3-9　选择项目核算科目窗口

（8）单击“项目分类定义”，输入分类编码“1”，分类名称“计算机”，单击【确定】按钮。同理，输入其他项目，如图 3-10 所示。

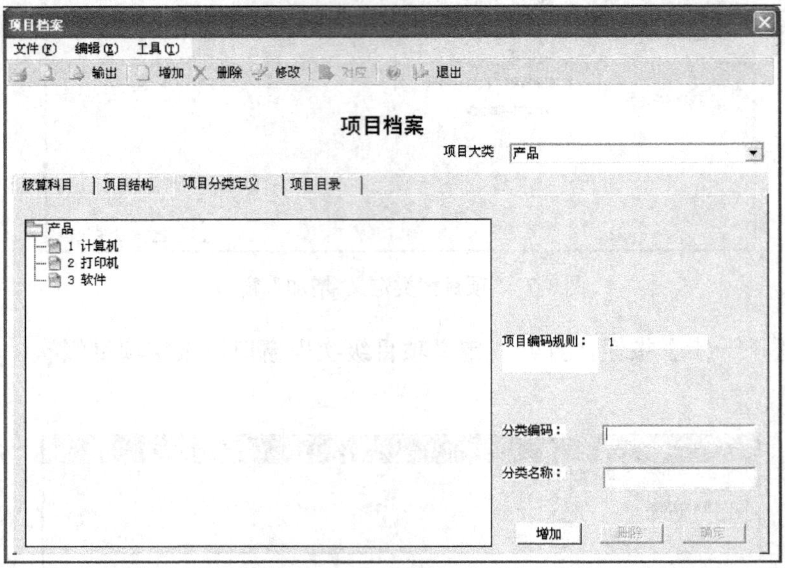

图 3-10　项目分类定义窗口

（9）单击“项目目录”，单击【维护】按钮，进入“项目目录维护”窗口。

（10）单击【增加】按钮，输入项目“台式机”等项目，如图 3-11 所示。

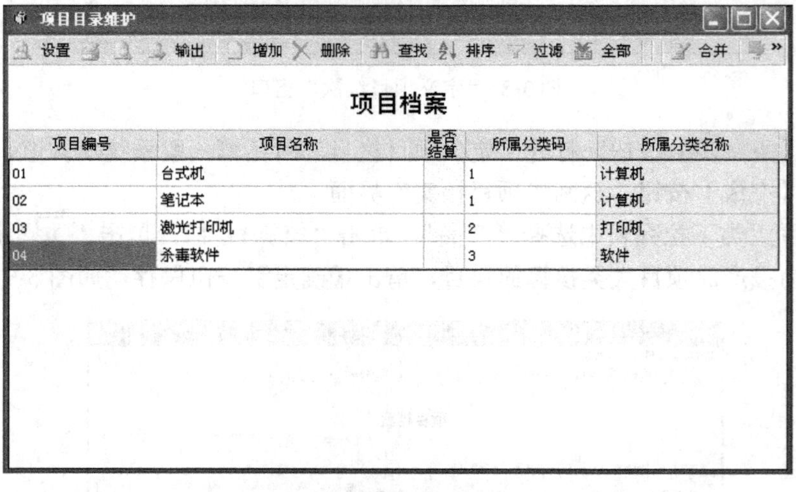

图 3-11　“项目目录维护”窗口

## 13. 结算方式设置

设置结算方式的操作步骤如下。

（1）在企业应用平台基础设置中，执行“基础档案”→“收付结算”→“结算方式”命令，进入“结算方式”窗口。

（2）按要求输入企业常用结算方式，如图 3-12 所示。

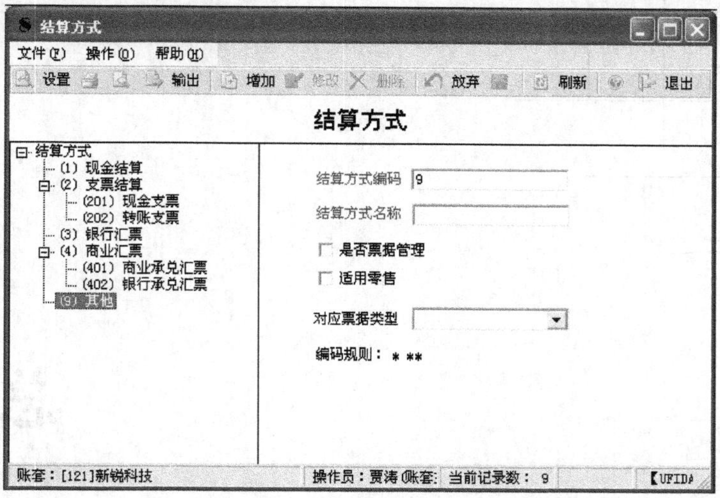


图 3-12 “结算方式”窗口

**14．账套数据备份**

备份实验二账套数据。

## 复习思考题 3

1．基础设置的重要性是什么？
2．按照财务业务一体化管理软件的要求，企业需要准备哪些基础数据？
3．为了加强对客户的管理，客户档案中一般需要设置哪些内容？
4．如何设置会计科目？
5．指定会计科目的作用是什么？
6．用友 U8 中提供了哪些科目辅助核算功能？
7．举例说明项目辅助核算的用途。
8．建立项目档案的程序是怎样的？
9．付款条件的含义是什么？

FOUR

# 第 4 章 总账管理

**本章学习目标**

- 了解总账管理系统的主要功能，及其与用友 U8 其他系统间的数据关系
- 熟悉总账管理系统的操作流程
- 掌握总账管理系统中各选项的含义
- 理解总账初始化的工作内容
- 掌握如何进行总账日常业务处理
- 理解出纳的主要工作内容
- 掌握总账期末业务处理的主要工作内容
- 掌握在总账中进行各种信息查询的方法

总账是会计信息系统的核心子系统，适用于各行各业进行财务核算和管理工作。基于信息化平台的账务处理不仅仅是对手工会计处理方式的简单模拟，而且是借助计算机数据运算速度快、海量数据存储和查询方便的特点，在会计科目体系架构、数据分类查询和汇总、精细项目核算等多方面超越了传统会计的局限性，为提升企业管理水平奠定了基础。

## 4.1 总账概述

### 4.1.1 总账系统的主要功能

总账系统的主要功能包括了总账系统初始化、凭证管理、出纳管理、账簿管理、辅助核算管理以及月末处理。

### 1．总账初始化

总账初始化是由企业用户根据自身的行业特性和管理需求，将通用的总账管理系统设置为适合企业自身特点的专用系统的过程。总账初始化主要包括系统选项设置和期初数据录入两项内容。

### 2．凭证管理

凭证是记录企业各项经济业务发生的载体，凭证管理是总账系统的核心功能，主要包括填制凭证、出纳签字、审核凭证、记账、查询打印凭证等。凭证是总账系统数据的唯一来源，为严把数据源的正确性，总账系统设置了严密的制单控制以保证凭证填制的正确性。另外，还提供资金赤字控制、支票控制、预算控制、外币折算误差控制、凭证类型控制、制单金额控制等功能，加强对业务的及时管理和控制。

### 3．出纳管理

资金收付的核算与管理是企业的重要日常工作，也是出纳的一项重要工作内容。总账系统中的出纳管理为出纳人员提供了一个集成办公环境，可完成现金日记账、银行存款日记账的查询和打印，随时出最新资金日报表，进行银行对账并生成银行存款余额调节表。

### 4．账簿管理

总账系统提供了强大的账证查询功能，可以查询打印总账、明细账、日记账、发生额余额表、多栏账、序时账等。不仅可以查询到已记账凭证的数据，而且查询的账表中也可以包含未记账凭证的数据；可以轻松实现总账、明细账、日记账和凭证的联查。

### 5．辅助核算管理

为了细化企业的核算与管理，总账系统提供了辅助核算管理功能。辅助类型主要包括以下几种：客户往来核算、供应商往来核算、项目核算、部门核算和个人往来核算。利用辅助核算功能，可以简化会计科目体系，使查询专项信息更为便捷。

### 6．月末处理

总账系统月末处理主要包括自动转账凭证的定义、自动转账凭证的生成、对账和结账等内容。

## 4.1.2 总账系统与其他子系统的数据关系

总账系统属于用友 U8 财务管理系统的组成部分，它既可以独立运行，也可以同其他系统协同运转。总账系统与其他子系统之间的数据关系如图 4-1 所示。

总账系统需要的基础数据在企业应用平台中统一设置。

在总账与应收款管理集成应用模式下，应收款管理系统向总账系统传递销售过程中形成的应收凭证及收款结算形成的收款凭证。

在总账与应付款管理集成应用模式下，应付款管理系统向总账系统传递采购过程中形成的应付凭证及付款结算形成的付款凭证。

薪资管理系统将工资分摊及费用分配的结果形成的凭证传递给总账系统。

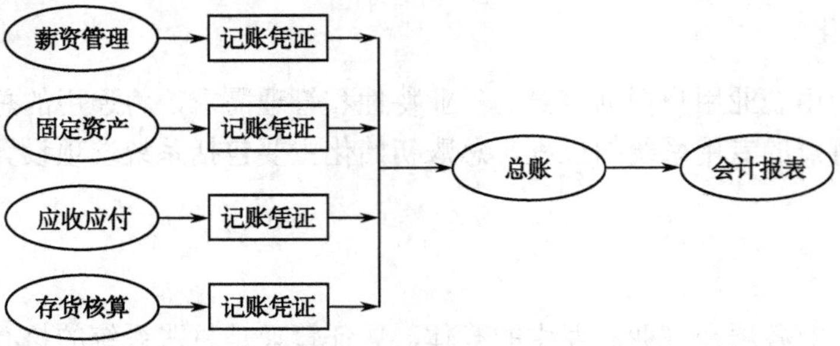


图 4-1　总账系统与其他子系统之间的数据关系

固定资产系统将固定资产增加、减少、计提折旧等业务处理产生的凭证传递给总账，通过对账保持固定资产明细记录与总账记录保持平衡。

采购、销售、库存管理等业务处理环节生成的凭证统一通过存货核算系统传递给总账。

各子系统传递到总账中的凭证，需要在总账系统中继续进行审核和记账处理。

### 4.1.3　总账系统的应用流程

总账系统的应用流程指示了正确使用总账系统的操作顺序，有助于帮助企业实现快速应用。一般来讲，各业务系统的应用大都划分为三个阶段：系统初始化、日常业务处理和月末处理，总账系统也遵循这一规律。总账系统的应用流程如图 4-2 所示。

对于图 4-2，需要说明以下两点。

（1）系统初始化阶段，与总账相关的基础档案（内框包含的部分）在企业应用平台中进行设置，此处仅为列示，以保持体系的完整性。

（2）如果在总账选项中设置了出纳凭证，则必须由出纳签字，凭证需由主管签字，在凭证处理流程中必须经过出纳签字、主管签字环节。出纳签字、主管签字与凭证审核没有先后次序之分。

## 4.2　总账系统初始化

总账系统初始化主要包括选项设置和期初余额录入。

### 4.2.1　选项设置

为了最大范围地满足不同企业用户的信息化应用需求，总账作为通用商品化软件的核心子系统，是通过内置大量的选项参数提供面向不同企业应用的解决方案。企业可以根据自身的实际情况进行选择，以确定符合个性特点的应用模式。

软件越通用，意味着系统内置的参数越多，系统参数的设置决定了企业的应用模式和应用流程。为了明确各项参数的适用对象，软件一般将参数分门别类进行管理。用友 U8 总账系统将参数分为以下七个页签。

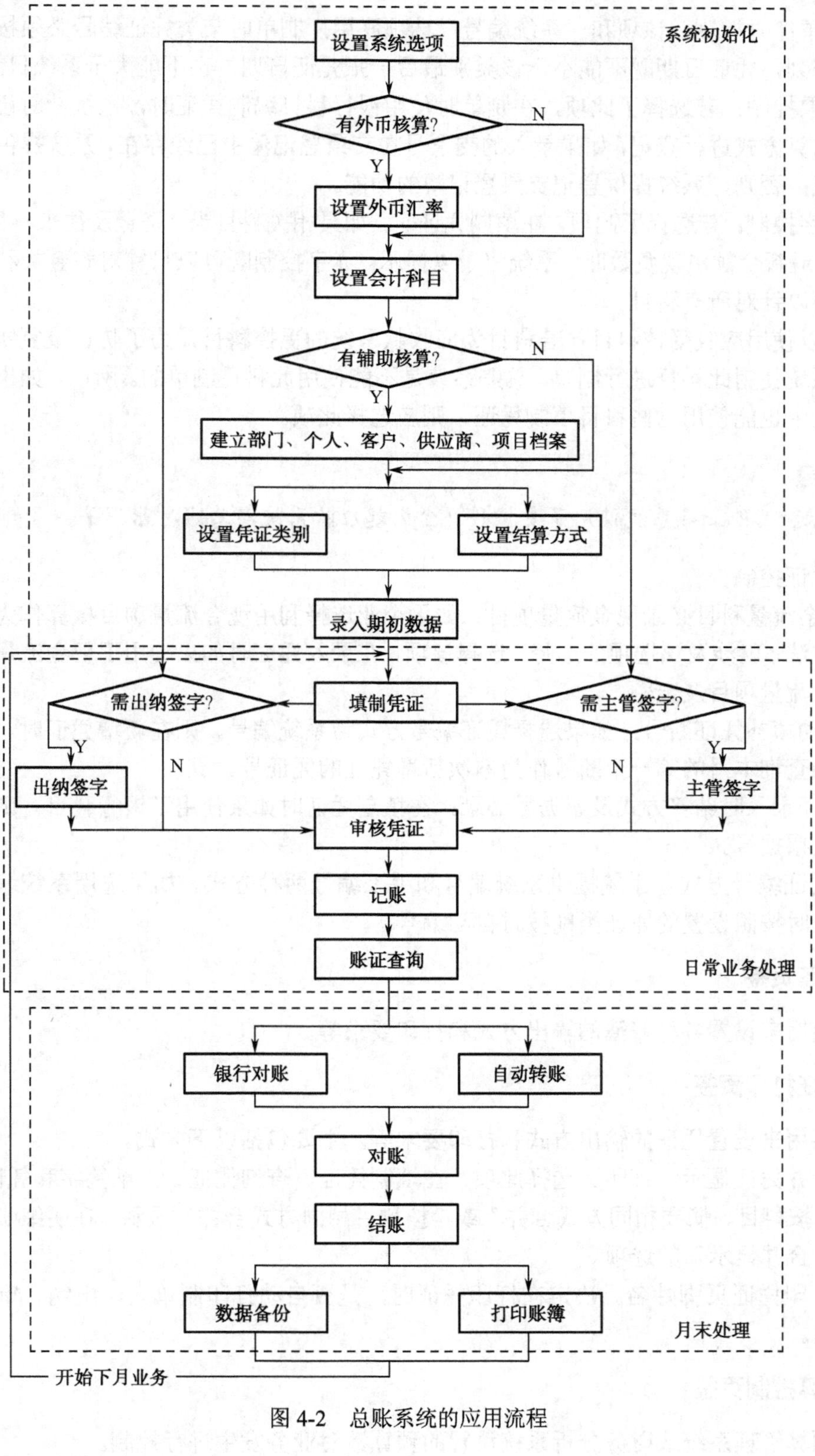


图 4-2 总账系统的应用流程

### 1．凭证页签

（1）制单控制。主要设置在填制凭证时，系统应对以下操作进行控制。包括：

① 制单序时控制：该项和“系统编号”选项联用，制单时某类凭证编号必须按日期顺序自小到大排列，凭证日期既不能小于该类别最后一张凭证日期，也不能大于系统日期。

② 支票控制：若选择了此项，在制单时使用银行科目编制凭证时，系统针对已设置了票据管理的结算方式进行登记，如果录入的支票号在支票登记薄中已经存在，系统提供登记支票报销的功能；否则，系统提供登记支票登记簿的功能。

③ 赤字控制：若选择了此项，在填制凭证时，如果相关科目当“资金及往来科目”或“全部科目”的最新余额出现负数时，系统将予以提示。赤字控制既可以只针对资金类科目和往来科目，也可以针对所有科目。

④ 可以使用应收受控科目：若科目为应收款系统的受控科目，为了防止重复制单，只允许应收款系统使用此科目进行制单，总账系统是不能使用此科目制单的。所以，如果用户希望在总账系统中也能使用这些科目填制凭证，则应选择此项。

**注意：**

- 总账和其他业务系统使用了受控科目会引起应收系统与总账对账不平。

（2）凭证控制。

① 现金流量科目必录现金流量项目：如果企业选择利用现金流量项目核算作为编制现金流量表的方法，就涉及该选项的选择。选择该项，在录入凭证时如果使用了现金流量科目则必须输入现金流量项目及金额。

② 自动填补凭证断号：如果选择凭证编号方式为系统编号，则在新增凭证时，系统按凭证类别自动查询本月的第一个断号作为本次新增凭证的凭证号。

③ 凭证录入时结算方式及票据号必录：在填制凭证时如果使用了银行科目，则必须录入结算方式及票据号。

（3）凭证编号方式。系统提供系统编号和手工编号两种方式。如果选用系统编号，系统在填制凭证时按照设置的凭证类别按月自动编号。

### 2. 账簿页签

该页签用来设置各种账簿的输出方式和打印要求等。

### 3. 凭证打印页签

该页签用来设置凭证的输出方式和打印要求等，主要包括以下方式。

（1）合并凭证显示、打印。选择此项，在填制凭证、查询凭证、出纳签字和凭证审核时，凭证按照“按科目、摘要相同方式合并”或“按科目相同方式合并”显示，在明细账显示界面提供是否“合并显示”的选项。

（2）打印凭证页脚姓名。决定在打印凭证时，是否自动打印制单人、出纳、审核人、记账人的姓名。

### 4. 预算控制页签

根据预算管理系统或财务分析系统设置的预算数对业务发生进行控制。

### 5. 权限页签

（1）制单权限控制到科目。如果需要明确操作员只能使用具有相应制单权限的科目制单，则首先在数据权限控制设置中选择对“科目”进行控制，再选中该项，最后在数据权限中为操作员指定制单可以使用的科目。设置完成后，该操作员只能使用有权限的科目进行制单。

同样意义的选项还有“制单、辅助账查询控制到辅助核算”、“明细账查询控制到科目”。

（2）制单权限控制到凭证类别。如果需要明确操作员只能填制特定类别的凭证，则首先在数据权限控制设置中选择对“凭证类别”进行控制，再选中该项，最后在数据权限中为操作员指定制单时可以使用的凭证类别。设置完成后，操作员制单时，凭证类别参照中只显示操作员有权限的凭证类别。

（3）操作员进行金额权限控制。系统可以对不同级别的人员进行制单金额大小的控制，例如，财务主管可以对 10 万元以上的经济业务制单，一般财务人员只能对 5 万元以下的经济业务制单，这样可以减少由于不必要的责任事故带来的经济损失。

以下情况不能进行金额权限控制：

① 如为外部凭证或常用凭证调用生成，则不做金额权限控制；

② 自定义结转凭证不受金额权限控制。

（4）凭证审核控制到操作员。如果需要指定某个具有凭证审核权限的操作员只能审核某些制单人填制的凭证，则应选择此项。

（5）出纳凭证必须经由出纳签字。出纳凭证是指凭证上包含现金或银行科目的凭证。涉及现金收付的业务是企业需要重点关注的业务，如果选择该项，凭证处理流程为填制凭证→出纳签字→审核凭证→记账。

**提示：**

- 出纳签字与审核凭证不分先后顺序。
- 如果选择了“凭证必须经由主管会计签字”，则在凭证处理流程的填制凭证和记账之间中还需要增加主管签字环节。

（6）凭证必须经由主管会计签字。如果企业中规定所有凭证都必须由主管会计签字才能作为记账依据，则应选择此项。

（7）允许修改、作废他人填制的凭证。如果制单人填制的凭证有误，该选项决定其他人员（如审核人员）发现凭证有误时是否允许修改或作废。“控制到操作员”属于数据权限控制内容，利用该项可以指定允许修改、作废哪些操作员填制的凭证。

（8）可查询他人凭证。该权限设置是否可以查询他人填制的凭证，利用“控制到操作员”指定可以查询哪些操作员填制的凭证。

### 6. 会计日历页签

在会计日历页签中包括以下几项内容：

（1）可查看各会计期间的起始日期与结束日期，以及启用会计年度和启用日期；

**提示：**

- 此处仅能查看会计日历的信息，如需修改应到系统管理中进行。

（2）可查看建立账套时的一些信息，如账套名称、单位名称、账套存放路径、行业性质和定义的科目级长等；

（3）可以修改数量小数位、单价小数位和本位币精度。

**7．其他页签**

在其他页签中可以设置以下内容。

（1）外币核算方式。有外币业务时，企业可以选择“固定汇率”或“浮动汇率”处理方式。

（2）排序方式。在参照部门目录、查询部门辅助账时，可以指定查询列表的内容是按编码顺序显示还是按名称顺序显示。也可以对个人往来辅助核算和项目辅助核算进行排序方式的设置。

### 4.2.2 期初余额录入

企业账套建立之后，需要在系统中建立基础档案和各账户的余额数据，才能接续手工业务处理进程。各账户余额数据的准备与总账启用的会计期间相关。

**1．准备期初数据**

为了保持账簿资料的连续性，应该将原有系统下截止到总账启用日为止的各账户年初余额、累计发生额和期末余额输入到计算机系统中。但因为它们之间存在如下关系：

| 某账户余额在借方 | 某账户余额在贷方 |
| --- | --- |
| 年初余额+本年累计借方发生额－本年累计贷方发生额=期末余额 | 年初余额+本年累计贷方发生额－本年累计借方发生额=期末余额 |

因此，一般只需要向计算机输入其中三个数据，另外一个数据可以根据上述关系自动计算。

选择年初启用总账和选择年中启用总账需要准备的期初数据是不同的。

（1）年初建账。如果选择年初建账，只需要准备各账户上年年末的余额作为新一年的期初余额，且年初余额和月初余额是相同的。如某企业选择 2015 年 1 月启用总账系统，则只需要整理该企业 2014 年 12 月末各账户的期末余额作为 2015 年 1 月初的期初余额。因为本年没有累计数据发生，所以月初余额同时也是 2015 年年初余额。

（2）年中建账。如果选择年中建账，不仅要准备各账户启用会计期间上一期的期末余额作为启用期的期初余额，而且还要整理自本年度开始截止至启用期的各账户累计发生数据。例如，某企业 2015 年 8 月开始启用总账系统，那么，应将该企业 2015 年 7 月末各科目的期末余额及 1～7 月的累计发生额整理出来，作为计算机系统的期初数据录入到总账系统中，系统将自动计算年初余额。

如果科目设置了某种辅助核算，那么还需要准备辅助项目的期初余额。如应收账款科目设置了客户往来辅助核算，除了要准备应收账款总账科目的期初数据外，还要详细记录这些应收账款是哪些客户的销售未收，要按客户整理详细的应收余额数据。

**2．录入期初数据**

期初余额录入时，根据科目性质不同，分为以下几种情况。

末级科目的余额可以直接输入。

非末级科目的余额数据由系统根据末级科目数据逐级向上汇总得出。

科目有数量外币核算时，在输入完本位币金额后，还要输入相应的数量和外币信息。

科目有辅助核算时，不能直接输入该账户的期初余额，而是必须输入辅助账的期初余额。辅助账余额输入完毕后，自动带回总账。累计发生额可以直接输入。

提示：

- 如果余额方向与科目余额方向相反，录入余额时录入负数。

**3. 进行试算平衡**

期初数据输入完毕后应进行试算平衡。如果期初余额试算不平衡，可以填制、审核凭证，但不能进行记账处理。因为企业信息化时，初始设置工作量大，占用时间比较长，为了不影响日常业务的正常进行，故允许在初始化工作未完成的情况下进行凭证的填制。

凭证一经记账，期初数据便不能再修改。

## 4.3 总账系统日常业务处理

在总账系统中，初始化工作完成后，就可以开始进行日常业务处理了。总账系统日常业务处理主要包括凭证管理、出纳管理、账簿查询和月末处理。

### 4.3.1 凭证管理

记账凭证是登记账簿的依据，是总账系统的唯一数据来源，因此，凭证管理是总账系统最为核心的内容。凭证管理的内容主要包括填制凭证、凭证复核、凭证汇总、凭证记账，以及修改凭证、作废凭证、冲销凭证、查询凭证等内容。

**1. 填制凭证**

记账凭证按其编制来源可分为两大类：手工填制凭证和机制凭证。机制凭证包括利用总账系统自动转账功能生成的凭证以及在其他子系统中生成传递到总账的凭证。本节主要介绍手工填制凭证。

手工填制凭证也分为两种方式：一种是根据审核无误的原始凭证直接在总账系统中填制记账凭证；另一种是先在手工方式下填制好记账凭证，然后再集中输入到总账系统中。企业可以根据实际情况选择适合自己的方式。

填制凭证时各项目应填制的内容及注意事项如下。

（1）凭证类别。填制凭证时可以直接选择所需的凭证类别。如果在设置凭证类别时设置了凭证的限制类型，那么必须符合限制类型的要求，否则系统会给出错误提示。例如，假定企业选择了“收、付、转”三类凭证，且设置了收款凭证的限制类型为“借方必有”科目“1001，1002”，如果企业发生了“销售产品，货款未收”的业务，应借记应收账款科目，贷记主营业务收入科目，如果用户误选了“收款凭证”类别，保存时系统会提示“不满足借方必有条件”。

（2）凭证编号。如果选择“系统编号”方式，凭证按凭证类别按月自动顺序编号；如果选择“手工编号”方式，则需要手工输入凭证号，但应注意凭证号的连续性和唯一性。

（3）凭证日期。填制凭证时，日期一般自动取登录系统时的业务日期。选择“制单序时控制”的情况下，凭证日期应大于等于该类凭证最后一张凭证日期，但不能超过机内系统日期。

（4）附单据数。记账凭证打印出来后，应将相应的原始凭证粘附其后，这里的附单据数就是指将来该记账凭证所附的原始单据数。

（5）摘要。摘要是对经济业务的概括说明。因为计算机记账时是以记录行为单位，所以每行记录都要有摘要，不同记录行的摘要可以相同也可以不同。每行摘要将随相应的会计科目在明细账、日记账中出现，可以直接输入；如果定义了常用摘要的话，也可以调用常用摘要。

（6）会计科目。填制凭证时，要求会计科目必须是末级科目，可以输入科目编码、科目名称、科目助记码。

如果输入的是银行科目，一般系统会要求输入有关结算方式的信息，此时最好输入，以方便日后银行对账；如果输入的科目有外币核算，系统会自动带出在外币中已设置的相关汇率，如果不符还可以修改，输入外币金额后，系统会自动计算出本币金额；如果输入的科目有数量核算，应该输入数量和单价，系统会自动计算出本币金额；如果输入的科目有辅助核算，应该输入相关的辅助信息，以便系统生成辅助核算信息。

（7）金额。金额可以是正数或负数（即红字），但不能为零。凭证金额应符合“有借必有贷，借贷必相等”的原则，否则将不能保存。

另外，如果设置了常用凭证，可以在填制凭证时直接调用常用凭证，从而增加凭证录入的速度和规范性。

**2．凭证复核**

为了保证会计事项处理正确和记账凭证填制正确，需要对记账凭证进行复核。凭证复核包括出纳签字、主管签字和审核凭证。

（1）出纳签字。由于出纳凭证涉及到企业资金的收支，所以应加强对出纳凭证的管理。出纳签字功能使得出纳可以对涉及到现金、银行存款的凭证进行核对，以决定凭证是否有误。如果凭证正确无误，出纳便可签字，否则必须交由制单人进行修改后再重新核对。

出纳凭证是否必须由出纳签字取决于系统参数的设置，如果选择了“出纳凭证必须由出纳签字”选项，那么出纳凭证必须经过出纳签字才能够记账。

（2）主管签字。为了加强对会计人员制单的管理，有的企业所有凭证都需要由主管签字。为了满足这一应用需求，总账系统提供主管签字功能，但凭证是否需要经过主管签字才能记账取决于系统参数的设置。

（3）审核凭证。审核凭证是审核员按照相关规定，对制单员填制的记账凭证进行检查核对，如是否与原始凭证相符，会计分录是否正确等。凭证审核无误后，审核人便可签字，否则必须交由制单人进行修改后再重新审核。

所有凭证必须审核后才能记账。注意审核人与制单人不能是同一人。

如果设置了凭证审核明细权限的话，审核凭证还会受到明细权限的制约。

**3．凭证记账**

记账凭证经过审核签字后，便可以记账了。在计算机系统中，记账是由计算机自动进行的。在记账过程中，一旦发生断电或因其他原因造成记账中断，系统会自动调用“恢复记账前状态”功能恢复数据，再重新选择记账。

如果记账后发现输入的记账凭证有错误需要进行修改，需要人工调用“恢复记账前状态”功能。系统提供了两种恢复方式：一是将系统恢复到最后一次记账前状态，二是将系统恢复到月初状态。只有主管才能选择将数据“恢复到月初状态”。

**注意：**

如果期初余额试算不平衡则不能记账；如果上月未结账，则本月不能记账。

### 4．修改凭证

在信息化方式下，凭证的修改分为无痕迹修改和有痕迹修改。

（1）无痕迹修改。无痕迹修改是指系统内不保存任何修改线索和痕迹。对于尚未审核和签字的凭证可以直接进行修改；对于已经审核或签字的凭证应该先取消审核或签字，然后才能修改。显然，这两种情况下，都没有保留任何审计线索。

（2）有痕迹修改。有痕迹修改是指系统通过保存错误凭证和更正凭证的方式而保留修改痕迹，因而可以留下审计线索。对于已经记账的错误凭证，一般应采用有痕迹修改。具体方法是采用红字更正法或补充更正法。前者适用于更正记账金额大于应记金额的错误或者会计科目的错误，后者适用于更正记账金额小于应记金额的错误。

能否修改他人填制的凭证取决于系统参数的设置。其他子系统生成的凭证，只能在账务系统中进行查询、审核、记账，不能修改和作废，只能在生成该凭证的原子系统中进行修改和删除，以保证记账凭证和原子系统中的原始单据相一致。

修改凭证时，一般情况下，凭证类别及编号是不能修改的。修改凭证日期时，为了保持序时性，日期应介于前后两张凭证日期之间，同时日期月份不能修改。

### 5．作废凭证

对于尚未审核和签字的凭证，如果不需要，可以直接将其作废，作废凭证仍保留凭证内容及编号，仅显示“作废”字样。作废凭证不能修改、审核，但应参与记账，否则月末无法结账。记账时不对作废凭证进行数据处理，相当于一张空凭证。账簿查询时，查不到作废凭证的数据。

与作废凭证相对应，系统也提供对作废凭证的恢复，将已标识为作废的凭证恢复为正常凭证。当作废凭证没有保留的必要时，可以通过“整理凭证”彻底将其删除。

### 6．冲销凭证

冲销凭证是针对已记账凭证而言的。红字冲销可以采用手工方式或由系统自动进行。如果采用自动冲销，只要告知系统要被冲销的凭证类型及凭证号，系统便会自动生成一张与该凭证相同但是金额为红字（负数）的凭证。

### 7．凭证查询

查询是计算机系统较手工方式的优势之一。既可以查询已记账凭证，也可以查询未记账凭证；既可以查询作废凭证，也可以查询标错凭证；既可以按凭证号范围查询，也可以按日期查询；既可以按制单人查询，也可以按审核人或出纳员查询。通过设置查询条件，可以按科目、摘要、金额、外币、数量、结算方式或各种辅助项查询，使得查询快捷、方便。

#### 8. 凭证汇总

凭证汇总时，可按一定条件对记账凭证进行汇总并生成凭证汇总表。进行凭证汇总的凭证可以是已记账凭证或未记账凭证，可供财务人员随时查询凭证汇总信息，及时了解企业的经营状况及其他财务信息。

#### 9. 设置常用凭证

企业发生的经济业务都有其规律性，有些业务在一个月内会重复发生若干次，因而在填制凭证的过程中，经常会有许多凭证完全相同或部分相同，可以将这些经常出现的凭证进行预先设置，以便将来填制凭证时随时调用，简化凭证的填制过程，这就是常用凭证。

#### 10. 设置常用摘要

由于经济业务的重复性，在日常填制凭证的过程中，经常会反复用到许多相同的摘要，为了提高凭证的录入速度，可以预先设置这些经常使用的摘要，在填制凭证时随时调用这些摘要，这样可以大大提高业务处理效率。

#### 11. 设置明细权限

如果在系统参数中设置了某些选项，如“制单权限控制到科目”、“制单权限控制到凭证类别”、“制单金额控制”、“审核权限控制到操作员”、“明细账查询控制到科目”等，那么就需要利用系统提供的相关功能进行明细权限的设置。

### 4.3.2 出纳管理

出纳管理是总账系统为出纳人员提供的一套管理工具和工作平台，包括出纳签字、现金和银行存款日记账的查询打印、资金日报表、支票登记簿以及银行对账。

#### 1. 出纳签字

如果凭证上使用了指定为现金或银行存款属性的科目，即涉及到现金收付业务。需要出纳对该类业务进行确认，出纳签字在凭证管理中已作过介绍，在此不再赘述。

#### 2. 现金和银行日记账的查询打印、资金日报表

现金日记账和银行存款日记账不同于一般科目的日记账，是属于出纳管理的，因此将其查询与打印功能放置在出纳管理平台。现金、银行日记账一般可按月查询或按日查询，查询时也可以包含未记账凭证在内。

资金日报表可以反映现金和银行存款日发生额及余额情况。手工环境下，资金日报表由出纳逐日填写，以反映当天营业终了时现金、银行存款的收支情况及余额。在计算机系统中，资金日报表可由总账系统根据记账凭证自动生成，及时掌握当日借、贷金额合计、余额以及当日业务量等信息。资金日报表既可以根据已记账凭证生成，也可以根据未记账凭证生成。

#### 3. 支票登记簿

加强支票的管理对于企业来说非常重要，因此，总账系统提供了支票登记簿功能，以供出纳员详细登记支票领用及报销情况，如领用日期、领用部门、领用人、支票号、用途、预计

金额、报销日期、实际金额、备注等。

使用支票登记簿时，需要注意以下问题：

（1）建立会计科目时，必须为银行存款科目设置银行账属性。

（2）设置结算方式时，必须为支票结算方式设置票据管理属性。

（3）领用支票时，银行出纳必须据实填写领用日期、领用部门、领用人、支票号、用途、预计金额、备注等信息。

（4）经办人持原始单据报销支票时，会计人员据此填制记账凭证。在录入该凭证时，系统要求录入结算方式和支票号，填制完凭证后，在采取支票控制的方式下，系统自动在支票登记簿中将该支票填上报销日期，表示该支票已报销。否则，出纳员需要自己填写报销日期。

#### 4．银行对账

银行对账是出纳在月末应进行的一项工作。企业为了了解未达账项情况，通常都会定期与开户银行进行对账。在信息化方式下，银行对账的程序如下。

（1）录入银行对账期初数据。在第一次利用总账系统进行银行对账前，应该录入银行启用日期时的银行对账期初数据。银行对账的启用日期是指使用银行对账功能前最后一次手工对账的截止日期，银行对账不一定和总账系统同时启用，银行对账的启用日期可以晚于总账系统的启用日期。银行对账期初数据包括银行对账启用日的企业方银行日记账与银行方银行对账单的调整前余额，以及启用日期之前的单位日记账和银行对账单的未达账项。录入期初数据后，应保证银行日记账的调整后余额等于银行对账单的调整后余额，否则会影响以后的银行对账。

（2）录入银行对账单。在开始对账前，必须将银行开出的银行对账单录入到系统中，以便将其与企业银行日记账进行核对。有些系统还提供了银行对账单导入功能，避免了烦琐的手工录入过程。

（3）银行对账。银行对账可采用自动对账和手工对账相结合的方式，先进行自动对账，然后在此基础上再进行手工对账。

自动对账是指系统根据设定的对账依据，将银行日记账（银行未达账项文件）与银行对账单进行自动核对和勾销。对于已核对上的银行业务，系统将自动在银行日记账和银行对账单双方打上两清标志，视为已达账项，否则视为未达账项。对账依据可由用户自己设置，但“方向+金额”是必要条件，通常可设置为“结算方式+结算号+方向+金额”。

采用自动对账后，可能还有一些特殊的已达账项没有对上而被视为未达账项，为了保证对账的彻底性和正确性，在自动对账的基础上还要进行手工补对。例如，自动对账只能针对“一对一”的情况进行对账，而对于“一对多”、“多对一”或“多对多”的情况，只能由手工对账来实现。

（4）查询打印余额调节表。在进行对账后，系统会根据对账结果自动生成银行存款余额调节表，以供用户查询打印或输出。

对账后，还可以查询银行日记账和银行对账单对账的详细情况，包括已达账项和未达账项。

（5）核销银行账。为了避免文件过大，占用磁盘空间，可以利用核销银行账功能将已达账项删除。对于企业银行日记账已达账项的删除不会影响企业银行日记账的查询和打印。

（6）长期未达账项审计。有的软件还提供长期未达账项审计的功能。通过设置截止日期以及至截止日期未达天数，系统可以自动将至截止日期未达账项未达天数超过指定天数的所有未达账项显示出来，以便企业了解长期未达账项情况，从而采取措施对其进行追踪、加强监督，避免不必要的损失。

## 4.4 账簿查询

企业发生的经济业务，经过制单、复核、记账后，就可以查询打印各种账簿了。计算机系统的账簿查询具有以下鲜明特点：第一，在查询各种账簿时，可以包括未记账凭证；第二，与手工环境不同，在信息化方式下，各种账簿都可以针对各级科目进行查询；第三，可以进行账表联查，例如，查询总账时可以联查明细账，而查明细账时可以联查凭证等。

以下分基本会计账簿查询和辅助核算账簿查询分别进行介绍。

### 4.4.1 基本会计账簿

基本会计账簿就是手工处理方式下的总账、发生额余额表、明细账、序时账、日记账、多栏账等。

**1. 总账**

查询总账时，可单独显示某科目的年初余额、各月发生额合计、全年累计发生额和月末余额。

**2. 发生额余额表**

发生额余额表可以同时显示各科目的期初余额、本期发生额、累计发生额及期末余额。

**3. 明细账**

明细账以凭证为单位显示各账户的明细发生情况，包括日期、凭证号、摘要、借方发生额、贷方发生额及余额。

**4. 序时账**

序时账根据记账凭证以流水账的形式反映各账户的信息，一般包括日期、凭证号、科目、摘要、方向、数量、外币及金额等信息。

**5. 日记账**

在信息化方式下，任何账户都可以查询日记账，只要将会计设置为日记账即可，而且可以随时设置，现金、银行存款日记账一般是在出纳功能中单独查询的。日记账一般包括日期、凭证号、摘要、对方科目、借方发生额、贷方发生额及余额。

**6. 多栏账**

在查询多栏账之前，必须先定义多栏账的格式。多栏账格式设置有自动编制栏目和手工编制栏目两种方式。

### 4.4.2 辅助核算账簿

辅助核算账簿在手工处理方式下一般作为备查账存在。

### 1. 个人核算

个人核算主要进行个人借款、还款管理工作，及时地控制个人借款，完成清欠工作。个人核算可以提供个人往来明细账、催款单、余额表、账龄分析报告及自动清理核销已清账等功能。

### 2. 部门核算

部门核算主要为了考核部门收支的发生情况，及时地反映控制部门费用的支出，对各部门的收支情况加以比较分析，便于部门考核。部门核算可以提供各级部门的总账、明细账，以及对各部门收入与费用进行部门收支分析等功能。

### 3. 项目核算

项目核算用于收入、成本、在建工程等业务的核算，以项目为中心为使用者提供各项目的成本、费用、收入、往来等汇总与明细信息，以及项目计划执行报告等。

### 4. 客户核算和供应商核算

客户核算和供应商核算主要进行客户和供应商往来款项的发生、清欠管理工作，及时掌握往来款项的最新情况。此功能可以提供往来款的总账、明细账、催款单、对账单、往来账清理、账龄分析报告等。如果用户启用了应收款管理系统和应付款管理系统，可以分别在这两个系统中对客户往来款和供应商往来款进行更为详细的核算与管理。

## 4.5 总账系统期末处理

每个会计期间结束，都要完成一些特定的工作，主要包括期末转账业务、对账及试算平衡、月末结账。由于各会计期间的许多期末业务均具有较强的规律性，所以，由计算机来处理期末会计业务，不但可以归反馈会计业务的处理，还可以大大提高工作效率。

### 4.5.1 自动转账

#### 1. 转账的分类

转账分为内部转账和外部转账。

内部转账就是自动转账，是指在总账系统内部通过设置凭证模板而自动生成相应的记账凭证。一些期末业务具有较强的规律性，而且每个月都会重复发生。例如，费用的分配、费用的分摊、费用的计提、税金的计算、成本费用的结转、期间损益的结转等。这些业务的凭证分录是固定的，金额来源和计算方法也是固定的，因而可以利用自动转账功能将处理这些经济业务的凭证模板定义下来，期末时通过调用这些模板自动生成相关凭证。

外部转账是指将其他专项核算子系统自动生成的凭证转入到总账系统。例如，工资系统中有关工资费用分配的凭证，固定资产系统中有关固定资产增减变动及计提折旧的凭证，应收款管理系统中有关应收账款发生、收回及坏账准备的凭证，应付款管理系统中有关应付账款发生及偿还的凭证。

**2．定义转账凭证**

要想利用自动转账功能自动生成记账凭证，首先应该定义凭证模板。定义凭证模板时，应设置凭证类别、摘要、借贷会计科目及其金额。其中，关键是金额公式的设置。因为各月金额不可能总是相同的，所以不能直接输入金额数，而必须利用账务子系统提供的账务函数来提取账户数据，如期初余额函数、期末余额函数、发生额函数、累计发生额函数、净发生额函数等。

定义转账凭证时，一定要注意这些凭证的生成顺序。例如，定义了结转销售成本、计算汇兑损益、结转期间损益、计提所得税、结转所得税等五张自动转账凭证。因为销售成本、汇兑损益是期间损益的一部分，所以一定要先生成结转销售成本、计算汇兑损益的凭证并复核记账后，才能生成结转期间损益的凭证；因为要依据本期利润计提所得税，所以一定要先生成结转期间损益的凭证并复核记账后，才能生成计提所得税的凭证；因为有了所得税费用才能结转所得税至本年利润，所以一定要先生成计提所得税的凭证并复核记账后才能生成结转所得税的凭证。因此，这五张凭证的顺序是结转销售成本→计算汇兑损益→结转期间损益→计提所得税→结转所得税，并且前一张凭证必须复核记账后才能继续生成后一张凭证。

凭证模板只需定义一次即可，各月不必重复定义。

**3．生成记账凭证**

凭证模板定义好以后，当每个月发生相关经济业务时可不必再通过手工录入凭证，而可以直接调用已定义好的凭证模板自动生成相关的记账凭证。

利用凭证模板生成记账凭证需要各月重复进行。

一般而言，只有在凭证记账后，账务函数才能取出相关数据。所以，利用自动转账生成凭证时，一定要使相关凭证已经全部记账，才能保证取出数据并且是完整的。例如，定义了一张根据本期利润计提所得税的凭证，要生成该张凭证，必须保证有关利润的凭证已经全部记账，否则，要么不能取出相应数据而导致金额为零从而不能生成凭证，要么取出的数据不完整从而导致所得税计提错误。

利用自动转账生成的凭证属于机制凭证，它仅仅代替了人工查账和填制凭证的环节，自动转账生成的凭证仍然需要审核记账。

### 4.5.2　对账及试算平衡

对账是对账簿数据进行核对，以检查记账是否正确，账账是否相符。对账包括总账与明细账、总账与辅助账的核对。试算平衡时系统会将所有账户的期末余额按会计平衡公式“借方余额=贷方余额”进行平衡检验，并输出科目余额表。正常情况下，系统自动记账后，应该是账账相符的，账户余额也是平衡的。但由于非法操作或计算机病毒等原因，有时可能会造成数据被破坏，从而引起账账不符，为了检查是否账证相符、账账相符以及账户余额是否平衡，应经常使用对账及试算平衡功能。结账时，系统一般会自动进行对账和试算平衡。

### 4.5.3　结账

每月工作结束后，都要在月末进行结账。结账前最好进行数据备份。结账后，当月不能再填制凭证，并终止各账户的记账工作。同时，系统会自动计算当月各账户发生额合计及余额，并将其转入到下月月初。本月结账时，系统会进行以下检查工作。

（1）检查本月业务是否已全部记账，有未记账凭证时不能结账。

（2）检查上月是否已结账，上月未结账，则本月不能结账。实际上，如果上月未结账，本月不能记账，但可以填制、复核凭证。

（3）核对总账与明细账、总账与辅助账，账账不符不能结账。

（4）对科目余额进行试算平衡，试算结果不平衡不能结账。

（5）损益类账户是否已结转至本年利润。

（6）当各子系统集成应用时，总账系统必须在其他各子系统结账后才能最后结账。

## 实验三　总账管理系统初始设置

### 【实验目的】

掌握用友U8管理软件中总账管理系统初始设置的相关内容，理解总账管理系统初始设置的意义，掌握总账管理系统初始设置的具体内容和操作方法。

### 【实验内容】

（1）总账系统选项设置。
（2）期初余额录入。

### 【实验准备】

引入实验二账套数据。

### 【实验资料】

#### 1. 总账控制参数

| 选 项 卡 | 参 数 设 置 |
|---|---|
| 凭证 | 制单序时控制<br>支票控制<br>赤字控制：资金及往来科目；赤字控制方式：提示<br>可以使用应收、应付、存货受控科目<br>取消“现金流量科目必录现金流量项目”<br>凭证编号方式采用系统编号 |
| 账簿 | 账簿打印位数按软件的标准设定<br>明细账打印按年排页 |
| 凭证打印 | 打印凭证的制单、出纳、审核、记账等人员姓名 |
| 预算控制 | 超出预算允许保存 |
| 权限 | 出纳凭证必须经由出纳签字<br>允许修改、作废他人填制的凭证<br>可查询他人凭证<br>明细账查询权限控制到科目 |

续表

| 选 项 卡 | 参 数 设 置 |
|---|---|
| 会计日历 | 会计日历为 1 月 1 日至 12 月 31 日<br>数量小数位和单价小数位设为 2 位 |
| 其他 | 外币核算采用固定汇率<br>部门、个人、项目按编码方式排序 |

**2. 期初余额**

（1）总账期初明细（见第 3 章实验二中的“会计科目”）。

（2）辅助账期初明细。

应收账款往来明细：1122 应收账款 余额：借 75 780 元

| 日 期 | 凭 证 号 | 客 户 | 摘 要 | 方 向 | 金 额 | 业 务 员 |
|---|---|---|---|---|---|---|
| 2013-10-25 | 转-96 | 新京城市学院 | 销售商品 | 借 | 72 000 | 宋广利 |
| 2013-11-10 | 转-15 | 致远科技有限公司 | 销售商品 | 借 | 3 780 | 宋广利 |

其他应收款往来明细：1221 其他应收款 余额：借 6 800 元

| 日 期 | 凭 证 号 | 部 门 | 个 人 | 摘 要 | 方 向 | 金 额 |
|---|---|---|---|---|---|---|
| 2013-12-26 | 付-118 | 企管办 | 郝佳 | 出差借款 | 借 | 4 000 |
| 2013-12-27 | 付-122 | 销售一部 | 宋广利 | 出差借款 | 借 | 2 800 |

应付账款往来明细：2202 应付账款 余额：贷 144 000 元

| 日 期 | 凭 证 号 | 供 应 商 | 摘 要 | 方 向 | 金 额 | 业 务 员 |
|---|---|---|---|---|---|---|
| 2013-10-20 | 转-62 | 启星 | 购买计算机 | 贷 | 144 000 | 徐乐 |

会计科目： 5001 生产成本 余额：借 25 000 元

| 科 目 名 称 | 台 式 机 | 笔 记 本 | 合 计 |
|---|---|---|---|
| 直接材料（500101） | 12 000 | 23 000 | 25 000 |

## 【实验要求】

以“贾涛”的身份进行总账初始设置。

## 【操作指导】

### 1. 设置总账选项

操作步骤如下。

（1）在企业应用平台业务工作中，选择“财务会计”中的“总账”，执行“设置”→“选项”命令，打开“选项”对话框。

（2）单击【编辑】按钮，进入参数修改状态。

（3）单击“凭证”选项卡，按照实验资料的要求进行相应的设置，如图 4-3 所示。

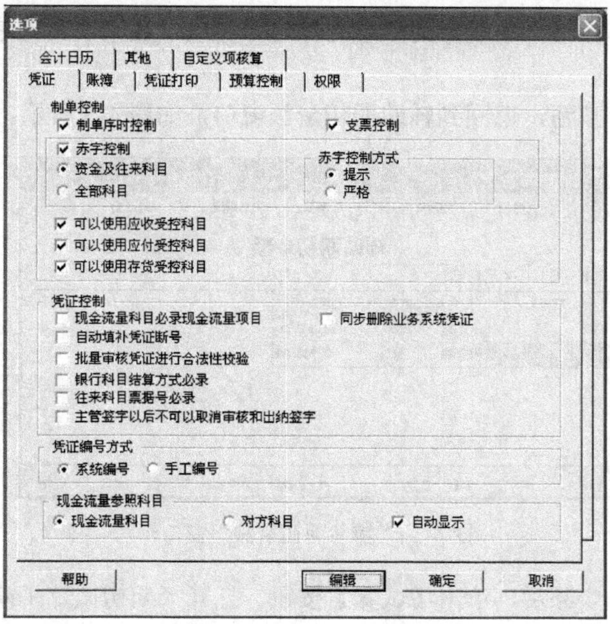


图 4-3 “选项—凭证”窗口

**注意：**

● 选择“可以使用应收受控科目”选项时，系统弹出“受控科目被其他系统使用时，会造成应收系统与总账对账不平”信息提示框，单击【确定】按钮返回即可。

（4）同理，分别单击“账簿”、“会计日历”、“其他”等选项卡，按照实验资料的要求进行相应的设置。

（5）设置完成后，单击【确定】按钮返回。

**2．输入期初余额**

（1）执行“设置”→“期初余额”命令，进入“期初余额录入”窗口。

（2）直接输入末级科目（底色为白色）期初余额，上级科目的余额自动汇总计算。

（3）设置了辅助核算的科目底色显示为蓝色，其累计发生额可直接输入，但期初余额的录入要到相应的辅助账中进行。方法是双击设置辅助核算属性的科目的期初余额栏，进入辅助期初余额窗口。单击【往来明细】按钮，进入“期初往来明细”窗口，录入应收账款往来明细，如图 4-4 所示。

图 4-4 “期初往来明细”窗口

（4）单击【汇总】按钮，系统自动汇总并弹出“完成了往来明细到辅助期初表的汇总！”单击【确定】按钮。

（5）单击【退出】按钮，返回到辅助期初余额窗口，如图 4-5 所示。

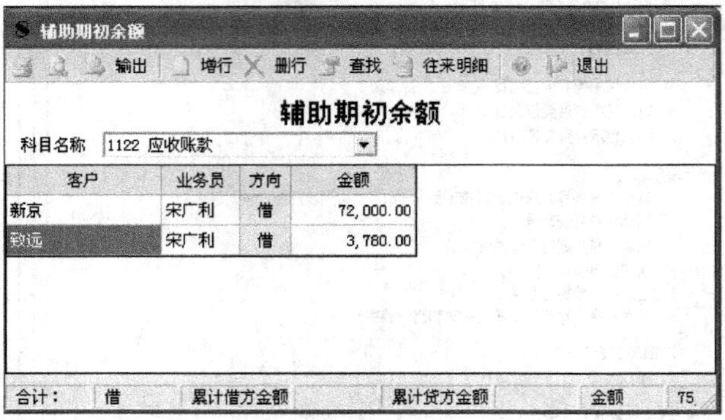


图 4-5 “辅助期初余额”窗口

（6）输入所有科目余额后，单击【试算】按钮，打开“期初试算平衡表”窗口，如图 4-6 所示。

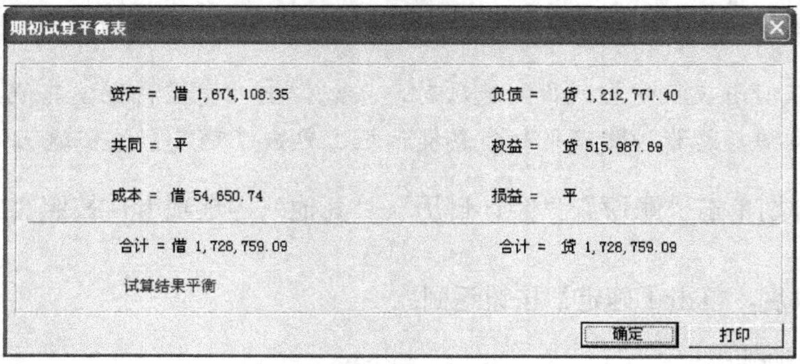


图 4-6 “期初试算平衡表”窗口

（7）若期初余额不平衡，则修改期初余额；若期初余额试算平衡，单击【确定】按钮。

**注意：**

- 期初余额试算不平衡，将不能记账，但可以填制凭证。
- 已经记过账，则不能再输入、修改期初余额，也不能执行“结转上年余额”功能。

最后，备份实验三账套数据。

## 实验四　总账管理日常业务处理

### 【实验目的】

掌握用友 U8 管理软件中总账系统日常业务处理的相关内容，熟悉总账系统日常业务处理的各种操作，掌握凭证管理和账簿管理的具体内容和操作方法。

## 【实验内容】

（1）凭证管理：填制凭证、出纳签字、审核凭证、凭证记账的操作方法。
（2）账簿管理：总账、科目明细账、明细账、辅助账的查询方法。
（3）现金管理：现金、银行存款日记账和资金日报表的查询。
（4）往来管理：往来账查询。
（5）项目管理：项目账查询。

## 【实验准备】

引入实验三账套数据。

## 【实验资料】

### 1. 凭证管理

（1）填制凭证。

1月经济业务如下：

① 2日，销售一部宋广利报销业务招待费1 200元，以现金支付。（附单据一张）

借：销售费用/招待费（660105）　　1 200
　贷：库存现金（1001）　　1 200

② 3日，财务部侯爱华从工行人民币账户提取现金10 000元，作为备用金。（现金支票号XJ001）

借：现金（1001）　　10 000
　　贷：银行存款/中行存款/人民币户（10020101）　　10 000

③ 5日，收到顶益集团投资资金100 000美元，汇率1:6.36。（转账支票号ZZW001）

借：银行存款/中行存款/美元户（10020102）　　636 000
　贷：实收资本（4001）　　636 000

④ 8日，采购部徐乐采购鼠标80个，单价90元，材料直接入库，货款以银行存款支付。（转账支票号ZZR001）

借：原材料/鼠标（140303）　　7 200
　　应交税费/应交增值税/进项税额　　1 224
　贷：银行存款/中行存款/人民币户（10020101）　　8 424

⑤ 10日，销售一部宋广利收到新京城市学院转来一张转账支票，金额50 000元，用以偿还前欠货款。（转账支票号ZZR002）

借：银行存款/中行存款/人民币户（10020101）　　50 000
　贷：应收账款（1122）　　50 000

⑥ 12日，采购部徐乐从迅捷科技购入杀毒软件100套，单价65元，货税款暂欠，已验收入库。（适用税率17%）

借：库存商品（1405）　　6 500
　　应交税费/应交增值税/进项税额（22210101）　　1 105
　贷：应付账款（2202）　　7 605

⑦ 16日，企管办购办公用品170元，付现金。

借：管理费用/办公费（660203）　　　　170
　贷：库存现金（1001）　　　　170

⑧ 18 日，企管办郝佳出差归来，报销差旅费 4 000 元，交回现金 440 元。

借：管理费用/差旅费（660204）　　　　3 560
　　库存现金（1001）　　　　440
　贷：其他应收款 （1221）　　　　4 000

⑨ 20 日，生产部领用硬盘 40 盒，单价 380 元，用于生产台式机。

借：生产成本/直接材料（500101）　　　　15 200
　贷：原材料/硬盘（140302）　　　　15 200

（2）修改凭证。

① 经查，16 日企管办购入办公用品 190 元，误录为 170 元。

② 经查，12 日采购部系从供应商“启星”购入的杀毒软件 100 套。

（3）删除凭证。经查，2 日宋广利报销的业务招待费属个人消费行为，不允许报销，现金已追缴，业务上不再反映。

（4）出纳签字。由出纳侯爱华对所有涉及现金和银行科目的凭证签字。

（5）审核凭证。由账套主管贾涛对凭证进行审核。

（6）记账。由账套主管贾涛对凭证进行记账。

（7）查询凭证。查询现金支出在 100 元以上的凭证。

**2. 账簿查询**

（1）查询 2014.01 余额表。

（2）查询原材料—硬盘数量金额明细账。

（3）定义并查询管理费用多栏账。

（4）查询 2014.01 部门收支分析表。

（5）查询企管办郝佳个人往来清理情况。

**4. 往来账查询**

（1）查询供应商“启星”明细账。

（2）进行客户往来账龄分析。

**5. 项目账查询**

（1）查询“台式机”项目明细账。

（2）进行项目统计分析。

**6. 出纳管理**

（1）查询现金日记账。

（2）查询资金日报表。

（3）支票登记簿

22 日，采购部徐乐借转账支票一张，用于采购硬盘，票号 155，预计金额 40 000 元。出纳在支票登记簿中进行登记。

## 【实验要求】

（1）以“任志刚”的身份进行凭证填制和查询操作。

（2）以“侯爱华”的身份进行出纳签字，现金、银行存款日记账和资金日报表的查询，以及支票登记操作。

（3）以“贾涛”的身份进行审核、记账、账簿查询操作。

## 【操作指导】

以“331 任志刚”的身份注册进入企业应用平台。

### 1. 凭证管理

（1）填制凭证。

业务 1：无辅助核算的一般业务

① 在企业应用平台业务工作中，执行“财务会计”→“总账”→“凭证”→“填制凭证”命令，进入“填制凭证”窗口。

② 单击【增加】按钮，系统自动增加一张空白收款凭证。

③ 在凭证左上角单击参照按钮，选择凭证类型“付款凭证”，输入制单日期“2014.01.02”，输入附单据数“1”。

④ 输入摘要“报销招待费”；选择科目名称“660105”，借方金额“1 200”，按回车键；摘要自动带到下一行，输入贷方科目“1001”，光标位于贷方时，按“=”键将借贷方差额“1 200”取到当前位置，如图 4-7 所示。

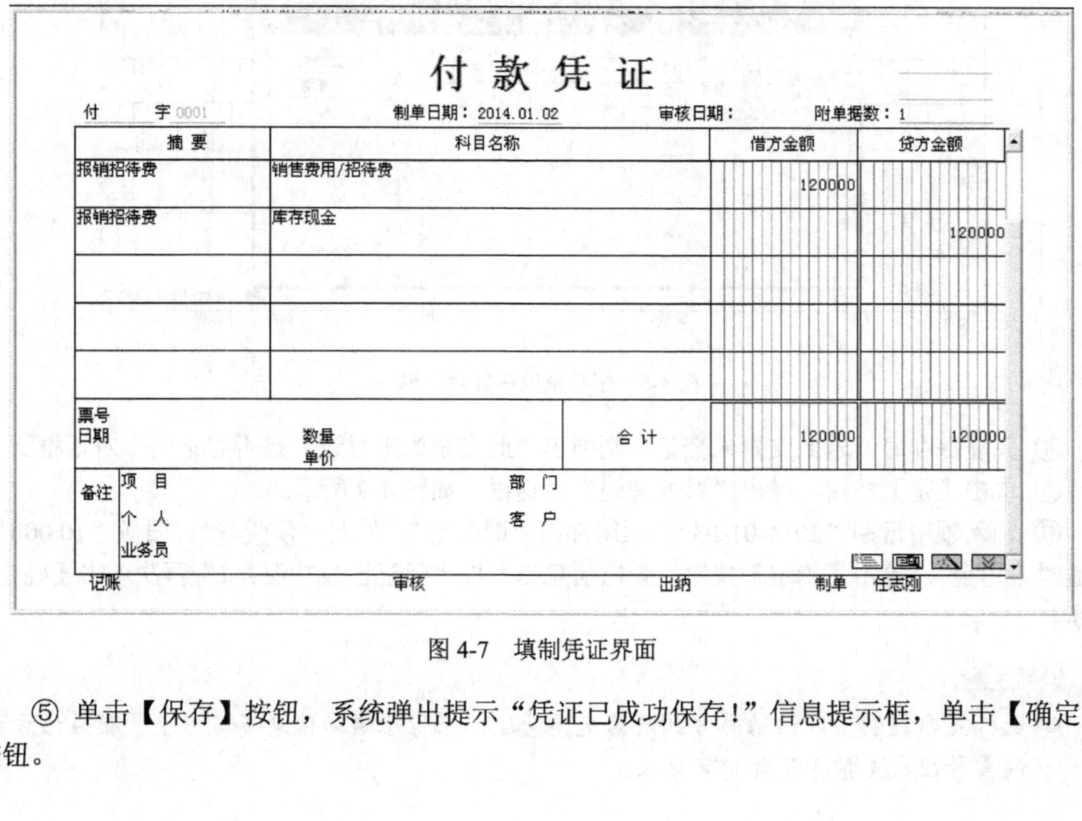


图 4-7　填制凭证界面

⑤ 单击【保存】按钮，系统弹出提示“凭证已成功保存！”信息提示框，单击【确定】按钮。

**注意：**

- 采用序时控制时，凭证日期应大于等于总账启用日期，不能超过系统日期。
- 凭证一旦保存，其凭证类别、凭证编号不能修改。
- 正文中不同行的摘要可以相同也可以不同，但不能为空。每行摘要将随相应的会计科目在明细账、日记账中出现。
- 科目编码必须是末级的科目编码。
- 金额不能为“零”；红字以“-”号表示。
- 可按“=”键取当前凭证借贷方金额的差额到当前光标位置。
- 单击【增加】按钮，可在保存凭证的同时增加一张新凭证。

业务 2：辅助核算——银行科目

① 在总账填制凭证功能中，增加一张付款凭证，输入摘要“提现金”。

② 输完银行科目“10020101”后，系统弹出“辅助项”对话框。

③ 输入结算方式“201”，票号“XJ001”，发生日期“2014-01-03”，如图 4-8 所示，单击【确定】按钮。

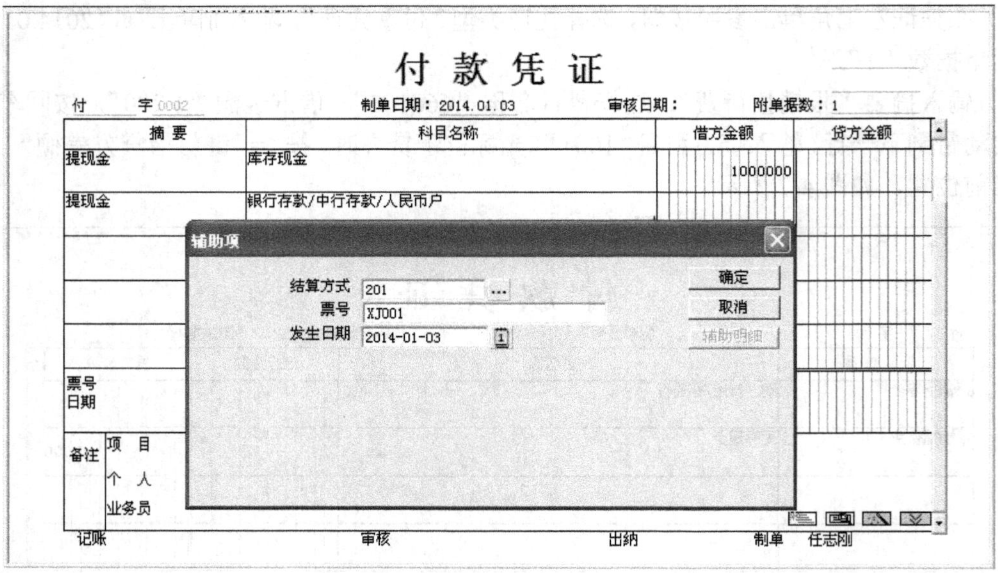


图 4-8 银行辅助核算对话框

④ 凭证保存时，若此支票未登记，则弹出“此支票尚未登记，是否登记？”对话框。

⑤ 单击【是】按钮，弹出“票号登记”对话框，如图 4-9 所示。

⑥ 输入领用日期“2014-01-03”，领用部门“财务部”，姓名“侯爱华”，限额“10 000”，用途“备用金”，单击【确定】按钮，弹出信息提示框“凭证已成功保存！”再次单击【确定】按钮。

**注意：**

- 选择支票控制，即该结算方式设为支票管理，银行账辅助信息不能为空，而且该方式的票号应在支票登记簿中有记录。

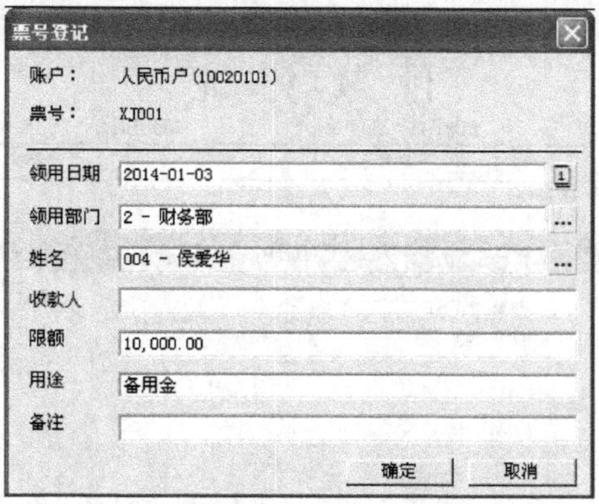


图 4-9　“票号登记”对话框

业务 3：辅助核算——外币科目

① 在填制凭证过程中，输入外币科目“10020102”后，系统自动显示外币汇率“6.36”，输入外币金额“100 000”，系统自动算出并显示本币金额“636 000”，如图 4-10 所示。

② 全部输入后，单击【保存】按钮，保存凭证。

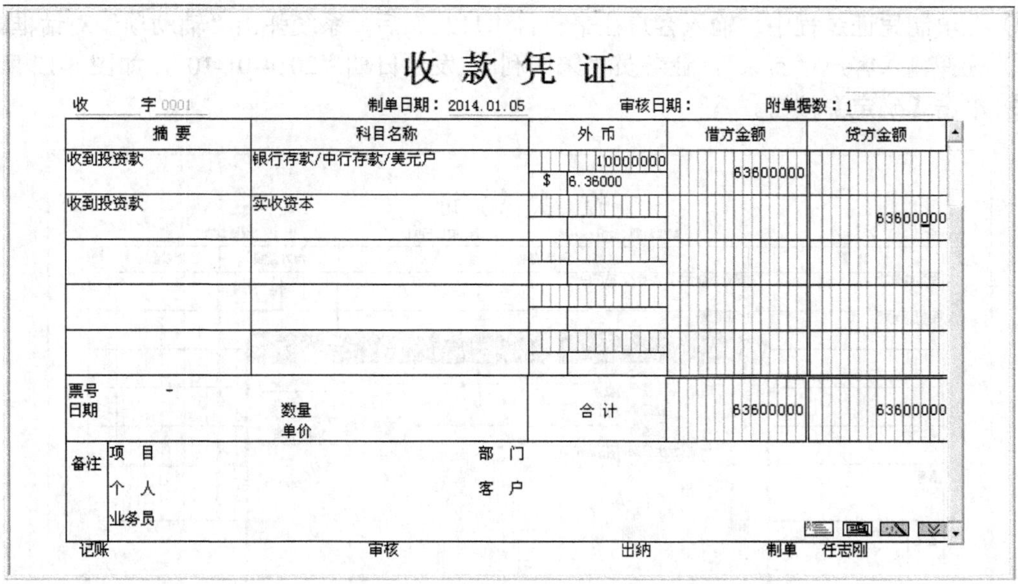


图 4-10　外币核算业务界面

**注意：**

- 汇率栏中的内容是固定的，不能输入或修改。如使用浮动汇率，汇率栏中显示最近一次汇率，可以直接在汇率栏中进行修改。

业务 4：辅助核算——数量科目

① 在填制凭证过程中，输入数量科目“140303”后，系统弹出“辅助项”对话框。

② 输入数量“80”，单价“90”，如图 4-11 所示，单击【确定】按钮。

③ 保存凭证时，登记支票登记簿。

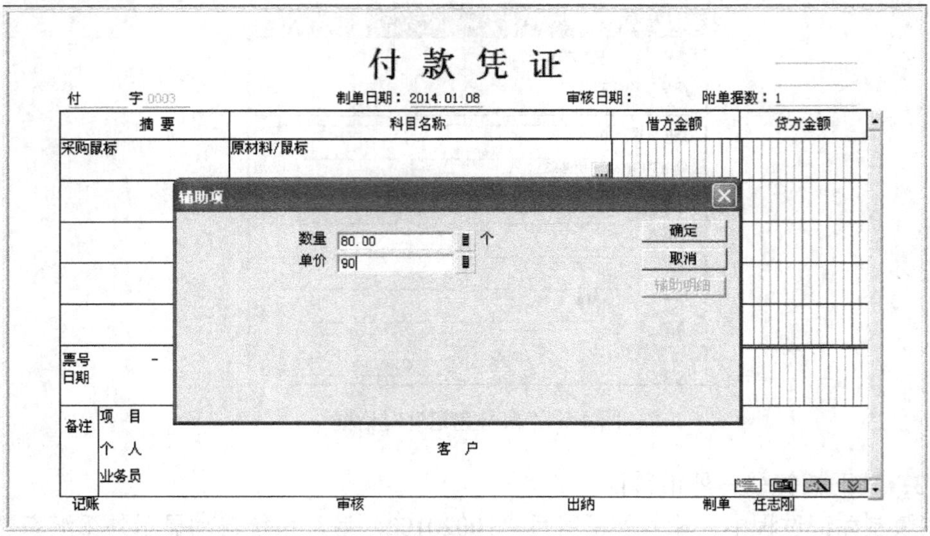


图 4-11　数量核算业务对话框

业务 5：辅助核算——客户往来

① 在填制凭证过程中，输入客户往来科目“1122”后，系统弹出“辅助项”对话框。

② 选择输入客户“新京”，业务员“宋广利”，发生日期“2014-01-10”，如图 4-12 所示。

③ 单击【确定】按钮。

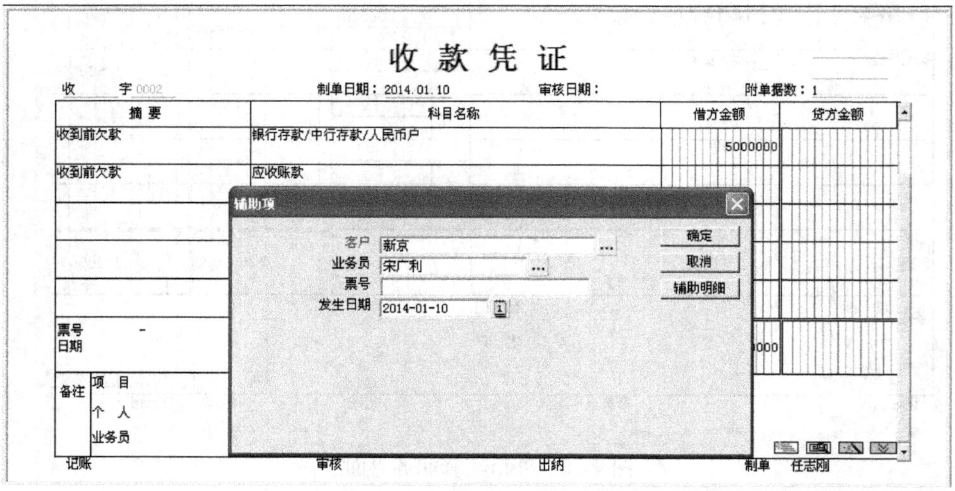


图 4-12　客户往来业务对话框

**注意：**

- 如果往来单位不属于已定义的往来单位，则要正确输入新往来单位的辅助信息，系统会自动追加到往来单位目录中。

业务 6：辅助核算——供应商往来

① 在填制凭证过程中，输入供应商往来科目“2202”后，系统弹出“辅助项”对话框。

② 选择输入供应商“迅捷”，发生日期“2014-01-12”，如图 4-13 所示。

③ 单击【确定】按钮。

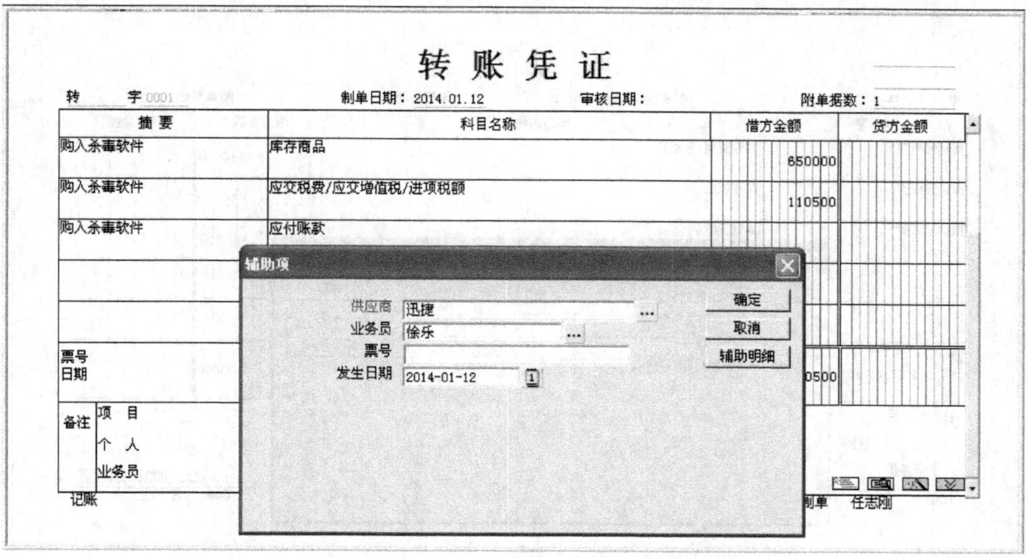


图 4-13　供应商往来业务对话框

业务 7：辅助核算——部门核算

① 在填制凭证过程中，输入部门核算科目“660203”后，系统弹出“辅助项”对话框。

② 选择输入部门“企管办”，单击【确定】按钮，如图 4-14 所示。

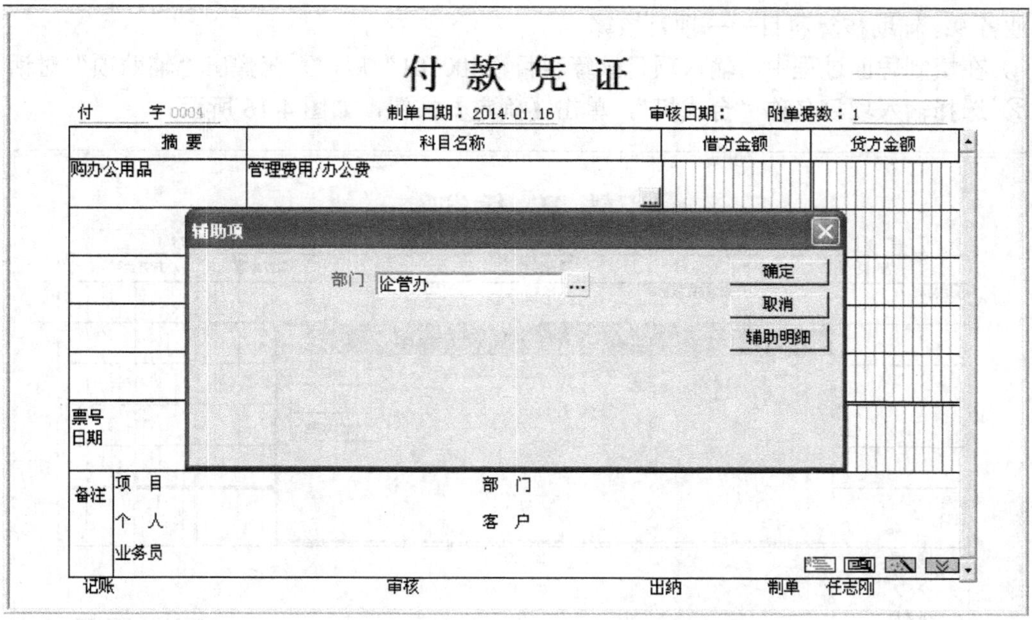


图 4-14　部门核算业务对话框

业务 8：辅助核算科目——个人往来

① 在填制凭证过程中，输入个人往来科目“1221”后，系统弹出“辅助项”对话框。

② 选择输入部门“企管办”，个人“贾涛”，发生日期“2014-01-18”，如图 4-15 所示。

③ 单击【确定】按钮。

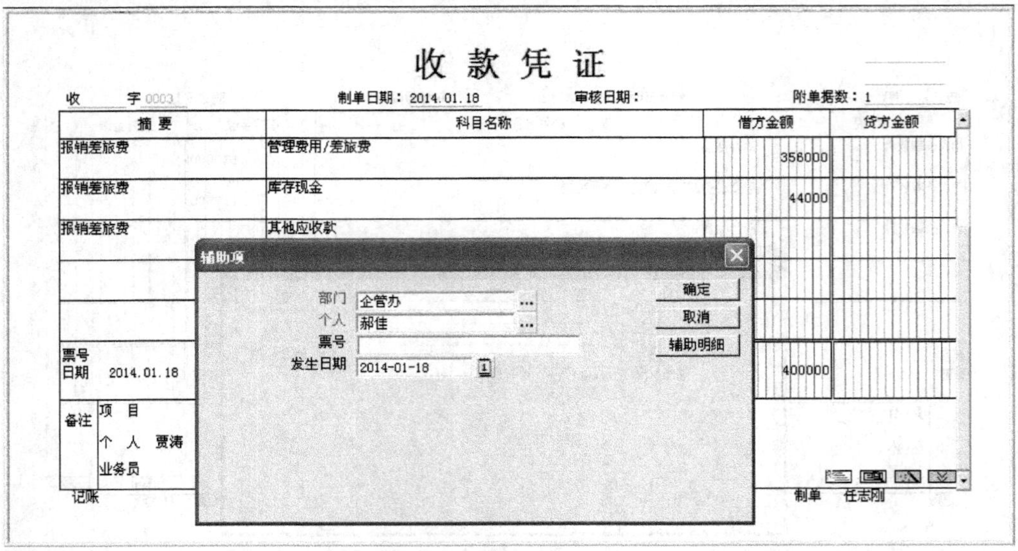


图 4-15 个人往来业务对话框

**注意：**

- 在输入个人信息时，若不输“部门名称”只输“个人名称”，系统将根据所输个人名称自动输入其所属的部门。

业务 9：辅助核算科目——项目核算

① 在填制凭证过程中，输入项目核算科目“500101”后，系统弹出“辅助项”对话框。

② 选择输入项目名称“台式机”，单击【确定】按钮，如图 4-16 所示。

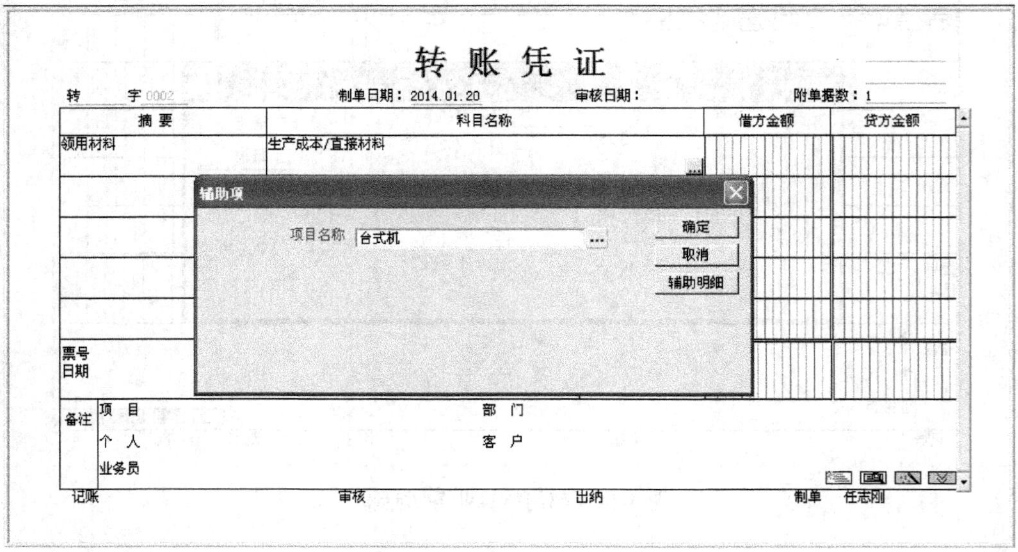


图 4-16 项目核算业务对话框

**注意：**

- 系统根据“数量×单价”，自动计算出金额，并将金额先放在借方，如果方向不符，可按“空格”键将金额方向调整到贷方。

（2）修改凭证。

① 执行“凭证”→“填制凭证”命令，进入“填制凭证”窗口。

② 单击“

”按钮，找到要修改的凭证。

③ 修改实验资料要求改正的两张凭证。对于凭证上的基本项目（如金额），将光标放在要修改的地方，直接修改；如果要修改凭证的辅助项信息，首先选中辅助核算科目行，然后将光标置于备注栏辅助项，待鼠标变形为“”时，双击鼠标左键，弹出“辅助项”对话框，在对话框中修改相关信息。

④ 单击【保存】按钮，保存相关信息。

注意：

- 未经审核的错误凭证可通过“填制凭证”功能直接修改；已审核的凭证应先取消审核后再进行修改。
- 若已采用制单序时控制，则在修改制单日期时，不能在上一张凭证的制单日期之前。
- 若选择“不允许修改或作废他人填制的凭证”权限控制，则不能修改或作废他人填制的凭证。
- 如果涉及银行科目的分录已录入支票信息，并对该支票做过报销处理，修改操作不会影响“支票登记簿”中的内容。
- 外部系统传过来的凭证不能在总账系统中进行修改，只能在生成该凭证的系统中进行修改。

（3）冲销凭证（可选做）。

① 在“填制凭证”窗口中，执行“冲销凭证”命令，打开“冲销凭证”对话框。

② 输入条件：选择“月份”、“凭证类别”；输入“凭证号”等信息。

③ 单击【确定】按扭，系统自动生成一张红字冲销凭证。

注意：

- 通过红字冲销法增加的凭证，应视同正常凭证进行保存和管理。
- 红字冲销只能针对已记账凭证进行。

（4）删除凭证。

① 作废凭证。

a．在“填制凭证”窗口中，先查询到要作废的凭证。

b．执行“作废/恢复”命令。

c．凭证的左上角显示“作废”，表示该凭证已作废。

注意：

- 作废凭证仍保留凭证内容及编号，只显示“作废”字样。
- 作废凭证不能修改，不能审核。
- 在记账时，已作废的凭证应参与记账，否则月末无法结账，但不对作废凭证做数据处理，其相当于一张空凭证。
- 账簿查询时，查不到作废凭证的数据。
- 若当前凭证已作废，可执行“编辑”→“作废/恢复”命令，取消作废标志，并将当前凭证恢复为有效凭证。

② 整理凭证。

a．在“填制凭证”窗口中，执行“整理凭证”命令，打开“选择凭证期间”对话框。

b．选择要整理的“月份”，如图 4-17 所示。

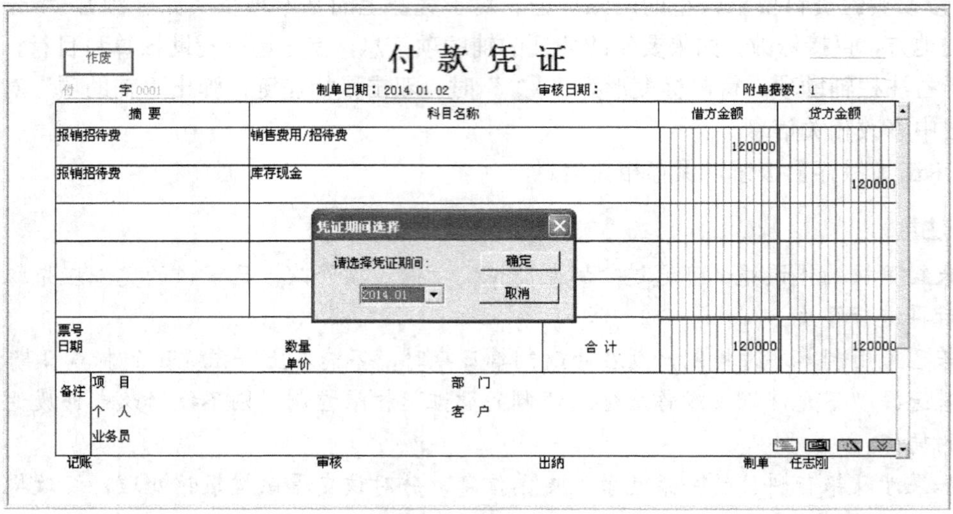


图 4-17 删除凭证对话框

c．单击【确定】按钮，打开“作废凭证表”对话框。

d．单击【全选】按钮或双击要删除的凭证记录行，选择真正要删除的作废凭证。

e．单击【确定】按钮，系统将弹出“是否还需整理凭证断号”信息提示框，单击【是】按钮，系统将这些凭证从数据库中删除并对剩下凭证重新排号。

**注意：**

- 如果不想保留作废凭证，可以通过“整理凭证”功能，将其彻底删除，并对未记账凭证重新编号。
- 只能对未记账凭证做凭证整理。
- 已记账凭证做凭证整理，应先恢复本月月初的记账前状态，再做凭证整理。

（5）出纳签字。

① 更换操作员。

a．在企业应用平台界面，执行“重注册”命令，打开“登录”对话框。

b．以“333 侯爱华”的身份注册，再进入总账系统。

**注意：**

- 凭证填制人和出纳签字人可以为不同的人，也可以为同一个人。
- 按照会计制度规定，凭证的填制与审核不能是同一个人。
- 在进行出纳签字和审核之前，通常需要先更换操作员。

② 出纳签字。

a．执行“凭证”→“出纳签字”命令，打开“出纳签字”查询条件对话框。

b．输入查询条件：单击“全部”单选按钮，输入月份“2014.01”。

c. 单击【确定】按钮，进入“出纳签字”的凭证列表窗口。

d. 双击某一要签字的凭证或者单击【确定】按钮，进入“出纳签字”的签字窗口。

e. 单击【签字】按钮，凭证底部的“出纳”处自动签上出纳人姓名。

f. 单击【下张】按钮，对其他凭证签字，最后单击【退出】按钮。

**注意：**

- 涉及指定为现金科目和银行科目的凭证才需出纳签字。
- 凭证一经签字，就不能被修改、删除，只有取消签字后才可以修改或删除，取消签字只能由出纳自己进行。
- 凭证签字并非审核凭证的必要步骤。若在设置总账参数时，不选择“出纳凭证必须经由出纳签字”，则可以不执行“出纳签字”功能。
- 可以执行“批处理”→“成批出纳签字”功能对所有凭证进行出纳签字。

（6）审核凭证。

以“330 贾涛”的身份重新注册总账系统。

① 执行“凭证”→“审核凭证”命令，打开“凭证审核”查询条件对话框。

② 输入查询条件，单击【确定】按钮，进入“凭证审核”的凭证列表窗口，如图 4-18 所示。

凭证共 8张　已审核 0 张　未审核 8 张　凭证号排序　制单日期排序

| 制单日期 | 凭证编号 | 摘要 | 借方金额合计 | 贷方金额合计 | 制单人 | 审核人 | 系统名 | 备注 |
|---|---|---|---|---|---|---|---|---|
| 2014-01-05 | 收 - 0001 | 收到投资款 | 636,000.00 | 636,000.00 | 任志刚 | | | |
| 2014-01-10 | 收 - 0002 | 收到前欠款 | 50,000.00 | 50,000.00 | 任志刚 | | | |
| 2014-01-18 | 收 - 0003 | 报销差旅费 | 4,000.00 | 4,000.00 | 任志刚 | | | |
| 2014-01-03 | 付 - 0001 | 提现金 | 10,000.00 | 10,000.00 | 任志刚 | | | |
| 2014-01-08 | 付 - 0002 | 采购鼠标 | 8,424.00 | 8,424.00 | 任志刚 | | | |
| 2014-01-16 | 付 - 0003 | 购办公用品 | 190.00 | 190.00 | 任志刚 | | | |
| 2014-01-12 | 转 - 0001 | 购入杀毒软件 | 7,605.00 | 7,605.00 | 任志刚 | | | |
| 2014-01-20 | 转 - 0002 | 领用材料 | 15,200.00 | 15,200.00 | 任志刚 | | | |

图 4-18　凭证审核界面

③ 双击要审核的凭证或单击【确定】按钮，进入“凭证审核”的审核凭证窗口。

④ 检查要审核的凭证，无误后，单击【审核】按钮，凭证底部的“审核”处自动签上审核人姓名，并自动翻到下一张凭证。

**注意：**

- 审核人必须具有审核权。当通过“凭证审核权限”设置了明细审核权限时，还需要有对制单人所制凭证的审核权。
- 作废凭证不能被审核，也不能被标错。
- 审核人和制单人不能是同一个人，凭证一经审核，不能被修改、删除，只有取消审核签字后才可修改或删除，已标记作废的凭证不能被审核，需先取消作废标记后才能审核。
- 可以执行“批处理”→“成批审核凭证”功能对所有凭证进行审核签字。

（7）记账。

① 执行“凭证”→“记账”命令，进入“记账”窗口。

② 选择要进行记账的凭证范围，例如，在付款凭证的“记账范围”栏中输入“1-3”，本例中单击【全选】按钮，选择所有凭证，如图 4-19 所示，单击【记账】按钮。

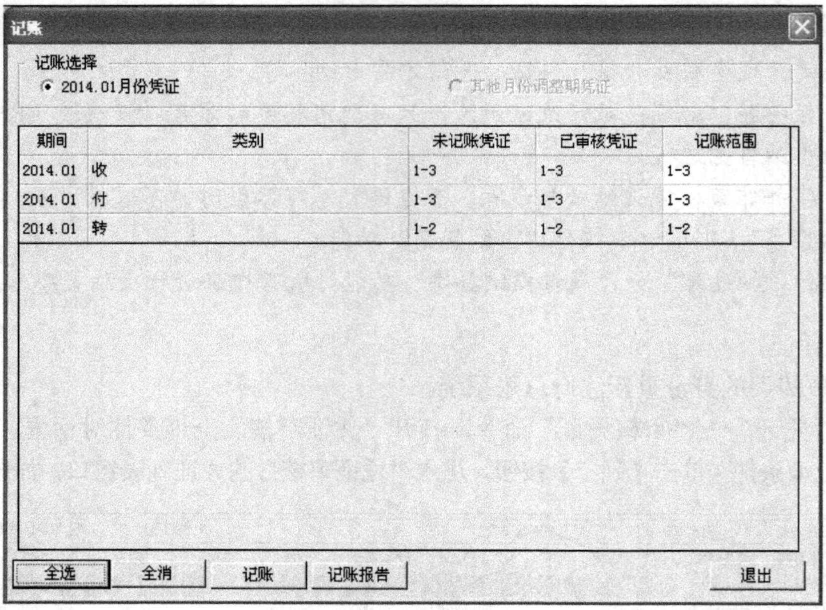


图 4-19　记账—选择本次记账范围

③ 系统进行记账前试算，并显示期初试算平衡表。

④ 单击【确定】按钮，系统开始登录有关的总账和明细账、辅助账。登记完成后，弹出“记账完毕！”信息提示对话框，如图 4-20 所示。

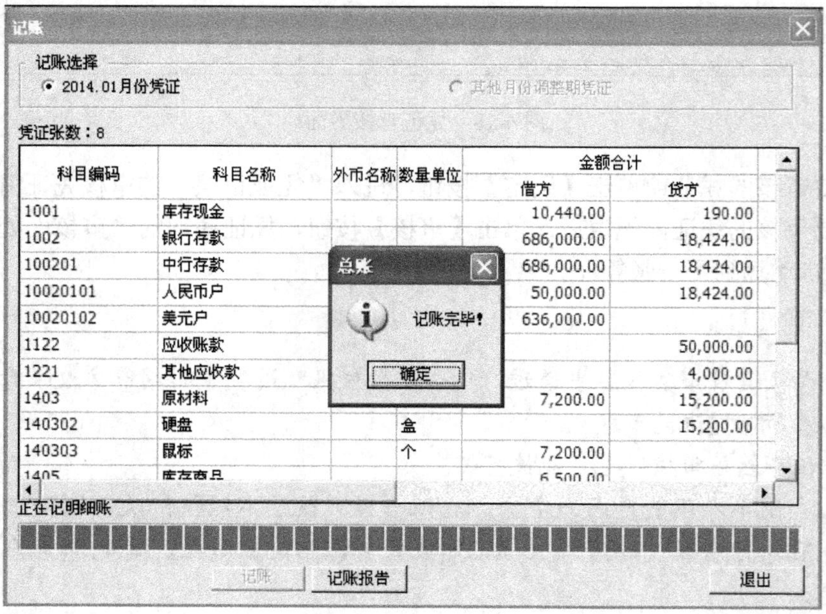


图 4-20　记账完毕

⑤ 单击【确定】按钮，记账完毕。

**注意：**

- 第一次记账时，若期初余额试算不平衡，不能记账。
- 上月未记账，本月不能记账。
- 未审核凭证不能记账，记账范围应小于等于已审核范围。
- 作废凭证不需审核可直接记账。
- 记账过程一旦断电或因其他原因造成中断，系统将自动调用“恢复记账前状态”恢复数据，然后再重新记账。

（8）取消记账。

① 激活“恢复记账前状态”菜单。

a．执行“期末”→“对账”命令，进入“对账”窗口。

b．按“Ctrl+H”键，弹出“恢复记账前状态功能已被激活。”信息提示框，如图 4-21 所示，单击【确定】按钮返回，在“凭证”菜单下显示“恢复记账前状态”菜单项。

c．单击【退出】按钮。

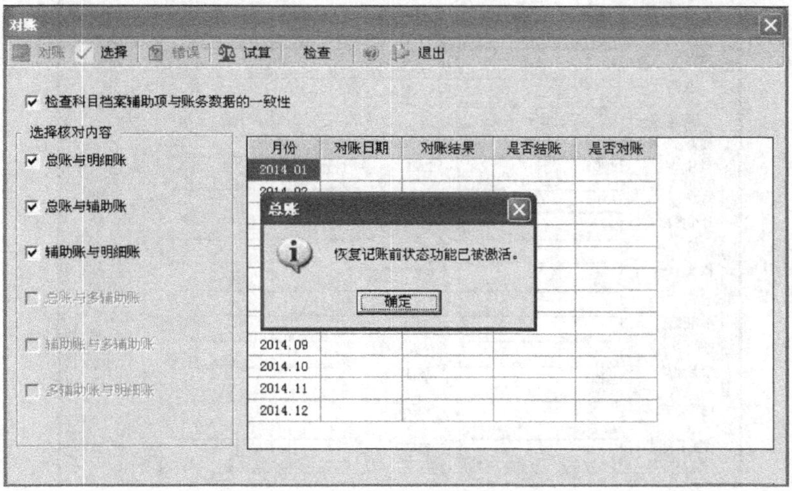


图 4-21　激活恢复记账前状态功能

**注意：**

- 如果退出系统后又重新进入系统或在“对账”中按“Ctrl+H”键将重新隐藏“恢复记账前状态”功能。

② 取消记账。

a．执行“凭证”→“恢复记账前状态”命令，打开“恢复记账前状态”对话框。

b．单击“最近一次记账前状态”单选按钮。

c．单击【确定】按钮，弹出“请输入主管口令”信息提示框。

d．输入主管口令，单击【确定】按钮，稍候，系统弹出“恢复记账完毕！”信息提示对话框，单击【确定】按钮。

**注意：**

- 已结账月份的数据不能取消记账。
- 取消记账后，一定要重新记账。

（9）查询凭证。

① 执行“凭证”→“查询凭证”命令，打开“凭证查询”对话框。

② 单击【辅助条件】按扭，设置科目为“1001”、方向为“贷方”、金额为“1 000”，如图 4-22 所示。

③ 单击【确定】按钮，进入“查询凭证”窗口。

④ 双击某一凭证行，则屏幕可显示出此张凭证。

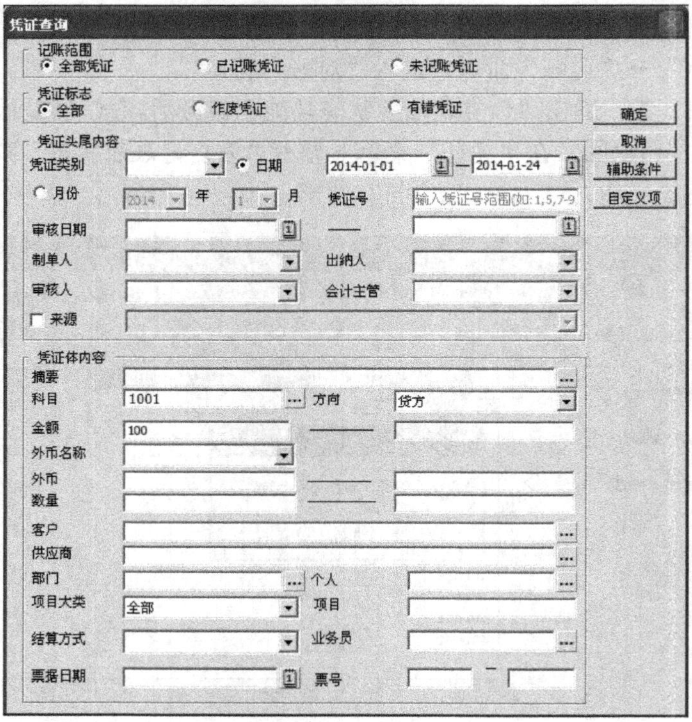


图 4-22 “凭证查询”对话框

## 2. 账簿查询

（1）查询余额表。

① 执行“账表”→“科目账”→“余额表”命令，打开“发生额及余额表查询条件”对话框。

② 选择查询条件，单击【确定】按钮，进入“发生额及余额表”窗口，如图 4-23 所示。

③ 单击【累计】按钮，系统自动增加借贷方累计发生额两个栏目。

（2）查询明细账。

① 执行“账表”→“科目账”→“明细账”命令，打开“明细账查询条件”对话框。

② 选择查询科目“140302”—“140302”，单击【确定】按钮，进入“明细账”窗口。

③ 选择“数量金额式”账页形式，显示如图 4-24 所示。

金额式

**发生额及余额表**

月份：2014.01-2014.01

| 科目编码 | 科目名称 | 期初余额 | | 本期发生 | | 期末余额 | |
|---|---|---|---|---|---|---|---|
| | | 借方 | 贷方 | 借方 | 贷方 | 借方 | 贷方 |
| 1001 | 库存现金 | 3, 256. 20 | | 10, 440. 00 | 190. 00 | 13, 506. 20 | |
| 1002 | 银行存款 | 189, 285. 02 | | 686, 000. 00 | 18, 424. 00 | 856, 861. 02 | |
| 1122 | 应收账款 | 75, 780. 00 | | | 50, 000. 00 | 25, 780. 00 | |
| 1221 | 其他应收款 | 6, 800. 00 | | | 4, 000. 00 | 2, 800. 00 | |
| 1231 | 坏账准备 | | 10, 000. 00 | | | | 10, 000. 00 |
| 1401 | 材料采购 | | 41, 600. 00 | | | | 41, 600. 00 |
| 1403 | 原材料 | 467, 960. 00 | | 7, 200. 00 | 15, 200. 00 | 459, 960. 00 | |
| 1405 | 库存商品 | 863, 800. 00 | | 6, 500. 00 | | 870, 300. 00 | |
| 1601 | 固定资产 | 342, 299. 00 | | | | 342, 299. 00 | |
| 1602 | 累计折旧 | | 223, 471. 87 | | | | 223, 471. 87 |
| 资产小计 | | 1, 949, 180. 22 | 275, 071. 87 | 710, 140. 00 | 87, 814. 00 | 2, 571, 506. 22 | 275, 071. 87 |
| 2001 | 短期借款 | | 800, 000. 00 | | | | 800, 000. 00 |
| 2202 | 应付账款 | | 144, 000. 00 | | 7, 605. 00 | | 151, 605. 00 |
| 2211 | 应付职工薪酬 | | 260, 571. 40 | | | | 260, 571. 40 |
| 2221 | 应交税费 | | 8, 200. 00 | 2, 329. 00 | | | 5, 871. 00 |
| 负债小计 | | | 1, 212, 771. 40 | 2, 329. 00 | 7, 605. 00 | | 1, 218, 047. 40 |
| 4001 | 实收资本 | | 500, 000. 00 | | 636, 000. 00 | | 1, 136, 000. 00 |
| 4104 | 利润分配 | | 15, 987. 69 | | | | 15, 987. 69 |
| 权益小计 | | | 515, 987. 69 | | 636, 000. 00 | | 1, 151, 987. 69 |
| 5001 | 生产成本 | 54, 850. 74 | | 15, 200. 00 | | 69, 850. 74 | |
| 成本小计 | | 54, 850. 74 | | 15, 200. 00 | | 69, 850. 74 | |
| 6602 | 管理费用 | | | 3, 750. 00 | | 3, 750. 00 | |
| 损益小计 | | | | 3, 750. 00 | | 3, 750. 00 | |
| 合计 | | 2, 003, 830. 96 | 2, 003, 830. 96 | 731, 419. 00 | 731, 419. 00 | 2, 645, 106. 96 | 2, 645, 106. 96 |

图 4-23　发生额及余额表

数量金额式

**原材料明细账**

数量单位：盒

科目 140302 硬盘

月份：2014.01-2014.01

| 2014年 | | 凭证号数 | 摘要 | 单价 | 借方 | | 贷方 | | 方向 | 余额 | | |
|---|---|---|---|---|---|---|---|---|---|---|---|---|
| 月 | 日 | | | | 数量 | 金额 | 数量 | 金额 | | 数量 | 单价 | 金额 |
| | | | 上年结转 | | | | | | 借 | 180. 00 | 380. 00 | 68, 400. 00 |
| 01 | 20 | 转-0002 | 领用材料 | 380. 00 | | | 40. 00 | 15, 200. 00 | 借 | 140. 00 | | 53, 200. 00 |
| 01 | | | 当前合计 | | | | 40. 00 | 15, 200. 00 | 借 | 140. 00 | 380. 00 | 53, 200. 00 |
| 01 | | | 当前累计 | | | | 40. 00 | 15, 200. 00 | 借 | 140. 00 | 380. 00 | 53, 200. 00 |
| | | | 结转下年 | | | | 40. 00 | | 借 | 140. 00 | 380. 00 | 53, 200. 00 |

图 4-24　数量金额式明细账

（3）定义并查询管理费用多栏账。

① 执行“账表”→“科目账”→“多栏账”命令，打开“多栏账”对话框。

② 单击【增加】按钮，打开“多栏账定义”对话框。选择核算科目“6602 管理费用”，单击【自动编制】按钮，系统自动将管理费用下的明细科目作为多栏账的栏目。

③ 单击【确定】按钮，完成管理费用多栏账的定义。

④ 单击【查询】按钮，打开“多栏账查询”对话框，单击【确定】按钮，显示管理费用多栏账，如图 4-25 所示。

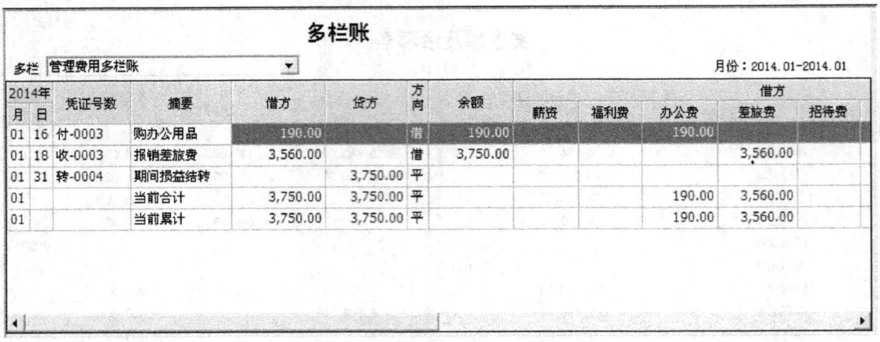

多栏账

多栏 管理费用多栏账　　月份：2014.01-2014.01

| 2014年 月 | 日 | 凭证号数 | 摘要 | 借方 | 贷方 | 方向 | 余额 | 借方 薪资 | 福利费 | 办公费 | 差旅费 | 招待费 |
|---|---|---|---|---|---|---|---|---|---|---|---|---|
| 01 | 16 | 付-0003 | 购办公用品 | 190.00 | | 借 | 190.00 | | | 190.00 | | |
| 01 | 18 | 收-0003 | 报销差旅费 | 3,560.00 | | 借 | 3,750.00 | | | | 3,560.00 | |
| 01 | 31 | 转-0004 | 期间损益结转 | | 3,750.00 | 平 | | | | | | |
| 01 | | | 当前合计 | 3,750.00 | 3,750.00 | 平 | | | | 190.00 | 3,560.00 | |
| 01 | | | 当前累计 | 3,750.00 | 3,750.00 | 平 | | | | 190.00 | 3,560.00 | |

图 4-25　管理费用多栏账

（4）查询部门收支分析表。

① 执行“账表”→“部门辅助账”→“部门收支分析”命令，打开“部门收支分析条件”对话框。

② 选择管理费用下的明细科目作为分析科目，单击【下一步】按钮。

③ 选择所有部门作为分析部门，单击【下一步】按钮。

④ 选择“2014.01”作为分析月份，单击【完成】按钮，系统显示部门收支分析表，如图 4-26 所示。

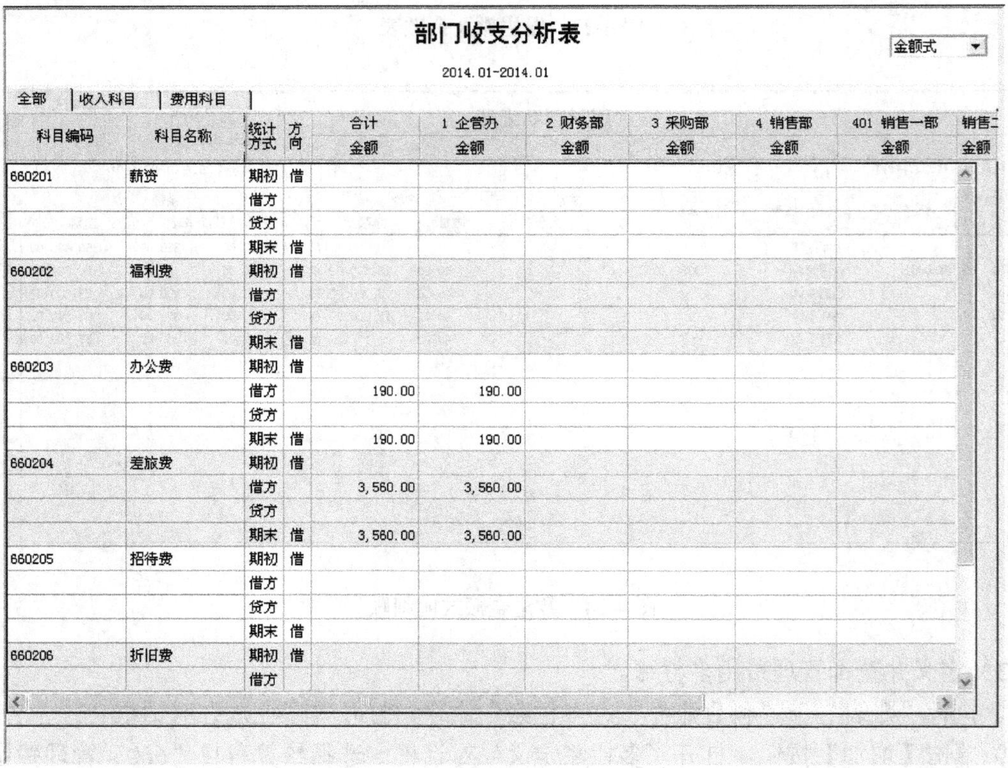

部门收支分析表

2014.01-2014.01　　金额式

全部 | 收入科目 | 费用科目

| 科目编码 | 科目名称 | 统计方式 | 方向 | 合计 金额 | 1 企管办 金额 | 2 财务部 金额 | 3 采购部 金额 | 4 销售部 金额 | 401 销售一部 金额 | 销售二 金额 |
|---|---|---|---|---|---|---|---|---|---|---|
| 660201 | 薪资 | 期初 | 借 | | | | | | | |
| | | 借方 | | | | | | | | |
| | | 贷方 | | | | | | | | |
| | | 期末 | 借 | | | | | | | |
| 660202 | 福利费 | 期初 | 借 | | | | | | | |
| | | 借方 | | | | | | | | |
| | | 贷方 | | | | | | | | |
| | | 期末 | 借 | | | | | | | |
| 660203 | 办公费 | 期初 | 借 | | | | | | | |
| | | 借方 | | 190.00 | 190.00 | | | | | |
| | | 贷方 | | | | | | | | |
| | | 期末 | 借 | 190.00 | 190.00 | | | | | |
| 660204 | 差旅费 | 期初 | 借 | | | | | | | |
| | | 借方 | | 3,560.00 | 3,560.00 | | | | | |
| | | 贷方 | | | | | | | | |
| | | 期末 | 借 | 3,560.00 | 3,560.00 | | | | | |
| 660205 | 招待费 | 期初 | 借 | | | | | | | |
| | | 借方 | | | | | | | | |
| | | 贷方 | | | | | | | | |
| | | 期末 | 借 | | | | | | | |
| 660206 | 折旧费 | 期初 | 借 | | | | | | | |
| | | 借方 | | | | | | | | |

图 4-26　部门收支分析表

（5）查询企管办郝佳个人往来清理情况。

① 执行“账表”→“个人往来账”→“个人往来清理”命令，打开“个人往来两清条件”对话框。

② 选择个人“郝佳”，选中“显示已两清”复选框，单击【确定】按钮，进入“个人往来两清”窗口。

③ 单击【勾对】按钮，系统自动将已达账项打上已结清的标志，如图 4-27 所示。

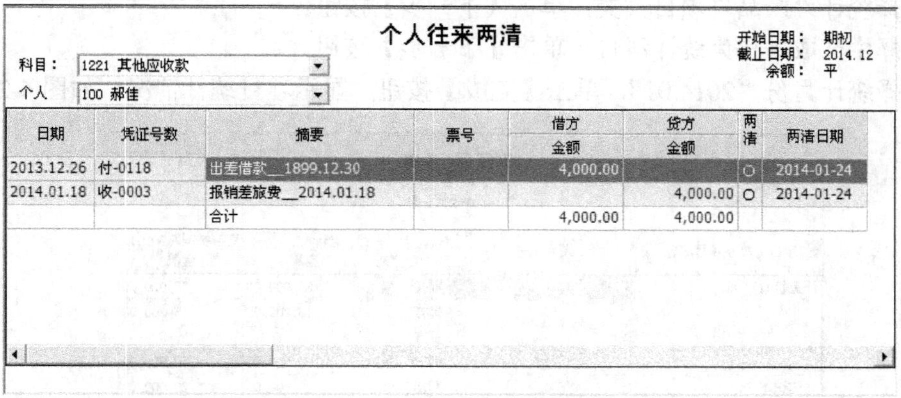


图 4-27 个人往来两清窗口

（6）查询供应商明细账。

① 执行“账表”→“供应商往来辅助账”→“供应商往来明细账”→“供应商明细账”命令，打开“供应商明细账”对话框。

② 选择供应商“启星”，单击【确定】按钮，显示供应商明细账。

（7）客户往来账龄分析。

① 执行“账表”→“客户往来辅助账”→“客户往来账龄分析”命令，打开“客户往来账龄”对话框。

② 选择查询科目“1122 应收账款”，单击【确定】按钮，显示客户往来账龄分析情况，如图 4-28 所示。

图 4-28 客户往来账龄分析

（8）查询项目明细账。

① 执行“账表”→“项目辅助账”→“项目明细账”→“项目明细账”命令，打开“项目明细账条件”对话框。

② 选择项目“台式机”，单击【确定】按钮，显示项目明细账。

（9）项目统计分析。

① 执行“账簿”→“项目辅助账”→“项目统计分析”命令，打开“项目统计条件”对话框。

② 选择统计“产品”项目大类，单击【下一步】按钮。

③ 选择生产成本作为统计科目，单击【下一步】按钮。

④ 选择统计月份“2014.01”，单击【完成】按钮，显示项目统计情况，如图 4-29 所示。

**项目统计表**　　金额式

2014.01-2014.01

| 项目分类及项目名称 | 项目编号 | 统计方式 | 合计 | | 直接材料(500101) |
|---|---|---|---|---|---|
| | | | 方向 | 金额 | 金额 |
| 计算机(1) | | 期初 | 借 | 35,000.00 | 35,000.00 |
| | | 借方 | | 15,200.00 | 15,200.00 |
| | | 贷方 | | | |
| | | 期末 | 借 | 50,200.00 | 50,200.00 |
| 笔记本(02) | 02 | 期初 | 借 | 23,000.00 | 23,000.00 |
| | | 借方 | | | |
| | | 贷方 | | | |
| | | 期末 | 借 | 23,000.00 | 23,000.00 |
| 台式机(01) | 01 | 期初 | 借 | 12,000.00 | 12,000.00 |
| | | 借方 | | 15,200.00 | 15,200.00 |
| | | 贷方 | | | |
| | | 期末 | 借 | 27,200.00 | 27,200.00 |
| 合计 | | 期初 | 借 | 35,000.00 | 35,000.00 |
| | | 借方 | | 15,200.00 | 15,200.00 |
| | | 贷方 | | | |
| | | 期末 | 借 | 50,200.00 | 50,200.00 |

图 4-29　项目统计表

### 3．出纳管理

（1）现金日记账。

① 执行“出纳”→“现金日记账”命令，打开“现金日记账查询条件”对话框。

② 选择科目“1001 库存现金”，默认月份“2014.01”，单击【确定】按钮，进入“现金日记账”窗口，如图 4-30 所示。

**现金日记账**　　金额式

科目　1001 库存现金　　月份：2014.01-2014.01

| 2014年 | | 凭证号数 | 摘要 | 对方科目 | 借方 | 贷方 | 方向 | 余额 |
|---|---|---|---|---|---|---|---|---|
| 月 | 日 | | | | | | | |
| | | | 上年结转 | | | | 借 | 3,256.20 |
| 01 | 03 | 付-0001 | 提现金 | 10020101 | 10,000.00 | | 借 | 13,256.20 |
| 01 | 03 | | 本日合计 | | 10,000.00 | | 借 | 13,256.20 |
| 01 | 16 | 付-0003 | 购办公用品 | 660203 | | 190.00 | 借 | 13,066.20 |
| 01 | 16 | | 本日合计 | | | 190.00 | 借 | 13,066.20 |
| 01 | 18 | 收-0003 | 报销差旅费 | 1221 | 440.00 | | 借 | 13,506.20 |
| 01 | 18 | | 本日合计 | | 440.00 | | 借 | 13,506.20 |
| 01 | | | 当前合计 | | 10,440.00 | 190.00 | 借 | 13,506.20 |
| 01 | | | 当前累计 | | 10,440.00 | 190.00 | 借 | 13,506.20 |
| | | | 结转下年 | | | | 借 | 13,506.20 |

图 4-30　现金日记账窗口

③ 双击某行或将光标定在某行再单击“凭证”按钮，可查看相应的凭证。

④ 单击【总账】按钮，可查看此科目的三栏式总账，单击【退出】按钮。

（2）资金日报表。

① 执行“出纳”→“资金日报”命令，打开“资金日报表查询条件”对话框。

② 输入查询日期“2014-01-20”，选择“有余额无发生也显示”复选框。

③ 单击【确定】按钮，进入“资金日报表”窗口，单击【退出】按钮。

（3）支票登记簿。

① 执行“出纳”→“支票登记簿”命令，打开“银行科目选择”对话框。

② 选择科目：人民币户“10020101”，单击【确定】按钮，进入支票登记窗口。

③ 单击【增加】按钮。

④ 输入领用日期“2014.01.22”，领用部门“采购部”，领用人“徐乐”，支票号“155”，预计金额“40 000”，用途“采购光盘”，单击【保存】按钮，如图 4-31 所示，单击【退出】按钮。

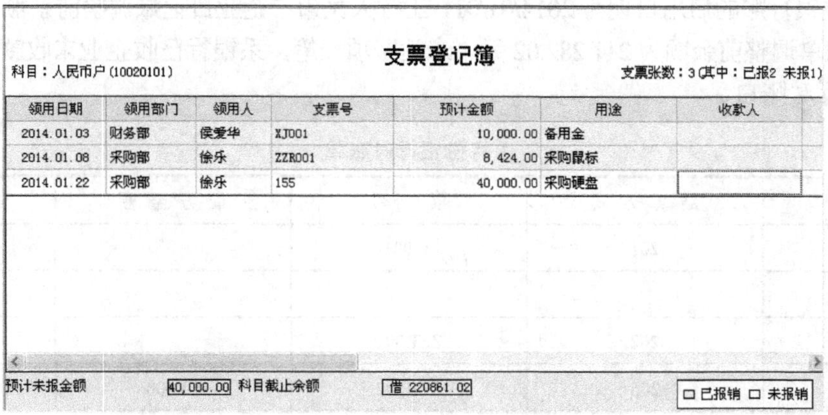

支票登记簿

科目：人民币户(10020101)　　支票张数：3(其中：已报2 未报1)

| 领用日期 | 领用部门 | 领用人 | 支票号 | 预计金额 | 用途 | 收款人 |
|---|---|---|---|---|---|---|
| 2014.01.03 | 财务部 | 侯爱华 | XJ001 | 10,000.00 | 备用金 | |
| 2014.01.08 | 采购部 | 徐乐 | ZZR001 | 8,424.00 | 采购鼠标 | |
| 2014.01.22 | 采购部 | 徐乐 | 155 | 40,000.00 | 采购硬盘 | |

预计未报金额 40,000.00　科目截止余额 借 220861.02　□ 已报销 □ 未报销

图 4-31　支票登记簿窗口

注意：

- 只有在结算方式设置中选择“票据管理标志”功能才能在此选择登记。
- 领用日期和支票号必须输入，其他内容可输入也可不输入。
- 报销日期不能在领用日期之前。
- 已报销的支票可成批删除。

实验结束，备份实验四账套数据。

## 实验五　总账管理期末处理

### 【实验目的】

掌握用友 U8 管理软件中总账系统月末处理的相关内容，熟悉总账系统月末处理业务的各种操作，掌握银行对帐、自动转账设置与生成、对账和月末结账的操作方法。

## 【实验内容】

（1）银行对账。
（2）自动转账。
（3）对账。
（4）结账。

## 【实验准备】

引入实验四账套数据。

## 【实验资料】

### 1. 银行对账

（1）银行对账期初。

新锐科技银行账的启用日期为 2014/01/01，工行人民币户企业日记账调整前余额为 189 282.02 元，银行对账单调整前余额为 211 282.02 元，未达账项一笔，系银行已收企业未收款 22 000 元。

（2）银行对账单。

**1 月份银行对账单**

| 日　期 | 结算方式 | 票　号 | 借方金额 | 贷方金额 |
|---|---|---|---|---|
| 2014.01.03 | 201 | XJ001 | | 10 000 |
| 2014.01.06 | | | | 60 000 |
| 2014.01.08 | 202 | ZZR001 | | 8 424 |
| 2014.01.10 | 202 | ZZR002 | 50 000 | |

### 2. 自动转账定义

（1）自定义结转。计提短期借款利息（年利率 8%）。

借：财务费用/利息支出（660301）　　　JG( )取对方科目计算结果

　贷：应付利息　（2231）　　　　　短期借款 2001 科目的期初贷方余额×8%/12

（2）期间损益结转。设置本年利润科目为 4103。

### 3. 自动转账生成

（1）生成上述定义的自定义凭证，并审核、记账。
（2）生成期间损益结转凭证，并审核记账。

### 4. 对账

### 5. 结账

## 【实验要求】

（1）以“侯爱华”的身份进行银行对账操作。

（2）以“任志刚”的身份进行自动转账操作。
（3）以“贾涛”的身份进行审核、记账、对账、结账操作。

## 【操作指导】

### 1．银行对账

以“侯爱华”的身份注册进入用友 U8 企业应用平台。
（1）输入银行对账期初数据。
① 在总账系统中，执行“出纳”→“银行对账”→“银行对账期初录入”命令，打开“银行科目选择”对话框。
② 选择科目“10020101 人民币户”，单击【确定】按钮，进入“银行对账期初”窗口。
③ 输入单位日记账的调整前余额“189 282.02”；输入银行对账单的调整前余额“211 282.02”。
④ 单击【对账单期初未达项】按钮，进入“银行方期初”窗口。
⑤ 单击【增加】按钮，输入日期“2013.12.31”，结算方式“202”，借方金额“22 000”。
⑥ 单击【保存】按钮，单击【退出】按钮，如图 4-32 所示。

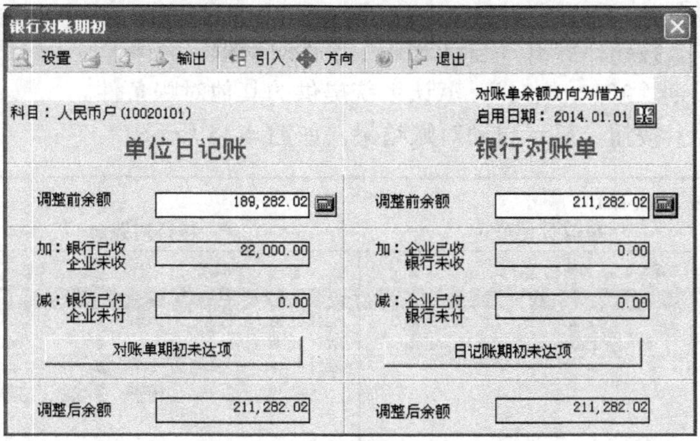


图 4-32 “银行对账期初”窗口

**注意：**

- 第一次使用银行对账功能前，系统要求录入日记账及对账单未达账项，使用银行对账之后不再要求。
- 在录入完单位日记账、银行对账单期初未达账项后，请不要随意调整启用日期，尤其是向前调，这样可能会造成启用日期后的期初数不能再参与对账。

（2）录入银行对账单。
① 执行“出纳”→“银行对账”→“银行对账单”命令，打开“银行科目选择”对话框。
② 选择科目“10020101 人民币户”，月份“2014.01-2014.01”，单击【确定】按钮，进入“银行对账单”窗口。
③ 单击【增加】按钮，输入银行对账单数据，如图 4-33 所示，单击【保存】按钮。

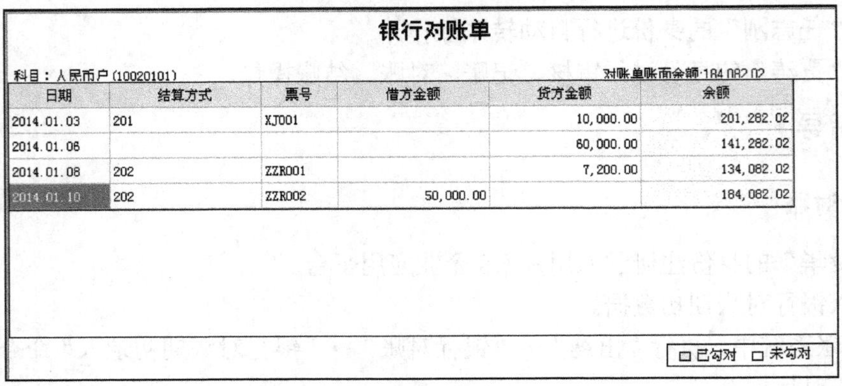

银行对账单

科目：人民币户(10020101)　　对账单账面余额:184,082.02

| 日期 | 结算方式 | 票号 | 借方金额 | 贷方金额 | 余额 |
|---|---|---|---|---|---|
| 2014.01.03 | 201 | XJ001 | | 10,000.00 | 201,282.02 |
| 2014.01.06 | | | | 60,000.00 | 141,282.02 |
| 2014.01.08 | 202 | ZZR001 | | 7,200.00 | 134,082.02 |
| 2014.01.10 | 202 | ZZR002 | 50,000.00 | | 184,082.02 |

□已勾对　□未勾对

图 4-33　录入银行对账单

（3）银行对账。

① 自动对账。

a. 执行“出纳”→“银行对账”→“银行对账”命令，打开“银行科目选择”对话框。

b. 选择科目“10020101 人民币户”，月份“2014.01—2014.01”，单击【确定】按钮，进入“银行对账”窗口。

c. 单击【对账】按钮，打开“自动对账”条件对话框。

d. 输入截止日期“2014.01.31”，默认系统提供的其他对账条件。

e. 单击【确定】按钮，显示自动对账结果，如图 4-34 所示。

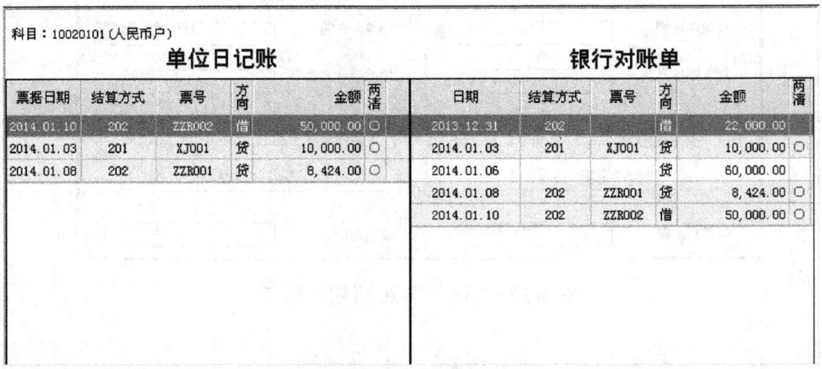

科目：10020101(人民币户)

单位日记账

| 票据日期 | 结算方式 | 票号 | 方向 | 金额 | 两清 |
|---|---|---|---|---|---|
| 2014.01.10 | 202 | ZZR002 | 借 | 50,000.00 | ○ |
| 2014.01.03 | 201 | XJ001 | 贷 | 10,000.00 | ○ |
| 2014.01.08 | 202 | ZZR001 | 贷 | 8,424.00 | ○ |

银行对账单

| 日期 | 结算方式 | 票号 | 方向 | 金额 | 两清 |
|---|---|---|---|---|---|
| 2013.12.31 | 202 | | 借 | 22,000.00 | |
| 2014.01.03 | 201 | XJ001 | 贷 | 10,000.00 | ○ |
| 2014.01.06 | | | 贷 | 60,000.00 | |
| 2014.01.08 | 202 | ZZR001 | 贷 | 8,424.00 | ○ |
| 2014.01.10 | 202 | ZZR002 | 借 | 50,000.00 | ○ |

图 4-34　银行对账窗口

**注意：**

- 对账条件中的方向、金额相同是必选条件，对账截止日期可输入也可不输入。
- 对于已达账项，系统自动在银行存款日记账和银行对账单双方的“两清”栏打圆圈标志。

② 手工对账。

a. 在银行对账窗口，对于一些应勾对而未勾对上的账项，可分别双击“两清”栏，直接进行手工调整。手工对账的标记为“Y”，以区别于自动对账标记。

b. 对账完毕，单击【检查】按钮，检查结果平衡，单击【确定】按钮。

**注意：**

- 在自动对账不能完全对上的情况下，可采用手工对账。

（4）输出余额调节表。

① 执行“出纳”→“银行对账”→“余额调节表查询”命令，进入“银行存款余额调节表”窗口。

② 选中科目“10020101 人民币户”。

③ 单击【查看】按钮或双击该行，即可显示该银行账户的银行存款余额调节表。

**2．自动转账**

以“任志刚”的身份重新注册总账系统。

（1）转账定义。

① 自定义结转设置。

a．执行“总账”→“期末”→“转账定义”→“自定义转账”命令，进入“自动转账设置”窗口。

b．单击【增加】按钮，打开“转账目录”设置对话框。

c．输入转账序号“0001”，转账说明“计提短期借款利息”；选择凭证类别“转账凭证”。

d．单击【确定】按钮，继续定义转账凭证分录信息。

e．单击【增行】按钮，确定分录的借方信息，选择科目编码“660301”，方向“借”，输入金额公式“JG( )”。

**注意：**

- 转账科目可以为非末级科目，部门若为空则表示所有部门。
- 输入转账计算公式有两种方法：一是直接输入计算公式，二是引导方式录入公式。
- “JG( )”的含义为“取对方科目计算结果”，其中的“( )”必须为英文符号，否则系统将提示“金额公式不合法：未知函数名”。

f．单击【增行】按钮。

g．确定分录的贷方信息。选择科目编码“2231”，方向“贷”，在金额公式栏单击参照按钮，打开“公式向导”对话框，选择“期初余额 QC( )”，单击【下一步】按钮。

h．选择科目“2001”，单击【完成】按钮，返回金额公式栏。

i．继续输入“*0.08/12”，如图 4-35 所示。

j．单击【保存】按钮。

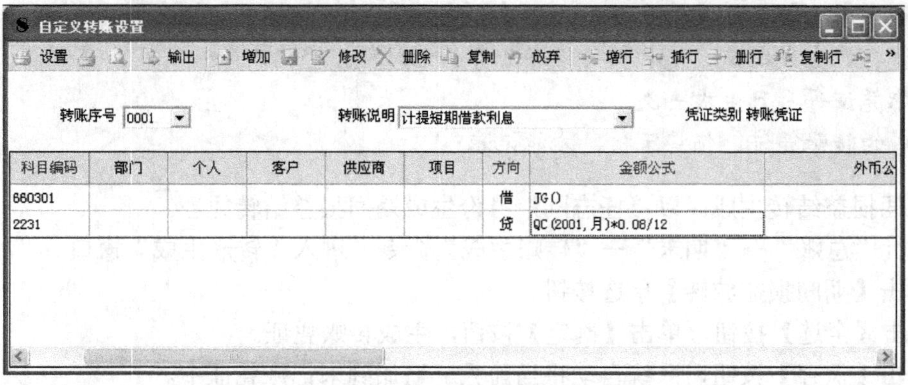


图 4-35　“自动转账设置”窗口

② 期间损益结转设置。

a．执行“总账”→“期末”→“转账定义”→“期间损益”命令，进入“期间损益结转设置”窗口。

b．选择凭证类别“转账凭证”，选择本年利润科目“4103”，单击【确定】按钮。

（2）转账生成。

① 自定义转账生成。

a．执行“总账”→“期末”→“转账生成”命令，进入“转账生成”窗口。

b．单击【自定义转账】单选按钮，单击【全选】按钮。

c．单击【确定】按钮，系统生成转账凭证。

d．单击【保存】按钮，系统自动将当前凭证追加到未记账凭证中，凭证左上角出现“已生成”标志，如图 4-36 所示。

e．以“贾涛”身份对该凭证进行审核、记账。

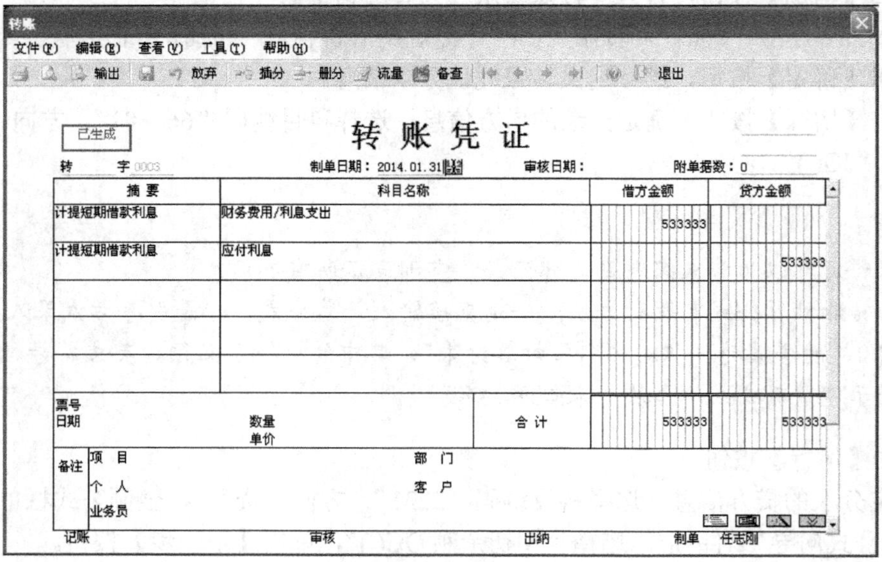


图 4-36　自动转账生成窗口

**注意：**

- 转账生成之前，注意转账月份为当前会计月份。
- 进行转账生成之前，先将相关经济业务的记账凭证登记入账。
- 转账凭证每月只生成一次。
- 生成的转账凭证，仍需审核、才能记账。

② 期间损益结转生成。以“任志刚”身份生成期间损益结转凭证。

a．执行“总账”→“期末”→“转账生成”命令，进入“转账生成”窗口。

b．单击【期间损益结转】单选按钮。

c．单击【全选】按钮，单击【确定】按钮，生成转账凭证。

d．单击【保存】按钮，系统自动将当前凭证追加到未记账凭证中。

e．以“贾涛”身份将生成的自动转账凭证审核、记账。

### 3．对账

以“贾涛”的身份进行对账、结账。

① 执行“期末”→“对账”命令，进入“对账”窗口。

② 将光标定位在要进行对账的月份“2014.01”，单击【选择】按钮。

③ 单击【对账】按钮，开始自动对账，并显示对账结果，如图 4-37 所示。

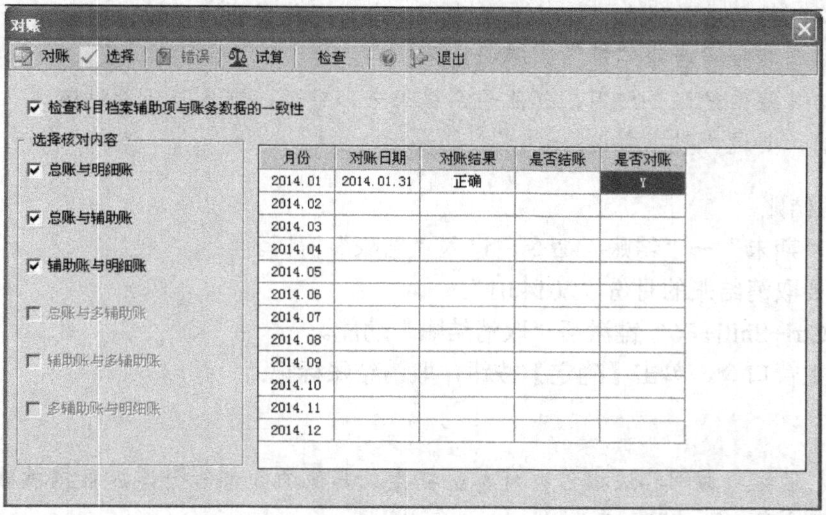


图 4-37　“对账”窗口

④ 单击【试算】按钮，可以对各科目类别余额进行试算平衡。

### 4．结账

（1）结账。

① 执行“期末”→“结账”命令，进入“结账”窗口。

② 单击要结账月份“2014.01”，单击【下一步】按钮。

③ 单击【对账】按钮，系统对要结账的月份进行账账核对。

④ 单击【下一步】按钮，系统显示“2014 年 01 月工作报告”，如图 4-38 所示。

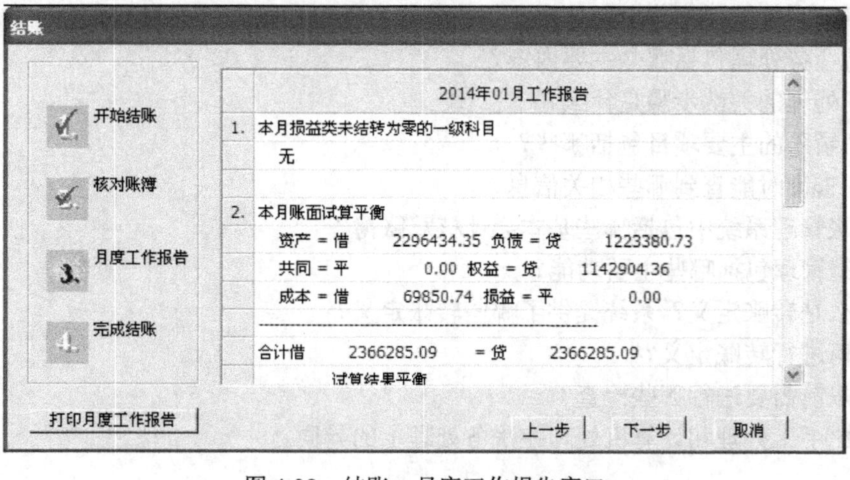


图 4-38　结账—月度工作报告窗口

⑤ 查看工作报告后，单击【下一步】按钮，单击【结账】按钮，若符合结账要求，系统将进行结账，否则不予结账。

**注意：**

- 结账只能由有结账权限的人进行。
- 若本月还有未记账凭证时，则本月不能结账。
- 结账必须按月连续进行，上月未结账的，本月不能结账。
- 若总账与明细账对账不符，则不能结账。
- 如果与其他系统联合使用，其他子系统未全部结账，则本月不能结账。
- 结账前，要进行数据备份。

（2）取消结账。

① 执行“期末”→“结账”命令，进入“结账”窗口。

② 选择要取消结账的月份“2014.01”。

③ 按“Ctrl+Shift+F6”键激活“取消结账”功能。

④ 输入主管口令，单击【确定】按钮，取消结账标记。

**注意：**

- 在结完账后，由于非法操作、计算机病毒或其他原因可能会造成数据被破坏，这时可以在此使用“取消结账”功能。

全部实验完成后，备份实验五账套数据。

## 复习思考题 4

1．总账系统提供的主要功能有哪些？
2．总账管理系统与其他系统之间的关系是怎样的？
3．总账管理系统的业务流程是怎样的？
4．总账选项设置的意义是什么？内容是什么？
5．计算机系统需要哪些期初数据？年初建账和年中建账有何不同？
6．日常业务处理包括哪些主要内容？
7．凭证处理的关键步骤是什么？
8．凭证录入的主要项目包括哪些？
9．凭证查询时能查到哪些相关信息？
10．总账管理系统中包括哪些基本会计核算账簿？
11．出纳管理包括哪些主要功能？
12．什么是转账定义？系统提供了哪些转账定义？
13．如何进行转账定义？
14．结账前需要进行哪些检查？
15．对比手工处理和计算机处理在账务处理上的异同。

FIVE

# 第5章 UFO报表系统

**本章学习目标**

- 了解报表管理系统的主要功能、与ERP其他系统间的数据关系
- 熟悉报表管理系统的操作流程
- 理解利用报表系统自定义企业管理报表的原理
- 学会利用报表模板生成标准财务报告
- 学会编制现金流量表

会计报表是综合反映企业某一特定日期财务状况和某一会计期间经营成果、现金流量的书面文件，是财会部门提供会计信息资料的一种重要手段。通过日常会计核算，虽然可以提供反映会计主体经营活动和财务收支情况的会计信息，但是这些资料分散在会计凭证和会计账簿中，难以满足会计信息使用者的需要，也难以满足企业内部加强经营管理的需要。因此，有必要在日常会计核算的基础上，根据会计信息使用者的需要，定期对日常会计核算资料进行加工处理和分类。通过编制会计报表，可以综合、清晰地反映会计主体的财务状况、经营成果以及收支情况。因此，会计报表子系统在整个会计信息系统中占有非常重要的地位。

## 5.1 报表子系统概述

### 5.1.1 报表子系统的主要功能

报表子系统主要完成报表格式设计和报表数据处理，从账务子系统或其他业务系统中取得有关会计核算信息生成会计报表，进行报表汇总，生成各种分析图，并按预定格式输出各种

会计报表。

UFO 报表系统是用友 U8 管理系统的重要组成部分，主要功能有以下几点。

**1．报表格式设计**

把一张报表拆分为相对固定的内容和相对变动的内容两部分，相对固定的内容包括报表的标题部分、表格部分、表中的项目、表中数据的来源等，相对变动的内容主要是报表中的数据。报表格式设计是指在计算机系统中建立一张报表中相对固定的部分，相当于在计算机中建立一个报表模板，供以后编制此类报表时调用。UFO 报表系统提供了丰富的格式设计功能，包括设置报表行列数、定义组合单元、画表格线、定义报表关键字、设置公式等。

**2．报表数据处理**

报表数据处理是根据预先设置的报表格式和报表公式进行数据采集、计算、汇总等，生成会计报表。除此以外，UFO 系统还提供了排序、审核、舍位平衡、汇总等功能。

**3．图表处理功能**

图表具有比数据报表更直观的优势。UFO 的图表处理功能能够方便地对报表数据进行图形组织，制作包括直方图、立体图、圆饼图、折线图等多种分析图表，并能编辑图表的位置、大小、标题、字体、颜色等，打印输出各种图表。

**4．文件管理功能**

利用文件管理功能可以方便地完成报表文件的创建、保存等一般文件管理功能；能够进行不同文件格式的转换，包括文本文件、*.MDB 文件、Excel 文件等。该功能还提供标准财务数据的导入、导出功能。

**5．行业报表模板**

UFO 系统中按照会计制度提供了不同行业的标准财务报表模板，简化了用户的报表格式设计工作。如果标准行业报表仍不能满足需要，系统还提供了自定义模板的功能。

此外，UFO 系统还提供了强大的二次开发功能，方便用户进行各种定制。

### 5.1.2 报表子系统与其他子系统的主要关系

会计报表子系统主要是从其他子系统中提取编制报表所需的数据。总账、工资、固定资产、应收、应付、采购、库存、存货核算和销售子系统均可向报表子系统传递数据，以生成财务部门所需的各种会计报表。

### 5.1.3 报表子系统相关概念

**1．格式状态和数据状态**

UFO 将报表制作分为两大部分来处理，即报表格式设计工作与报表数据处理工作。

在报表格式设计状态下进行有关格式设计的操作，如表尺寸、行高列宽、单元属性、单元风格、组合单元、关键字及定义报表的单元公式（计算公式）、审核公式及舍位平衡公式。

在格式状态下，所看到的是报表的格式，报表的数据全部隐藏。在格式状态下所做的操作对本报表所有的表页都发生作用。在格式状态下不能进行数据的录入、计算等操作。

在报表的数据状态下管理报表的数据，如输入数据、增加或删除表页、审核、舍位平衡、制作图形、汇总、合并报表等。在数据状态下不能修改报表的格式，看到的是报表的全部内容，包括格式和数据。

报表工作区的左下角有一个【格式/数据】按钮，单击此按钮可以在格式状态和数据状态之间切换。

**2．单元**

单元是组成报表的最小单位，单元名称由所在行、列标识。行号用数字 1～9999 表示，列标用字母 A～IU 表示。例如，D3 表示第 4 列第 3 行的那个单元。单元类型有数值单元、字符单元和表样单元三种。

数值单元用于存放报表的数据，在数据状态下输入。数字可以直接输入或由单元中存放的单元公式运算生成。建立一个新表时，所有单元的类型默认为数值型。

字符单元可存储字符型数据，在数据状态下输入。其内容可以是汉字、字母、数字及各种键盘可输入的符号组成的一串字符。字符单元的内容也可由单元公式生成。

表样单元可存储报表的格式，是定义一个没有数据的空表所需的所有文字、符号或数字。一旦单元被定义为表样，那么在其中输入的内容对所有表页都有效。表样单元在格式状态下输入和修改，在数据状态下不允许修改。

**3．组合单元**

由于一个单元只能输入有限字符，但在实际工作中有的单元有超长输入情况，这时，可以采用系统提供的组合单元。组合单元是由相邻的两个或更多个单元组成，这些单元必须是同一种单元类型（表样、数值、字符）。报表子系统在处理报表时将组合单元视为一个单元。可以组合同一行相邻的几个单元，可以组合同一列相邻的几个单元，也可以把一个多行多列的平面区域设为一个组合单元。组合单元的名称可以用区域的名称或区域中的单元的名称来表示。例如，把 C3 到 F6 定义为一个组合单元，这个组合单元可以用“C3”、“F6”或“C3：F6”表示。

**4．区域**

区域由一张表页上的一组单元组成，自起点单元至终点单元是一个完整的长方形矩阵。例如，B2 到 E5 的长方形区域表示为“B2：E5”，起点单元与终点用“：”连接。

**5．表页**

表页是由许多单元组成的。一个报表中的所有表页具有相同的格式，但其中的数据不同。报表中表页的序号在表页的下方以标签形式出现，称为“页标”。例如，当前表的第 2 页，可以表示为“@2”。

**6．二维表和三维表**

确定某一数据位置的要素称为“维”。在一张有方格的纸上填写一个数字，这个数字的位置可通过行和列（二维）来描述。

如果将一张有方格的纸称为表，那么这个表就是二维表，通过行（横轴）和列（纵轴）

可以找到这个二维表中的任何位置的数据。

如果将多个相同的二维表叠在一起，找到某一个数据，其要素需要增加一个，即表页号（*z* 轴），这一叠表称为三维表。

如果将多个不同的三维表放在一起，要从这样多个三维表中找到一个数据，又需要增加一个要素，即表名。三维表中的表间操作称为“四维运算”。

**7. 固定区和可变区**

固定区是组成一个区域的行数和列数的数量是固定的数目。一旦设定好以后，在固定区域内其单元总数是不变的。

可变区是屏幕显示一个区域的行数或列数是不固定的数字，可变区的最大行数或最大列数是在格式设计状态中设定的。

在一个报表中只能设置一个可变区，或是行可变区或是列可变区。行可变区是指可变区中的行数是可变的，列可变区是指可变区中的列数是可变的。设置可变区后，屏幕只显示可变区的第一行或第一列，其他可变行或列隐藏在表体内。在以后的数据操作中，可变行列数随着需要而增减。

有可变区的报表称为可变表；没有可变区的表称为固定表。

**8. 关键字**

关键字是游离于单元之外的特殊数据单元，可以唯一标识一个表页，用于在大量表页中快速选择表页。例如，一个资产负债表的表文件可以存放一年 12 个月的资产负债表（甚至多年的多张表），当要对某一张表页的数据进行定位时，就需要设定一些定位标志，这些定位标志就被称为关键字。关键字的显示位置在格式状态下设置，关键字的值则在数据状态下录入，每张报表可以定义多个关键字。

通常情况下，关键字可以有以下几种。

（1）单位名称：该报表表页编制单位的名称。

（2）单位编号：该报表表页编制单位的编号。

（3）年：该报表表页反映的年度。

（4）季：该报表表页反映的季度。

（5）月：该报表表页反映的月份。

（6）日：该报表表页反映的日期。

除了以上常见的关键字之外，系统通常还会提供一个自定义关键字功能，方便用户灵活定义并运用这些关键字。

### 5.1.4 制作一个报表的流程

下面给出制作一张报表的完整流程。一般来讲，在下面讨论的制表步骤中，第 1、第 2、第 4、第 7 步是必须的，因为要完成报表处理，一定要有启动系统建立报表、设计格式、处理数据、退出系统这些基本流程。

**1. 启动 UFO，建立报表**

在 UFO 报表系统新建报表时，系统自动建立一张空表，默认表名为“report1”，并进入格式状态。这时，可以开始在这张报表上设计报表格式，在保存文件时按照文件命名的基本规定为这张报表命名。

**2．设计报表的格式**

报表的格式设计在格式状态下进行，格式对整个报表都有效，具体包括以下操作。

（1）设置表尺寸：定义报表的大小，即设定报表的行数和列数。

（2）录入表内文字：包括表头、表体和表尾（关键字值除外）。在格式状态下定义了单元内容的自动默认为表样型，定义为表样型的单元在数据状态下不允许修改和删除。

（3）确定关键字在表页上的位置，如单位名称、年、月等。

（4）定义行高和列宽。

（5）定义组合单元：即把几个单元作为一个单元使用。

（6）设置单元风格：设置单元的字型、字体、字号、颜色、图案、折行显示等。

（7）设置单元属性：把需要输入数字的单元定为数值单元，把需要输入字符的单元定为字符单元。

（8）画表格线。

（9）设置可变区：即确定可变区在表页上的位置和大小。

**3．定义各类公式**

公式的定义在格式状态下进行，计算公式定义了报表数据之间的运算关系，可以实现报表系统从其他子系统取数。在报表单元中键入“=”，就可直接定义计算公式，所以称为单元公式。

审核公式：用于审核报表内或报表之间的勾稽关系是否正确。

舍位平衡公式：用于报表数据进行进位或小数取整时调整数据，避免破坏原数据平衡。

**4．报表数据处理**

报表格式和报表中的各类公式定义好之后，就可以录入数据并进行处理了。报表数据处理在数据状态下进行，具体包括以下操作。

（1）因为新建的报表只有一张表页，需要追加多个表页。

（2）如果报表中定义了关键字，则录入每张表页上关键字的值。

例如，录入关键字“单位名称”的值，给第一页录入“甲单位”，给第二页录入“乙单位”，给第三页录入“丙单位”等。

（3）在数值单元或字符单元中录入数据。

（4）如果报表中有可变区，可变区初始只有一行或一列，需要追加可变行或可变列，并在可变行或可变列中录入数据。

随着数据的录入，当前表页的单元公式将自动运算并显示结果。如果报表有审核公式和舍位平衡公式，则执行审核和舍位。需要的话，做报表汇总和合并报表。

**5．报表图形处理**

选取报表数据后可以制作各种图形，如直方图、圆饼图、折线图、面积图、立体图。图形可随意移动，图形的标题、数据组可以按照要求设置，图形可以打印输出。

### 6. 打印报表

打印报表时，可控制打印方向，设置为横向或纵向打印；可控制行列打印顺序；可以设置页眉和页脚，以及财务报表的页首和页尾；可缩放打印；利用打印预览还可观看打印效果。

### 7. 退出

所有操作进行完毕之后，还要保存报表文件，保存后就可以退出 UFO 系统了。如果忘记保存文件，在退出 UFO 系统前将会有提示。

## 5.2 报表格式设计

报表格式就是一张报表的框架。报表的格式在格式状态下设计，整个报表文件的所有表页格式都相同。报表格式设计主要包括报表尺寸定义、单元属性定义、组合单元定义和关键字设置等内容。报表格式设计工作虽然烦琐，但属于一次性工作，设计完成后可重复使用，可谓“一劳永逸”。

进行报表格式设计之前，需要事先准备好手工表样。下面以利润表为例进行说明，如图 5-1 所示。

**利润表** （标题）

会企 02 表

编制单位　　　　年　　月　　　　单位：元 （表头）

| 项目 | 行次 | 本月数 | 本年累计 |
|---|---|---|---|
| 一、主营业务收入 | 1 | 2,058,000.00 | 2,058,000.00 |
| 减：主营业务成本 | 2 | 1,138,025.12 | 1,138,025.12 |
| 主营业务税金及附加 | 4 | 17,035.85 | 17,035.85 |
| 二、主营业务利润 | 5 | 894,796.13 | 894,796.13 |
| 加：其他业务利润 | 6 | | |
| 减：营业费用 | | | |
| 管理费用 | 7 | 69,568.74 | 69,568.74 |
| 财务费用 | 8 | 15,500.27 | 15,500.27 |
| 三、营业利润 | 9 | 809,727.12 | 809,727.12 |
| 加：投资收益 | 10 | | |
| 补贴收入 | 11 | | |
| 营业外收入 | 12 | | |
| 减：营业外支出 | 13 | | |
| 四、利润总额 | 15 | 809,727.12 | 809,727.12 |
| 减：所得税 | 16 | 267,209.95 | 267,209.95 |
| 五、净利润 | 17 | 542,517.17 | 542,517.17 |

（表体）

单位负责人：　　　　财务主管：

复　　核：　　　　制　　表：　　　　报送日期： （表尾）

图 5-1　利润表

### 5.2.1　固定表格式设计

固定表是指报表的行和列相对固定的报表。

**1．设置表尺寸**

设置表尺寸就是定义报表的行数和列数。报表的行数包括了标题、表头、表体和表尾几个部分。图 5-1 中所示的利润表的表尺寸是 22 行 4 列。

**2．输入报表标题**

标题用来描述报表的名称，一般标题会采用稍大一些的字号和与表中项目不同的字体，且居中显示。这就需要通过设置单元风格、组合单元来实现。

**3．定义表头和关键字**

表头一般用来描述报表编制单位的名称、日期等辅助信息和报表栏目的。如果报表的编制单位是固定的，可以作为表样型数据处理。报表的编制日期是从账务系统及其他系统采集数据的依据，一般需要定义为关键字。报表的栏目定义了报表的内容及结构。

**4．定义表体**

表体是报表的核心内容，主要包括各种项目和数据。项目一般作为表样型数据输入；数据部分根据编报日期不断变化，一般是根据函数从账务系统或其他系统采集或汇总计算得到，属于数值型数据。因此，定义表体的关键内容是表中项目数据来源的定义。

表中项目数据可能来源于以下方面。

（1）从账务系统或其他系统中取得。如利润表中的主营业务收入取自于账务系统“主营业务收入”的本期贷方发生数。

（2）通过表中项目的计算得到。如利润表中的主营业务利润等于主营业务收入减去主营业务成本和主营业务税金及附加。

（3）从本表其他表页取数得到。如利润表中的“本年累计”一列等于本表的“本月数”加上上个月的“本年累计”。如果是用同一个报表文件存放全年 12 个月的利润表，那么就涉及到本表其他表页取数问题。

（4）从其他报表中取数。

针对以上各种情况，UFO 系统提供了多种函数供定义数据公式使用。

**5．定义表尾**

表尾指表体以下的辅助说明信息，如制表人、审核人等。

**6．保存报表**

报表格式设计完成后，应及时保存，以备下次调用。

### 5.2.2　可变表格式设计

一般来说，企业常用报表的格式比较固定，即使有变化，也可以通过修改固定表来实现。

本节要讲的可变表不是指固定表格式的变化，而是指那些行数或列数不固定，随实际需要变动的表。

例如，ABC 公司 9 月份销售的产品有三种——甲产品、乙产品、丙产品。为考核各种产品的获利能力，公司设计了产品销售毛利明细表，如表 5-1 所示。在表中产品的品种是可以变化的，假定在 2013 年度 ABC 公司预计最多可以销售 10 种产品（包括甲、乙、丙三种产品），这就用到了可变表制作。

**表 5-1　9 月份产品销售毛利明细表**

| 产品品种 | 销售收入 | 销售成本 | 销售毛利 |
| --- | --- | --- | --- |
| 甲 | 70 000 | 40 000 | |
| 乙 | 50 000 | 30 000 | |
| 丙 | 30 000 | 10 000 | |
| 合计 | 150 000 | 80 000 | |

制作可变表的步骤与制作固定表的步骤基本相同，不同的是可变表中增加了可变区的设计。一个报表只能定义一个可变区。表 5-1 属于列固定、行可变的表格。

### 5.2.3 报表公式设置

由于各种报表之间存在着密切的数据间逻辑关系，所以，报表中各种数据的采集、运算和勾稽关系的检测就用到了不同的公式，其中主要有计算公式、审核公式和舍位平衡公式。

#### 1. 计算公式

计算公式的作用是从其他子系统的账簿文件中、本表其他表页中或者其他报表中采集数据，直接填入表中相应的单元或经过简单计算填入相应的单元。因此，通常报表系统会内置一整套从各种数据文件中调取数据的函数。不同的报表软件函数的具体表示方法不同，但这些函数所提供的功能和使用方法一般是相同的。通过计算公式来组织报表数据，既经济又省事，把大量重复、复杂的劳动简单化了。合理地设计计算公式能大大节约劳动时间，提高工作效率。

计算公式可以直接定义在报表单元中，这样的公式称为“单元公式”。

UFO 允许在报表中的每个数值型、字符型的单元内写入代表一定运算关系的公式，用来建立表内各单元之间、报表与报表之间或报表系统与其他子系统之间的运算关系，描述这些运算关系的表达式称为单元公式。为了规范和简化单元公式的定义过程，一般报表系统会提供公式向导，逐步引导公式的建立过程。

#### 2. 审核公式

财务报表中的数据往往存在一定的勾稽关系，如资产负债表中的资产合计应等于负债及所有者权益合计。在实际工作中，为了确保报表数据的准确性，可以利用这种报表之间或报表内的勾稽关系对报表进行编制的正确性检查，用于该种用途的公式称为审核公式。

#### 3. 舍位平衡公式

如果对报表进行汇总，得到的汇总数据可能位数很多，这样，需要把以“元”为单位的报表转换为以“千元”、“万元”为单位的报表，在转换过程中，原报表的平衡关系可能会被破坏，因此，需要进行调整，使之符合指定的平衡公式。报表经舍位之后，用于重新调整平衡关系的公式称为舍位平衡公式。

### 5.2.4 报表模板

会计报表包括对外报表和内部报表，资产负债表、利润表和现金流量表是主要的三项对外财务报告，而这些表的格式是国家会计制度统一规定的。既然表样是规范的，报表子系统为了简化用户的报表格式设计工作，一般会预先设置一系列的报表模板以供用户选择使用。用户可以利用报表模板迅速建立一张符合本企业需要的财务报表。此外，对于一些本企业常用报表模板中没有提供的报表，在设置了这些报表的格式和公式以后，可以将其定义为报表模板，以便今后直接调用。灵活运用报表模板无疑可以加快报表处理的效率。如果报表模板与本企业的实际需要存在差异，用户也可以充分利用报表格式和公式设置的功能，对原来的报表模板进行修改，生成新的报表模板。

## 5.3 报表数据处理

在格式设计工作完成以后，就可以进行报表数据处理了。报表数据处理主要包括报表数据生成、报表审核、报表舍位平衡处理、图表处理、报表输出等内容。

### 5.3.1 报表编制

报表编制的主要任务是根据预先设定的公式完成报表数据的采集和计算，得到完整的数据表。利用报表子系统编制报表的一般步骤如下。

**1. 打开报表文件**

打开已定义好表样格式及公式的报表文件。一个报表文件可能包含多个表页，每个表页用来存放不同会计期间的数据。如果没有存放当期数据的表页，需要插入或追加表页。

**2. 输入关键字**

不同会计期间企业经营的数据有所不同，如何判定本表页数据取自哪个单位、哪个会计期呢？在系统中是通过设置关键字来识别的，因此在生成报表数据前的重要步骤就是录入关键字的值。

**3. 输入基本数据**

某些报表单元的数据每月不同，且无法从系统内的账簿文件中获取，与其他数据之间也不存在关联关系，那么，只能在报表编制时临时输入。

**4. 生成报表**

在完成基本数据输入和关键字录入后，系统将自动根据计算公式从账务子系统或其他子系统中采集数据，进行计算，生成报表。在生成报表的过程中，系统将对公式的格式进行检查，如有语法或句法错误，系统将给予提示。

**5．报表审核**

报表数据生成后，如果设置了审核公式，系统将根据审核公式中设定的逻辑关系进行检查。如果报表数据不符合勾稽关系，系统会给出预先设定的提示信息。用户应按照系统提示修改报表数据，并重新进行审核，直到审核通过为止。每当对报表数据进行修改后，都应该重新进行审核，以保证报表各项勾稽关系正确。

**6．舍位平衡处理**

如果指定了舍位平衡公式，还可以进行舍位平衡处理，生成舍位表。

### 5.3.2 图表处理

图表处理可以实现以图表的方式对数据进行直观分析的功能。报表子系统提供的图表格式一般包括直方图、圆饼图、折线图、面积图等，不同格式图表的建立方法是类似的。

图表是利用报表文件中的数据生成的，图表与报表存在着密切的联系，当报表中的源数据发生变化时，图表也随之变化。当报表文件被删除后，由该报表生成的图表也同时被删除。

图表以图表窗口的形式存在。图表并不是独立的文件，它的存在依附于源数据所在的报表文件，只有打开报表文件后，才能打开相应的图表。

对图表可以进行命名、修改、保存或删除等操作，也可以进行打印输出操作。

### 5.3.3 表页管理

表页管理包括插入、追加、删除表页，还可以对表页进行排序。

表页排序是指报表子系统可以按照表页关键字的值或按照报表中任何一个单元的值重新排列表页，以方便用户进行查询和管理。

### 5.3.4 报表数据管理

报表数据管理主要包括对报表数据进行透视、汇总和报表合并操作。

**1．报表透视**

在报表子系统中，大量的数据是以表页形式分布的，正常情况下每次只能看到一张表页。要想对各个表页的数据进行比较，可以利用数据透视功能，把多张表页中多个区域的数据显示在一个平面上。数据透视的结果可以保存在报表中。

**2．数据汇总**

报表的数据汇总是报表数据不同形式的叠加。通过数据汇总功能可以把结构相同、数据不同的两张报表经过简单叠加生成一张新的报表。在实际工作中，数据汇总主要用于同一报表不同时期的汇总，以便得到某一期间的汇总数据；或者同一单位不同部门之间的数据汇总；或者同一张报表的汇总，以得到整个单位的合计数字。

# 实验六　UFO 报表管理

## 【实验目的】

（1）理解报表编制的原理及流程。
（2）掌握报表格式定义、公式定义的操作方法；掌握报表单元公式的用法。
（3）掌握报表数据处理、表页管理及图表功能等操作。
（4）掌握如何利用报表模板生成一张报表。

## 【实验内容】

（1）自定义一张报表。
（2）利用报表模板生成报表。

## 【实验准备】

引入实验五账套数据。

## 【实验资料】

### 1. 自定义货币资金表

货币资金表

编制单位：　　　　　　　　　　年　月　日　　　　　　　　　　单位：元

| 项 目 | 行 次 | 期 初 数 | 期 末 数 |
|---|---|---|---|
| 现金 | 1 | | |
| 银行存款 | 2 | | |
| 合计 | 3 | | |

制表人：

说明：
表头：
　　标题“货币资金表”设置为“黑体、14 号、居中”。
　　年、月、日应设为关键字。
表体：
　　表体中文字设置为“楷体、12 号、居中”。
表尾：
　　“制表人：”设置为“宋体、10 号、右对齐”。

### 2. 资产负债表和利润表

利用报表模板生成资产负债表和利润表。

### 3. 现金流量表

利用总账中的项目核算生成现金流量表。

## 【实验要求】

以账套主管“贾涛”的身份进行 UFO 报表管理操作。

## 【操作指导】

### 1. 启动 UFO 报表管理系统

（1）以贾涛的身份进入企业应用平台，执行“财务会计”→“UFO 报表”命令，进入 UFO 报表管理系统。

（2）执行“文件”→“新建”命令，建立一张空白报表，报表名默认为“report1”。

### 2. 自定义一张货币资金表

（1）报表定义。查看空白报表底部左下角的“格式/数据”按钮，使当前状态为“格式”状态。

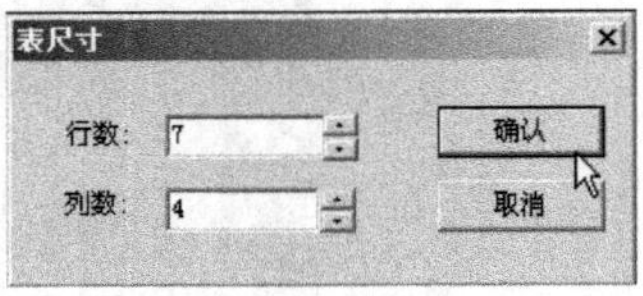


图 5-2　设置表尺寸

① 报表格式定义。

a. 设置报表尺寸。

- 执行“格式”→“表尺寸”命令，打开“表尺寸”对话框。
- 输入行数“7”，列数“4”，如图 5-2 所示，单击【确认】按钮。

b. 定义组合单元。

- 选择需合并的区域“A1 : D1”。
- 执行“格式”→“组合单元”命令，打开“组合单元”对话框。
- 选择组合方式“整体组合”或“按行组合”，该单元即合并成一个单元格。
- 同理，定义“A2 : D2”单元为组合单元。

c. 画表格线。

- 选中报表需要画线的区域“A3 : D6”。
- 执行“格式”→“区域画线”命令，打开“区域画线”对话框。
- 选择“网线”，单击【确认】按钮，将所选区域画上表格线。

d. 输入报表项目。

- 选中需要输入内容的单元或组合单元。
- 在该单元或组合单元中输入相关文字内容，如在 A1 组合单元输入“货币资金表”，在 A2 组合单元中输入“编制单位：冠群公司”。

**注意：**

- 报表项目指报表的文字内容，主要包括表头内容、表体项目、表尾项目等，不包括关键字。
- 日期一般不作为文字内容输入，而是需要设置为关键字。

e．定义报表行高和列宽。

- 选中需要调整的单元所在行“A1”。
- 执行“格式”→“行高”命令，打开“行高”对话框。
- 输入行高为“7”，单击【确定】按钮。
- 选中需要调整的单元所在列，执行“格式”→“列宽”命令，可设置该列的宽度。

**注意：**

- 行高、列宽的单位为毫米。

f．设置单元风格。

- 选中标题所在组合单元“A1”。
- 执行“格式”→“单元属性”命令，打开“单元格属性”对话框。
- 单击“字体图案”选项卡，设置字体“黑体”，字号“14”。
- 单击“对齐”选项卡，设置对齐方式“居中”， 单击【确定】按钮。

g．定义单元属性。

- 选定单元格“D7”。
- 执行“格式”→“单元属性”命令，打开“单元格属性”对话框。
- 单击“单元类型”选项卡，单击“字符”选项，如图 5-3 所示，单击【确定】按钮。

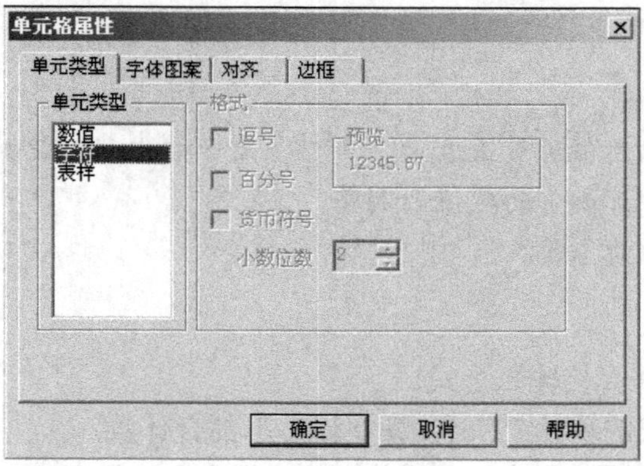


图 5-3　定义单元属性

**注意：**

- 格式状态下输入内容的单元均默认为表样单元，未输入数据的单元均默认为数值单元，在数据状态下可输入数值。若希望在数据状态下输入字符，应将其定义为字符单元。
- 字符单元和数值单元输入后只对本表页有效，表样单元输入后对所有表页有效。

h．设置关键字。

- 选中需要输入关键字的组合单元“A2”。
- 执行“数据”→“关键字”→“设置”命令，打开“设置关键字”对话框。
- 单击“年”单选按钮，单击【确定】按钮。
- 同理，设置“月”、“日”关键字。

注意：

● 每个报表可以同时定义多个关键字。
● 如果要取消关键字，须执行“数据”→“关键字”→“取消”命令。

i. 调整关键字位置。

● 执行“数据”→“关键字”→“偏移”命令，打开“定义关键字偏移”对话框。
● 在需要调整位置的关键字后面输入偏移量，年“-120”、月“-90”、日“-60”，如图 5-4 所示。

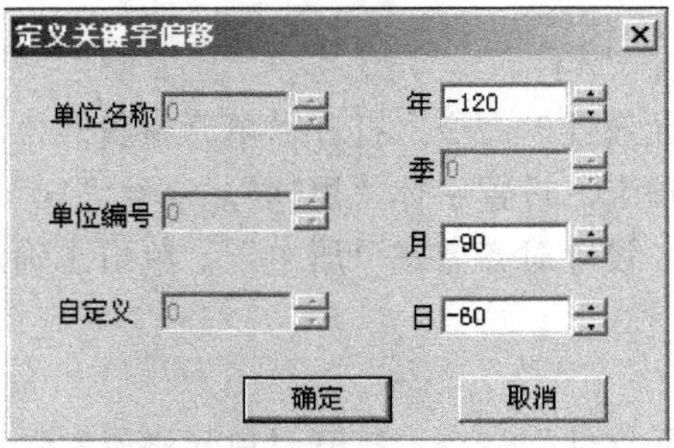


图 5-4 “定义关键字偏移”对话框

● 单击【确定】按钮。

注意：

● 关键字的位置可以用偏移量来表示，负数值表示向左移，正数值表示向右移。在调整时，可以通过输入正或负的数值来调整。
● 关键字偏移量单位为像素。

② 报表公式定义。

a. 定义单元公式——直接输入公式。

● 选定需要定义公式的单元“C6”，即“现金”的合计数。
● 执行“数据”→“编辑公式”→“单元公式”命令，打开“定义公式”对话框。
● 在定义公式对话框内直接输入“C4+C5”，单击【确认】按钮。

注意：

● 单元公式中涉及到的符号均为英文半角字符。
● 单击【*fx*】按钮或双击某公式单元或按“=”键，都可打开“定义公式”对话框。

b. 定义单元公式——引导输入公式。

● 选定被定义单元“D5”，即“银行存款”期末数。
● 单击【*fx*】按钮，打开“定义公式”对话框。
● 单击【函数向导】按钮，打开“函数向导”对话框。
● 在函数分类列表框中选择“用友账务函数”，在右边的函数名列表中选中“期末（QM）”，单击【下一步】按钮，打开“用友账务函数”对话框。

- 单击【参照】按钮，打开“账务函数”对话框。
- 选择科目“1002”，其余各项均采用系统默认值，单击【确定】按钮，返回“用友账务函数”对话框。
- 单击【确定】按钮，返回“定义公式”对话框，单击【确认】按钮。
- 输入其他单元公式。

**注意：**

- 如果未进行账套初始，那么账套号和会计年度需要直接输入。

c．定义单元公式——引导输入统计函数。

- 选定被定义单元“D6”，单击【*fx*】按钮，打开“定义公式”对话框。
- 单击【函数向导】按钮，打开“函数向导”对话框。
- 在函数分类列表框中选择“统计函数”，在右边的函数名列表中选中“PTOTAL”，单击【下一步】按钮，打开“固定区统计函数”对话框。
- 在固定区区域文本框中输入“D4:D5”，单击【确认】按钮返回。定义完成后如图 5-5 所示。

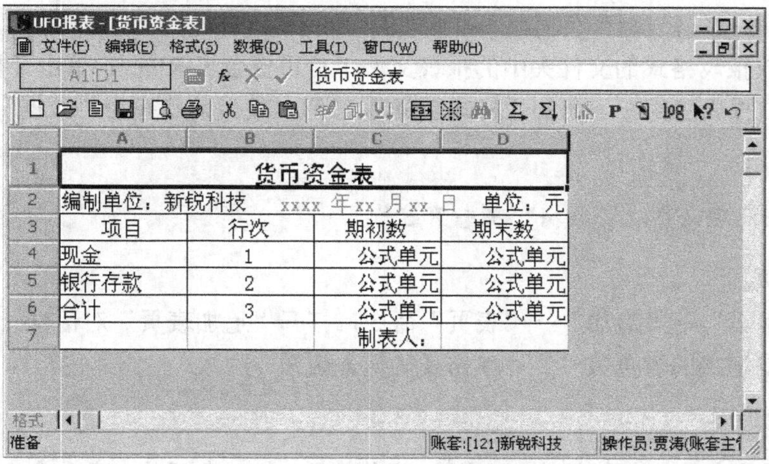


图 5-5 格式设计

d．定义审核公式。

审核公式用于审核报表内或报表之间勾稽关系是否正确，例如，资产负债表中的“资产合计=负债合计+所有者权益合计”。本实验的“货币资金表”中不存在这种勾稽关系。若要定义审核公式，执行“数据”→“编辑公式”→“审核公式”命令即可。

e．定义舍位平衡公式。

- 执行“数据”→“编辑公式”→“舍位公式”命令，打开“舍位平衡公式”对话框。
- 确定如下信息：舍位表名“SW1”，舍位范围“C4 : D6”，舍位位数“3”，平衡公式“C6=C4+C5，D6=D4+D5”。
- 单击【完成】按钮。

**注意：**

- 舍位平衡公式是指用来重新调整报表数据进位后的小数位平衡关系的公式。

- 每个公式一行，各公式之间用逗号“,”（半角）隔开，最后一条公式不用写逗号，否则公式无法执行。
- 等号左边只能为一个单元（不带页号和表名）。
- 舍位公式中只能使用“+”、“-”符号，不能使用其他运算符及函数。

f. 保存报表格式。

- 执行“文件”→“保存”命令。如果是第一次保存，则打开“另存为”对话框。
- 选择保存文件夹的目录，输入报表文件名“货币资金表”，选择保存类型“*.REP”，单击【保存】按钮。

**注意：**

- 报表格式设置完以后，切记要及时保存，以便随时调用。
- 如果没有保存就退出，系统会出现提示“是否保存报表？”以防止误操作。
- “.REP”为用友报表文件专用扩展名。

（2）报表数据处理。

① 打开报表。

a. 启动 UFO 系统，执行“文件”→“打开”命令。

b. 选择存放报表格式的文件夹中的报表文件“货币资金表.REP”，单击【打开】按钮。

c. 单击空白报表底部左下角的【格式/数据】按钮，使当前状态为“数据”状态。

**注意：**

- 报表数据处理必须在“数据”状态下进行。

② 增加表页。

a. 执行“编辑”→“追加”→“表页”命令，打开“追加表页”对话框。

b. 输入需要增加的表页数“2”，单击【确认】按钮。

**注意：**

- 追加表页是在最后一张表页后追加 *N* 张空表页，插入表页是在当前表页后面插入一张空表页。
- 一张报表最多只能管理 99 999 张表页，演示版最多为 4 页。

③ 输入关键字值。

a. 执行“数据”→“关键字”→“录入”命令，打开“录入关键字”对话框。

b. 输入年“2014”、月“1”、日“31”。

c. 单击【确认】按钮，弹出“是否重算第 1 页？”对话框。

d. 单击【是】按钮，系统会自动根据单元公式计算 1 月份数据；单击【否】按钮，系统不计算 1 月份数据，以后可利用“表页重算”功能生成 1 月份数据。

**注意：**

- 每一张表页均对应不同的关键字值，输出时随同单元一起显示。
- 日期关键字可以确认报表数据取数的时间范围，即确定数据生成的具体日期。

④ 生成报表。

a．执行“数据”→“表页重算”命令，弹出“是否重算第 1 页？”提示框。

b．单击【是】按钮，系统会自动在初始的账套和会计年度范围内根据单元公式计算生成数据。

注意：
- 可将生成的数据报表保存到指定位置。

⑤ 报表舍位操作。

a．执行“数据”→“舍位平衡”命令。

b．系统会自动根据前面定义的舍位公式进行舍位操作，并将舍位后的报表保存在“SW1.REP”文件中。

注意：
- 舍位操作以后，可以将“SW1.REP”文件打开查阅一下。
- 如果舍位公式有误，系统状态栏会提示“无效命令或错误参数！”

（3）表页管理及报表输出。

① 表页管理。

a．表页排序。
- 执行“数据”→“排序”→“表页”命令，打开“表页排序”对话框。
- 确定如下信息：选择第一关键值“年”，排序方向“递增”，第二关键字“月”，排序方向“递增”。
- 单击【确认】按钮，系统将自动把表页按年份递增顺序重新排列，如果年份相同则按月份递增顺序排序。

b．表页查找。
- 执行“编辑”→“查找”命令，打开“查找”对话框。
- 确定查找内容“表页”，确定查找条件“月=1”。
- 单击【查找】按钮，查找到符合条件的表页作为当前表页。

（4）图表功能。

① 追加图表显示区域。

a．在格式状态下，执行“编辑”→“追加”→“行”命令，打开“追加行”对话框。

b．输入追加行数“10”，单击【确定】按钮。

注意：
- 追加行或列须在格式状态下进行。

② 插入图表对象。

a．在数据状态下，选取数据区域“A3 : D5”。

b．执行“工具”→“插入图表对象”命令，打开“区域作图”对话框。

c．选择确定如下信息：数据组“行”，数据范围“当前表页”。

d．输入图表名称“资金分析图”，图表标题“资金对比”，X 轴标题“期间”，Y 轴标题“金额”。

e．选择图表格式“成组直方图”，单击【确定】按钮。

f．将图表中的对象调整到合适位置。

**注意：**

- 插入的图表对象实际上也属于报表的数据，因此有关图表对象的操作必须在数据状态下进行。
- 选择图表对象显示区域时，区域不能少于 2 行*2 列，否则会提示出现错误。

③ 编辑图表对象。

a．编辑图表主标题。

- 双击图表对象的任意位置，选中图表。
- 执行“编辑”→“主标题”命令，打开“编辑标题”对话框。
- 输入主标题“资金对比分析”，单击【确认】按钮。

b．编辑图表主标题字样。

- 单击选中“主标题”。
- 执行“编辑”→“标题字体”命令，打开“标题字体”对话框。
- 选择字体“隶书”，字型“粗体”，字号“12”，效果“加下划线”，单击【确认】按钮。

**注意：**

- 将生成图表的报表保存到原位置。
- 在调用报表模板生成货币资金表之前，应将货币资金表关闭。

### 3．调用报表模板生成资产负债表

（1）调用资产负债表模板。

① 在“格式”状态下，执行“格式”→“报表模板”命令，打开“报表模板”对话框。

② 选择您所在的行业“2007 年新会计制度科目”，财务报表“资产负债表”。

③ 单击【确认】按钮，弹出“模板格式将覆盖本表格式！是否继续？”提示框。

④ 单击【确定】按钮，即可打开“资产负债表”模板。

（2）调整报表模板。

① 单击【数据/格式】按钮，让“资产负债表”处于格式状态

② 根据本单位的实际情况，调整报表格式，修改报表公式。

③ 保存调整后报表模板。

（3）生成资产负债表数据。

① 在数据状态下，执行“数据”→“关键字”→“录入”命令，打开“录入关键字”对话框。

② 输入关键字：年“2014”，月“01”，日“31”。

③ 单击【确认】按钮，弹出“是否重算第 1 页？”提示框。

④ 单击【是】按钮，系统会自动根据单元公式计算 1 月份数据。

⑤ 单击工具栏中的【保存】按钮，将生成的报表数据保存。

**注意：**

- 第一次调用报表模板生成资产负债表以后，需要检查资产负债表中每个项目是否取数

正确，资产合计是否等于负债和所有者权益合计。

- 同样方法，生成 2014 年 1 月利润表。

#### 4．利用总账的项目核算生成现金流量表

系统提供了两种生成现金流量表的方法。一是利用现金流量表模块，二是利用总账的项目管理功能和 UFO 报表。本例主要介绍第二种方法。

生成现金流量表之前在总账系统中需要做以下工作。

第一，在设置会计科目界面指定现金流量科目，如图 5-6 所示。

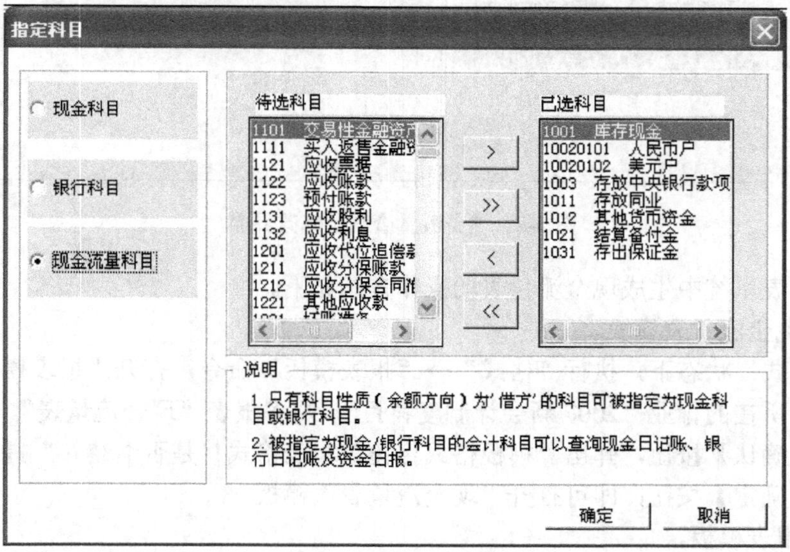


图 5-6　指定现金流量科目界面

第二，系统在项目目录里已经建立了“现金流量项目”项目大类，如图 5-7 所示。

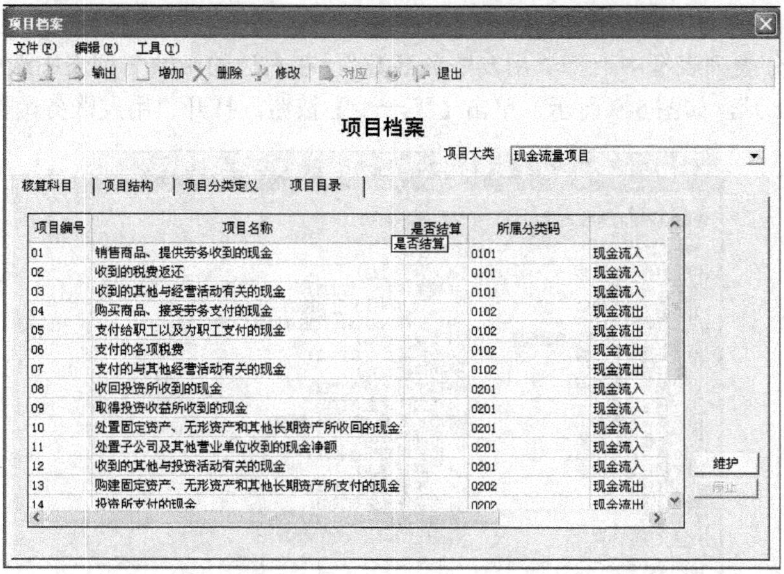


图 5-7　现金流量项目大类及项目目录界面

第三，在填制凭证时如果涉及到现金流量科目可以在填制凭证界面单击【流量】按钮，打开“现金流量表”对话框，指定发生的该笔现金流量的所属项目。如果在填制凭证时未指定现金流量项目，也可以执行“现金流量表”→“现金流量凭证查询”命令，进入“现金流量查询及修改”窗口，针对每一张现金流量凭证，单击【修改】按钮补充录入现金流量项目，如图 5-8 所示。

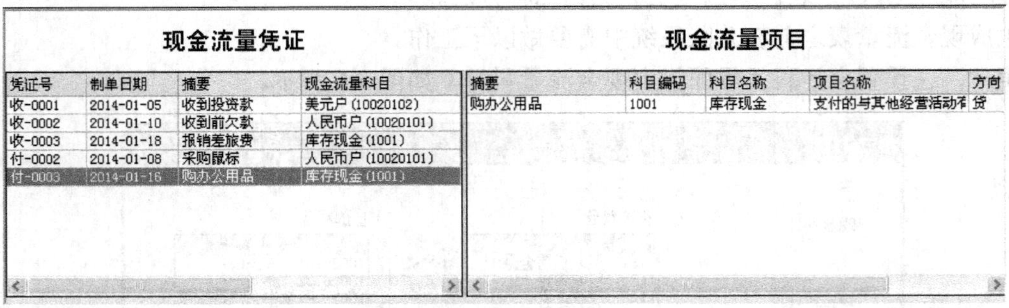


图 5-8　现金流量查询及修改界面

在 UFO 报表系统中生成现金流量表的操作方法如下。

（1）调用现金流量表模板。

① 在“格式”状态下，执行“格式”→“报表模板”命令，打开“报表模板”对话框。

② 选择您所在的行业“2007 新会计制度科目”，财务报表“现金流量表”。

③ 单击【确认】按钮，弹出“模板格式将覆盖本表格式！是否继续？”提示框。

④ 单击【确定】按钮，即可打开“现金流量表”模板。

（2）调整报表模板。

① 查看现金流量表关键字定义是否正确。

② 单击【数据/格式】按钮，让“现金流量表”处于格式状态。

③ 单击选择 C6 单元格；单击【*fx*】按钮，打开“定义公式”对话框；单击【函数向导】按钮，打开“函数向导”对话框。

④ 在函数分类列表框中选择“用友账务函数”，在右边的函数名列表中选中“现金流量项目金额（XJLL）”，如图 5-9 所示，单击【下一步】按钮，打开“用友账务函数”对话框。

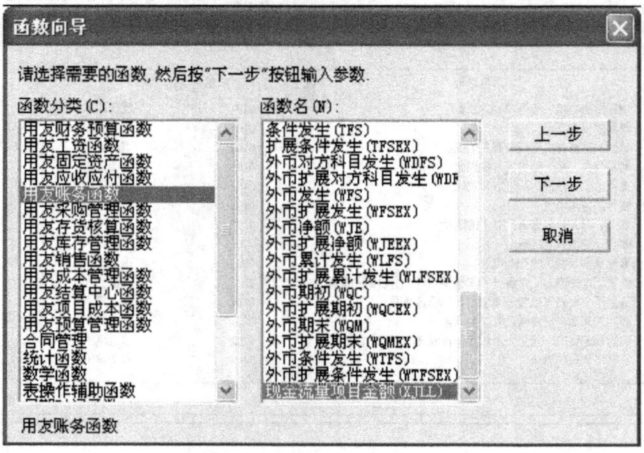


图 5-9　选择现金流量函数

⑤ 单击【参照】按钮，打开“账务函数”对话框。

⑥ 单击“项目编码”右边的参照按钮，打开“现金流量项目”选项。

⑦ 双击选择与 C6 单元格左边相对应的项目，单击【确定】按钮，返回“用友账务函数”对话框。

⑧ 单击【确定】按钮，返回“定义公式”对话框，单击【确认】按钮。

⑨ 重复 3～10 步骤，输入其他单元公式。

⑩ 单击工具栏中的【保存】按钮，保存调整后的报表模板。

（3）生成现金流量表主表数据。

① 在数据状态下，执行“数据”→“表页重算”命令。

② 弹出“是否重算第 1 页？”提示框。

③ 单击【是】按钮，系统会自动根据单元公式计算 1 月份数据。

④ 执行“文件”→“另存为”命令，输入文件名“现金流量表”，单击【另存为】按钮，保存生成的报表数据。

## 复习思考题 5

1. 报表子系统的主要功能有哪些？
2. 报表子系统和其他子系统的关系是什么？
3. 制作一张报表的流程是怎样的？
4. 报表格式设计包括哪些内容？
5. 报表公式分为哪几类，各自的作用是什么？
6. 什么是关键字？关键字是如何进行设置的？
7. 报表数据的来源有哪些？
8. 报表数据处理包括哪些内容？
9. 如何利用报表模板生成资产负债表？如果生成的资产负债表不平应如何处理？
10. 如何利用总账中的项目辅助核算功能生成现金流量表？

SIX

# 第6章 薪资管理

本章学习目标

- 了解薪资管理系统的主要功能、与U8其他系统间的数据关系
- 熟悉薪资管理系统的操作流程
- 理解薪资管理初始化的工作内容
- 掌握如何进行工资日常业务处理
- 了解针对不同企业应用需求的薪资解决方案
- 掌握在薪资管理系统中进行各种信息查询的方法

## 6.1 系统概述

### 6.1.1 功能概述

人力资源的核算和管理是企业管理的重要组成部分，其中，对于企业员工的业绩考评和薪酬的确定正确与否更是关系到企业每一个职工的切身利益，对调动每一个职工的工作积极性、正确处理企业与职工之间的经济关系具有重要意义。薪资管理是各企事业单位最常使用的功能之一。在用友U8管理软件中，它作为人力资源管理系统的一个子系统存在，它的主要功能包括以下几个方面。

#### 1. 工资类别管理

工资系统提供处理多个工资类别的功能。

如果单位按周或月多次发放工资，或是单位中有多种不同类别（部门）的人员，工资发放项目不同，计算公式也不同，但需进行统一工资核算管理，应选择建立多个工资类别。

如果单位中所有人员的工资统一管理，而人员的工资项目、工资计算公式全部相同，那么，只需要建立单个工资类别，以提高系统的运行效率。

#### 2. 人员档案管理

在此功能中，操作人员可以设置人员的基础信息并对人员变动进行调整，另外，系统也提供了设置人员附加信息的功能。

#### 3. 工资数据管理

在此项功能中，可以根据不同企业的需要设计工资项目和计算公式；管理所有人员的工资数据，并对平时发生的工资变动进行调整；自动计算个人所得税，结合工资发放形式进行扣零处理或向代发工资的银行传输工资数据；自动计算、汇总工资数据；自动完成工资分摊、计提和转账业务。

#### 4. 工资报表管理

此功能提供多层次、多角度的工资数据查询。

### 6.1.2 工资管理系统与其他系统的主要关系

工资管理系统与其他系统有以下关系：

(1) 工资管理系统与系统管理共享基础数据；

(2) 工资管理系统将工资分摊的结果生成转账凭证，传递到总账系统；

(3) 工资管理系统向成本核算系统传送相关费用的合计数据。

### 6.1.3 工资管理系统的操作流程

#### 1. 新用户的操作流程

采用多工资类别核算的企业，第一次启用工资系统，应按图 6-1 所示步骤进行操作。

#### 2. 老用户的操作流程

如果已经使用工资系统，到了年末，应进行数据结转，以便开始下一年度的工作。

在新的会计年度开始时，可在“设置”菜单中选择所需修改的内容，如人员附加信息、人员类别、工资项目、部门等，这些设置只有在新的会计年度第一个会计月中，删除所涉及到的工资数据和人员档案后，才可进行修改。

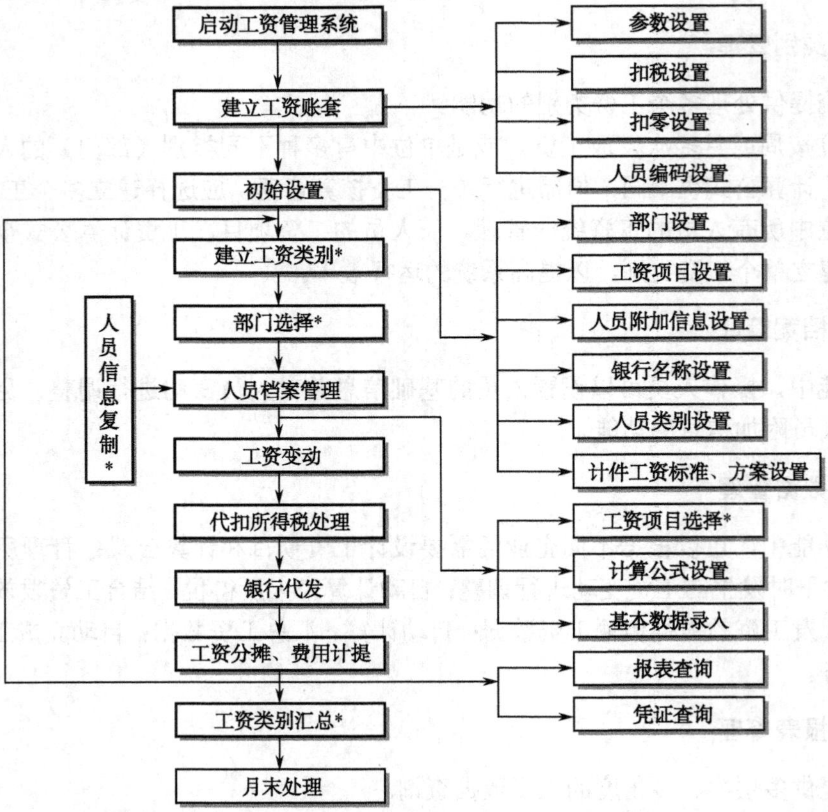


图 6-1　多工资类别核算管理企业的操作流程

## 6.2　工资管理系统的业务处理

### 6.2.1　初始设置

计算机处理工资程序基本类似于手工流程，用户要做一次性初始设置，如部门、人员类别、工资项目、公式、个人工资、个人所得税设置、银行代发设置、各种表样的定义等，每月只需对有变动的地方进行修改，系统自动进行计算，汇总生成各种报表。工资系统初始设置包括建立工资账套和基础信息设置两部分内容。

**1．建立工资账套**

工资账套与系统管理中的账套概念不同，系统管理中的账套是针对整个核算系统，而工资账套是针对工资子系统。要建立工资账套，前提是在系统管理中首先建立本单位的核算账套。建立工资账套时可以根据建账向导分四步进行：参数设置、扣税设置、扣零设置、人员编码。

**2．基础信息设置**

建立工资账套后，要对整个系统运行所需的基础信息进行设置，主要有以下信息。

（1）部门设置。员工薪资一般是按部门进行管理的。

（2）人员类别设置。人员类别与工资费用的分配、分摊有关，以便于按人员类别进行工资汇总计算。

（3）人员附加信息设置。此项设置可增加人员信息，丰富人员档案的内容，便于对人员进行更加有效的管理。例如，增加设置人员的性别、民族、婚姻状况等。

（4）工资项目设置。工资项目设置即定义工资项目的名称、类型、宽度、小数、增减项。系统中有一些固定项目，是工资账中必不可少的，包括"应发合计"、"扣款合计"、"实发合计"，这些项目不能删除或重命名。其他项目可根据实际情况定义或参照增加，如基本工资、奖励工资、请假天数等。在此设置的工资项目是针对所有工资类别的全部工资项目。

（5）银行名称设置。发放工资的银行可按需要设置多个，这里银行名称设置是对所有工资类别。例如，同一工资类别中的人员由于在不同的工作地点，需在不同的银行代发工资；或者不同的工资类别由不同的银行代发工资，均需设置相应的银行名称。

### 6.2.2　日常处理

#### 1．工资类别管理

工资系统是按工资类别进行管理的。每个工资类别下有职工档案、工资变动、工资数据、报税处理、银行代发等。对工资类别的维护包括建立工资类别、打开工资类别、删除工资类别、关闭工资类别和汇总工资类别。

（1）人员档案。人员档案的设置用于登记工资发放人员的姓名、职工编号、所在部门、人员类别等信息，此外员工的增减变动也必须在本功能中进行处理。人员档案的操作是针对某个工资类别的，即应先打开相应的工资类别。

人员档案管理包括增加/修改/删除人员档案、人员调离与停发处理、查找人员等。

（2）设置工资项目和计算公式。在系统初始中设置的工资项目包括本单位各种工资类别所需要的全部工资项目。由于不同的工资类别，工资发放项目不同，计算公式也不同，因此，应对某个指定工资类别所需的工资项目进行设置，并定义此工资类别的工资数据计算公式。

① 选择建立本工资类别的工资项目。这里只能选择系统初始中设置的工资项目，不可自行输入。工资项目的类型、长度、小数位数、增减项等不可更改。

② 设置计算公式。定义某些工资项目的计算公式及工资项目之间的运算关系。例如，缺勤扣款=基本工资/月工作日*缺勤天数。运用公式可直观表达工资项目的实际运算过程，灵活地进行工资计算处理。定义公式可通过选择工资项目、运算符、关系符、函数等组合完成。

对于固定工资项目"应发合计"、"扣款合计"、"实发合计"等的计算公式，系统根据工资项目设置的"增减项"自动给出。用户在此只能增加、修改、删除其他工资项目的计算公式。

定义工资项目计算公式要符合逻辑，系统将对公式进行合法性检查，不符合逻辑的系统将给出错误提示。定义公式时要注意先后顺序，先得到的数据应先设置公式。应发合计、扣款合计和实发合计公式应是公式定义框的最后三个公式，并且实发合计的公式要在应发合计和扣款合计公式之后。可通过单击公式框中的【▲】、【▼】上下箭头按钮调整计算公式顺序。如出现计算公式超长，可将所用到的工资项目名称缩短（减少字符数），或设置过渡项目。定义公式时可使用函数公式向导参照输入。

### 2．工资数据管理

第一次使用工资系统必须将所有人员的基本工资数据录入计算机，平时如每月发生工资数据的变动也在此进行调整。为了快速、准确地录入工资数据，系统提供以下功能。

（1）筛选和定位。如果对部分人员的工资数据进行修改，最好采用数据过滤的方法，先将所要修改的人员过滤出来，然后进行工资数据修改。修改完毕后进行“重新计算”和“汇总”。

（2）页编辑。在工资变动界面提供了“编辑”按钮，可以对选定的个人进行快速录入。单击“上一人”、“下一人”可变更人员，录入或修改其他人员的工资数据。

（3）替换。将符合条件人员的某个工资项目数据统一替换成某个数据，如管理人员的奖金上调 100 元。

（4）过滤器。如果只对工资项目中的某一个或几个项目进行修改，可将要修改的项目过滤出来。例如，只对事假天数、病假天数两个工资项目的数据进行修改。对于常用到的过滤项目可以在项目过滤选择后，输入一个名称进行保存，以后可通过过滤项目名称调用，不用时可以删除。

### 3．工资分钱清单

工资分钱清单是按单位计算的工资发放分钱票面额清单，会计人员根据此表从银行取款并发放给各个部门。系统提供了票面额设置功能，用户可根据单位需要自由设置，系统根据实发工资项目分别自动计算出按部门、按人员、按企业各种面额的张数。

### 4．个人所得税的计算与申报

鉴于许多企事业单位计算职工工资薪金所得税工作量较大，本系统特提供个人所得税自动计算功能。用户只需自定义所得税率，系统便可自动计算个人所得税。

### 5．银行代发

目前社会上许多单位发放工资时都采用职工凭工资信用卡去银行取款。银行代发业务处理是指每月末单位应向银行提供银行给定文件格式的软盘。这样做既减少了财务部门发放工资的繁重工作，又有效地避免了财务人员去银行提取大笔款项所承担的风险，同时还提高了员工个人工资的保密程度。

### 6．工资分摊

工资是费用中人工费最主要的部分，需要对工资费用进行工资总额的计提计算、分配及各种经费的计提，并编制转账会计凭证，以供登账处理使用。

### 7．工资数据查询统计

工资数据处理结果最终通过工资报表的形式反映，工资系统提供了主要的工资报表，报表的格式由系统提供，如果对报表提供的固定格式不满意，可以通过“修改表”和“新建表”功能自行设计。

（1）工资表。工资表包括工资发放签名表、工资发放条、工资卡、部门工资汇总表、人员类别工资汇总表、条件汇总表、条件统计表、条件明细表、工资变动明细表、工资变动汇总表等由系统提供的原始表。主要用于本月工资发放和统计，工资表可以进行修改和重建。

（2）工资分析表。工资分析表是以工资数据为基础，对部门、人员类别的工资数据进行分析和比较，产生各种分析表，供决策人员使用。

### 6.2.3　期末处理

#### 1．月末结转

月末处理是将当月数据经过处理后结转至下月。每月工资数据处理完毕后均可进行月末结转。由于在工资项目中，有的项目是变动的，即每月的数据均不相同，在每月工资处理时，均需将其数据清零，然后输入当月的数据，此类项目即为清零项目。

因月末处理功能只有主管人员才能执行，所以应以主管的身份登录系统。

月末结转只能在会计年度的 1 月至 11 月进行，且只有在当月工资数据处理完毕后才可进行。若要处理多个工资类别，则应打开工资类别，分别进行月末结转。若本月工资数据未汇总，系统将不允许进行月末结转。进行期末处理后，当月数据将不允许变动。

#### 2．年末结转

年末结转是将工资数据经过处理后结转至下年。进行年末结转后，新年度账将自动建立。只有处理完所有工资类别的工资数据，对多工资类别，应关闭所有工资类别，然后在系统管理中选择“年度账”菜单，进行上年数据结转。其他操作与月末处理类似。

年末结转只有在当月工资数据处理完毕后才能进行。若当月工资数据未汇总，系统将不允许进行年末结转。进行年末结转后，本年各月数据将不允许变动。若用户跨月进行年末结转，系统将给予提示。年末处理功能只有主管人员才能进行。

## 实验七　工资管理

### 【实验目的】

掌握用友 U8 管理系统中有关工资管理的相关内容，掌握工资系统初始化、日常业务处理、工资分摊及月末处理操作。

### 【实验内容】

（1）工资管理系统初始设置。
（2）工资管理系统日常业务处理。
（3）工资分摊及月末处理。
（4）工资系统数据查询。

### 【实验准备】

引入实验三账套数据。

## 【实验资料】

### 1. 建立工资账套

工资类别个数：多个；核算计件工资；核算币种：人民币（RMB）；要求代扣个人所得税；不进行扣零处理；启用日期：2014 年 01 月。

### 2. 基础信息设置

（1）工资项目设置。

| 项目名称 | 类型 | 长度 | 小数位数 | 增减项 |
|---|---|---|---|---|
| 基本工资 | 数字 | 8 | 2 | 增项 |
| 奖金 | 数字 | 8 | 2 | 增项 |
| 交补 | 数字 | 8 | 2 | 增项 |
| 应发合计 | 数字 | 10 | 2 | 增项 |
| 养老保险 | 数字 | 8 | 2 | 减项 |
| 请假扣款 | 数字 | 8 | 2 | 减项 |
| 代扣税 | 数字 | 10 | 2 | 减项 |
| 扣款合计 | 数字 | 10 | 2 | 减项 |
| 实发合计 | 数字 | 10 | 2 | 增项 |
| 请假天数 | 数字 | 8 | 2 | 其他 |

（2）人员档案。

工资类别一：正式职工。

部门选择：所有部门。

工资项目：基本工资、奖金、交补、应发合计、养老保险、请假扣款、代扣税、扣款合计、实发合计、请假天数。

计算公式：

| 工资项目 | 定义公式 |
|---|---|
| 请假扣款 | 请假天数*50 |
| 养老保险 | 基本工资*0.08 |
| 交补 | iff（人员类别=“企业管理人员”OR 人员类别=“车间管理人员”，300，100） |

人员档案：

| 人员编号 | 人员姓名 | 部门名称 | 人员类别 | 账号 | 中方人员 | 是否计税 | 核算计件工资 |
|---|---|---|---|---|---|---|---|
| 100 | 郝佳 | 企管办 | 企业管理人员 | 20140010100 | 是 | 是 | 否 |
| 001 | 贾涛 | 财务部 | 企业管理人员 | 20140010001 | 是 | 是 | 否 |
| 002 | 任志刚 | 财务部 | 企业管理人员 | 20140010002 | 是 | 是 | 否 |
| 003 | 姜小雨 | 财务部 | 企业管理人员 | 20140010003 | 是 | 是 | 否 |
| 004 | 侯爱华 | 财务部 | 企业管理人员 | 20140010004 | 是 | 是 | 否 |

续表

| 人员编号 | 人员姓名 | 部门名称 | 人员类别 | 账　　号 | 中方人员 | 是否计税 | 核算计件工资 |
|---|---|---|---|---|---|---|---|
| 005 | 徐乐 | 采购部 | 经营人员 | 20140010005 | 是 | 是 | 否 |
| 006 | 宋广利 | 销售一部 | 经营人员 | 20140010006 | 是 | 是 | 否 |
| 007 | 孟斐 | 销售二部 | 经营人员 | 20140010007 | 是 | 是 | 否 |
| 008 | 康贝贝 | 生产部 | 车间工人 | 20140010008 | 是 | 是 | 否 |
| 009 | 李春 | 生产部 | 车间管理人员 | 20140010009 | 是 | 是 | 否 |

注：以上所有人员的代发银行均为工商银行中关村分理处。

工资类别二：临时人员。

部门选择：生产部。

工资项目：计件工资。

| 人员编号 | 人员姓名 | 部门名称 | 人员类别 | 账　　号 | 中方人员 | 是否计税 | 核算计件工资 |
|---|---|---|---|---|---|---|---|
| 021 | 马振东 | 生产部 | 生产工人 | 20140010021 | 是 | 是 | 是 |
| 022 | 杨建 | 生产部 | 生产工人 | 20140010022 | 是 | 是 | 是 |

（3）银行名称。

工商银行中关村分理处；账号定长为 11。

（4）计件要素：工序。

工序档案包括两项：01 组装；02 检验。

（5）计件工价设置。

组装：30

检验：18

### 3．工资数据

（1）1 月初人员工资情况。

正式人员工资情况：

| 姓　　名 | 基 本 工 资 | 奖　　金 |
|---|---|---|
| 郝佳 | 8 000 | 1 800 |
| 贾涛 | 5 000 | 1 500 |
| 任志刚 | 4 000 | 1 400 |
| 姜小雨 | 3 500 | 1 200 |
| 侯爱华 | 3 000 | 1 300 |
| 徐乐 | 5 500 | 1 450 |
| 宋广利 | 4 200 | 1 320 |
| 孟斐 | 4 800 | 1 280 |
| 康贝贝 | 3 500 | 1 300 |
| 李春 | 4 000 | 1 500 |

临时人员工资情况：

| 姓　　名 | 日　　期 | 组 装 工 时 | 检 验 工 时 |
|---|---|---|---|
| 马振东 | 2014-01-31 | 180 | |
| 杨建 | 2014-01-31 | | 200 |

（2）1 月份工资变动情况。

① 考勤情况：任志刚请假 2 天；孟斐请假 1 天。

② 因需要，决定招聘李力（男，编号 011）到采购部担任经营人员，以补充力量，其基本工资为 3 000 元，无奖金，代发工资银行账号：20140010011。

③ 因去年销售部推广产品业绩较好，每人增加奖金 2 000 元。

### 4．代扣个人所得税

个税免征额即扣税基数为 3 500 元，外籍人士个税减除费用为 4 800 元。

**2013 年开始实行的 7 级超额累进个人所得税税率表**

| 级　　数 | 全月应纳税所得额（税率资讯网提供） | 税率（%） | 速算扣除数 |
|---|---|---|---|
| 1 | 不超过 1 500 元 | 3 | 0 |
| 2 | 超过 1 500 元至 4 500 元的部分 | 10 | 105 |
| 3 | 超过 4 500 元至 9 000 元的部分 | 20 | 555 |
| 4 | 超过 9 000 元至 35 000 元的部分 | 25 | 1 005 |
| 5 | 超过 35 000 元至 55 000 元的部分 | 30 | 2 755 |
| 6 | 超过 55 000 元至 80 000 元的部分 | 35 | 5 505 |
| 7 | 超过 80 000 元的部分 | 45 | 13 505 |

### 5．工资分摊

应付工资总额等于工资项目“应发合计”，应付福利费、工会经费、职工教育经费也以此为计提基数。

工资费用分配的转账分录如下：

<table>
<tr><th colspan="2" rowspan="2">工资分摊<br>部门</th><th colspan="2">应付工资</th><th colspan="2">应付福利费（14%）</th><th colspan="3">工会经费（2%）、职工教育经费（1.5%）</th></tr>
<tr><th>借方</th><th>贷方</th><th>借方</th><th>贷方</th><th>借方</th><th>贷方</th><th>贷方</th></tr>
<tr><td>企管办、财务部</td><td>企业管理人员</td><td>660201</td><td>221101</td><td>660202</td><td>221102</td><td rowspan="4">660207</td><td rowspan="4">221103</td><td rowspan="4">221104</td></tr>
<tr><td>采购部、销售一部、销售二部</td><td>经营人员</td><td>660101</td><td>221101</td><td>660102</td><td>221102</td></tr>
<tr><td rowspan="2">生产部</td><td>车间管理人员</td><td>510101</td><td>221101</td><td>510101</td><td>221102</td></tr>
<tr><td>生产工人</td><td>500102</td><td>221101</td><td>500102</td><td>221102</td></tr>
</table>

## 【实验要求】

以“贾涛”的身份进行工资业务处理。

## 【操作指导】

### 1．在企业应用平台中启用薪资管理和计件工资管理

（1）以账套主管贾涛身份登录进入企业应用平台。

（2）执行“基础设置”→“基本信息”→“系统启用”命令，打开“系统启用”对话框，单击选中“WA 薪资管理”复选框，弹出“日历”对话框，选择工资系统启用日期为“2014 年 1 月 1 日”，单击【确定】按钮，系统弹出“确实要启用当前系统吗？”信息提示框，单击【是】按钮返回。同理，启用计件工资管理系统。

（3）进入企业应用平台的“业务工作”页签，选择“人力资源”中的“薪资管理”，系统弹出“请先设置工资类别”信息提示框，单击【确定】按钮，打开“建立工资套”对话框。

### 2．建立工资账套

（1）在建账第一步“参数设置”中，选择本账套所需处理的工资类别个数为“多个”，默认币别名称为“人民币”，选择“是否核算计件工资”，如图 6-2 所示。单击【下一步】按钮。

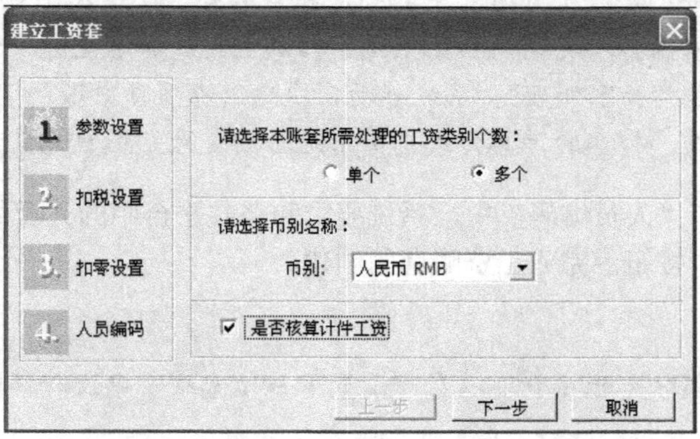


图 6-2 “建立工资套—参数设置”窗口

**注意：**

- 本例中对正式人员和临时人员分别进行核算，所以工资类别个数应选择“多个”。
- 计件工资是按计件单价支付劳动报酬的一种形式。由于对计时工资和计件工资的核算方法不同，因此，在薪资管理系统中对于企业是否存在计件工资特别设置了确认选项。选中该项，系统自动在工资项目设置中显示“计件工资”项目；在人员档案中“核算计件工资”项目可选；在“设置”菜单下显示“计件工资标准设置”和“计件工资方案设置”；在“业务处理”菜单下显示“计件工资统计”功能菜单。

（2）在建账第二步“扣税设置”中，选中“是否从工资中代扣个人所得税”复选框，如图 6-3 所示。单击【下一步】按钮。

**注意：**

- 选择代扣个人所得税后，系统将自动生成工资项目“代扣税”，并自动进行代扣税金的计算。

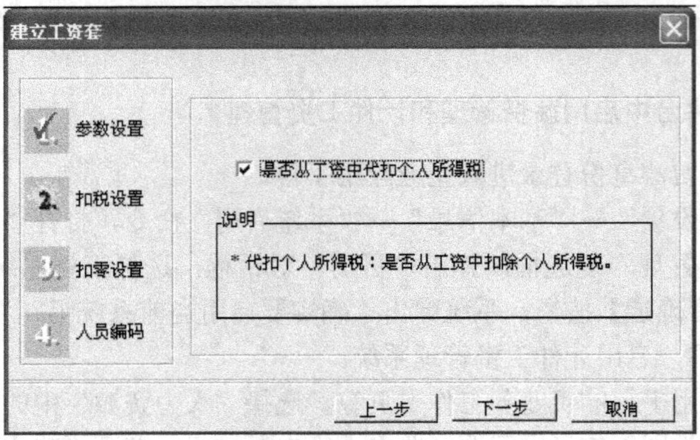


图 6-3 “建立工资套—扣税设置”窗口

（3）在建账第三步“扣零设置”中，不做选择，直接单击【下一步】按钮。

注意：

- 扣零处理是指每次发放工资时扣下零头，积累取整，于下次工资发放时补上，系统在计算工资时将依据扣零类型（扣零至元、扣零至角、扣零至分）进行扣零计算。
- 用户一旦选择了“扣零处理”，系统自动在固定工资项目中增加“本月扣零”和“上月扣零”两个项目，扣零的计算公式将由系统自动定义，用户无需设置。

（4）在建账第四步“人员编码”中，系统要求和公共平台中的人员编码保持一致。

（5）单击【完成】按钮，完成工资账套的创建。

注意：

- 建账完毕后，部分建账参数可以在“设置”→“选项”中进行修改。

**3. 基础信息设置**

（1）工资项目设置。

① 在薪资管理系统中，执行“设置”→“工资项目设置”命令，打开“工资项目设置”对话框。

② 单击【增加】按钮，工资项目列表中增加一空行。

③ 单击“名称参照”下拉列表框，从下拉列表中选择“基本工资”选项，默认其他项目。如果需要修改某栏目，只需要双击栏目，按需要进行修改即可。

④ 单击【增加】按钮，增加其他工资项目。全部增加完成后，可通过【上移】、【下移】按钮排列工资项目的顺序，如图 6-4 所示。

⑤ 单击【确定】按钮，出现系统提示“工资项目已经改变，请确认各工资类别的公式是否正确”，单击【确定】按钮。

注意：

- 系统提供若干常用工资项目供参考，可选择输入。对于参照中未提供的工资项目，可以双击“工资项目名称”一栏直接输入，或先从“名称参照”中选择一个项目，然后单击【重命名】按钮修改为需要的项目。

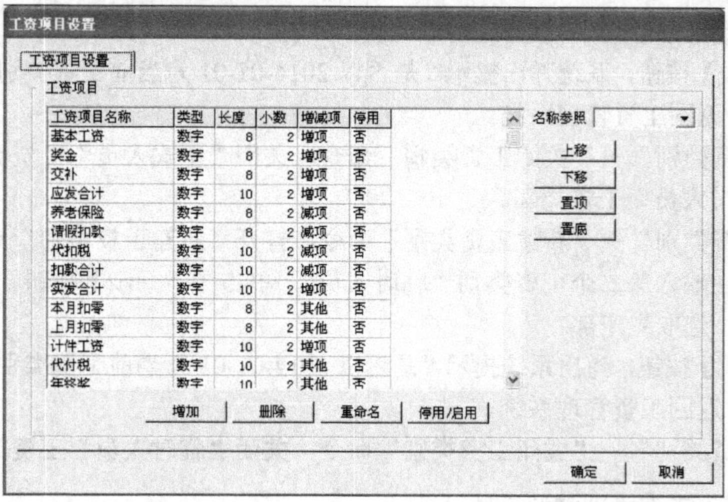


图 6-4 “工资项目设置”窗口

（2）银行设置。

① 在企业应用平台“基础设置”中，执行“基础档案”→“收付结算”→“银行档案”命令，打开“银行档案”对话框。

② 单击【增加】按钮，增加“01001 工商银行中关村分理处”，默认个人账号定长且账号长度为“11”、自动带出个人账号长度为“7”，如图 6-5 所示。

③ 单击【返回】按钮。

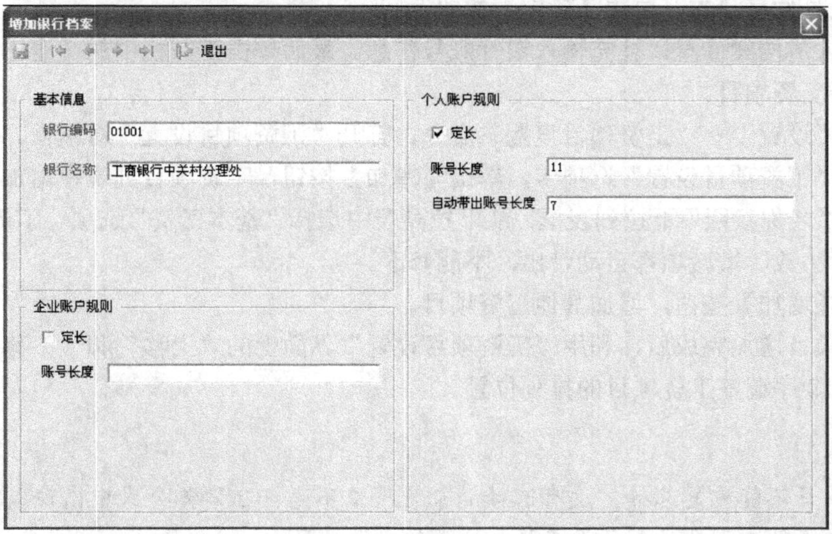


图 6-5 银行档案设置

（3）建立工资类别。

① 建立“正式人员”工资类别。

a. 在薪资管理系统中，执行“工资类别”→“新建工资类别”命令，打开“新建工资类别”对话框。

b. 在文本框中输入第一个工资类别“正式人员”，单击【下一步】按钮。

c. 选中“选定全部部门”复选框。

d. 单击【完成】按钮，系统弹出提示“是否以 2014-01-01 为当前工资类别的启用日期？”单击【是】按钮，返回工资管理系统。

e. 执行“工资类别”→“关闭工资类别”命令，关闭“正式人员”工资类别。

② 建立“临时人员”工资类别。

a. 执行“工资类别”→“新建工资类别”命令，打开“新建工资类别”对话框。

b. 在文本框中输入第二个工资类别“临时人员”，单击【下一步】按钮。

c. 单击鼠标，选取生产部。

d. 单击【完成】按钮，弹出系统提示“是否以 2014-01-01 为当前工资类别的启用日期？”单击【是】按钮，返回工资管理系统。

e. 执行“工资类别”→“关闭工资类别”命令，关闭“临时人员”工资类别。

**4．“正式职工”工资类别初始设置**

（1）打开工资类别。

① 执行“工资类别”→“打开工资类别”命令，打开“打开工资类别”对话框。

② 选择“001 正式职工”工资类别，单击【确定】按钮。

（2）设置人员档案。

① 执行“设置”→“人员档案”命令，进入“人员档案”窗口。

② 单击工具栏中的【批增】按钮，打开“人员批量增加”对话框。

③ 在左侧的“正式职工”列表中，单击“正式职工”，所有部门人员档案出现在右侧列表中，且默认是选择状态。单击【确定】按钮返回。

④ 修改人员档案信息，补充输入银行账号信息。最后单击工具栏中的【退出】按钮。

（3）选择工资项目。

① 执行“设置”→“工资项目设置”命令，打开“工资项目设置”对话框。

② 单击“工资项目设置”选项卡，单击【增加】按钮，工资项目列表中增加一空行。

③ 单击“名称参照”下拉列表框，从下拉列表中选择“基本工资”选项，工资项目名称、类型、长度、小数、增减项都自动带出，不能修改。

④ 单击【增加】按钮，增加其他工资项目。

⑤ 所有项目增加完成后，利用“工资项目设置”界面上的“上移”和“下移”箭头按照实验资料所给顺序调整工资项目的排列位置。

**注意：**

- 工资项目不能重复选择。没有选择的工资项目不允许在计算公式中出现。不能删除已输入数据的工资项目和已设置计算公式的工资项目。

（4）设置计算公式。

设置公式“请假扣款=请假天数*50”。

① 在“工资项目设置”对话框中单击“公式设置”选项卡。

② 单击【增加】按钮，在工资项目列表中增加一空行，单击下拉列表框选择“请假扣款”选项。

③ 单击“公式定义”文本框，单击工资项目列表中的“请假天数”。

④ 单击运算符“*”，在“*”后单击，输入数字“50”，如图 6-6 所示，单击【公式确认】按钮。

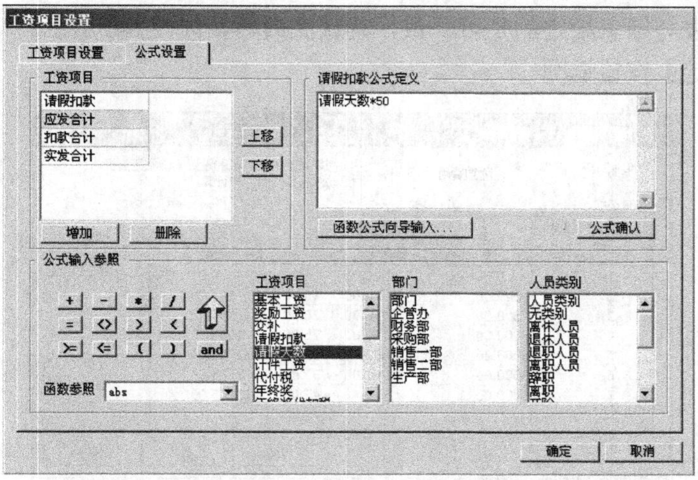


图 6-6　请假扣款公式设置窗口

设置公式“交补= iff（人员类别=“企业管理人员”or 人员类别=“车间管理人员”，300，100）”。

① 单击【增加】按钮，在工资项目列表中增加一空行，单击下拉列表框选择“交补”选项。

② 单击“公式定义”文本框，单击【函数公式向导输入】按钮，打开“函数向导——步骤之 1”对话框。

③ 从“函数名”列表中选择“iff”，单击【下一步】按钮，打开“函数向导——步骤之 2”对话框。

④ 单击“逻辑表达式”参照按钮，打开“参照”对话框，从“参照”下拉列表中选择“人员类别”选项，从下面的列表中选择“企业管理人员”，单击【确定】按钮。

⑤ 在逻辑表达式文本框中的公式后单击鼠标，输入“or”后，再次单击【逻辑表达式】参照按钮，出现“参照”对话框，从“参照”下拉列表中选择“人员类别”选项，从下面的列表中选择“车间管理人员”，单击【确定】按钮，返回“函数向导——步骤之 2”。

**注意：**

- “or”前后应有空格。

⑥ 在“算术表达式 1”后的文本框中输入“300”，在“算术表达式 2”后的文本框中输入“100”，如图 6-7 所示。单击【完成】按钮，返回“公式设置”窗口，单击【公式确认】按钮。

⑦ 单击【确定】按钮，退出公式设置。

（5）设置所得税纳税基数。

① 执行“设置”→“选项”命令，打开“选项”对话框，单击【编辑】按钮。

② 单击“扣税设置”选项卡，单击【税率设置】按钮，打开“个人所得税申报表——税率表”

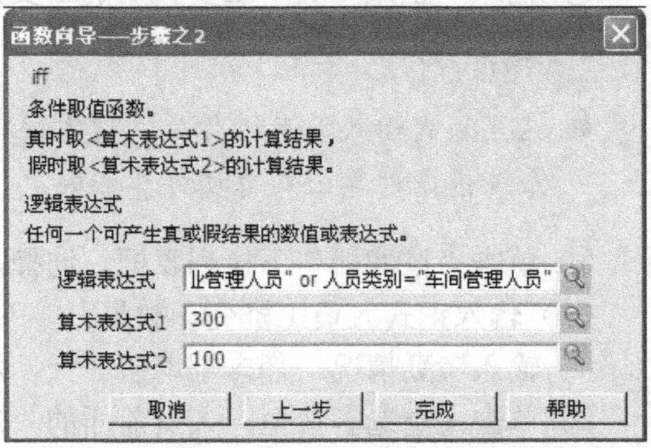


图 6-7　“交补”公式定义对话框

对话框。

③ 查看所得税纳税基数是否为“3 500”，附加费用是否为“1 300”。

④ 查看税率表与国家给定的是否一致。确认完成后，如图 6-8 所示。

⑤ 单击【确定】按钮返回。

图 6-8　个人所得税税率设置界面

### 5．“正式人员”工资类别日常业务

（1）人员变动。

① 在企业应用平台基础设置中，执行“基础档案”→“机构人员”→“人员档案”命令，进入“人员档案”窗口。

② 单击【增加】按钮，输入新增人员李力的详细档案资料。

③ 单击【确定】按钮，返回人员档案窗口，单击工具栏中的【退出】按钮。

④ 在薪资管理系统正式职工工资类别中，选择“设置”→“人员档案”，增加李力档案资料。

（2）录入正式人员基本工资数据。

① 单击“业务处理”→“工资变动”命令，进入“工资变动”窗口。

② 单击“过滤器”下拉列表框，选择“过滤设置”，打开“项目过滤”对话框。

③ 单击“工资项目”列表中的“基本工资”和“奖金”，单击【>】按钮，选入“已选项目”列表中。

④ 单击【确定】按钮，返回“工资变动”窗口，此时每个人的工资项目只显示两项。

⑤ 输入“正式人员”工资类别的工资数据。

**注意：**

- 这里只需输入没有进行公式设定的项目，如基本工资、奖金和请假天数，其余各项由系统根据计算公式自动计算生成。

⑥ 单击“过滤器”下拉列表框，选择“所有项目”选项，屏幕上显示所有工资项目。

（3）输入正式人员工资变动数据。

① 输入考勤情况：任志刚请假 2 天，孟斐请假 1 天。

② 单击【全选】按钮，人员前面的“选择”栏出现选中标记“√”。

③ 单击工具栏中的【替换】按钮，单击“将工资项目”下拉列表框，选择“奖金”选项，

在“替换成”文本框中，输入“奖金+2000”。

④ 在“替换条件”处分别选择：“部门”、“=”、“销售部”，如图 6-9 所示。单击【确定】按钮，弹出系统提示：“数据替换后将不可恢复。是否继续？”单击【是】按钮，系统提示：“2 条记录被替换，是否重新计算？”单击【是】按钮，系统自动完成工资计算。

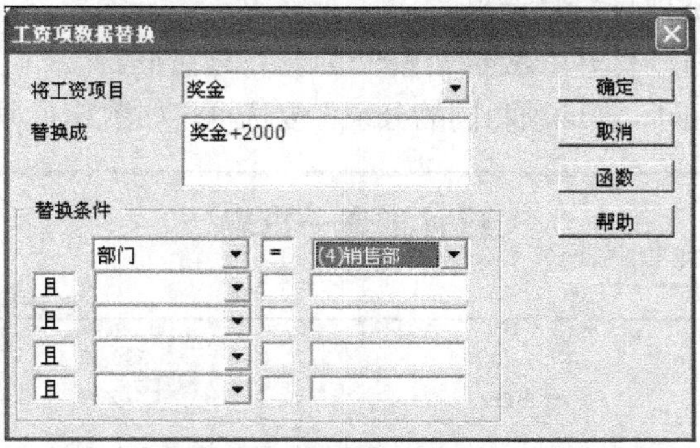


图 6-9　工资项数据替换界面

（4）数据计算与汇总。

① 在“工资变动”窗口中，单击工具栏中的【计算】按钮，计算工资数据。

② 单击工具栏中的【汇总】按钮，汇总工资数据。退出“工资变动”窗口。

（5）查看个人所得税。

① 执行“业务处理”→“扣缴所得税”命令，打开“个人所得税申报模板”对话框。

② 选择“北京”地区“扣缴个人所得税报表”，单击【打开】按钮。打开“所得税申报”对话框，单击【确定】按钮，进入“北京扣缴个人所得税报表”窗口。

③ 查看完毕后，退出。

### 6.“正式职工”类别工资分摊

（1）工资分摊类型设置。

① 单击“业务处理”→“工资分摊”，打开“工资分摊”对话框。

② 单击【工资分摊设置】按钮，打开“分摊类型设置”对话框。

③ 单击【增加】按钮，打开“分摊计提比例设置”对话框。

④ 输入计提类型名称“应付工资”；单击【下一步】按钮，打开“分摊构成设置”对话框。

⑤ 按实验资料内容进行设置，设置完成后如图 6-10 所示。单击【完成】按钮返回“分摊类型设置”对话框，继续设置：应付福利费、工会经费、职工教育经费等分摊计提项目。

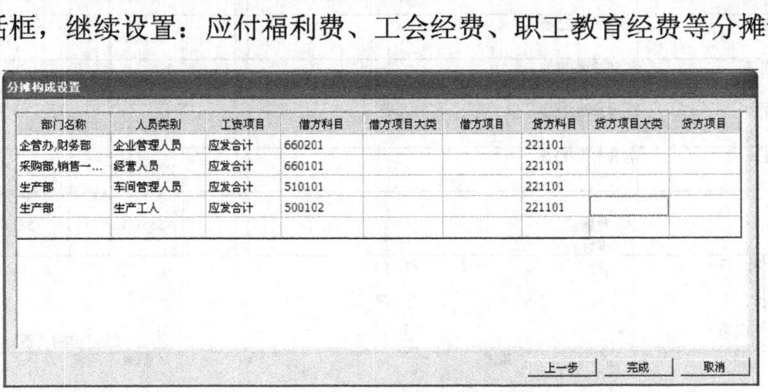


| 部门名称 | 人员类别 | 工资项目 | 借方科目 | 借方项目大类 | 借方项目 | 贷方科目 | 贷方项目大类 | 贷方项目 |
|---|---|---|---|---|---|---|---|---|
| 企管办,财务部 | 企业管理人员 | 应发合计 | 660201 | | | 221101 | | |
| 采购部,销售一... | 经营人员 | 应发合计 | 660101 | | | 221101 | | |
| 生产部 | 车间管理人员 | 应发合计 | 510101 | | | 221101 | | |
| 生产部 | 生产工人 | 应发合计 | 500102 | | | 221101 | | |

图 6-10　应付工资分摊构成设置

（2）进行工资分摊。

① 执行“业务处理”→“工资分摊”命令，打开“工资分摊”对话框。

② 选择需要分摊的计提费用类型，确定分摊计提的月份：2014.01。

③ 选择核算部门：企管办、财务部、采购部、销售部、生产部。

④ 选择“明细到工资项目”复选框。

⑤ 单击【确定】按钮，打开“应付工资一览表”对话框。

⑥ 选择“合并科目相同、辅助项相同的分录”复选框，如图 6-11 所示。单击【制单】按钮。

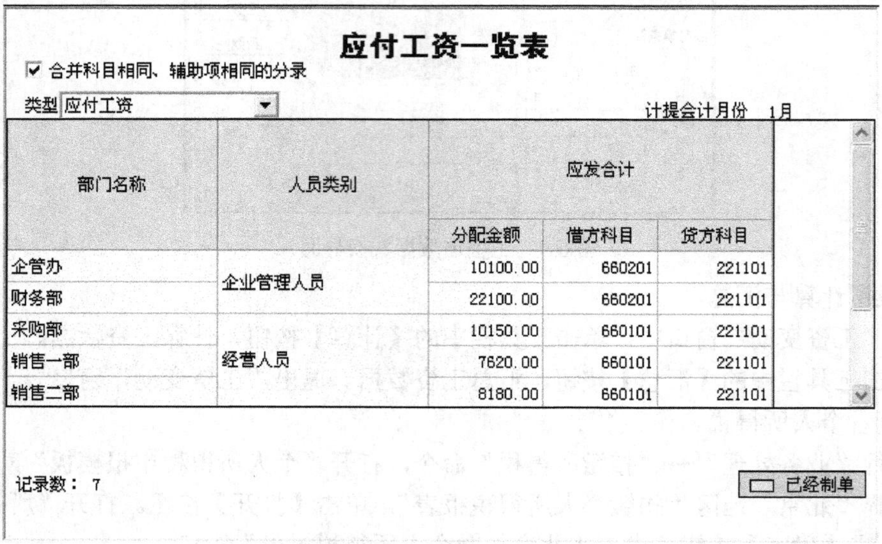

应付工资一览表

☑ 合并科目相同、辅助项相同的分录

类型 应付工资　　　　计提会计月份 1月

| 部门名称 | 人员类别 | 应发合计 | | |
|---|---|---|---|---|
| | | 分配金额 | 借方科目 | 贷方科目 |
| 企管办 | 企业管理人员 | 10100.00 | 660201 | 221101 |
| 财务部 | | 22100.00 | 660201 | 221101 |
| 采购部 | 经营人员 | 10150.00 | 660101 | 221101 |
| 销售一部 | | 7620.00 | 660101 | 221101 |
| 销售二部 | | 8180.00 | 660101 | 221101 |

记录数：7　　　　已经制单

图 6-11　工资分摊

⑦ 单击凭证左上角的“字”处，选择“转账凭证”，输入附单据数，单击【保存】按钮，凭证左上角出现“已生成”标志，代表该凭证已传递到总账，如图 6-12 所示。

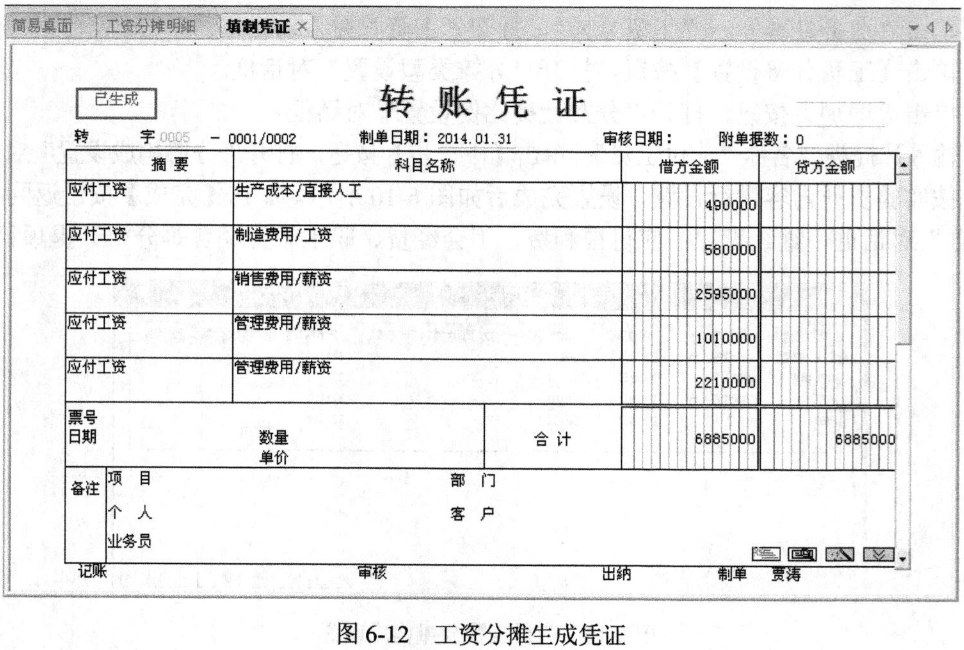

简易桌面　工资分摊明细　填制凭证

已生成

转 账 凭 证

转　字 0005 － 0001/0002　　制单日期：2014.01.31　　审核日期：　　附单据数：0

| 摘要 | 科目名称 | 借方金额 | 贷方金额 |
|---|---|---|---|
| 应付工资 | 生产成本/直接人工 | 490000 | |
| 应付工资 | 制造费用/工资 | 580000 | |
| 应付工资 | 销售费用/薪资 | 2595000 | |
| 应付工资 | 管理费用/薪资 | 1010000 | |
| 应付工资 | 管理费用/薪资 | 2210000 | |
| 票号 日期 | 数量 单价　　合计 | 6885000 | 6885000 |

备注　项　目　　　部　门

个　人　　　客　户

业务员

记账　　审核　　出纳　　制单　贾涛

图 6-12　工资分摊生成凭证

⑧ 单击工具栏中的【退出】按钮，返回。

⑨ 生成应付福利费、工会经费和职工教育经费凭证。

**7. 临时人员工资处理**

在完成正式人员工资数据的处理后，打开临时人员工资类别，参照正式人员工资类别初始设置及数据处理方式完成临时人员工资处理。

（1）人员档案设置。

按实验资料首先在企业“应用平台—基础档案—人员档案”中增加临时人员档案，然后在薪资管理系统临时人员工资类别中设置发放工资人员的其他必要信息。

**注意：**

- 设置“核算计件工资”标志。

（2）计件要素设置。

① 在计件工资中，单击“设置”→“计件要素设置”，打开“计件要素设置”对话框。

② 查看是否包括“工序”计件要素，并为“启用”状态，如图 6-13 所示。

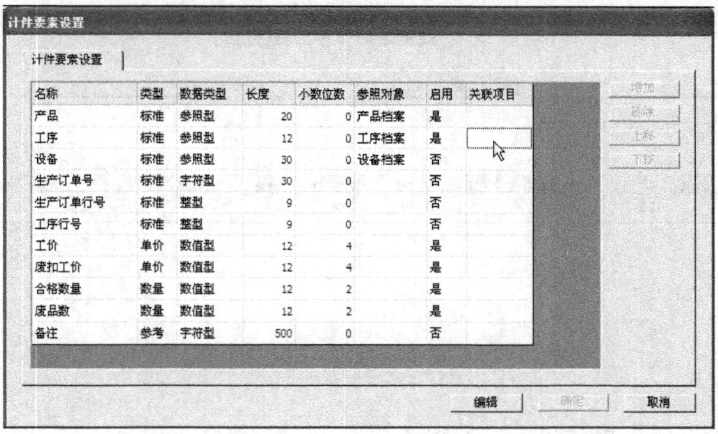


| 名称 | 类型 | 数据类型 | 长度 | 小数位数 | 参照对象 | 启用 | 关联项目 |
|---|---|---|---|---|---|---|---|
| 产品 | 标准 | 参照型 | 20 | 0 | 产品档案 | 是 | |
| 工序 | 标准 | 参照型 | 12 | 0 | 工序档案 | 是 | |
| 设备 | 标准 | 参照型 | 30 | 0 | 设备档案 | 否 | |
| 生产订单号 | 标准 | 字符型 | 30 | 0 | | 否 | |
| 生产订单行号 | 标准 | 整型 | 9 | 0 | | 否 | |
| 工序行号 | 标准 | 整型 | 9 | 0 | | 否 | |
| 工价 | 单价 | 数值型 | 12 | 4 | | 是 | |
| 废扣工价 | 单价 | 数值型 | 12 | 4 | | 是 | |
| 合格数量 | 数量 | 数值型 | 12 | 2 | | 是 | |
| 废品数 | 数量 | 数值型 | 12 | 2 | | 是 | |
| 备注 | 参考 | 字符型 | 500 | 0 | | 否 | |

图 6-13　计件要素设置窗口

（3）工序设置。

① 在基础档案设置中，执行“生产制造”→“标准工序资料维护”命令，进入“标准工序资料维护”窗口。

② 单击【增加】按钮，增加“组装”和“检验”两种工序。

（4）计件工价设置。

① 在计件工资中，单击“设置”→“计件工价设置”，进入“计件工价设置”窗口。

② 单击【增加】按钮，按实验资料输入计件工价，如图 6-14 所示。

（5）计件工资统计。

① 在计件工资中，执行“个人计件”→“计件工资录入”命令，进入“计件工资录入”窗口。

② 选择工资类别“临时人员”，部门“生产部”，单击【批增】按钮，进入“计件数据录入”窗口。

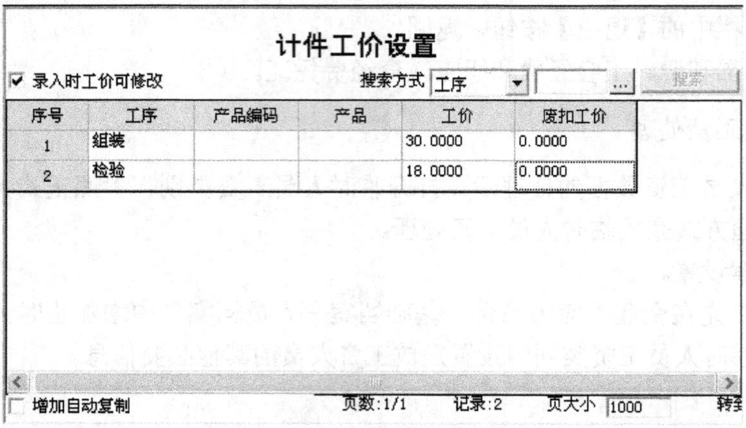


图 6-14　计件工价设置窗口

③ 选择人员“马振东”，选择计件日期“2014-01-31。单击【增行】按钮，输入组装工时 180，如图 6-15 所示。

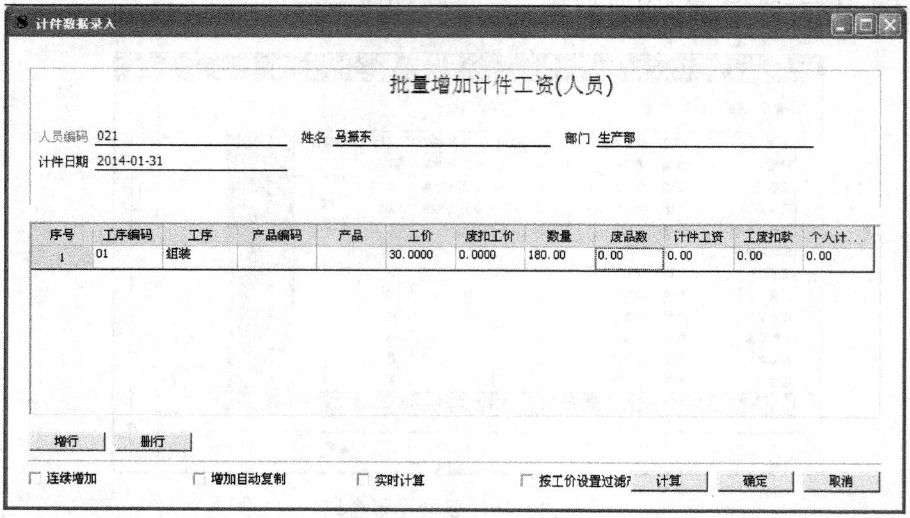


图 6-15　“计件数据录入”窗口

④ 单击【确定】返回。继续输入杨建的计件工资数据。

⑤ 全部输入完成后，单击【审核】按钮，对录入的计件工资数据进行审核。

（6）计件工资汇总处理。

执行“计件工资汇总”命令，选择工资类别“临时人员”，部门“生产部”，单击【汇总】按钮进行计件工资汇总处理。

（7）工资变动处理。

① 在“设置”→“选项”中的“扣税设置”中设置扣税基数及税率表。

② 在“业务处理”→“工资变动”中进行工资变动处理。

③ 在“业务处理”→“工资分摊”中进行工资分摊设置及工资分摊处理。

### 8. 汇总工资类别

（1）执行“工资类别”→“关闭工资类别”命令。

（2）执行“维护”→“工资类别汇总”命令，打开“选择工资类别”对话框。
（3）单击选择要汇总的工资类别，单击【确定】按钮，完成工资类别汇总。
（4）执行“工资类别”菜单下的“打开工资类别”命令，打开“选择工资类别”对话框。
（5）选择“998汇总工资类别”，单击【确定】按钮，查看工资类别汇总后的各项数据。

**注意：**

- 该功能必须在关闭所有工资类别时才可用。
- 所选工资类别中必须有汇总月份的工资数据。
- 如为第一次进行工资类别汇总，需在汇总工资类别中设置工资项目计算公式。如每次汇总的工资类别一致，则公式无须重新设置。如与上一次所选择的工资类别不一致，则需要重新设置计算公式。
- 汇总工资类别不能进行月末结算和年末结算。

### 9. 账表查询

查看工资分钱清单、个人所得税扣缴申报表、各种工资表。

### 10. 月末处理

（1）执行“业务处理”→“月末处理”命令，打开“月末处理”对话框。单击【确定】按钮，弹出系统提示：“月末处理之后，本月工资将不许变动，继续月末处理吗？”单击【是】按钮。系统继续提示：“是否选择清零项？”单击【是】按钮，打开“选择清零项目”对话框。

（2）在“请选择清零项目”列表中，单击鼠标选择“请假天数”、“请假扣款”和“奖励工资”，单击【>】按钮，将所选项目移动到右侧的列表框中。

（3）单击【确定】按钮，弹出系统提示：“月末处理完毕！”单击【确定】按钮返回。

（4）依此类推，完成“临时人员”工资类别月末处理。

**注意：**

- 月末结转只有在会计年度的1月至11月进行。
- 若为处理多个工资类别，则应打开工资类别，分别进行月末结算。
- 若本月工资数据未汇总，系统将不允许进行月末结转。
- 进行期末处理后，当月数据将不再允许变动。
- 月末处理功能只有主管人员才能执行。

## 复习思考题6

1．薪资管理系统的基本功能有哪些？
2．哪些情况需要使用多工资类别进行管理？
3．如何进行代扣个人所得税的处理？
4．如何进行银行代发工资的处理？
5．如何进行与工资相关的各项保险基金的处理？
6．如何进行计件工资的处理？

SEVEN

# 第7章 固定资产系统

本章学习目标

- 了解固定资产管理系统的主要功能、固定资产系统与U8其他系统间的数据关系
- 熟悉固定资产管理系统的操作流程
- 理解固定资产初始化的工作内容
- 掌握如何利用固定资产系统进行企业固定资产的日常管理
- 掌握在固定资产管理系统中进行各种信息查询的方法

## 7.1 系统概述

固定资产是企业资产的重要组成部分，固定资产管理是否完善、核算是否正确，不仅关系到企业资产的安全性，而且也影响到成本费用乃至利润计算的正确性。固定资产系统的主要任务是完成企业固定资产日常业务的核算和管理，生成固定资产卡片，按月反映固定资产的增减变动、原值变化及其他变化，按月计提折旧，生成折旧分配凭证，协助企业进行成本核算，同时输出一些同设备管理相关的报表和账簿。

### 7.1.1 固定资产管理子系统的主要功能

固定资产管理系统的主要功能包括初始化设置、日常业务处理、凭证处理、信息查询、期末处理等。

#### 1. 初始化设置

固定资产系统的初始化过程中需完成对固定资产日常核算和管理所必需的各种系统参数

和基本信息的设置，并输入固定资产系统的原始业务数据。初始设置主要包括核算单位的建立，固定资产卡片项目、卡片样式、折旧方法、使用部门、使用状况、增减方式、资产类别等信息的设置，以及固定资产原始卡片的录入。

**2．日常业务处理**

固定资产系统的日常业务处理主要是当固定资产发生资产增加、资产减少、原值变动、使用部门转移等变动情况时，更新固定资产卡片，并根据用户设定的折旧计算方法自动计算折旧生成折旧清单和折旧分配表。

**3．凭证处理**

固定资产系统根据使用状况和部门对应折旧科目的设置来进行转账凭证的定义。转账凭证可以根据固定资产的业务处理自动生成。转账凭证经过确认后会自动传递到账务或成本等系统等待进一步处理。

**4．信息查询**

固定资产管理系统输出的报表主要有固定资产卡片、固定资产增减变动表、固定资产分类统计表、固定资产折旧计算表、转账数据汇总表等有关账表。

**5．期末处理**

固定资产管理子系统的期末处理主要包括对账和月末结账两部分。

### 7.1.2　固定资产管理系统与其他子系统的关系

固定资产管理系统与总账系统、报表系统和成本系统存在数据关联。

**1．固定资产系统与总账系统的关系**

固定资产的日常变动数据和计提折旧数据通过生成的转账凭证传递到总账系统。同时，固定资产系统可以与总账系统针对固定资产和累计折旧进行对账，保证固定资产明细与总账的一致性。

**2．固定资产系统与成本系统的关系**

固定资产系统为成本系统提供其核算所需要的折旧费用数据，是成本核算的基础数据之一。

**3．固定资产管理子系统与报表子系统的关系**

UFO 报表系统可以通过函数调用固定资产系统的核算数据编制相关报表。

### 7.1.3　固定资产系统的业务处理流程

固定资产系统的业务处理流程大致包括初始化和日常业务处理两部分。初始化主要完成系统参数和基础信息的设置，日常业务处理进行固定资产增减变动、计提折旧、凭证处理等工作。相关业务处理完成后输出固定资产账簿和统计分析报表，并进行月末结账。固定资产系统业务处理流程如图 7-1 所示。

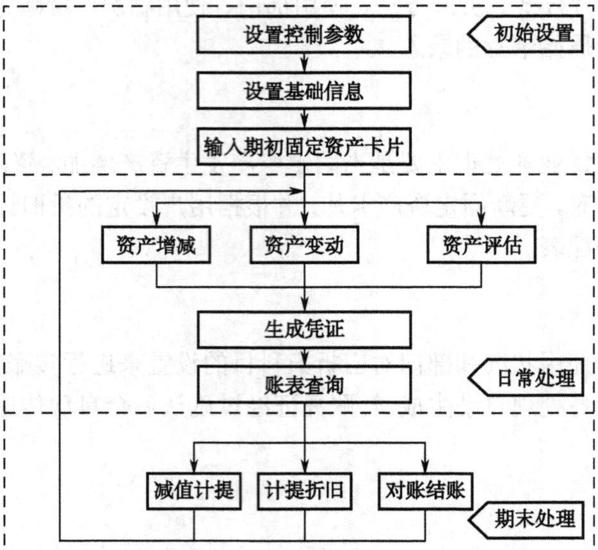


图 7-1　固定资产系统业务处理流程

## 7.2　固定资产系统初始化

固定资产系统初始化的主要内容包括建立固定资产账套、基础设置和录入原始卡片。

### 7.2.1　建立固定资产账套

建立固定资产账套是根据企业的具体情况，在已经建立的企业会计核算账套的基础上，设置企业进行固定资产核算的必需参数，包括关于固定资产折旧计算的一些约定及说明、启用月份、折旧信息、编码方式、账务接口等。

建账完成后，当需要对账套中的某些参数进行修改时，可以在“设置”中的“选项”中修改；但也有些参数无法通过“选项”修改但又必须改正，那么只能通过“重新初始化”功能实现，重新初始化将清空对该固定资产账套所做的一切操作。

### 7.2.2　基础信息设置

固定资产系统的基础信息设置包括以下各项。

#### 1．资产类别设置

固定资产种类繁多，规格不一，为强化固定资产管理，及时准确地进行固定资产核算，需建立科学的资产分类核算体系，为固定资产的核算和管理提供依据。目前，我国固定资产管理使用的是国家技术监督局 1994 年 1 月 24 日批准发布的《固定资产分类与代码》国家标准（GB/T14885-94），其中规定的类别编码最多可以设置 4 级，编码总长度是 6 位即（2112）。参照此标准，企业可以根据自身的特点和要求，设定较为合理的资产分类方法。

### 2．部门对应折旧科目设置

固定资产计提折旧后，需将折旧费用分配到相应的成本或费用中去，根据不同企业的情况可以按照部门或类别进行汇总。固定资产折旧费用的分配去向和其所属部门密切相关，如果给每个部门设定对应折旧科目，则属于该部门的固定资产在计提折旧时，折旧费用将对应分配到其所属的部门。

### 3．增减方式设置

固定资产增减方式设置即资产增加的来源和减少的去向。增减方式包括增加方式和减少方式两大类。增加方式主要包括直接购买、投资者投入、捐赠、盘盈、在建工程转入、融资租入。减少方式主要包括出售、盘亏、投资转出、捐赠转出、报废、毁损、融资租出。增减方式可根据用户的需要自行增加。在增减方式的设置中还可以定义不同增减方式的对应入账科目，配合固定资产和累计折旧的入账科目使用，当发生相应的固定资产增减变动时可以快速生成转账凭证，减少手工输入数据的业务量。

### 4．使用状况设置

固定资产的使用状况一般分为使用中、未使用和不需用三大类，不同的使用状况决定了固定资产计提折旧与否。因此，正确定义固定资产的使用状况是准确计算累计折旧，进行资产数据统计分析提高固定资产管理水平的重要依据。

### 5．折旧方法设置

固定资产折旧的计算是固定资产管理系统的重要功能，固定资产折旧的计提由系统根据用户选择的折旧方法自动计算得出，因此，折旧方法的定义是计算资产折旧的重要基础。根据财务制度的规定，企业固定资产的折旧方法为平均年限法、工作量法、双倍余额递减法、年限总和法。企业可根据国家规定和自身条件选择采用其中的一种，如果系统中预置的折旧方法不能满足企业管理与核算的需要，用户也可以定义新的折旧方法与相应的计算公式。

由于计算机系统基本不必考虑处理能力的问题，因此在向计算机系统过渡时只需根据企业细化会计核算的需要在会计制度允许的范围内选择折旧计算方法即可。一般来说，选用单台折旧方法核算固定资产折旧更为合适。

### 6．卡片项目和卡片样式设置

固定资产卡片是固定资产管理系统中重要的管理工具，固定资产卡片文件是重要的数据文件。固定资产文件中包含的数据项目形成一个卡片项目，卡片项目也是固定资产卡片上用来记录固定资产资料的栏目，如原值、资产名称、所属部门、使用年限、折旧方法等是卡片上最基本的项目。固定资产系统提供的卡片上常用的项目称为系统项目，但这些项目不一定能满足所有单位的需求。为了增加固定资产系统的通用性，一般系统都为用户留下足够的增减卡片项目的余地，在初始设置中由用户定义的项目称为自定义项目。系统项目和自定义项目一起构成固定资产卡片的全部内容。

固定资产卡片样式是指卡片的外观，即卡片的格式和卡片上包含的项目及项目的位置。不同资产核算管理的内容与重点不同，因此，卡片样式也可能不同。系统提供默认的卡片样式一般能够满足企业日常管理的要求，用户可以在此基础上略做调整，形成新卡片模板，也可以自由定义新卡片式样。

### 7.2.3 期初数据录入

固定资产系统的初始数据是指系统投入使用前企业现存固定资产的全部有关数据，主要是固定资产原始卡片的有关数据。固定资产原始卡片是固定资产管理系统处理的起点。因此，准确录入原始卡片内容是保证历史资料的连续性、正确进行固定资产核算的基本要求。为了保证所输入原始卡片数据的准确无误，应该在开始输入前对固定资产进行全面的清查盘点，做到账实相符。

传统方式下，固定资产是按卡片进行管理的。固定资产卡片的原值合计应与总账系统固定资产科目余额数据相符；卡片已提折旧的合计应与总账系统累计折旧账户的余额相符。

## 7.3 日常业务处理

固定资产系统的日常业务处理主要完成固定资产的核算和管理工作，包括固定资产卡片管理、固定资产增减变动处理、变动单处理、折旧处理、资产评估处理、凭证处理、账簿查询和月末处理等内容。

### 7.3.1 固定资产卡片管理

卡片是记录固定资产相关资料的载体。无论固定资产增加、减少还是变动都要通过固定资产卡片进行管理。卡片管理包括卡片修改、卡片删除、卡片查询及打印等。

### 7.3.2 固定资产增减业务

当企业由于各种原因增加或减少其固定资产时，就需要进行相应的处理，根据固定资产增减变动记录更新固定资产卡片文件，以保证折旧计算的正确性。

**1．固定资产的增加**

企业通过购买或其他方式取得固定资产时要进行固定资产增加的处理，填制新的固定资产卡片。一方面要求对新增固定资产按经济用途或其他标准分类，并确定其原始价值。另一方面，要求办理交接手续，填制和审核有关凭证，作为固定资产核算的依据。

**2．固定资产的减少**

固定资产的减少是指资产在使用过程中，由于毁损、出售、盘亏等各种原因而被淘汰。此时需进行固定资产减少的处理，输入固定资产减少记录，说明减少的固定资产、减少方式、减少原因等。资产减少信息经过确认后，系统搜索出相应的固定资产卡片，更新卡片文件数据，以反映固定资产减少的相关情况。

只有当账套开始计提折旧后，才可以使用资产减少功能，否则，资产减少只能通过删除卡片来完成。

### 7.3.3　固定资产变动处理

固定资产日常使用中出现原值变动、部门转移、使用状况变动、使用年限调整、折旧方法调整、净残值（率）调整、工作总量调整、累计折旧调整、资产类别调整等情况时，需通过变动单进行处理。变动单是指在资产在使用过程中由于固定资产卡片上某些项目调整而编制的原始凭证。

**1．原值变动**

资产在使用过程中，其原值增减有五种情况：根据国家规定对固定资产重新估价；增加补充设备或改良设备；将固定资产的一部分拆除；根据实际价值调整原来的暂估价值；发现原记录固定资产价值有误的。

原值变动包括原值增加和原值减少两部分。

**2．部门转移**

资产在使用过程中，因内部调配而发生的部门变动应及时处理，否则将会影响部门的折旧计算。

**3．使用状况调整**

资产使用状况分为在用、未使用、不需用等。资产在使用过程中，可能会因为某种原因，使得资产的使用状况发生变化，这种变化会影响到设备折旧的计算，因此应及时调整。

**4．使用年限调整**

资产在使用过程中，资产的使用年限可能会由于资产的重估、大修等原因而调整。进行使用年限调整的资产在调整的当月就按调整后的使用年限计提折旧。

**5．资产折旧方法调整**

一般来说资产折旧方法一年之内很少改变，如有特殊情况确需调整改变的也必须遵循一定的原则。例如，所属类别是“总提折旧”的资产调整后的折旧方法不能是“不提折旧”；相应地，所属类别是“总不提折旧”的资产折旧方法不能调整。一般来说，进行折旧方法调整的资产调整的当月就按调整后的折旧方法计提折旧。

本月录入的卡片和本月增加的资产，不允许进行变动处理。

### 7.3.4　折旧处理

折旧处理是固定资产管理子系统的基本处理功能之一，主要包括折旧计提与折旧分配。

**1．折旧计提**

根据固定资产卡片中的基本资料，系统自动计算折旧，自动生成折旧分配表，根据折旧分配表编制转账凭证，将本期折旧费用登记入账。

**2．折旧分配**

计提折旧工作完成后进行折旧分配形成折旧费用，然后生成折旧清单。固定资产的使用部门不同，其折旧费用分配的去向也不同，折旧费用与资产使用部门间的对应关系主要是通过部门对应折旧科目来实现的。系统根据折旧清单及部门对应折旧科目生成折旧分配表，而折旧分配表是将累计折旧分配到成本与费用中，及编制转账凭证将折旧数据传递到总账系统的重要依据。

**3．进行折旧处理需要注意的问题**

固定资产管理子系统中进行折旧处理时一般应注意以下几点。

如果在一个期间内多次计提折旧，每次计提折旧后，只是将计提的折旧累加到月初的累计折旧上，不会重复累计。计提折旧后又对账套进行了影响折旧计算分配的操作，必须重新计提折旧，以保证折旧计算的正确性。

如果上一次计提的折旧已经制单但尚未记账，必须删除该凭证；如果已经记账，必须冲销该凭证重新计提折旧。如果自定义的折旧方法月折旧率或月折旧额出现负数，系统会自动中止计提。

折旧分配表有部门折旧分配表和类别折旧分配表两种类型。部门折旧分配表中的部门可以不等同于使用部门，使用部门必须是明细部门，而部门折旧分配表中的部门指汇总时使用的部门，因此要在计提折旧后分配折旧费用时做出选择。

当企业中有固定资产按工作量法计提折旧时，在计提折旧之前，需输入该固定资产当期的工作量，为系统提供计算累计折旧所需要的信息。

### 7.3.5 资产评估处理

随着市场经济的发展，企业在经营活动中，根据业务需要或国家要求需要对部分资产或全部资产进行评估和重估，而其中固定资产评估是资产评估很重要的部分。固定资产管理子系统中固定资产评估处理主要功能有：将评估机构的评估数据手工录入或定义公式录入到系统，根据国家要求手工录入评估结果或根据定义的评估公式生成评估结果，以及对评估单的管理。

进行资产评估处理的主要步骤如下所示。

（1）对需要评估的项目进行选择。可以进行评估的内容，包括固定资产的原值、累计折旧、使用年限等，每一次进行评估时可以根据评估的要求进行选择。

（2）对需要进行评估的资产进行选择。资产评估的目的各有不同，因此，每次评估涉及到的资产也不尽相同，可根据需要进行选择。

（3）制作评估单。选择评估项目和评估资产后，录入评估结果，系统生成评估单，给出被评估资产评估前与评估后的数据。

（4）制作转账凭证。当评估后资产原值和累计折旧与评估前数据不等时，需通过转账凭证将变动数据传递到总账系统。

### 7.3.6 凭证处理

固定资产管理系统的凭证处理功能主要是根据固定资产各项业务数据自动生成转账凭证

传递到总账系统进行后续处理。一般情况下，当固定资产发生资产增加、资产减少、原值变动、累计折旧调整、资产评估（涉及到原值和累计折旧时）、计提折旧等业务时就要编制转账凭证。

编制凭证可以采用“立即制单”和“批量制单”两种方法。编制转账凭证的过程中系统会根据固定资产和累计折旧入账科目设置、增减方式设置、部门对应折旧科目设置以及业务数据来自动生成转账凭证，凭证中不完整的部分可由用户进行补充。

### 7.3.7 账表查询

固定资产系统提供的报表可以分为账簿、分析表、统计表和折旧表四大类。

#### 1. 固定资产账簿

固定资产账簿一般用于提供资产管理所需要的基本信息，主要包括固定资产总账、单项固定资产明细账、固定资产登记簿、（部门、类别）明细账等基础报表。

（1）固定资产总账。固定资产总账是按部门和类别反映在一个年度内的固定资产价值变化的账页。

（2）单项固定资产明细账。单项固定资产明细账是反映单个资产在查询期间发生的所有业务，包括在该期间的资产增加或减少情况。

（3）固定资产登记簿。固定资产登记簿可按资产所属类别或所属部门显示一定期间范围内发生的所有业务，包括资产增加、资产减少、原值变动、部门转移等信息。

（4）（部门、类别）明细账。（部门、类别）明细账是反映某一类别或部门的固定资产在查询期间内发生的所有业务，包括资产增加、资产减少、原值变动、使用状况变化、部门转移、计提折旧等信息。

#### 2. 固定资产统计分析表

固定资产统计分析表用于从资产的构成情况、分布情况、使用状况等角度提供统计分析数据，为管理人员进行决策提供信息。固定资产统计分析表主要包括固定资产部门构成分析表、固定资产使用状况分析表、固定资产价值结构分析表、固定资产类别构成分析表等报表。

（1）固定资产部门构成分析表。固定资产部门构成分析表是企业内资产在各使用部门之间的分布情况的分析统计。

（2）固定资产使用状况分析表。固定资产使用状况分析表是对企业内所有资产的使用状况所做的分析汇总，使管理者了解资产的总体使用情况，尽快将未使用的资产投入使用，及时处理不需要的资产，提高资产的利用率，发挥其应有的效能。

（3）固定资产价值结构分析表。固定资产价值结构分析表是对企业内各类资产的期末原值和净值、累计折旧净值率数据进行分析汇总，使管理者了解资产计提折旧的程度和剩余价值的大小。

（4）固定资产类别构成分析表。固定资产类别构成分析表是对企业资产的类别分别进行分析的报表。

#### 3. 固定资产统计表

固定资产统计表用于提供各种统计信息，主要包括评估汇总表、评估变动表、固定资产统计表、逾龄资产统计表、役龄资产统计表、盘盈盘亏报告表、固定资产原值统计表等报表。

（1）评估汇总表。评估汇总表统计结果为查询日期某使用部门内各类资产评估后价值的变动情况汇总。

（2）评估变动表。资产评估变动表是列示所有资产评估变动数据的统计表。

（3）固定资产统计表。固定资产统计表是按部门或类别统计该部门或类别的资产的价值、数量、折旧、新旧程度等指标的统计表。

（4）逾龄资产统计表。逾龄资产统计表就是统计指定会计期间内已经超过折旧年限的逾龄资产的状况。

（5）役龄资产统计表。役龄资产统计表就是统计指定会计期间内在折旧年限内正常使用的资产的状况。

（6）盘盈盘亏报告表。盘盈盘亏报告表反映企业以盘盈方式增加的资产和以盘亏、毁损方式减少的资产情况。因盘盈、盘亏、毁损属于非正常方式，通过该统计表，可以看出企业对资产的管理情况。

（7）固定资产原值统计表。固定资产原值统计表是按使用部门和类别交叉汇总显示资产的原值、累计折旧、净值的统计表，便于管理者掌握资产的分布情况。

#### 4．固定资产折旧表

固定资产折旧表用于提供与固定资产折旧相关的明细信息与汇总信息，主要包括部门折旧计算汇总表、固定资产折旧清单表、折旧计算明细表、固定资产及累计折旧表等报表。

（1）部门折旧计算汇总表。部门折旧计算汇总表反映该账套内各使用部门计提折旧的情况，包括计提原值和计算的折旧额信息。

（2）固定资产折旧清单表。固定资产折旧清单表用于显示按资产明细列示的折旧数据及累计折旧数据信息，可以根据部门、资产类别提供固定资产的明细折旧数据。

（3）折旧计算明细表。折旧计算明细表是按类别设立的，反映资产按类别计算折旧的情况，包括上月计提情况、上月原值变动和本月计提情况。

（4）固定资产及累计折旧表。固定资产及累计折旧表是按期编制的反映各类固定资产的原值、累计折旧和本年累计折旧变动的相关明细情况。

### 7.3.8 固定资产系统期末处理

固定资产期末处理主要包括对账和结账两项工作内容。

#### 1．对账

对账是将固定资产系统中记录的固定资产和累计折旧数额与总账系统中固定资产和累计折旧科目的数值核对，验证是否一致，并寻找可能产生差异的原因。任何时候都可以进行对账，系统在执行月末结账时自动给出对账结果，并根据初始化中是否设置“在对账不平情况下允许固定资产月末结账”选项判断是否允许结账。

#### 2．结账

固定资产管理系统完成当月全部业务后，便可以进行月末结账，以便将当月数据结转至下月。月末结账后当月数据不允许再进行改动。月末结账后如果发现有本月未处理的业务或需要修改的事项，可以通过系统提供的“恢复月末结算前状态”功能进行反结账。

### 7.3.9　数据维护

#### 1. 数据接口管理

数据接口管理提供了卡片导入功能，可以将企业使用固定资产系统之前已有的固定资产卡片自动导入到系统中，减少手工卡片录入的工作量，提高效率。

#### 2. 重新初始化账套

系统在运行过程中发现账簿错误太多，无法通过“反结账”功能纠正时，可以利用“重新初始化账套”将该账套内容全部清空，然后重新开始建立账套。

## 实验八　固定资产管理

### 【实验目的】

掌握用友 U8 管理软件中有关固定资产管理的相关内容，掌握固定资产系统初始化、日常业务处理、月末处理的操作。

### 【实验内容】

（1）固定资产系统参数设置、原始卡片录入。

（2）日常业务：资产增减、资产变动、资产评估、生成凭证、账表查询。

（3）月末处理：计提减值准备、计提折旧、对账和结账。

### 【实验准备】

引入实验三账套数据。

### 【实验资料】

#### 1. 初始设置

（1）控制参数。

| 控制参数 | 参数设置 |
|---|---|
| 约定与说明 | 我同意 |
| 启用月份 | 2014.01 |
| 折旧信息 | 本账套计提折旧<br>折旧方法：平均年限法（二）<br>折旧汇总分配周期：1 个月<br>当（月初已计提月份=可使用月份-1）时将剩余折旧全部提足 |
| 编码方式 | 资产类别编码方式：2112<br>固定资产编码方式：<br>按“类别编号+部门编号+序号”自动编码<br>卡片序号长度为 3 |

续表

| 控制参数 | 参数设置 |
| --- | --- |
| 财务接口 | 与账务系统进行对账<br>对账科目：<br>固定资产对账科目：1601 固定资产<br>累计折旧对账科目：1602 累计折旧 |
| 补充参数 | 业务发生后立即制单<br>月末结账前一定要完成制单登账业务<br>固定资产默认入账科目：1601；累计折旧默认入账科目：1602<br>减值准备默认入账科目：1603<br>增值税进项税额默认入账科目：22210101<br>固定资产清理默认入账科目：1606 |

（2）资产类别。

| 编码 | 类别名称 | 净残值率 | 单位 | 计提属性 | 卡片样式 |
| --- | --- | --- | --- | --- | --- |
| 01 | 交通运输设备 | 4% | | 正常计提 | 通用样式 |
| 011 | 经营用设备 | 4% | | 正常计提 | 通用样式 |
| 012 | 非经营用设备 | 4% | | 正常计提 | 通用样式 |
| 02 | 电子设备及其他通信设备 | 4% | | 正常计提 | 通用样式 |
| 021 | 经营用设备 | 4% | 台 | 正常计提 | 通用样式 |
| 022 | 非经营用设备 | 4% | 台 | 正常计提 | 通用样式 |

（3）部门及对应折旧科目。

| 部门 | 对应折旧科目 |
| --- | --- |
| 企管办、财务部、采购部 | 管理费用/折旧费 |
| 销售部 | 营业费用/折旧费 |
| 生产部 | 制造费用/折旧费 |

（4）增减方式的对应入账科目。

| 增减方式目录 | 对应入账科目 |
| --- | --- |
| 增加方式 | |
| 直接购入 | 10020111，中行存款/人民币户 |
| 减少方式 | |
| 毁损 | 1606，固定资产清理 |

（5）原始卡片。

| 固定资产名称 | 类别编号 | 所在部门 | 增加方式 | 使用年限月 | 开始使用日期 | 原值 | 累计折旧 | 对应折旧科目名称 |
| --- | --- | --- | --- | --- | --- | --- | --- | --- |
| 轿车 | 012 | 企管办 | 直接购入 | 72 | 2009.10.1 | 315 000 | 210 000 | 管理费用/折旧费 |
| 多功能一体机 | 012 | 企管办 | 直接购入 | 72 | 2011.3.1 | 2 000 | 1 056 | 管理费用/折旧费 |

续表

| 固定资产名称 | 类别编号 | 所在部门 | 增加方式 | 使用年限月 | 开始使用日期 | 原值 | 累计折旧 | 对应折旧科目名称 |
|---|---|---|---|---|---|---|---|---|
| 笔记本电脑 | 022 | 企管办 | 直接购入 | 60 | 2010.12.1 | 15 000 | 8 640 | 管理费用/折旧费 |
| 传真机 | 022 | 企管办 | 直接购入 | 60 | 2013.4.1 | 699 | 89.47 | 管理费用/折旧费 |
| 台式机 | 021 | 生产部 | 直接购入 | 60 | 2011.12.1 | 4 800 | 1 843.2 | 制造费用/折旧费 |
| 台式机 | 021 | 生产部 | 直接购入 | 60 | 2011.12.1 | 4 800 | 1 843.2 | 制造费用/折旧费 |
| 合计 | | | | | | 342 299 | 223 471.87 | |

注：净残值率均为 4%，使用状况均为“在用”，折旧方法均采用平均年限法（二）。

**2. 日常及期末业务**

（1）1 月 21 日，企管办购买投影仪一台，价值为 8 500 元，净残值率为 4%，预计使用年限为 5 年。

（2）1 月 23 日，将企管办使用的轿车的使用年限由 6 年调整为 8 年。

（3）1 月 31 日，计提本月折旧费用。

（4）1 月 31 日，生产部毁损台式机一台。

**3. 下月业务**

（5）2 月 16 日，总经理办公室的轿车添置新配件 10 000 元。

（6）2 月 27 日，总经理办公室的传真机转移到采购部。

（7）2 月 28 日，经核查对 2010 年购入的笔记本电脑计提 1 000 元的减值准备。

## 【操作指导】

**1. 启用固定资产管理系统**

以账套主管“贾涛”的身份注册进入企业应用平台，启用固定资产系统。

**2. 固定资产系统初始化**

（1）以“贾涛”身份重新注册进入企业应用平台。

（2）在“业务工作”页签中，选择“财务会计”→“固定资产”，弹出“这是第一次打开此账套，还未进行过初始化，是否进行初始化？”信息提示框，单击【是】按钮，打开“固定资产初始化向导”对话框。

（3）在“固定资产初始化向导——约定与说明”对话框中，仔细阅读相关条款，单击【我同意】单选按钮。

（4）单击【下一步】按钮，打开“固定资产初始化向导——启用月份”对话框，确认账套启用月份“2014.01”。

（5）单击【下一步】按钮，打开“固定资产初始化向导——折旧信息”对话框。选中“本账套计提折旧”复选框；选择折旧方法“平均年限法（二）”，折旧分配周期“1 个月”；选中“当（月初已计提月份=可使用月份-1）时，将剩余折旧全部提足”复选框，如图 7-2 所示。

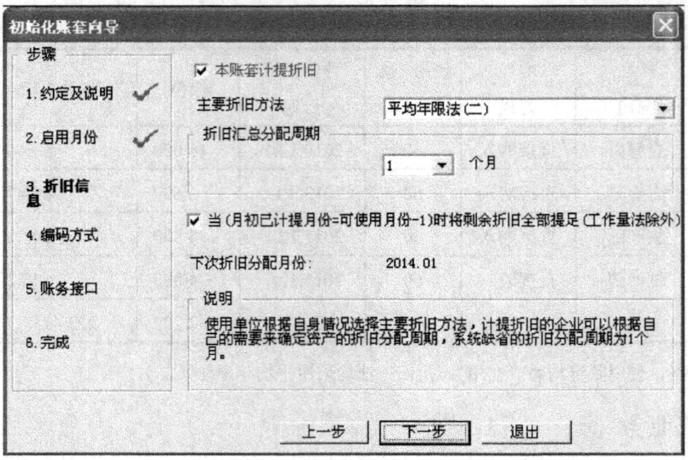


图 7-2　固定资产初始化——“折旧信息”对话框

**提示：**

- 如果是行政事业单位，不选“本账套计提折旧”，则账套内所有与折旧有关的功能被屏蔽，该选项在初始化设置完成后不能修改。
- 虽然这里选择了某种折旧方法，但在设置资产类别或定义具体固定资产时可以更改设置。

（6）单击【下一步】按钮，打开“固定资产初始化向导——编码方式”对话框。确定资产类别编码长度“2112”；单击“自动编号”单选按钮，选择固定资产编码方式“类别编号+部门编号+序号”，选择序号长度“3”，如图 7-3 所示。

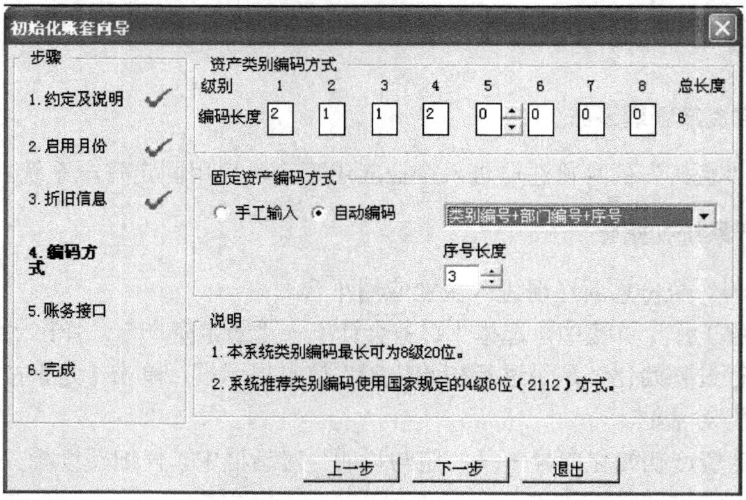


图 7-3　固定资产初始化——“编码方式”对话框

（7）单击【下一步】按钮，打开“固定资产初始化向导——财务接口”对话框。选中“与账务系统进行对账”复选框；选择固定资产的对账科目“1601 固定资产”，累计折旧的对账科目“1602 累计折旧”，如图 7-4 所示。

（8）单击【下一步】按钮，打开“固定资产初始化向导——完成”对话框。单击【完成】按钮，完成本账套的初始化，弹出“是否确定所设置的信息完全正确并保存对新账套的所有设置”提示框。

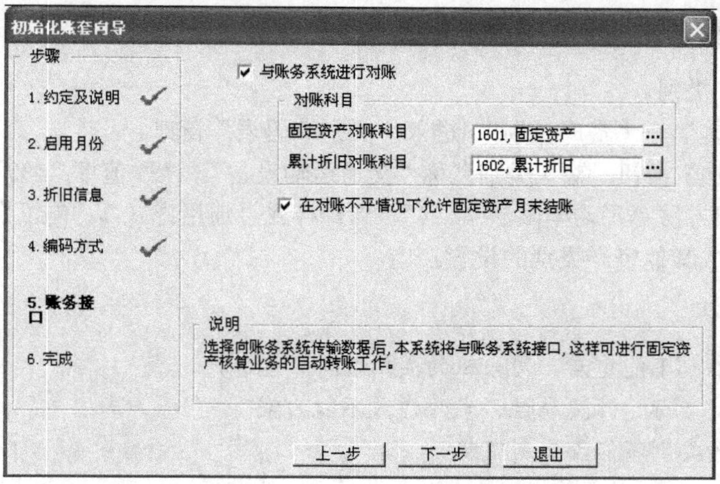


图 7-4　固定资产初始化——“账务接口”对话框

（9）单击【是】按钮，弹出“已成功初始化本固定资产账套！”提示框，单击【确定】按钮。

**注意：**

- 初始化设置完成后，有些参数不能修改，所以要慎重。
- 如果发现参数有错，必须改正，且只能通过固定资产系统“维护”→“重新初始化账套”命令实现，该操作将清空用户对该子账套所做的一切工作。

补充参数设置

（1）执行“设置”→“选项”命令，进入“选项”窗口。

（2）单击【编辑】按钮，选择“与账务系统接口”选项卡。选中“业务发生后立即制单”、“月末结账前一定要完成制单登账业务”复选框；选择默认入账科目为“1601 固定资产”、“1602 累计折旧”，如图 7-5 所示，单击【确定】按钮。

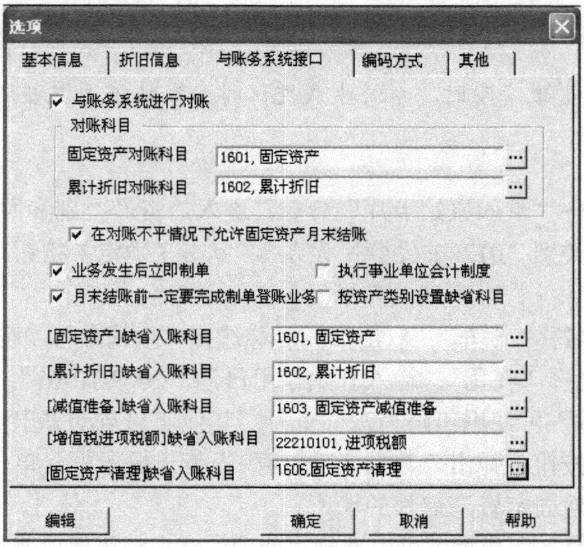


图 7-5 “选项”窗口

**3．设置基础数据**

（1）设置资产类别。

① 执行“设置”→“资产类别”，进入“类别编码表”窗口。

② 单击【增加】按钮，输入类别名称“交通运输设备”，净残值率“4%”；选择计提属性“正常计提”，折旧方法“平均年限法（二）”，卡片样式“通用样式”，单击【保存】按钮。

③ 同理，完成其他资产类别的设置。

**注意：**

- 资产类别编码不能重复，同一级的类别名称不能相同。
- 类别编码、名称、计提属性、卡片样式不能为空。
- 已使用过的类别不能设置新下级。

（2）设置部门对应折旧科目。

① 执行“设置”→“部门对应折旧科目”，进入“部门编码表”窗口。

② 选择部门“企管办”，单击【修改】按钮。

③ 选择折旧科目“660206 管理费用/折旧费”，单击【保存】按钮。

④ 同理，完成其他部门折旧科目的设置。

**注意：**

- 如果销售一部和销售二部对应的折旧科目相同，可以将折旧科目设置在销售部，保存后，单击【刷新】按钮，其下属部门自动继承。

（3）设置增减方式的对应科目。

① 执行“设置”→“增减方式”命令，进入增减方式窗口。

② 在左边列表框中，单击增加方式“直接购入”，单击【修改】按钮。

③ 输入对应入账科目“10020111 人民币户”，单击【保存】按钮。

④ 同理，输入减少方式“损毁”的对应入账科目“1606 固定资产清理”。

**注意：**

- 当固定资产发生增减变动时，系统生成凭证时会默认采用这些科目。

**4．原始卡片录入**

（1）执行“卡片”→“录入原始卡片”命令，进入“资产类别参照”窗口。

（2）选择固定资产类别“012 非经营用设备”，单击【确定】按钮，进入“固定资产卡片录入”窗口。

（3）输入固定资产名称“轿车”；双击部门名称选择“企管办”，双击增加方式选择“直接购入”，双击使用状况选择“在用”；输入开始使用日期“2009-10-01”；输入原值“315000”，累计折旧“210000”；输入可使用年限“72”个月；其他信息自动算出，如图 7-6 所示。

（4）单击【保存】按钮，弹出“数据成功保存！”信息提示框，单击【确定】按钮。

（5）同理，完成其他固定资产卡片的输入。

（6）全部原始卡片录入完成后，可以选择“处理”→“对账”功能将目前固定资产系统明细与总账系统进行对账，以确保固定资产明细账与总账相符。

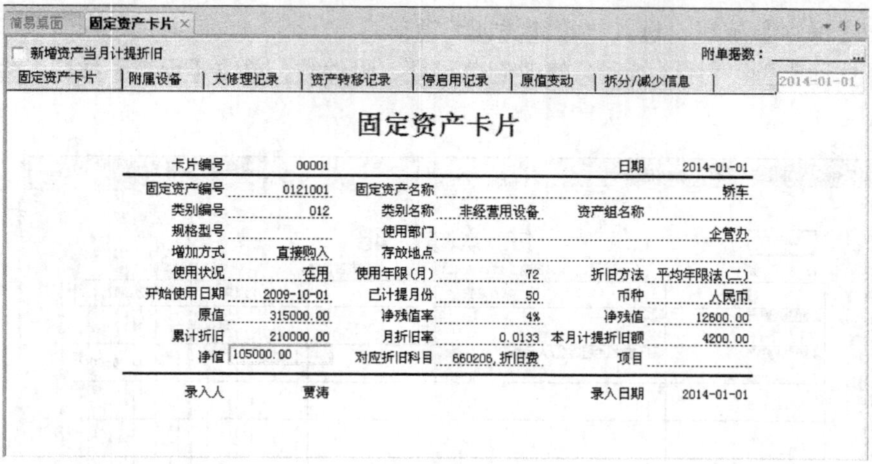


图 7-6　原始卡片录入

**注意：**

- 卡片编号：系统根据初始化时定义的编码方案自动设定，不能修改，如果删除一张卡片，又不是最后一张时，系统将保留空号。
- 已计提月份：系统将根据开始使用日期自动算出，但可以修改，应将使用期间停用等不计提折旧的月份扣除。
- 月折旧率、月折旧额：与计算折旧有关的项目录入后，系统会按照输入的内容自动算出并显示在相应项目内，可与手工计算的值比较，核对是否有错误。

### 5．日常及期末处理

（1）资产增加（业务 1）。

① 执行“卡片”→“资产增加”命令，进入“资产类别参照”窗口。

② 选择资产类别：“022 非经营用设备”，单击【确定】按钮，进入“固定资产卡片新增”窗口。

③ 输入固定资产名称“投影仪”；双击使用部门选择“企管办”，双击增加方式选择“直接购入”，双击使用状况选择“在用”；输入原值“8500”，可使用年限“60”个月，开始使用日期“2014-01-21”，如图 7-7 所示。

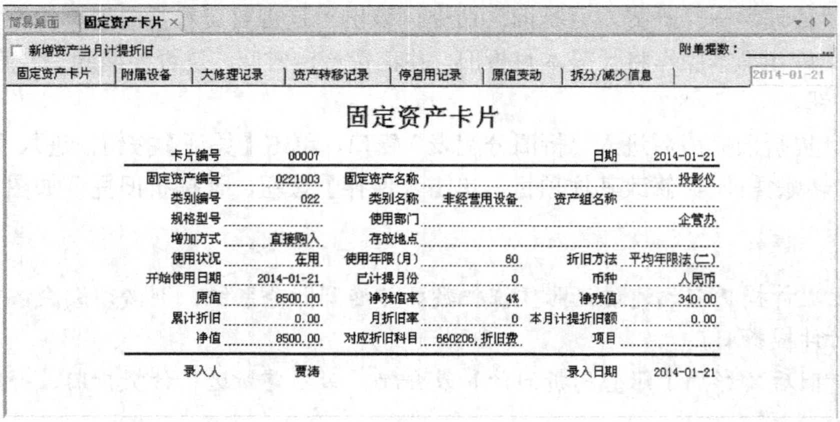


图 7-7　新增资产界面 1

④ 单击【保存】按钮，进入“填制凭证”窗口。

⑤ 选择凭证类型“付款凭证”，修改制单日期、附件数，单击【保存】按钮，生成凭证如图 7-8 所示。

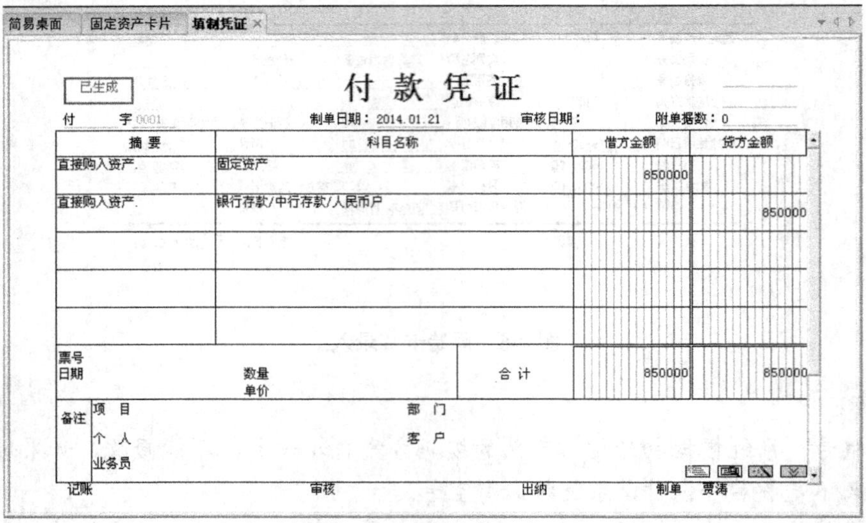


图 7-8 新增资产界面 2

**注意：**

- 固定资产原值一定要输入卡片录入月月初的价值，否则会出现计算错误。
- 新卡片第一个月不计提折旧，累计折旧为空或 0。
- 卡片输入完毕后，可以不立即制单，待月末批量制单。

（2）使用年限调整（业务 2）。

① 执行“卡片”→“变动单”→“使用年限调整”命令，进入“固定资产变动单”窗口。

② 选择卡片编号为“00001”的卡片，系统显示该资产的相关信息。

③ 输入“变动后使用年限”为“96”个月，变动原因为“使用年限调整”。

④ 单击【保存】按钮，系统弹出“数据保存成功。”信息，单击【确定】按钮退出。

（3）折旧处理（业务 3）。

① 执行“处理”→“计提本月折旧”命令，弹出“是否要查看折旧清单？”提示框，单击【否】按钮。弹出“本操作将计提本月折旧，并花费一定时间，是否要继续？”信息提示框，单击【是】按钮，

② 系统计提折旧完成后进入“折旧分配表”窗口，单击【凭证】按钮，进入“填制凭证”窗口，选择“转账凭证”，修改其他项目，单击【保存】按钮，计提折旧凭证如图 7-9 所示。

**注意：**

- 如果上次计提折旧已通过记账凭证把数据传递到账务系统，则必须删除该凭证才能重新进行计提折旧。
- 计提折旧后又影响了账套的折旧计算或分配，必须重新进行计提折旧，否则系统不允许结账。

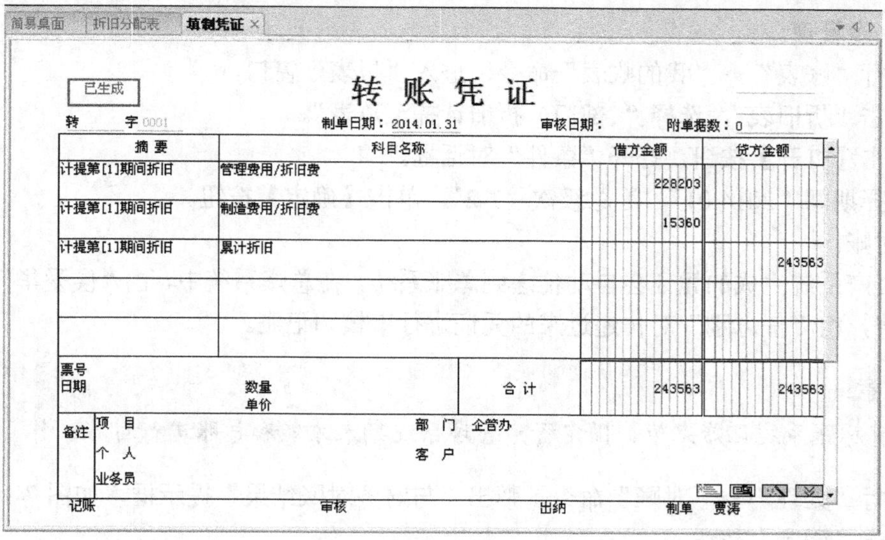

简易桌面 | 折旧分配表 | 填制凭证

已生成

# 转 账 凭 证

转 字 0001　　制单日期：2014.01.31　　审核日期：　　附单据数：0

| 摘 要 | 科目名称 | 借方金额 | 贷方金额 |
|---|---|---|---|
| 计提第[1]期间折旧 | 管理费用/折旧费 | 228203 | |
| 计提第[1]期间折旧 | 制造费用/折旧费 | 15360 | |
| 计提第[1]期间折旧 | 累计折旧 | | 243563 |
| | | | |
| | | | |
| 票号 日期 | 数量 单价 合计 | 243563 | 243563 |

备注　项 目　　部 门　企管办

个 人　　客 户

业务员

记账　　审核　　出纳　　制单　贾涛

图 7-9　计提折旧凭证界面

（4）资产减少（业务 4）。

① 执行“卡片”→“资产减少”命令，进入“资产减少”窗口。

② 选择卡片编号“00005”，单击【增加】按钮。

③ 选择减少方式“毁损”，单击【确定】按钮，进入“填制凭证”窗口。

④ 选择“转账凭证”，修改其他项目，单击【保存】按钮，如图 7-10 所示。

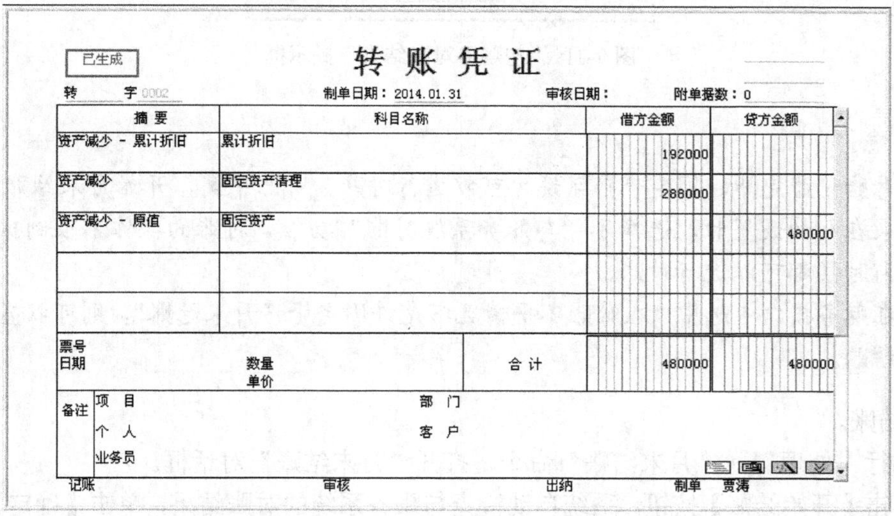

已生成

# 转 账 凭 证

转 字 0002　　制单日期：2014.01.31　　审核日期：　　附单据数：0

| 摘 要 | 科目名称 | 借方金额 | 贷方金额 |
|---|---|---|---|
| 资产减少 - 累计折旧 | 累计折旧 | 192000 | |
| 资产减少 | 固定资产清理 | 288000 | |
| 资产减少 - 原值 | 固定资产 | | 480000 |
| | | | |
| | | | |
| 票号 日期 | 数量 单价 合计 | 480000 | 480000 |

备注　项 目　　部 门

个 人　　客 户

业务员

记账　　审核　　出纳　　制单　贾涛

图 7-10　资产减少凭证界面

**注意：**

- 本账套需要进行计提折旧后，才能减少资产。
- 如果要减少的资产较少或没有共同点，通过输入资产编号或卡片号，单击【增加】按钮，可将资产添加到资产减少表中。
- 如果要减少的资产较多并且有共同点，通过单击【条件】按钮，输入一些查询条件，可将符合该条件的资产挑选出来进行批量减少操作。

（5）账表管理。

① 执行“账表”→“我的账表”命令，进入“报表”窗口。

② 单击“折旧表”，选择“(部门) 折旧计提汇总表”。

③ 单击【打开】按钮，打开“条件”对话框。

④ 选择期间“2014.01”，汇总级次“1-2”，单击【确定】按钮。

（6）对账。

固定资产系统生成的凭证会自动传递到总账系统，在总账系统中，由“侯爱华”对出纳凭证进行签字，由“任志刚”对传递过来的凭证进行审核和记账。

**注意：**

- 只有总账系统记账完毕，固定资产管理系统期末才能和总账进行对账工作。

① 执行“处理”→“对账”命令，弹出“与财务对账结果”提示框，如图 7-11 所示。

② 单击【确定】按钮。

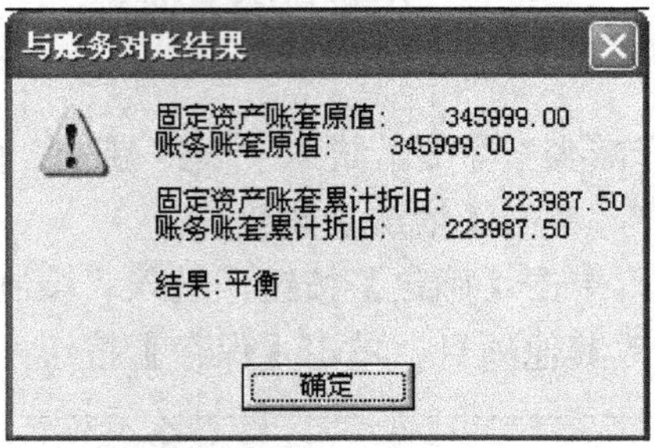


图 7-11 “与账务对账结果”提示框

**注意：**

- 当总账记账完毕，固定资产系统才可以进行对账。对账平衡，开始月末结账。
- 如果在初始设置时，选择了“与账务系统对账”功能，对账的操作不限制执行时间，任何时候都可以进行对账。
- 若在财务接口中选中“在对账不平情况下允许固定资产月末结账”，则可以直接进行月末结账。

（7）结账。

① 执行“处理”→“月末结账”命令，打开“月末结账”对话框。

② 单击【开始结账】按钮，系统自动检查与账务系统的对账结果，单击【确定】按钮后，弹出“月末结账成功完成!”提示框。

③ 单击【确定】按钮。

**注意：**

- 本会计期间做完月末结账工作后，所有数据资料将不能再进行修改。
- 本会计期间不做完月末结账工作，系统将不允许处理下一个会计期间的数据。
- 月末结账前一定要进行数据备份，否则数据一旦丢失，将造成无法挽回的后果。

（8）取消结账。

① 执行“处理”→“恢复月末结账前状态”命令，弹出“是否继续？”提示框。

② 单击【是】按钮，弹出“成功恢复月末结账前状态！”提示框。

③ 单击【确定】按钮。

**注意：**

- 假如在结账后发现结账前操作有误，必须修改结账前的数据的话，可以使用“恢复结账前状态”功能，又称“反结账”，即将数据恢复到月末结账前状态，结账时所做的所有工作都被无痕迹删除。
- 在总账系统未进行月末结账时才可以使用恢复结账前状态功能。
- 一旦成本系统提取了某期的数据，该期不能反结账。如果当前的账套已经做了年末处理，那么就不允许再执行恢复月初状态功能。

### 6．下月业务

（1）资产增加（业务 5）。

① 执行“卡片”→“变动单”→“原值增加”命令，进入“固定资产变动单”窗口。

② 选择输入卡片编号“00001”，输入增加金额“10 000”，输入变动原因“增加配件”，如图 7-12 所示。

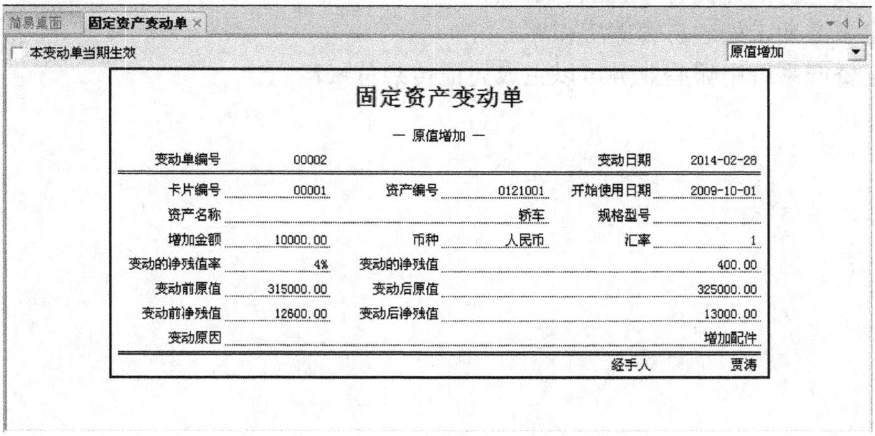


图 7-12　固定资产变动单界面

③ 单击【保存】按钮，进入“填制凭证”窗口。

④ 选择凭证类型“付款凭证”，填写修改其他项目，单击【保存】按钮。

**注意：**

- 资产变动主要包括原值变动、部门转移、使用状况变动、使用年限调整、折旧方法调整、净残值（率）调整、工作总量调整、累计折旧调整、资产类别调整等。系统对已做出变动的资产，要求输入相应的变动单来记录资产调整结果。
- 变动单不能修改，只有当月的单证可删除重做，所以请仔细检查后再行保存。
- 必须保证变动后的净值大于变动后的净残值。

（2）资产部门转移（业务 6）。

① 执行“卡片”→“变动单”→“部门转移”命令，进入“固定资产变动单”窗口。

② 输入卡片编号“00004”；双击变动后部门，选择“采购部”；输入变动原因——“调拨”。

③ 单击【保存】按钮。

（3）计提减值准备（业务 7）。

① 执行“卡片”→“变动单”→“计提减值准备”命令，进入“固定资产变动单”窗口。

② 输入卡片编号“00003”，输入减值准备金额“1 000”，变动原因“减值”。

③ 单击【保存】按钮，进入“填制凭证”窗口。

④ 选择凭证类型“转账凭证”，填写修改其他项目，单击【保存】按钮。

## 复习思考题 7

1．固定资产管理系统的主要功能包括哪些？
2．如何建立固定资产账套？
3．固定资产管理的基本原则是什么？
4．固定资产日常业务处理主要包括哪些内容？
5．固定资产变动包括哪些类型？
6．固定资产折旧计提有哪些注意事项？
7．固定资产期末处理有哪些工作？
8．固定资产系统中哪些业务可以生成凭证传给总账？

EIGHT

# 第 8 章 应收款子系统

**本章学习目标**

- 了解应收款管理系统的主要功能、应收款系统与 U8 其他系统间的数据关系
- 熟悉应收款管理系统的操作流程
- 理解应收款初始化的工作内容
- 掌握如何进行应收及收款业务处理
- 掌握在应收款系统中进行各种信息查询的方法

## 8.1 系统概述

在实际的经营活动中，企业与其他单位和个人发生的应收账款是非常频繁的，收款工作量比较大，拖欠款情况也时有发生。因此，对应收账款的管理是一项相当繁杂的工作。应收款系统主要用于核算和管理客户往来款项，即管理企业在日常经营过程中所产生的各种应收款数据信息，及时收回欠款。对于应收款的核算与管理既可以深入到各种产品、各个地区、各个部门和各业务员，又可以从不同的角度对应收款项进行分析、决策，使购销业务系统和财务系统有机地联系起来。

系统根据对客户应收款项核算和管理的程度不同，提供了两种应用方法。

**1. 在应收款系统核算客户往来款项**

如果在销售业务中应收款核算与管理内容比较复杂，需要追踪每一笔业务的应收款、收款等情况，或者需要将应收款核算具体到产品一级，那么可以选择该方法。在这种方法下，所有的客户往来凭证全部由应收款子系统生成，其他系统不再生成这类凭证，并由应收款系统实现对应收账款的核算和管理。其主要功能如下所示。

（1）根据输入的单据或由销售子系统传递过来的单据，记录应收款项的形成，包括由于商品交易和非商品交易所形成的所有应收项目。

（2）处理应收项目的收款及转账业务。

（3）对应收票据进行记录和管理。

（4）在应收项目的处理过程中生成凭证，并向账务子系统进行传递。

（5）对外币业务及汇兑损益进行处理，并向账务子系统进行传递。

（6）根据条件，提供各种查询及统计分析。

**2．在账务子系统核算客户往来款项**

如果销售业务以及应收账款业务并不十分复杂，或者现销业务很多，则可以选择在账务子系统通过辅助核算完成对客户往来核算的管理。该方法侧重于对客户的往来款项进行查询和分析。其主要功能如下所示。

（1）若同时使用销售管理子系统，可接收销售子系统的发票，并对其进行制单处理；在制单前需要预先进行科目设置。

（2）客户往来业务在总账系统生成凭证后，可以在应收款系统进行查询。

## 8.1.1 应收款子系统的主要功能

应收款子系统的功能主要包括初始化设置、日常业务处理、信息查询和期末处理。

**1．初始化设置**

系统初始化包括系统参数设置、基础信息设置和期初数据录入。

**2．日常业务处理**

日常业务处理是对应收款项业务的处理工作，主要包括应收单据处理、收款单据处理、票据管理、转账处理和坏账处理等内容。

（1）应收单据处理：应收单据包括销售发票和其他应收单，是确认应收账款的主要依据。应收单据处理主要包括单据录入和单据审核。

（2）收款单据处理：收款单据主要指收款单。收款单据处理包括收款单据的录入、审核和核销。单据核销的主要作用是解决收回客户款项，核销该客户应收款的处理，建立收款与应收款的核销记录，监督应收款及时核销，加强往来款项的管理。

（3）票据管理：主要是对银行承兑汇票和商业承兑汇票进行管理。票据管理可以提供票据登记簿，记录票据的利息、贴现、背书、结算和转出等信息。

（4）转账处理：在日常业务处理中经常发生的应收冲应付、应收冲应收、预收冲应收以及红票对冲的业务处理。

（5）坏账处理：指计提应收坏账准备的处理、坏账发生后的处理、坏账收回后的处理等。其主要作用是自动计提应收款的坏账准备，当坏账发生时即可进行坏账核销，当被核销坏账又收回时，即可进行相应处理。

**3．信息查询**

用户在进行各种查询结果的基础上所进行的各项分析。一般查询包括单据查询、凭证查询以及账款查询等。统计分析包括欠款分析、账龄分析、综合分析以及收款预测分析等，这样便于用户及时发现问题，加强对往来款项动态的监督管理。

**4．期末处理**

期末处理是指用户在月末进行的结算汇兑损益以及月末结账工作。如果企业有外币往来，在月末需要计算外币单据的汇兑损益并对其进行相应的处理。如果当月业务已全部处理完毕，就需要执行月末结账处理，只有月末结账后，才可以开始下月工作。月末处理主要包括进行汇兑损益结算和月末结账。

## 8.1.2　应收款系统的操作流程

应收款系统的操作流程如图 8-1 所示。

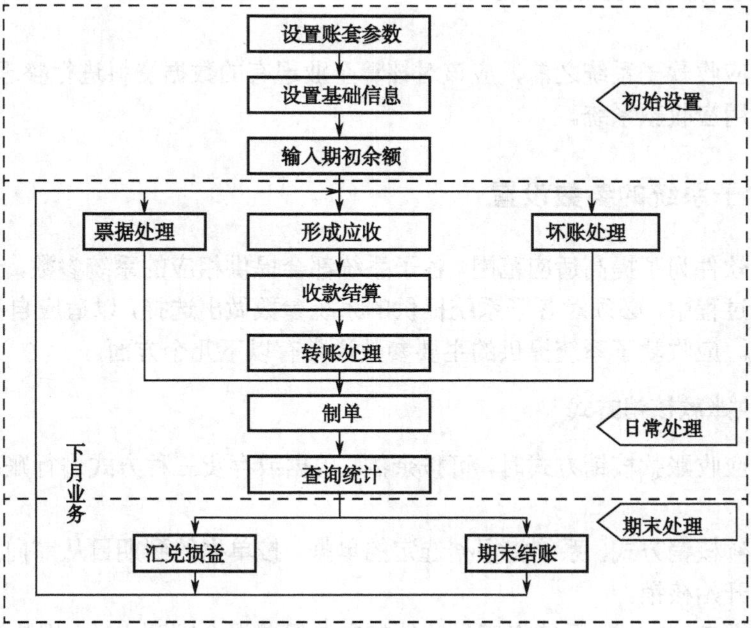


图 8-1　应收款系统的操作流程

## 8.1.3　应收款系统与其他子系统的主要关系

对客户应收款项核算和管理的程度不同，其系统功能、接口、操作流程等均不相同。在此以在应收款子系统核算客户往来款项为例，介绍应收款子系统与其他子系统的主要关系，如图 8-2 所示。

应收款系统与系统管理共享基础数据。

销售管理为应收款系统提供已审核的销售发票、销售调拨单以及代垫费用单，在此生成凭证，并对发票进行收款结算处理。应收款系统为销售管理系统提供销售发票、销售调拨单的收款结算情况以及代垫费用的核销情况。

应收款系统向总账系统传递凭证，并能够查询其所生成的凭证。

应收款系统和应付款系统之间可以进行转账处理，如应收冲应付。

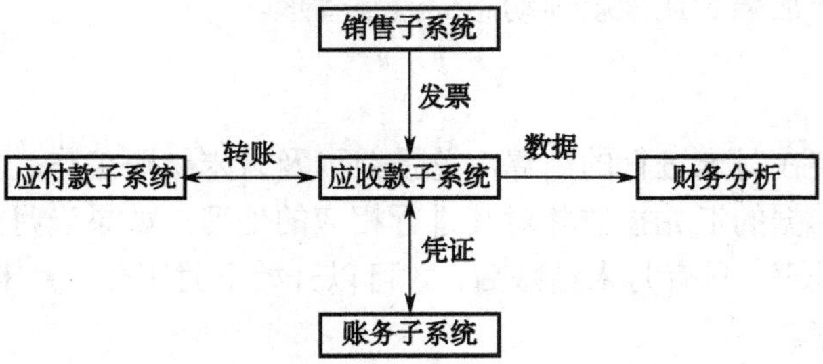


图 8-2　应收款系统与其他子系统的主要关系

## 8.2 应收款子系统初始化

在正式启用应收款子系统之前，应该对核算企业现有的数据资料进行整理以便能够及时、顺利、准确地运用应收款系统。

### 8.2.1 应收款子系统的参数设置

会计信息化软件为了提高适应范围，各子系统都会提供相应的系统参数，企业在实施会计信息系统初始化过程中，必须对各子系统提供的系统参数做出选择，以适应自身核算和控制管理的特点和要求。应收款子系统提供的主要参数通常有以下几个方面。

**1．确定应收账款核销方式**

在选择确定应收账款核销方式时，可按余额、单据或存货三种方式进行账款核销。其具体含义如下。

如果采用余额核销方式，系统将根据选定的单据，按单据的到期日从前向后排序，然后从时间最早的单据开始核销。

如果采用单据核销方式，系统将满足条件的未结算单据全部列出，由用户选择要结算的单据，根据所选择的单据进行核销。

如果采用存货核销方式，系统将满足条件的未结算单据按存货列出，由用户选择要结算的存货，根据所选择的存货进行核销。

选择不同的核销方式，将影响到账龄分析的精确性。一般而言，选择按单据核销或按存货核销能够进行更精确的账龄分析。

**2．选择设置控制科目的依据**

控制科目是指在应收款系统中所有带有客户往来辅助核算的科目，如应收账款、预收账款等。有三种设置控制科目的依据分别是按客户分类设置、按客户设置以及按地区分类设置。各项依据的具体含义如下。

（1）按客户分类设置。客户分类是指根据一定的属性将企业的往来客户分为若干大类。针对不同的客户进行分类，设置不同的应收科目和预收科目。例如，可以将客户根据该客户与企业发生业务往来的时间分为长期客户、中期客户和短期客户；也可以根据客户的信用情况将客户分为优质客户、良性客户、一般客户和信用较差的客户等。

（2）按客户设置。这种设置方式可以为每一种客户设置不同的应收科目和预收科目。采用这种设置方式可适合特殊客户的需要。

（3）按地区分类设置。如果客户涉及多个地区，可按地区进行分类设置，即针对不同的地区分类设置不同的应收科目和预收科目。例如，将客户分为华东、华北、东北等地区，则可以在不同的地区分类下设置科目。

### 3. 选择设置存货销售科目的依据

存货销售科目设置一般有按存货分类设置和按存货设置两种方式。各项依据的具体含义如下。

（1）按存货分类设置。存货分类是指根据存货的属性对存货所划分的大类，在设置存货销售科目时，可针对存货分类设置不同的科目。例如，将存货分为原材料、燃料及动力、半成品以及库存商品等大类，根据存货分类来设置不同的科目。

（2）按存货设置。当存货种类不多时，可以直接针对不同的存货设置不同的科目。

### 4. 选择制单方式

在选择制单方式时，有三种制单方式可供选择，分别是明细到客户制单、明细到单据制单和汇总制单。各种方式的具体含义如下。

（1）明细到客户制单。明细到客户制单是指将一个客户的多笔业务合并生成一张凭证时，如果核算多笔业务的控制科目相同，系统将自动将其合并成一条分录。这种方式的目的是在总账系统中能够查看到每一个客户的详细信息。

（2）明细到单据制单。明细到单据制单是指将一个客户的多笔业务合并生成一张凭证时，系统会将每一笔业务形成一条分录。这种方式的目的是在总账系统中能查看到每个客户的每笔业务的详细情况。

（3）汇总制单。汇总制单是指将多个客户的多笔业务合并生成一张凭证时，如果核算多笔业务的控制科目相同，系统自动将其合并成一条分录。这种方式的目的是精简总账系统中的数据，但在总账系统中只能查看到该科目一个总的发生额。

### 5. 选择预收款的核销方式

在选择预收款核销方式时，有两种核销方式可供选择，分别是按单据核销和按余额核销。

如果按单据核销，应根据所选择的单据，对预收款一笔一笔地进行核销。

如果按余额核销，即按预收款收到的时间从前往后进行核销。

选择不同的核销方式，将影响到账龄分析的精确性。一般而言，选择按单据核销能够进行更精确的账龄分析。

### 6. 选择计算汇兑损益的方式

计算汇兑损益的方式有两种，分别是采用外币余额结清时计算和月末计算。

采用外币余额结清时计算是指只有当某种外币余额结清时才计算汇兑损益，否则不计算汇兑损益。在计算汇兑损益时，可显示外币余额为零且本币余额不为零的外币单据。

采用月末计算是指在每个月末计算汇兑损益。在计算汇兑损益时，可显示所有外币余额不为零或者本币余额不为零的外币单据。

#### 7. 选择坏账处理方式

在选择坏账处理方式时，主要有两种坏账处理的方式可供选择，分别是备抵法和直接转销法。

备抵法包括应收账款余额百分比法、销售余额百分比法和账龄分析法三种方法。

由于直接转销法不符合会计的权责发生制及收入与费用相配比原则，所以容易造成会计信息的失真。

#### 8. 选择核算代垫费用的单据类型

根据初始设置中“单据类型设置”，应收单的类型若分为多种时，可进行选择核算代垫费用单的单据类型的设置。若应收单不进行分类，则无须设置。

#### 9. 选择是否显示现金折扣或输入发票的提示信息

企业为了鼓励客户在信用期间内提前付款，通常会采用现金折扣政策。选择显示现金折扣及输入发票显示提示信息时，系统会在“单据结算”中显示“可享受折扣”和“本次折扣”，并计算可享受的折扣，显示发票提示信息，如该客户的信用额度余额，以及最后的交易情况。

如果选择不显示现金折扣及输入发票提示信息，则系统既不计算也不显示现金折扣和发票信息。

### 8.2.2 应收款系统的基础档案设置

与应收款系统相关的基础档案包括客户分类、客户档案、地区分类、存货分类、存货档案、部门档案、职员档案、外币及汇率、结算方式、付款条件、单据设计等。这些基础档案统一在企业应用平台中设置，应收款系统共享。

### 8.2.3 应收款系统的业务处理核算规则设置

应收款系统是连接销售业务与总账系统的通道。如果企业应收款业务类型比较固定，生成的凭证类型也较固定，为了简化凭证生成操作，可将各业务类型凭证中的常用科目预先设置好。业务处理核算规则设置，一般包括以下几方面内容。

#### 1. 凭证科目设置

（1）基本科目设置。基本科目是指在核算应收款项时经常用到的科目，可以作为常用科目设置，而且科目必须是末级科目。核算应收款项时经常用到的科目包括应收账款、预收账款、销售收入、应交税金—销项税额、销售退回等基本科目。除上述基本科目外，银行承兑科目、商业承兑科目、现金折扣科目、票据利息科目、票据费用科目、汇兑扣益科目、币种兑换差异科目和坏账准备科目等都可以作为企业核算某类业务的基本科目。

（2）控制科目设置。在核算客户的赊销欠款时，如果针对不同的客户（客户分类、地区分类）分别设置不同的应收账款科目和预收账款科目，可以先依据设置账套参数时选择，即选择是针对不同的客户设置，还是针对不同的客户分类设置，或者是按不同的地区分类设置，然后依次进行往来单位按客户、客户分类或地区分类的编码、名称、应收科目和预收科目等内容进行设置。

如果某个往来单位核算应收账款或预收账款的科目与常用科目设置中的一样，则可以不设置，否则，应进行设置。科目必须是有客户往来辅助核算的末级最明细科目。

（3）产品科目设置。如果针对不同的存货（存货分类）分别设置不同的销售收入科目、应交增值税销项税额科目和销售退回科目，也应先在账套参数中选择设置的依据，即选择是针对不同的存货设置，还是针对不同的存货分类设置，然后按存货的分类编码、名称、销售收入科目、应交增值税销项税额科目和销售退回科目进行存货销售科目的设置。

如果某个存货（存货分类）的科目与常用科目设置中的一样，则可以不设置；否则，应进行设置。

（4）结算方式科目设置。用户不仅可以设置常用的科目，还可以为每种结算方式设置一个默认的科目，以便在应收账款核销时，直接按不同的结算方式生成相应的账务处理中所对应的会计科目。

### 2．坏账准备设置

坏账准备设置是指对坏账准备期初余额、坏账准备科目、对方科目以及提取比率进行设置。

在第一次使用系统时，应直接输入期初余额。在以后年度使用系统时，坏账准备的期初余额由系统自动生成且不能进行修改。坏账提取比率可分别按销售收入百分比法和应收账款余额百分比法，直接输入计提的百分比。若按账龄百分比法提取，可直接输入各账龄期间计提的百分比。

### 3．账龄区间设置

为了对应收账款进行账龄分析，需设置账龄区间。在进行账龄区间设置时，账龄区间总天数和起始天数直接输入，系统根据输入的总天数自动生成相应的区间。

### 4．报警级别设置

通过对报警级别设置，系统将按照往来单位欠款余额与其受信额度的比例分为不同的类型，以便于掌握各个往来单位的信用情况。

如果企业要对应收账款的还款期限做出相应的规定，则可使用超期报警功能。在运行此功能时，系统将自动列出到当天为止超过规定期限的应收账款清单，从而使企业可以及时催款，避免不必要的经济损失。这一信息可按往来单位分类，也可按分管人员进行分类。

在进行报警级别设置时，直接输入级别名称和各区间的比率。其中，级别名称可以采编号或者其他形式，但名称最好能够上下对应。

### 5．单据类型设置

单据的类型可分为发票和应收单两大类型。如果同时使用销售子系统，则发票的类型包括增值税专用发票、普通发票、销售调拨单和销售日报等。如果单独使用应收款子系统，则发票的类型不包括后面两种。

应收单是记录销售业务之外的应收款情况的单据，可划分为不同的类型，以区分应收货款之外的其他应收款。例如，可以将应收单分为应收代垫费用款、应收利息款、应收罚款、其他应收款等。应收单的对应科目可自由定义。

### 8.2.4 应收款子系统的期初数据录入

在第一次使用系统时，当建立完成往来客户档案登记后，为了能使计算机顺利完成清理核销工作，必须把手工方式下尚未结清的客户往来款项输入到计算机中。只有准确输入往来期初数据后，才能正确地进行往来账的各种统计和分析。进入第二年度时，系统会自动将上年度未全部结清的单据转成为下一年度的期初余额。

在应收款系统中，往来款余额是按单据形式录入的。例如，应收账款余额通过发票录入，预收账款余额通过收款单录入。输入完成后，要与总账系统中相应的客户往来账户余额核对，以检查输入的往来未达账与相应往来科目余额是否相等。

## 8.3 应收款子系统日常业务处理

初始化工作完成后就可以在新系统下进行业务处理了，这就是日常业务处理。应收款子系统日常业务处理主要包括应收单据处理、收款单据处理、票据管理、转账处理、坏账处理和制单处理等内容。

### 8.3.1 应收单据处理

应收单据处理指用户进行单据输入和单据管理的工作。应收单据处理是应收款子系统处理的起点，在应收单据处理中可以输入销售业务中的各类发票以及销售业务之外的应收单据。通过单据输入、单据管理可查阅各种应收业务单据，完成应收业务管理的日常工作。其基本操作流程：单据输入——单据审核——单据制证——单据查询。

**1. 单据输入**

单据输入是对未收款项的单据进行输入，输入时先用代码输入客户名称，与客户相关内容由系统自动显示，然后再进行货物名称、数量和金额等内容的输入。

在进行单据输入之前，首先应确定单据名称、单据类型以及方向，然后根据业务内容输入有关信息。

**2. 单据审核**

单据审核是在单据保存后对单据正确性进一步审核确认。单据输入后必须经过审核才能参与结算。审核人和制单人可以是同一个人。单据被审核后，将从单据处理功能中消失，但可以通过单据查询功能查看此单据的详细情况。

**3. 单据制证**

单据制证可在单据审核后由系统自动编制凭证，也可以集中处理。在应收款子系统中生成的凭证将由系统自动传送到账务子系统中，并由有关人员进行审核和记账等账务处理工作。

**4. 单据查询**

单据查询是对未审核单据的查询。通过“单据查询”功能可以查看全部单据。

### 8.3.2　收款单据处理

收款单据处理是对已收到款项的单据进行输入，并进一步核销的过程。在单据结算功能中，输入收款单、付款单，并对发票及应收单进行核销，形成预收款并核销预收款，处理代付款。

应收款子系统的收款单用来记录企业所收到的客户款项，款项性质包括应收款、预收款及其他费用等。其中应收款、预收款性质的收款单将与发票、应收单、付款单进行核销处理。

应收款子系统的付款单用来记录发生销售退货时，企业开具的退付给客户的款项。该付款单可与应收、预收性质的收款单、红字应收单、红字发票进行核销处理。

#### 1．输入结算单据

输入结算单据是对已交来应收款项的单据进行输入，由系统自动进行结算。在根据已收到应收款项的单据进行输入时，首先必须先输入客户的名称。在进行相应操作时，系统会自动显示相关客户的信息。其次必须输入结算科目、金额和相关部门、业务员名称等内容。

单据输入完毕后，由系统自动生成相关内容。如果输入的是新的结算方式，则应先在"结算方式"中增加新的结算方式；如果要输入另一客户的收款单，则需重新选择客户的名称。

#### 2．单据核销

单据核销是对往来已达账做删除处理的过程，表示本笔业务已经结清。即确定收款单与原始发票之间的对应关系后，进行机内自动冲销的过程。单据核销的作用是解决收回客户款项核销该客户应收款的处理，建立收款与应收款的核销记录，监督应收款及时核销，加强往来款项的管理。明确核销关系后，可以进行精确的账龄分析，更好地管理应收账款。

如果结算金额与上期余额相等，则销账后余额为零，如果结算金额比上期余额小，则其余额为销账后的余额。单据核销可以由计算机自动进行核销，也可以手工进行核销。

由于计算机处理采用建立往来辅助账进行往来业务的管理，为了避免辅助账过于庞大而影响计算机运行速度，对于已核销的业务应进行删除。删除工作通常在年底结账时进行。

当会计人员准备核销往来账时，应在确认往来已达账后，才能进行核销处理，删除已达账。为了防止操作不当误删记录，会计信息系统软件中一般都会设计有放弃核销或核销前做两清标记功能，如有的财务软件中设置有往来账两清功能。即在已达账项上打上已结清标记，待核实后才执行核销功能，经删除后的数据不能恢复。有的财务软件则设置了放弃核销功能，一旦发现操作失误，可通过此功能恢复被删除掉的数据。

### 8.3.3　票据管理

用户可以在票据管理中对银行承兑汇票和商业承兑汇票进行管理，包括记录票据详细信息，记录票据处理情况。如果要进行票据登记簿管理，必须将应收票据科目设置成为带有客户往来辅助核算的科目。

当用户收到银行承兑汇票或商业承兑汇票时，应将该汇票录入应收款子系统的票据管理项。系统会自动根据票据生成一张收款单，用户可以对收款单进行查询，并可以与应收单据进行核销勾对，冲减客户应收账款。在票据管理中，用户还可以对该票据进行计息、贴现、转出、结算、背书等处理。

### 8.3.4 转账处理

转账处理是对在日常业务处理中经常发生的应收冲应付、应收冲应收、预收冲应收以及红票对冲的业务处理。

**1．应收冲应付**

应收冲应付是指用某客户的应收账款冲抵某供应商的应付款项。系统通过应收冲应付功能将应收款业务在客户和供应商之间进行转账，实现应收业务的调整，解决应收债权与应付债务的冲抵。

**2．应收冲应收**

应收冲应收是指将一家客户的应收款转到另一家客户中。系统通过应收冲应收功能可将应收款业务在客户之间进行转入、转出，实现应收业务的调整，解决应收款业务在不同客户之间入错户或合并户问题。

**3．预收冲应收**

预收冲应收是指处理客户的预收款和该客户应收欠款的转账核销业务。即某一个客户有预收款时，可用该客户的一笔预收款冲其一笔应收款。

**4．红票对冲**

红票对冲可实现某客户的红字应收单与其蓝字应收单、收款单与付款单之间进行冲抵。例如，当发生退票时，用红字发票对冲蓝字发票。红票对冲通常可以分为系统自动冲销和手工冲销两种处理方式。自动冲销可同时对多个客户依据红票对冲规则进行红票对冲，提高红票对冲的效率。手工冲销对一个客户进行红票对冲，可自行选择红票对冲的单据，提高红票对冲的灵活性。

### 8.3.5 坏账处理

所谓“坏账”是指购货方因某种原因不能付款，造成货款不能收回的信用风险。坏账处理就是对“坏账”采取的措施，主要包括计提坏账准备、坏账发生、坏账收回、生成输出催款单等。

**1．计提坏账准备**

计提坏账准备的方法主要有销售收入百分比法、应收账款余额百分比法和账龄分析法三种。

（1）销售收入百分比法。由系统自动算出当年销售收入总额，并根据计提比率计算出本次计提金额。

初次计提时，如果没有预先的设置，应先进行初始设置。设置的内容包括提取比率和坏账准备期初余额。销售总额的默认值为本会计年度发票总额，企业可以根据实际情况进行修改，但计提比率不能在此修改，只能到初始设置中改变。

（2）应收账款余额百分比法。由系统自动算出当年应收账款余额，并根据计提比率计算出本次计提金额。

初次计提时，如果没有预先的设置，应先进行初始设置。设置的内容包括提取比率及坏账准备期初余额。应收账款的余额默认值为本会计年度最后一天的所有未结算完的发票和应收单据余额之和减去预收款数额的差值。有外币账户时，用其本位币余额。企业可以根据实际情况对默认值进行修改。计提比率在此不能修改，只能在初始设置中改变计提比率。

（3）账龄分析法。账龄分析法是根据应收账款入账时间的长短来估计坏账损失的方法。它是企业加强应收账款回收与管理的重要方法之一。一般说来，账款拖欠的时间越长，发生坏账的可能性就越大。

系统自动算出各区间应收账款余额，并根据计提比率计算出本次计提金额。

初次计提时，如果没有预先的设置，应先进行初始设置。各区间余额由系统自动生成（由本会计年度最后一天的所有未结算完的发票和应收单据余额之和减去预收款数额的差值），企业也可以根据实际情况对其进行修改。但计提比率在此不能修改，只能在初始设置中改变计提比率。

**2. 坏账发生**

发生坏账损失业务时，一般需输入以下内容：客户名称；日期（指发生坏账日期，该日期应大于已经记账的日期，小于当前业务日期）；业务员（指业务员编号或业务员名称）以及部门（指部门编号或部门名称，如果不输入部门，表示选择所有的部门）等。

**3. 坏账收回**

处理坏账收回业务时，一般需输入以下内容：客户名称；收回坏账日期（如果不输入日期，系统默认为当前业务日期，输入的日期应大于已经记账日期，小于当前业务日期）；收回的金额；业务员编号或名称；部门编号或名称；选择所需要的币种；结算单号（系统将调出该客户所有未经过处理的并且金额等于收回金额的收款单，可选择该次收回业务所形成的收款单）。

**4. 生成输出催款单**

催款单是对客户或对本单位职工的欠款催还的管理方式。催款单用在设置有辅助核算的应收账款和其他应收款的科目中。

根据不同行业催款单预制的格式不同，其内容主要包括两部分：系统预置的文字性叙述和由系统自动取数生成的应收账款或其他应收款对账单。通常可以对其内容进行编辑、修改，在修改退出时，系统会自动保存本月所做的最后一次修改。

催款单打印输出时，可以打印所有客户的应收账款或所有职员的其他应收款（备用金）情况，也可以有选择地打印某一个客户或某一位职员的催款单。催款单中还可以按条件显示所有的账款和未核销的账款金额。

### 8.3.6　制单处理

使用制单功能进行批处理制单，可以快速、成批地生成凭证。制单类型包括应收单据制单、结算单制单、坏账制单、转账制单、汇兑损益制单等。企业可以根据实际情况选取需要制单的类型。

### 8.3.7 信息查询

应收款子系统的一般查询主要包括单据查询、业务账表查询以及账表查询等。用户在各种查询结果的基础上可以进行各项统计分析。统计分析包括欠款分析、账龄分析、综合分析以及收款预测分析等。通过统计分析，可以按用户定义的账龄区间，进行一定期间内应收账款账龄分析、收款账龄分析、往来账龄分析、了解各个客户应收款的周转天数、周转率，了解各个账龄区间内应收款、收款及往来情况，及时发现问题，加强对往来款项的动态管理。

#### 1. 单据查询

单据的查询包括发票、应收单、结算单和凭证的查询。此功能可以查询已经审核的各类型应收单据的收款、结余情况；也可以查询结算单的使用情况；还可以查询本系统所生成的凭证，并且对其修改、删除、冲销等操作。

（1）凭证查询。通过凭证查询可以查看、修改、删除、冲销应收款子系统传递到账务子系统中的凭证，同时还可查询凭证对应的原始单据。

（2）单据查询。单据查询包括对发票、应收单及结算单的查询。此功能可以查询已经审核的各类型应收单据的收款情况、结余情况，也可以查询结算单的使用情况。

#### 2. 业务账表查询

业务账表查询可以进行业务总账、业务明细账、业务余额表和对账单的查询，并可以实现总账、明细账、单据之间的联查。

通过业务账表查询可以查看客户、客户分类、地区分类、部门、业务员、客户总公司、主管业务员、主管部门在一定期间所发生的应收、收款及余额情况。

#### 3. 业务账表分析

业务账表分析是应收款管理的一项重要功能，对于资金往来比较频繁、业务量大、金额也比较大的企业，业务账表分析功能更能满足企业的需要。业务账表分析功能主要包括应收账款的账龄分析、收款账龄分析、欠款分析、收款预测等。

（1）应收账款的账龄分析。应收账款的账龄分析主要是分析客户、存货、业务员、部门或单据的应收款余额的账龄区间分布，计算出各种账龄应收账款占总应收账款的比例，以帮助财务人员了解分析应收账款的资金占用情况，便于企业及时催收款项，同时还可以设置不同的账龄区间进行分析。既可以进行应收款的账龄分析，也可以进行预收款的账龄分析。

（2）收款账龄分析。收款账龄分析主要分析客户、产品、单据的收款账龄。

（3）欠款分析。欠款分析提供多对象分析，可以分析截止到某一日期，客户、部门或业务员的欠款构成、欠款数额、信用额度的使用情况、报警级别和最后业务信息。

（4）收款预测。收款预测可以预测将来某一段日期范围内，客户、部门或业务员等对象的收款情况，提供比较全面的预测对象，并且可以显示格式。

### 8.3.8 应收款子系统期末处理

企业在期末主要应完成计算汇兑损益和月末结账两项工作。

### 1. 汇兑损益

如果客户往来有外币核算，且在应收款子系统中核算客户往来款项，则在月末需要计算外币单据的汇兑损益并进行相应的处理。在计算汇兑损益之前，首先应在系统初始设置中选择汇兑损益的处理方法。通常，系统会提供两种汇兑损益的处理方法——月末计算汇兑损益和单据结清时计算汇兑损益。

### 2. 月末结账

如果确认本月的各项业务处理已经结束，可以选择执行月末结账功能。结账后本月不能再进行单据、票据、转账等任何业务的增加、删除、修改等处理。另外，如果上个月没有结账，则本月不能结账，同时一次只能选择一个月进行结账。

如果用户觉得某月的月末结账有错误，可以取消月末结账。但取消结账操作只有在该月账务子系统未结账时才能进行。如果启用了销售子系统，待销售子系统结账后，应收款子系统才能结账。

结账时还应注意本月的单据（发票和应收单）在结账前应该全部审核。若本月的结算单还有未核销的，不能结账；如果结账期间是本年度最后一个期间，则本年度进行的所有核销、坏账、转账等处理必须制单，否则不能向下一个年度结转，而且对于本年度外币余额为零的单据必须将本币余额结转为零，即必须执行汇兑损益。

## 实验九 应收款管理

### 【实验目的】

掌握用友 U8 管理软件中有关应收款管理的相关内容，掌握应收款管理系统初始化、日常业务处理及月末处理的操作，理解应收款在总账核算与在应收款管理系统中进行核算的区别。

### 【实验内容】

（1）初始化：设置账套参数、初始设置。

（2）日常处理：形成应收、收款结算、转账处理、坏账处理、制单、查询统计。

（3）期末处理：月末结账。

### 【实验准备】

引入实验三账套数据，以账套主管身份启用应收款系统。

### 【实验资料】

#### 1. 初始设置

（1）控制参数。

| 控制参数 | 参数设置 |
|---|---|
| 坏账处理方式 | 应收余额百分比法 |
| 自动计算现金折扣 | √ |

（2）设置科目。

| 科目类别 | 设置方式 |
|---|---|
| 基本科目设置 | 应收科目（本币）：1122<br>预收科目（本币）：2203<br>销售收入科目：6001<br>税金科目：22210105 |
| 结算方式科目设置 | 结算方式：现金结算；币种：人民币；科目：1001<br>结算方式：现金支票；币种：人民币；科目：10020101<br>结算方式：转账支票；币种：人民币；科目：10020101 |

（3）坏账准备设置。

| 控制参数 | 参数设置 |
|---|---|
| 提取比例 | 0.5% |
| 坏账准备期初余额 | 10 000 |
| 坏账准备科目 | 1231 |
| 对方科目 | 660207 |

（4）账期内账龄区间及逾期账龄区间。

| 序号 | 起止天数 | 总天数 |
|---|---|---|
| 01 | 1～30 | 30 |
| 02 | 31～60 | 60 |
| 03 | 61～90 | 90 |
| 04 | 91 以上 | |

（5）计量单位组及计量单位。

| 计量单位组编号 | 计量单位组名称 | 计量单位组类别 |
|---|---|---|
| 01 | 无换算关系 | 无换算率 |

| 计量单位编号 | 计量单位名称 | 所属计量单位组名称 |
|---|---|---|
| 01 | 盒 | 无换算关系 |
| 02 | 个 | 无换算关系 |
| 03 | 套 | 无换算关系 |
| 04 | 台 | 无换算关系 |
| 05 | 千米 | 无换算关系 |

（6）存货分类。

| 存货类别编码 | 存货类别名称 |
|---|---|
| 1 | 原材料 |

续表

| 存货类别编码 | 存货类别名称 |
|---|---|
| 2 | 产成品 |
| 3 | 应税劳务 |

（7）存货档案。

| 存货编码 | 存货名称 | 计量单位 | 所属分类 | 税率（%） | 存货属性 | 参考成本 | 参考售价 |
|---|---|---|---|---|---|---|---|
| 1001 | CPU 芯片 | 盒 | 1 | 17 | 外购、生产耗用 | 1 260.00 | |
| 1002 | 硬盘 | 盒 | 1 | 17 | 内销、外购、生产耗用 | 380.00 | |
| 1003 | 鼠标 | 个 | 1 | 17 | 内销、外购、生产耗用 | 98.00 | |
| 2001 | 台式机 | 台 | 2 | 17 | 内销、外购、自制 | 3 000.00 | |
| 2002 | 笔记本 | 台 | 2 | 17 | 内销、外购 | 4 000.00 | |
| 2003 | 激光打印机 | 台 | 2 | 17 | 内销、外购 | 1 380.00 | |
| 2004 | 杀毒软件 | 套 | 2 | 17 | 内销、外购 | 50.00 | |
| 3001 | 运费 | 千米 | 3 | 7 | 内销、外购、应税劳务 | | |

（8）本单位开户银行信息。

编码：001；银行账号：110001134608；账户名称：基本账户；开户银行：工商银行中关村分理处。

（9）期初余额。

会计科目：1122 应收账款；余额：借 75 780 元。

普通发票：

| 开票日期 | 客户 | 销售部门 | 货物名称 | 数量 | 含税单价 | 价税合计 |
|---|---|---|---|---|---|---|
| 2013-10-25 | 新京城市学院 | 销售一部 | 笔记本 | 15 | 4 800 | 72 000 |

增值税发票：

| 开票日期 | 客户 | 销售部门 | 货物名称 | 数量 | 含税单价 | 价税合计 |
|---|---|---|---|---|---|---|
| 2013-11-10 | 致远科技有限公司 | 销售一部 | 鼠标 | 30 | 125 | 3 750 |

其他应收单：

| 开票日期 | 客户 | 销售部门 | 金额 | 摘要 |
|---|---|---|---|---|
| 2013-11-10 | 致远科技有限公司 | 销售一部 | 30 | 代垫运费 |

**2．具体经济业务**

1 月份发生以下经济业务。

（1）2 日，销售一部售给新京城市学院激光打印机 10 台，单价 1 800 元/台，开出普通发票，货已发出，同时代垫运费 100 元。

（2）4 日，销售二部售给思睿公司杀毒软件 50 套，含税单价 68 元/套，开出增值税发票。货已发出。

（3）5 日，收到思睿公司交来转账支票一张，金额 3 400 元，票号 ZZ001，用以支付本月 4 日货款。

（4）7 日，收到致远公司交来转账支票一张，金额 10 000 元，票号 ZZ002，用以归还前欠货款及代垫运费 3 780 元，剩余款转为预收账款。

（5）9 日，思睿公司交来转账支票一张，金额 20 000 元，票号 ZZ003，作为预购笔记本的定金。

（6）10 日，将本月新京城市学院购买激光打印机的应收款 18 000 元转给思睿公司。

（7）11 日，用思睿公司交来的 20 000 元订金冲抵其应收款项 18 000 元。

（8）17 日，确认本月 2 日为新京城市学院代垫运费 100 元，作为坏账处理。

（9）31 日，计提坏账准备。

## 【实验要求】

以账套主管“贾涛”身份进行应收初始设置及应收款日常业务处理。

## 【操作指导】

以账套主管贾涛身份登录企业应用平台进行启用应收款管理系统，启用日期为“2014-01-01”。

### 1．初始设置

（1）设置控制参数。

① 在企业应用平台“业务工作”中，选择“财务会计”→“应收款管理”。执行“设置”→“选项”命令，打开“账套参数设置”对话框。

② 单击【编辑】按钮，按实验资料进行控制参数设置，如图 8-3 所示。

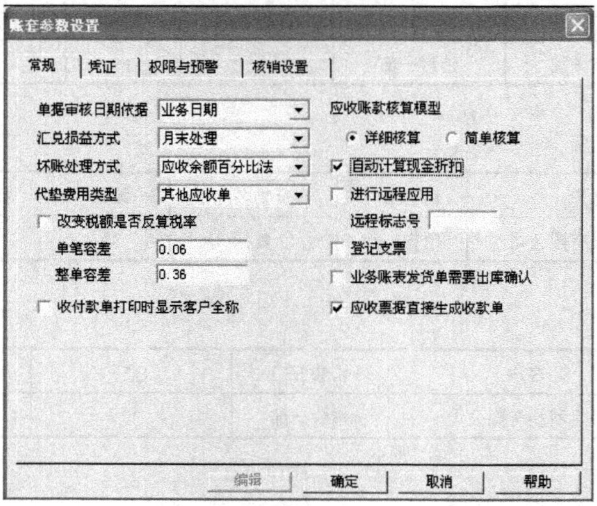


图 8-3　账套参数设置界面

**注意：**

- 应收款核销方式一经确定后，不许调整。
- 如果当年已计提过坏账准备，则坏账处理方式不允许修改，只能在下一年度修改。

（2）初始设置。

① 执行“设置”→“初始设置”，进入“初始设置”窗口。

② 按实验资料进行基本科目设置、控制科目设置、结算方式科目设置、坏账准备设置、账期内账龄区间设置和逾期账龄区间设置，如图 8-4 所示。

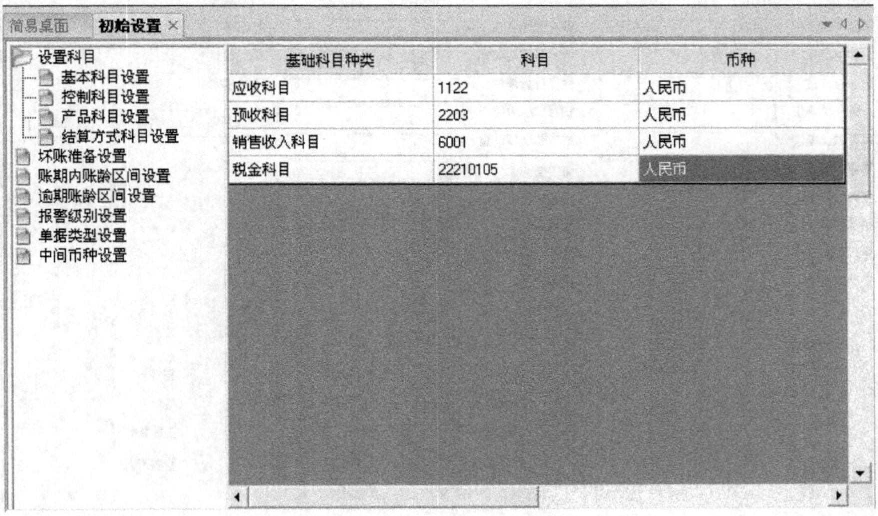


图 8-4　初始设置界面

**提示：**

● 因为所有客户的应收科目和预收科目与基本科目一致，因此不必再单独设置控制科目。

（3）设置计量单位组和计量单位。

① 在企业应用平台“基础设置”中，执行“基础档案”→“存货”→“计量单位”命令，进入“计量单位—计量单位组”窗口。

② 单击【分组】按钮，打开“计量单位组”对话框。

③ 单击【增加】按钮，按实验资料输入单位组信息并保存。

④ 选择“无换算关系”单位组，单击【单位】按钮，打开“计量单位”对话框，按实验资料输入单位信息。

（4）设置存货分类和存货档案。

① 在企业应用平台“基础设置”中，执行“基础档案”→“存货”→“存货分类”命令，进入“存货分类”窗口。

② 按实验资料进行存货分类设置。

③ 执行“基础档案”→“存货”→“存货档案”命令，进入“存货档案”窗口。

④ 选择存货分类“1 原材料”，单击【增加】按钮，进入“增加存货档案”窗口。

⑤ 按实验资料输入存货档案，如图 8-5 所示。

（5）设置本单位开户银行。

具体操作步骤如下。

① 在企业应用平台基础设置中，执行“基础档案”→“收付结算”→“本单位开户银行”命令，进入“本单位开户银行”窗口。

② 按要求输入本单位开户银行信息。

图 8-5　存货档案界面

（6）输入期初余额。

输入期初销售发票：

① 在应收款管理系统中，执行“设置”→“期初余额”命令，打开“期初余额-查询”对话框。

② 单击【确定】按钮，进入“期初余额明细表”窗口。

③ 单击【增加】按钮，打开“单据类别”对话框。

④ 选择单据名称“销售发票”，单据类型“销售普通发票”。

⑤ 单击【确定】按钮，进入“期初销售发票”窗口。

⑥ 单击【增加】按钮，输入开票日期“2013-10-25”，客户名称“新京城市学院”，其他信息自动带出。

⑦ 选择货物名称“笔记本”；输入数量“15”，单价“4 800”，金额自动算出，如图 8-6 所示，单击【保存】按钮。

⑧ 同理，输入增值税发票。

**注意：**

- 输入期初销售发票时，要确定科目，以方便与总账系统的应收账款对账。

输入期初其他应收单：

① 在“期初余额明细表”窗口中，单击【增加】按钮，打开“单据类别”对话框。

② 选择单据名称“应收单”，单据类型“其他应收单”，单击【确定】按钮，进入“应收单”窗口。

③ 输入单据日期“2013-11-10”，客户名称“致远科技有限公司”，销售部门为“销售一

部”，金额“30”，摘要“代垫运费”，单击【保存】按钮。

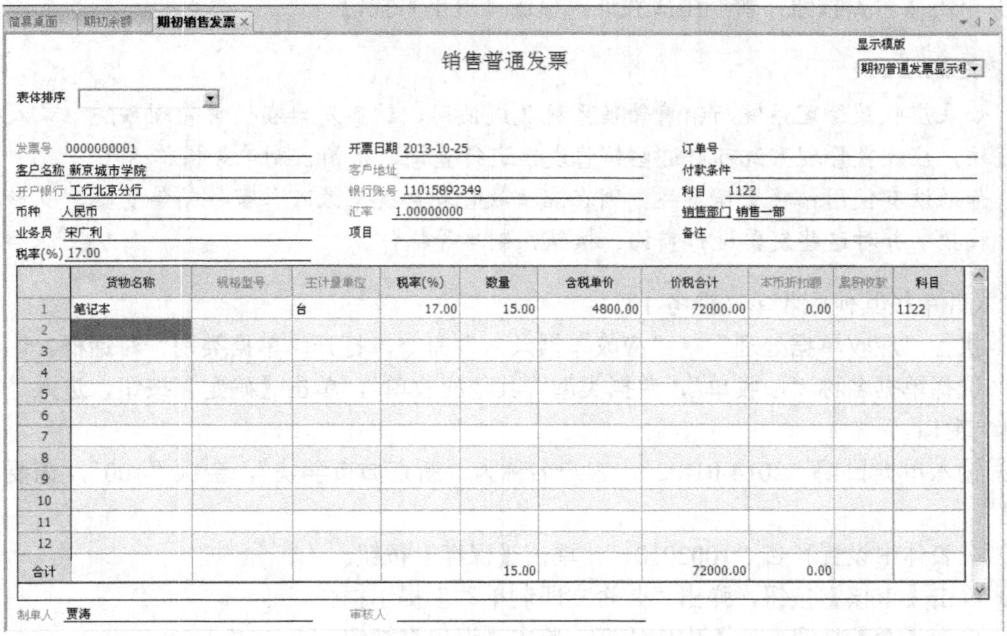


图 8-6　期初销售普通发票界面

期初对账：

① 在“期初余额”窗口，单击【对账】按钮，进入“期初对账”窗口。

② 查看应收系统与总账系统的期初余额是否平衡。

**注意：**

- 应收系统与总账系统的期初余额的差额应为零，即两个系统的客户往来科目的期初余额应完全一致。

## 2．日常业务处理

（1）增加应收款。

输入并审核普通发票（业务 1）。

① 执行“应收单据处理”→“应收单据录入”命令，打开“单据类别”对话框。

② 选择单据名称“销售发票”，单据类型“销售普通发票”。

③ 单击【确定】按钮，进入“销售普通发票”窗口。

④ 单击【增加】按钮，输入开票日期“2014-01-02”，双击销售类型参照按钮，在销售类型基本参照窗口中编辑销售类型，本例选择“零售”。出库类别也需要编辑。

| 销售类型编码 | 销售类型名称 | 出 库 类 别 | 是否默认值 |
|---|---|---|---|
| 1 | 批发 | 销售出库 | 是 |
| 2 | 零售 | 销售出库 | 否 |

⑤ 选择客户名称“新京城市学院”，选择货物名称“激光打印机”，输入数量“10”，单价“1 800”，系统自动算出金额，单击【保存】按钮。

⑥ 单击【审核】按钮，弹出“是否立即制单？”提示框。

⑦ 单击【否】按钮，暂不生成凭证，单击【退出】按钮。

注意：

- 如果应收款管理系统与销售管理系统集成使用，销售发票在销售管理系统中录入并审核。应收款管理系统可对这些销售发票进行查询、核销、制单等操作。
- 如果没有使用销售管理系统，则在应收款管理系统中录入并审核销售发票，以形成应收款，并对这些发票进行查询、核销、制单等操作。

输入并审核其他应收单（业务 1）。

① 执行“应收单据处理”→“应收单据录入”命令，打开“单据类别”对话框。

② 选择单据名称“应收单”，单据类型“其他应收单”，单击【确定】按钮，进入“其他应收单”窗口。

③ 输入单据日期“2014-01-02”，客户名称为“新京城市学院”，金额“100”，摘要“代垫运费”。

④ 在表体中设置科目“10020101”，单击【保存】按钮。

⑤ 单击【审核】按钮，弹出“是否立即制单？”提示框。

⑥ 单击【否】按钮，暂不生成凭证，单击【退出】按钮。

注意：

- 已审核和生成凭证的应收单不能进行修改或删除操作。若要修改或删除，必须取消相应的操作。
- 应收系统与销售系统集成使用时，需对由销售系统中代垫费用单所形成的应收单进行审核。

输入并审核专用发票（业务 2）。

① 执行“应收单据处理”→“应收单据录入”命令，打开“单据类别”对话框。

② 选择单据名称“销售发票”，单据类型“销售专用发票”，单击【确定】按钮，进入“销售专用发票”窗口。

③ 输入开票日期“2014-01-04”，客户名称“思睿”。

④ 选择货物名称“杀毒软件”，输入数量“50”，含税单价“68”，金额自动算出，单击【保存】按钮。

⑤ 单击【审核】按钮，弹出“是否立即制单？”提示框。

⑥ 单击【否】按钮，暂不生成凭证，单击【退出】按钮。

（2）收款结算。

输入一张收款单并完全核销应收款（业务 3）。

① 执行“收款单据处理”→“收款单据录入”命令，进入“收付款单录入”窗口。

② 单击【增加】按钮。

③ 输入日期“2014-01-05”，选择客户“思睿”，结算方式“转账支票”，金额“3 400”，票号“ZZ001”，单击【保存】按钮，如图 8-7 所示。

④ 单击【审核】按钮，弹出“是否立即制单？”提示框。

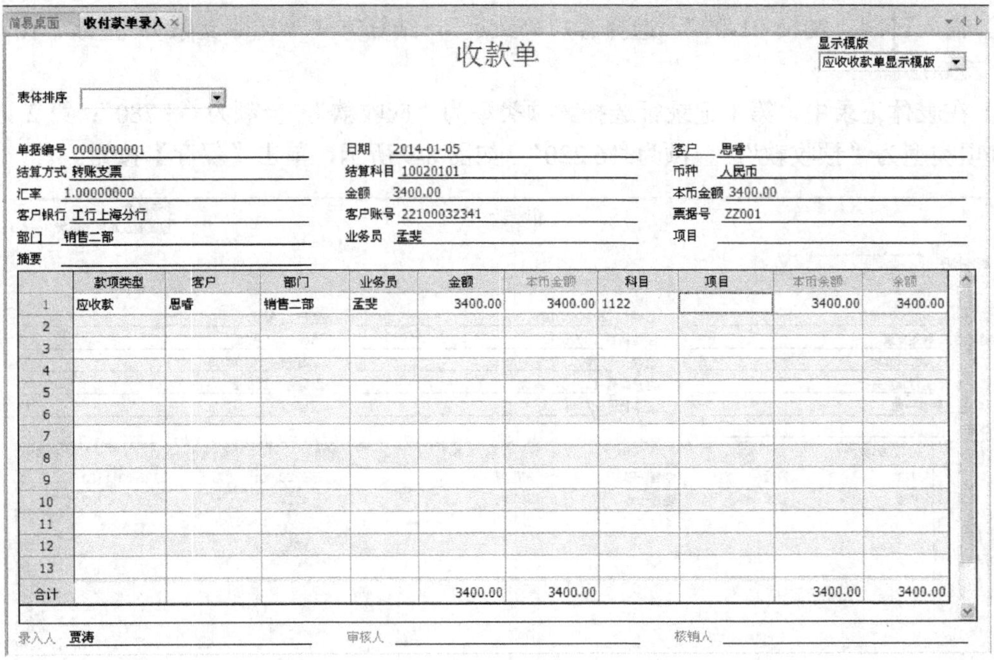
简易桌面　收付款单录入

收款单

显示模版：应收收款单显示模版

表体排序

单据编号 0000000001　日期 2014-01-05　客户 思睿

结算方式 转账支票　结算科目 10020101　币种 人民币

汇率 1.00000000　金额 3400.00　本币金额 3400.00

客户银行 工行上海分行　客户账号 22100032341　票据号 ZZ001

部门 销售二部　业务员 孟斐　项目

摘要

| | 款项类型 | 客户 | 部门 | 业务员 | 金额 | 本币金额 | 科目 | 项目 | 本币余额 | 余额 |
|---|---|---|---|---|---|---|---|---|---|---|
| 1 | 应收款 | 思睿 | 销售二部 | 孟斐 | 3400.00 | 3400.00 | 1122 | | 3400.00 | 3400.00 |
| 2 | | | | | | | | | | |
| 3 | | | | | | | | | | |
| 4 | | | | | | | | | | |
| 5 | | | | | | | | | | |
| 6 | | | | | | | | | | |
| 7 | | | | | | | | | | |
| 8 | | | | | | | | | | |
| 9 | | | | | | | | | | |
| 10 | | | | | | | | | | |
| 11 | | | | | | | | | | |
| 12 | | | | | | | | | | |
| 13 | | | | | | | | | | |
| 合计 | | | | | 3400.00 | 3400.00 | | | 3400.00 | 3400.00 |

录入人 贾涛　审核人　核销人

图 8-7　收款单界面

⑤ 单击【否】按钮，暂不生成凭证。

⑥ 单击【核销】按钮，在 1 月 4 日的发票中输入本次结算金额“3 400”，如图 8-8 所示。

⑦ 单击【保存】按钮。

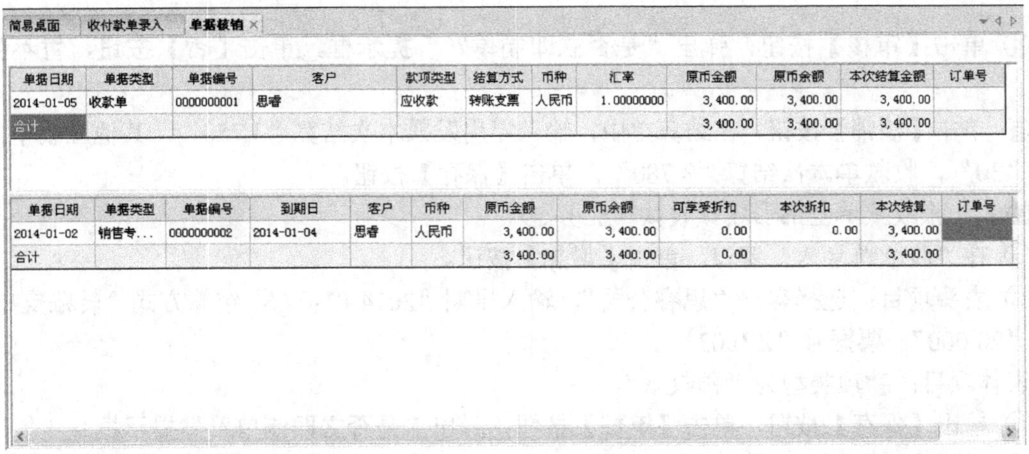
简易桌面　收付款单录入　单据核销

| 单据日期 | 单据类型 | 单据编号 | 客户 | 款项类型 | 结算方式 | 币种 | 汇率 | 原币金额 | 原币余额 | 本次结算金额 | 订单号 |
|---|---|---|---|---|---|---|---|---|---|---|---|
| 2014-01-05 | 收款单 | 0000000001 | 思睿 | 应收款 | 转账支票 | 人民币 | 1.00000000 | 3,400.00 | 3,400.00 | 3,400.00 | |
| 合计 | | | | | | | | 3,400.00 | 3,400.00 | 3,400.00 | |

| 单据日期 | 单据类型 | 单据编号 | 到期日 | 客户 | 币种 | 原币金额 | 原币余额 | 可享受折扣 | 本次折扣 | 本次结算 | 订单号 |
|---|---|---|---|---|---|---|---|---|---|---|---|
| 2014-01-02 | 销售专... | 0000000002 | 2014-01-04 | 思睿 | 人民币 | 3,400.00 | 3,400.00 | 0.00 | 0.00 | 3,400.00 | |
| 合计 | | | | | | 3,400.00 | 3,400.00 | 0.00 | | 3,400.00 | |

图 8-8　单据核销界面

**注意：**

- 录入收款单内容时，结算方式、结算科目及金额不能为空。
- 系统自动生成的结算单号不能进行修改。
- 已核销的收款单不允许修改和删除。

输入一张收款单，部分核销应收款，部分形成预收账款（业务 4）。

① 在“收款单录入”窗口，单击【增加】按钮。

② 输入日期“2014-01-07”，选择客户“致远”，结算方式“转账支票”，金额“10 000”，票号“ZZ002”。

③ 在表体记录中，第 1 记录行选择款项类型为“应收款”，金额为“3 780”；第 2 记录行选择款项类型为“预收款”，金额为“6 220”，如图 8-9 所示，单击【保存】按钮。

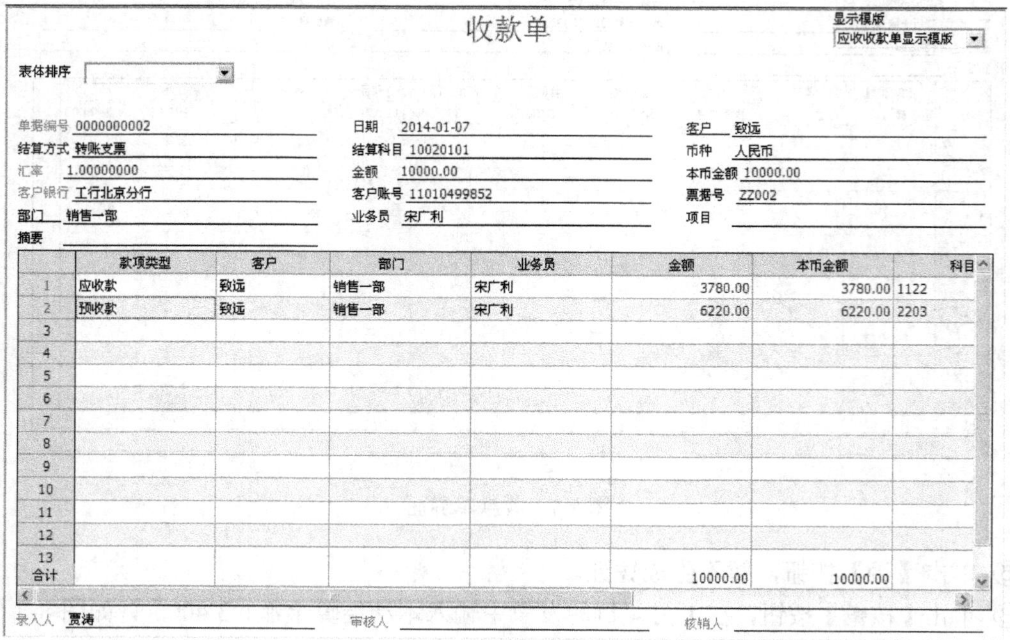
收款单

显示模版 应收收款单显示模版

表体排序

单据编号 0000000002　日期 2014-01-07　客户 致远
结算方式 转账支票　结算科目 10020101　币种 人民币
汇率 1.00000000　金额 10000.00　本币金额 10000.00
客户银行 工行北京分行　客户账号 11010499852　票据号 ZZ002
部门 销售一部　业务员 宋广利　项目
摘要

| | 款项类型 | 客户 | 部门 | 业务员 | 金额 | 本币金额 | 科目 |
|---|---|---|---|---|---|---|---|
| 1 | 应收款 | 致远 | 销售一部 | 宋广利 | 3780.00 | 3780.00 | 1122 |
| 2 | 预收款 | 致远 | 销售一部 | 宋广利 | 6220.00 | 6220.00 | 2203 |
| 3 | | | | | | | |
| 4 | | | | | | | |
| 5 | | | | | | | |
| 6 | | | | | | | |
| 7 | | | | | | | |
| 8 | | | | | | | |
| 9 | | | | | | | |
| 10 | | | | | | | |
| 11 | | | | | | | |
| 12 | | | | | | | |
| 13 | | | | | | | |
| 合计 | | | | | 10000.00 | 10000.00 | |

录入人 贾涛　审核人　核销人

图 8-9　一笔收款用于不同用途界面

④ 单击【审核】按钮，弹出“是否立即制单？”提示框，单击【否】按钮，暂不生成凭证。

⑤ 单击【核销】按钮，在结算单中，输入专用发票本次结算“3 750”，其他应收单本次结算“30”，收款单本次结算“3 780”，单击【保存】按钮。

输入一张收款单全部形成预收款（业务 5）。

① 在“收款单录入”窗口，单击【增加】按钮。

② 表头项目：选择客户“思睿公司”，输入日期“2014-01-09”，结算方式“转账支票”，金额“20 000”，票据号“ZZ003”。

表体项目：款项类型为“预收款”。

③ 单击【保存】按钮，单击【审核】按钮，弹出“是否立即制单？”提示框。

④ 单击【否】按钮，暂不生成凭证，单击【退出】按钮。

**注意：**

- 全部款项形成预收款的收款单可在“结算单查询”功能中查看。
- 以后可通过“预收冲应收”以及“核销”等操作中使用此笔预收款。

（3）转账处理。

应收冲应收（业务 6）。

① 执行“转账”→“应收冲应收”命令，进入“应收冲应收”窗口。

② 输入日期“2014-01-10”；选择转出客户“新京城市学院”，转入客户“思睿科技有限公司”。

③ 单击【查询】按钮，系统列出转出客户“新京城市学院”的未核销应收款。

④ 在第二行销售普通发票的并账金额处输入“18 000”，如图 8-10 所示。

⑤ 单击【确定】按钮，弹出“是否立即制单？”提示框，单击【否】按钮，暂不生成凭证。

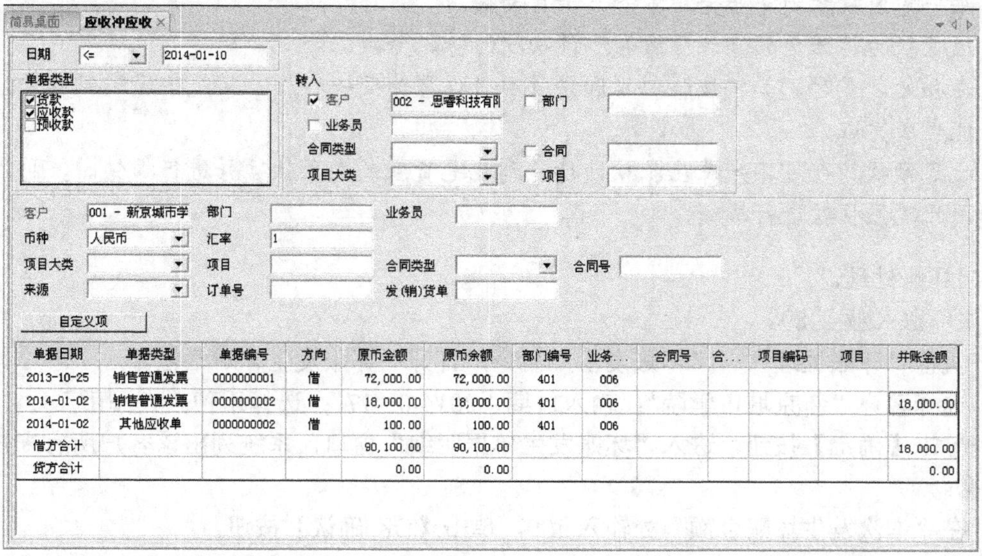


图 8-10　应收冲应收界面

预收冲应收（业务 7）。

① 执行“转账”→“预收冲应收”命令，进入“预收冲应收”窗口。

② 输入日期“2014-01-11”。

③ 单击“预收款”选项卡，选择客户“思睿科技有限公司”，单击【过滤】按钮，系统列出该客户的预收款，输入转账金额“18 000”，如图 8-11 所示。

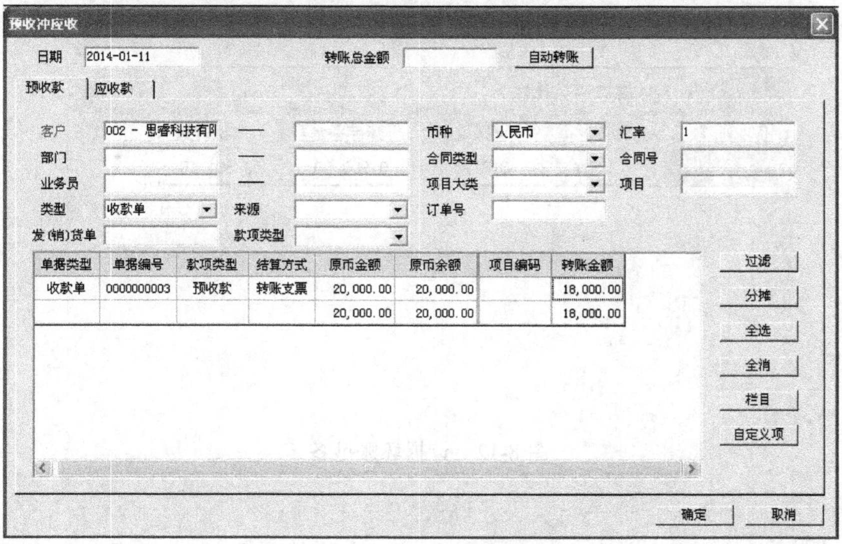


图 8-11　预收冲应收界面

④ 单击“应收款”选项卡，单击【过滤】按钮，系统列出该客户的应收款，输入转账金额“18 000”。

⑤ 单击【确定】按钮，弹出“是否立即制单？”提示框。

⑥ 单击【否】按钮，暂不生成凭证。

**注意：**

- 每一笔应收款的转账金额不能大于其余额。
- 应收款的转账金额合计应该等于预收款的转账金额合计。
- 在初始设置时，如将应收科目和预收科目设置为同一科目，将无法通过预收冲应收功能生成凭证。
- 此笔预收款也可不先冲应收款，待收到此笔货款的剩余款项并进行核销时，再同时使用此笔预收款进行核销。

（4）坏账处理。

发生坏账（业务 8）。

① 执行“坏账处理”→“坏账发生”命令，打开“坏账发生”对话框。

② 选择客户“新京城市学院”；输入日期“2014-01-17”；选择币种“人民币”。

③ 单击【确定】按钮，进入“坏账发生单据明细”窗口，系统列出该客户所有未核销的应收单据。

④ 在“本次发生坏账金额”处输入 100，单击【OK 确认】按钮。

⑤ 弹出“是否立即制单？”提示框，单击【否】按钮，暂不生成凭证，单击【退出】按钮。

计提坏账准备（业务 9）。

① 执行“坏账处理”→“计提坏账准备”命令，进入“应收账款百分比法”窗口。

② 系统根据应收账款余额、坏账准备余额、坏账准备初始设置情况自动算出本次计提金额，如图 8-12 所示。

③ 单击【OK 确认】按钮，弹出“是否立即制单？”提示框。

④ 单击【否】按钮，暂不生成凭证。

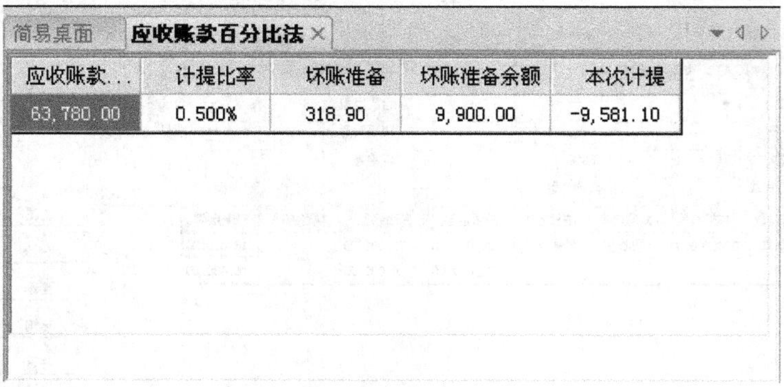


图 8-12　计提坏账准备

**注意：**

- 如果坏账准备已计提成功，本年度将不能再次计提坏账准备。

（5）制单。

立即制单。

单据进行完相应的操作后，系统会弹出“是否立即制单？”提示框。单击【是】按钮，便可立即生成一张凭证，修改后，单击【保存】按钮，此凭证可传递到总账系统。

批量制单。

① 执行“制单处理”命令，打开“制单查询”对话框。

② 选择“发票制单”复选框，单击【确定】按钮，进入“销售发票制单”窗口。

③ 选择凭证类别“转账凭证”，单击【全选】按钮，如图 8-13 所示。

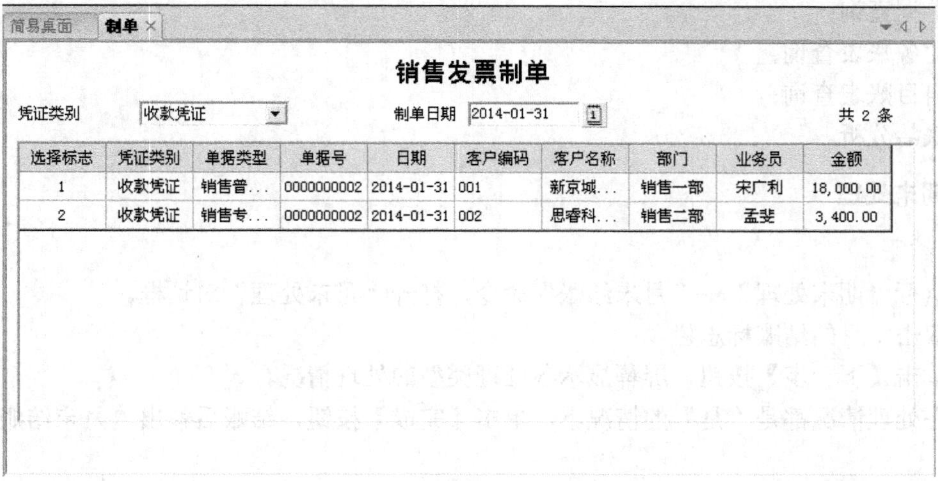


图 8-13　销售发票制单

④ 单击【制单】按钮，进入“填制凭证”窗口。因为主营业务收入科目已设置为项目核算，因此需要补充录入项目“激光打印机”。

⑤ 单击【保存】按钮，凭证左上方出现“已生成”字样，表明此凭证已传递至总账，如图 8-14 所示。

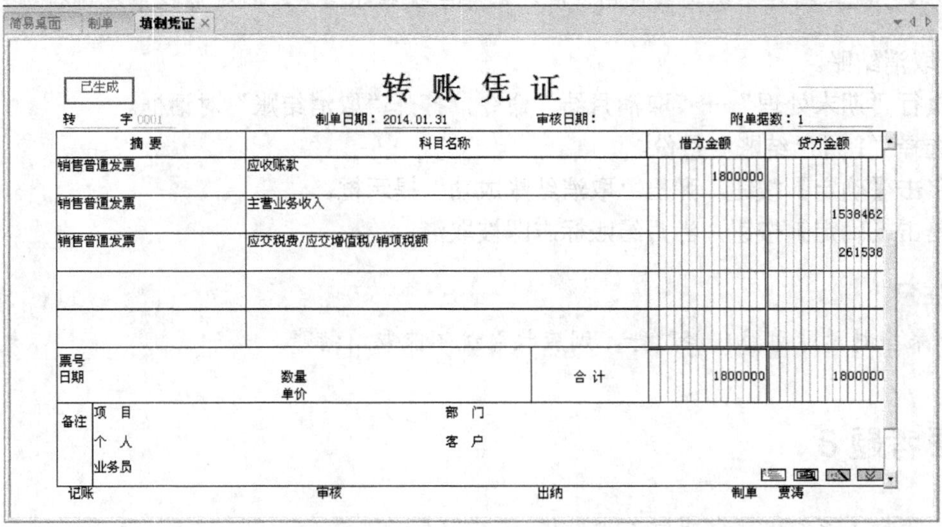


图 8-14　销售发票制单生成凭证

⑥ 单击【上张】、【下张】按钮，保存其他需保存的凭证。

⑦ 完成应收单制单、收付款单制单、转账制单、并账制单、坏账处理制单。

注意：

- 执行生成凭证的操作员，必须在总账系统拥有制单的权限。
- 制单日期应大于等于所选单据的最大日期，小于当前业务日期。同时，制单日期应满足总账系统中制单序时要求。

（6）查询统计。

① 单据查询；

② 业务账表查询；

③ 科目账表查询；

④ 账龄分析。

### 3．期末处理

（1）结账。

① 执行“期末处理”→“月末结账”命令，打开“月末处理”对话框。

② 双击 1 月的结账标志栏。

③ 单击【下一步】按钮，屏幕显示各处理类型的处理情况。

④ 在处理情况都是“是”的情况下，单击【完成】按钮，结账后弹出“月末结账成功”提示框。

⑤ 单击【确定】按钮。系统自动在对应的结账月份的“结账标志”栏中标识“已结账”字样。

注意：

- 本月的单据在结账前应该全部审核；本月的结算单在结账前应全部核销。
- 应收系统结账后，总账系统才能结账。
- 应收系统与销售系统集成使用，应在销售系统结账后，才能对应收系统进行结账处理。

（2）取消结账。

① 执行“期末处理”→“取消月结”命令，打开“取消结账”对话框。

② 选择“1 月已结账”月份。

③ 单击【确定】按钮，弹出“取消结账成功”提示框。

④ 单击【确定】按钮，当月结账标志即被取消。

注意：

- 如果当月总账系统已经结账，则应收系统不能取消结账。

## 复习思考题 8

1．应收款子系统的主要功能有哪些？

2．应收款子系统与其他子系统的主要关系是什么？

3．应收款子系统初始化时各项参数的意义是什么？
4．应收单据包括哪些？
5．结算单指的是什么？
6．如何利用应收款系统进行客户信用和应收款的管理？
7．如何进行坏账处理？
8．企业只启用总账管理应收和同时启用总账与应收款管理应收有何不同？

NINE

# 第 9 章 供应链管理系统初始化

本章学习目标

- 了解供应链管理系统包含的功能模块及应用方案
- 熟悉供应链管理系统的数据流程
- 掌握与供应链管理系统相关的基础档案的设置
- 掌握供应链管理系统期初数据的录入
- 理解业务数据和财务数据的对应关系

## 9.1 供应链管理系统概述

供应链管理系统是用友 U8 管理软件的重要组成部分，它突破了会计核算软件单一财务管理的局限，实现了从财务管理到企业财务业务一体化全面管理，实现了物流、资金流、信息流管理的统一。

### 9.1.1 供应链管理系统功能模块及应用方案

用友 U8 供应链管理系统是以企业购销存业务环节中的各项活动为对象，记录各项业务的发生，有效跟踪其发展过程，为财务核算、业务分析、管理决策提供依据，并实现财务业务一体化全面管理，实现物流、资金流、信息流管理的统一。

**1．供应链管理系统功能模块**

用友 U8 供应链管理系统主要包括合同管理、采购管理、委外管理、销售管理、库存管理、存货核算、售前分析、质量管理几个模块。主要功能在于增加预测的准确性，减少库存，提高发货供货能力；减少工作流程周期，提高生产效率，降低供应链成本；减少总体采购成本，缩短生产周期，加快市场响应速度。同时，在这些模块中提供了对采购、销售等业务环节的控制，以及对库存资金占用的控制，完成对存货出入库成本的核算。使企业的管理模式更符合实际情况，制定出最佳的企业运营方案，实现管理的高效率、实时性、安全性、科学性。

从上面的介绍可以看出，用友 U8 软件由众多模块构成，功能强大，应用复杂。为了便于学习，加之从实际应用的角度考虑，本教材将重点介绍供应链的采购管理、销售管理、库存管理、存货核算四个模块。各模块主要功能简述如下。

（1）采购管理。采购管理帮助企业对采购业务的全部流程进行管理，提供请购、订货、到货、检验、入库、开票、采购结算的完整采购流程，支持普通采购、受托代销、直运等多种类型的采购业务，支持按询价比价方式选择供应商，支持以订单为核心的业务模式。企业还可以根据实际情况进行采购流程的定制，既可选择按规范的标准流程操作，又可按最简约的流程来处理实际业务，方便企业构建自己的采购业务管理平台。

（2）销售管理。销售管理帮助企业对销售业务的全部流程进行管理，提供报价、订货、发货、开票的完整销售流程，支持普通销售、委托代销、分期收款、直运、零售、销售调拨等多种类型的销售业务，支持以订单为核心的业务模式，并可对销售价格和信用进行实时监控。企业可以根据实际情况进行销售流程的定制，构建自己的销售业务管理平台。

（3）库存管理。库存管理主要是从数量的角度管理存货的出入库业务，能够满足采购入库、销售出库、产成品入库、材料出库、其他出入库、盘点管理等业务需要，提供多计量单位使用、仓库货位管理、批次管理、保质期管理、出库跟踪、入库管理、可用量管理等全面的业务应用。通过对存货的收发存业务处理，及时动态地掌握各种库存存货信息，对库存安全性进行控制，提供各种储备分析，避免库存积压占用资金，或材料短缺影响生产。

（4）存货核算。存货核算是从资金的角度管理存货的出入库业务，掌握存货耗用情况，及时准确地把各类存货成本归集到各成本项目和成本对象上。存货核算主要用于核算企业的入库成本、出库成本、结余成本；反映和监督存货的收发、领退和保管情况；反映和监督存货资金的占用情况，动态反映存货资金的增减变动、提供存货资金周转和占用分析，以降低库存，减少资金积压。

**2．供应链管理系统应用方案**

供应链管理系统的每个模块既可以单独应用，也可与相关模块联合应用。

### 9.1.2　供应链管理系统数据流程

在企业的日常工作中，采购供应部门、仓库、销售部门、财务部门等都涉及购销存业务及其核算的处理，各个部门的管理内容是不同的，工作间的延续性是通过单据在不同部门间的传递来完成的。那么，这些工作在软件中是如何体现的？计算机环境下的业务处理流程与手工环境下的业务处理流程肯定存在差异，如果缺乏对供应链管理系统业务流程的了解，那么就无法实现部门间的协调配合，就会影响系统的效率。

供应链管理系统数据流程如图 9-1 所示。

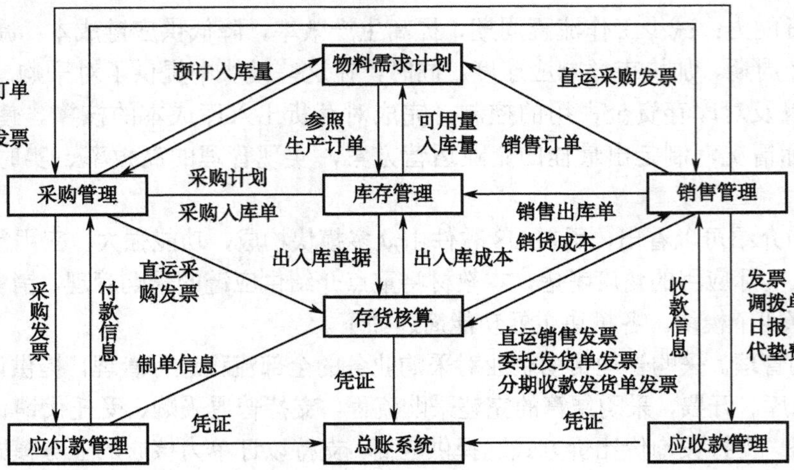


图 9-1　供应链管理系统数据流程

## 9.2　供应链管理系统初始化

供应链管理系统初始化包括供应链管理系统建账、基础信息设置及期初数据录入等工作。

### 9.2.1　供应链管理系统建账

企业建账过程在系统管理一章已有描述，在这里只需启用相关子系统即可。与以前的软件版本相比，用友 U8 供应链管理系统功能更完善、使用更方便、适用面更广、更具开放性，这意味着系统内蕴涵了丰富的参数开关、个性化设置细节等，为了能更清晰地了解各项参数与业务之间的关系，参数设置的相关知识将在讲解业务处理时一并介绍。

### 9.2.2　设置基础档案

在本章之前设计的实验中，都有基础信息的设置，但基本限于与财务相关的信息。除此以外，供应链管理系统还需要增设与业务处理、查询统计、财务连接相关的基础信息。

#### 1．基础档案信息

使用供应链管理系统前，应做好手工基础数据的准备工作，如对存货合理分类、准备存货的详细档案、进行库存数据的整理及与账面数据的核对等。供应链管理系统需要增设的基础档案信息包括以下几项。

（1）存货分类。如果企业存货较多，需要按照一定的方式进行分类管理。存货分类是指按照存货固有的特征或属性将存货划分为不同的类别，以便于分类核算与统计。如工业企业可以将存货划分为原材料、产成品、应税劳务；商业企业可以将存货划分为商品、应税劳务等。

在企业日常购销业务中，经常会发生一些劳务费用，如运输费、装卸费等，这些费用也是构成企业存货成本的组成部分之一，并且，它们可以拥有不同于一般存货的税率。为了能够正确反映和核算这些劳务费用，一般在存货分类中单独设置一类，如“应税劳务”或“劳务费用”。

（2）计量单位。企业中的存货种类繁多，不同的存货存在不同的计量单位。有些存货财务计量单位、库存计量单位、销售发货单位可能是一致的，如自行车的三种计量单位均为“辆”。同一种存货用于不同的业务，其计量单位也可能不同。如对某种药品来说，其核算单位可能是“板”，也就是说，财务上按“板”计价；而其库存单位可能是“盒”，1 盒=20 板；给客户发货时可能按“箱”，1 箱=100 盒。因此，在开展企业日常业务之前，需要定义存货的计量单位。

（3）存货档案。“存货档案”窗口包括四个选项卡：基本、成本、控制和其他选项卡。

在“基本”选项卡中，有六个复选框，用于设置存货属性。设置存货属性的目的是在填制单据参照存货时缩小参照范围。

①“销售”复选框：用于发货单、销售发票、销售出库单等与销售有关的单据参照使用，表示该存货可用于销售。

②“外购”复选框：用于购货所填制的采购入库单、采购发票等与采购有关的单据参照使用，在采购发票、运费发票上一起开具的采购费用，也应设置为外购属性。

③“生产耗用”复选框：存货可在生产过程被领用、消耗。生产产品耗用的原材料、辅助材料等在开具材料领料单时参照。

④“自制”复选框：由企业生产自制的存货，如产成品、半成品等，主要用在开具产成品入库单时参照。

⑤“在制”复选框：指尚在制造加工中的存货。

⑥“应税劳务”复选框：指在采购发票上开具的运输费、包装费等采购费用及开具在销售发票或发货单上的应税劳务、非应税劳务等。

在“控制”选项卡中，有三个复选框。

①“是否批次管理”复选框：对存货是否按批次进行出入库管理。该项必须在库存系统账套参数中选中“有批次管理”后，方可设定。

②“是否保质期管理”复选框：有保质期管理的存货必须有批次管理。因此该项也必须在库存系统账套参数中选中“有批次管理”后，方可设定。

③“是否呆滞积压”复选框：存货是否呆滞积压，完全由用户自行决定。

（4）仓库档案。存货一般是存放在仓库保管的。对存货进行核算管理，必须建立仓库档案。

（5）收发类别。收发类别用来表示存货的出入库类型，便于对存货的出入库情况进行分类汇总统计。

（6）采购类型/销售类型。定义采购类型和销售类型，能够按采购、销售类型对采购、销售业务数据进行统计和分析。采购类型和销售类型均不分级次，根据实际需要设立。

（7）产品结构。产品结构用来定义产品的组成，包括组成成分和数量关系，以便用于配比出库、组装拆卸、消耗定额、产品材料成本、采购计划、成本核算等引用。产品结构中引用的物料必须首先在存货档案中进行定义。

（8）费用项目。销售过程中有很多不同的费用发生，如代垫费用、销售支出等，在系统中将其设为费用项目，以方便记录和统计。

**2．设置存货系统业务科目**

存货核算系统是供应链管理系统与财务系统联系的桥梁，各种存货的购进、销售及其他出入库业务，均在存货核算系统中生成凭证，并传递到总账。为了快速、准确地完成制单操作，应事先设置凭证上的相关科目。

（1）设置存货科目。存货科目是设置生成凭证所需要的各种存货科目和差异科目。存货科目既可以按仓库设置，也可以按存货分类分别进行设置。

（2）设置对方科目。对方科目是设置生成凭证所需要的存货对方科目，可以按收发类别设置。

### 9.2.3 供应链管理系统期初数据

在供应链管理系统中，期初数据录入是一个非常关键的环节，期初数据的录入内容及顺序如表 9-1 所示。

表 9-1 购销存系统期初数据

| 系统名称 | 操作 | 内容 | 说明 |
|---|---|---|---|
| 采购管理 | 录入 | 期初暂估入库<br>期初在途存货 | 暂估入库——货到票未到<br>在途存货——票到货未到 |
| | 期初记账 | 采购期初数据 | 没有期初数据也要执行期初记账，否则不能开始日常业务 |
| 销售管理 | 录入并审核 | 期初发货单<br>期初委托代销发货单<br>期初分期收款发货单 | 已发货、出库，但未开票<br>已发货未结算的数量<br>已发货未结算的数量 |
| 库存 | 录入（取数）审核 | 库存期初余额<br>不合格品期初 | 库存和存货共用期初数据<br>未处理的不合格品结存量 |
| 存货 | 录入（取数）记账 | 存货期初余额<br>期初分期收款发出商品余额 | |

## 实验十 供应链管理系统初始设置

### 【实验目的】

掌握用友 U8 管理软件中供应链管理初始设置的相关内容，理解供应链管理系统业务处理流程，掌握供应链管理系统基础信息设置、期初余额录入的操作方法。

### 【实验内容】

（1）启用供应链管理系统。

（2）供应链管理系统基础信息设置。

（3）供应链管理系统期初数据录入。

### 【实验准备】

引入实验三账套数据，启用采购管理、销售管理、库存管理、存货核算、应收、应付几个子系统，启用日期为 2014-01-01。

## 【实验资料】

### 1. 基础信息

（1）存货分类。

| 存货类别编码 | 存货类别名称 |
|---|---|
| 1 | 原材料 |
| 2 | 产成品 |
| 3 | 应税劳务 |

（2）计量单位组及计量单位。

| 计量单位组编号 | 计量单位组名称 | 计量单位组类别 | 计量单位编号 | 计量单位名称 |
|---|---|---|---|---|
| 01 | 无换算关系 | 无换算率 | 01 | 盒 |
| | | | 02 | 个 |
| | | | 03 | 套 |
| | | | 04 | 台 |
| | | | 05 | 千米 |

（3）存货档案。

| 存货编码 | 存货名称 | 计量单位 | 所属分类 | 税率 | 存货属性 | 参考成本（元） | 参考售价 |
|---|---|---|---|---|---|---|---|
| 1001 | CPU 芯片 | 盒 | 1 | 17 | 外购、生产耗用 | 1 260.00 | |
| 1002 | 硬盘 | 盒 | 1 | 17 | 内销、外购、生产耗用 | 380.00 | |
| 1003 | 鼠标 | 个 | 1 | 17 | 内销、外购、生产耗用 | 98.00 | |
| 2001 | 台式机 | 台 | 2 | 17 | 内销、外购、自制 | 3 000.00 | |
| 2002 | 笔记本 | 台 | 2 | 17 | 内销、外购 | 4 000.00 | |
| 2003 | 激光打印机 | 台 | 2 | 17 | 内销、外购 | 1 380.00 | |
| 2004 | 杀毒软件 | 套 | 2 | 17 | 内销、外购 | 50.00 | |
| 3001 | 运费 | 千米 | 3 | 7 | 内销、外购、应税劳务 | | |

（4）仓库档案。

| 仓 库 编 码 | 仓 库 名 称 | 所 属 部 门 | 负 责 人 | 计 价 方 式 |
|---|---|---|---|---|
| 1 | 原料库 | 采购部 | 徐乐 | 移动平均法 |
| 2 | 成品库 | 生产部 | 李春 | 移动平均法 |

（5）收发类别。

| 收发类别编码 | 收发类别名称 | 收发标志 | 收发类别编码 | 收发类别名称 | 收发标志 |
|---|---|---|---|---|---|
| 1 | 入库 | 收 | 2 | 出库 | 发 |
| 101 | 采购入库 | 收 | 201 | 销售出库 | 发 |

续表

| 收发类别编码 | 收发类别名称 | 收发标志 | 收发类别编码 | 收发类别名称 | 收发标志 |
|---|---|---|---|---|---|
| 102 | 产成品入库 | 收 | 202 | 材料领用出库 | 发 |
| 103 | 其他入库 | 收 | 203 | 其他出库 | 发 |

（6）采购类型。

| 采购类型编码 | 采购类型名称 | 入 库 类 别 | 是否默认值 |
|---|---|---|---|
| 01 | 材料采购 | 采购入库 | 是 |
| 02 | 库存商品采购 | 采购入库 | 否 |

（7）销售类型。

| 销售类型编码 | 销售类型名称 | 出 库 类 别 | 是否默认值 |
|---|---|---|---|
| 01 | 批发 | 销售出库 | 是 |
| 02 | 零售 | 销售出库 | 否 |

（8）本单位开户银行信息。

编码：001；开户银行：工商银行中关村分理处；银行账号：110001134608。

### 2．单据设计

设置销售发票、采购发票单据编号为手工编号。

### 3．基础科目

（1）存货科目。

| 仓 库 编 码 | 仓 库 名 称 | 存货编码及名称 | 存货科目编码及名称 |
|---|---|---|---|
| 1 | 原料库 | 1001 CPU 芯片 | 原材料/CPU 芯片（140301） |
| 1 | 原料库 | 1002 硬盘 | 原材料/硬盘（140302） |
| 1 | 原料库 | 1003 鼠标 | 原材料/鼠标（140303） |
| 2 | 成品库 |  | 库存商品（1405） |

（2）存货对方科目。

| 收 发 类 别 | 对 方 科 目 |
|---|---|
| 101 采购入库 | 材料采购（1401） |
| 102 产成品入库 | 生产成本/直接材料（500101） |
| 201 销售出库 | 主营业务成本（6401） |
| 202 材料领用出库 | 生产成本/直接材料（500101） |

（3）应收款管理相关科目。

基本科目设置：应收科目为 1122，预收科目为 2203，销售收入科目为 6001，应交增值税科目为 22210105。

结算方式科目设置：现金结算对应 1001，转账支票对应 10020101，现金支票对应 10020101。

（4）应付款管理相关科目。

基本科目设置：应付科目为 2202，预付科目为 1123，采购科目为 1401，采购税金科目为 22210101。

结算方式科目设置：现金结算对应 1001，转账支票对应 10020101，现金支票对应 10020101。

**4．期初数据**

（1）采购模块期初数据。

12 月 24 日，采购部收到启星公司提供的硬盘 130 盒，暂估价为 320 元，商品已验收入材料库，至今尚未收到发票。

（2）库存和存货系统期初数据。

12 月 31 日，对各个仓库进行了盘点，结果如下：

| 仓 库 名 称 | 存 货 编 码 | 存 货 名 称 | 数　量 | 结存单价（元） | 结存金额（元） |
|---|---|---|---|---|---|
| 原料库 | 1001 | CPU 芯片 | 300 | 1 260 | 378 000 |
| | 1002 | 硬盘 | 180 | 380 | 68 400 |
| | 1003 | 鼠标 | 220 | 98 | 21 560 |
| 成品库 | 2001 | 台式机 | 120 | 3 000 | 360 000 |
| | 2002 | 笔记本 | 30 | 4 000 | 120 000 |
| | 2003 | 激光打印机 | 260 | 1 380 | 358 800 |
| | 2004 | 杀毒软件 | 500 | 50 | 25 000 |

（3）客户往来期初数据。

普通发票：

| 开票日期 | 客户 | 销售部门 | 货物名称 | 数量（个） | 含税单价（元） | 价税合计（元） | 发票号 |
|---|---|---|---|---|---|---|---|
| 2013-10-25 | 新京城市学院 | 销售一部 | 笔记本 | 15 | 4 800 | 72 000 | 00212254 |

增值税发票：

| 开票日期 | 客户 | 销售部门 | 货物名称 | 数量（个） | 含税单价（元） | 价税合计（元） | 发票号 |
|---|---|---|---|---|---|---|---|
| 2013-11-10 | 致远科技有限公司 | 销售一部 | 鼠标 | 30 | 125 | 3 750 | 10432823 |

其他应收单：

| 开票日期 | 客户 | 销售部门 | 金额（元） | 摘要 |
|---|---|---|---|---|
| 2013-11-10 | 致远科技有限公司 | 销售一部 | 30 | 代垫运费 |

（4）供应商往来期初数据。

应付账款科目的期初余额为 144 000 元，以采购普通发票输入。

| 日期 | 发票号 | 供应商 | 业务员 | 科目 | 货物代码 | 数量 | 单价（元） |
|---|---|---|---|---|---|---|---|
| 2013-10-20 | A000200 | 启星 | 徐乐 | 2202 | 2002 | 30 | 3 984 |

## 【操作指导】

### 1．启用相关系统

（1）以账套主管“贾涛”的身份登录企业应用平台。在“基础设置”页签中执行“基本信息”→“系统启用”命令，打开“系统启用”对话框。

（2）启用“应收款管理”、“应付款管理”、“销售管理”、“采购管理”、“库存管理”、“存货核算”系统，启用日期为“2014-01-01”。

### 2．设置基础信息

在企业应用平台“设置”页签中“基础档案”下，设置各项基础档案。

### 3．设置单据编号方式

（1）在企业应用平台“基础设置”页签中，执行“单据设置”→“单据编号设置”命令，打开“单据编号设置”对话框。

（2）在“销售管理”单据类型中分别选择“销售普通发票”、“销售专用发票”，在“采购管理”单据类型中分别选择“采购普通发票”、“采购专用发票”，单击【修改】按钮，选择“完全手工编号”选项。单击【保存】按钮完成，如图 9-2 所示。

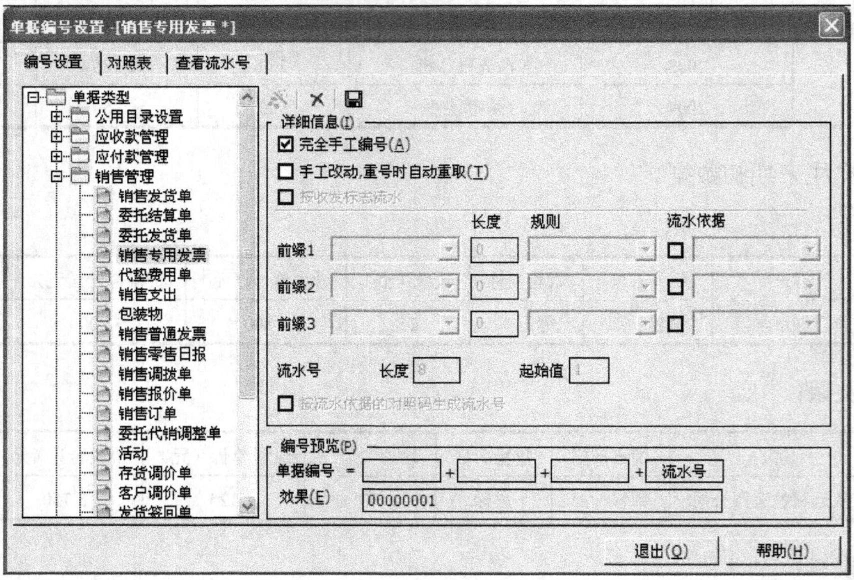


图 9-2　设置单据编号方式

### 4．设置基础科目

（1）存货科目设置。

在企业应用平台“业务工作”页签中，在“供应链”→“存货核算”下执行“初始设置”→“科目设置”→“存货科目”命令，进入“存货科目”窗口，按资料输入存货科目信息。

（2）存货对方科目设置。

执行“初始设置”→“科目设置”→“对方科目”命令，按资料输入存货对方科目信息。

（3）应收款管理相关科目设置。

在财务会计下的应收款管理系统中，执行“设置”→“初始设置”→“基本科目设置”命令，按资料输入应收基本科目信息。然后执行“结算方式科目设置”，设置结算方式科目信息。

（4）应付款管理相关科目设置。

在财务会计下的应付款管理系统中，执行“设置”→“初始设置”→“基本科目设置”命令，按资料输入应付基本科目信息。然后执行“结算方式科目设置”，设置结算方式科目信息。

**5．输入采购模块期初数据**

采购管理系统有可能存在两类期初数据：一类是货到票未到即暂估入库业务，对于这类业务应调用期初采购入库单录入；另一类是票到货未到即在途业务，对于这类业务应调用期初采购发票功能录入。

（1）货到票未到业务的处理。

① 在企业应用平台“业务工作”页签中，执行“供应链”→“采购管理”→“采购入库”→“入库单”命令，进入“期初采购入库单”窗口。

② 单击【增加】按钮，输入入库日期“2013-12-24”，选择仓库“原料库”，供货单位“启星”，部门“采购部”，入库类别“采购入库”，采购类型“材料采购”。

③ 选择存货编码“1002”，输入数量“130”，暂估单价“320”，如图 9-3 所示，单击【保存】按钮。

④ 完成后单击【退出】按钮。

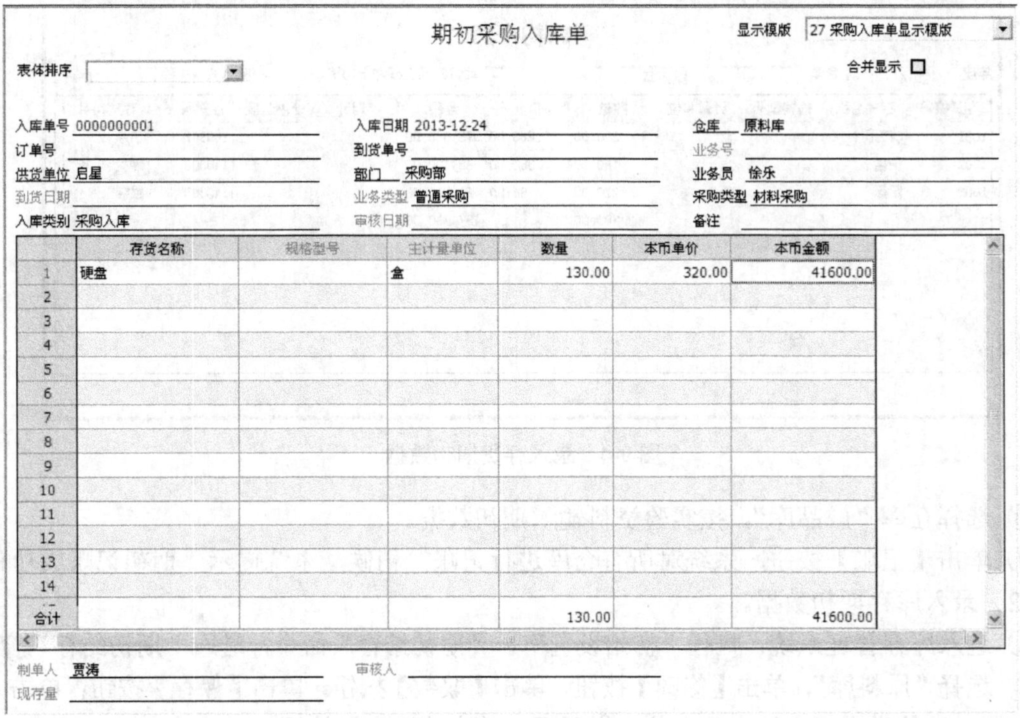


图 9-3　录入期初采购入库单

（2）采购管理系统期初记账。

① 执行“设置”→“采购期初记账”命令，弹出“期初记账”提示框。

② 单击【记账】按钮，稍候片刻，系统提示“期初记账完毕”。

③ 单击【确定】按钮返回。

**注意：**

- 采购管理系统如果不执行期初记账，无法开始日常业务处理，因此，如果没有期初数据，也要执行期初记账。
- 采购管理系统如果不执行期初记账，库存管理系统和存货核算系统不能记账。
- 采购管理若要取消期初记账，选择“采购”→“期初记账”，单击其中的【取消记账】按钮即可。

### 6. 输入存货/库存期初数据

各个仓库存货的期初余额既可以在库存管理系统录入，也可以在存货核算系统中录入。因涉及到总账对账，故建议在存货核算系统中录入。

（1）录入存货期初数据并记账。

① 进入存货核算系统，执行“初始设置”→“期初数据”→“期初余额”命令，进入“期初余额”窗口。

② 选择仓库“原料库”，单击【增加】按钮，输入存货编码“1001”，自动带出单价，数量为“300”。同理，输入原料库的其他期初数据，如图 9-4 所示。

图 9-4 录入存货期初数据

③ 选择仓库“成品库”，按实验资料输入期初数据。

④ 单击【记账】按钮，系统对所有仓库进行记账，稍候，系统提示“期初记账成功！”

（2）录入库存期初数据。

① 进入库存管理系统，执行“初始设置”→“期初结存”命令，进入“期初结存”窗口。

② 选择“原料库”，单击【修改】按钮，单击【取数】按钮，单击【保存】按钮；单击【审核】按钮，系统弹出“审核成功”信息提示框，单击【确定】按钮。

③ 同理，通过取数方式输入其他仓库存货期初数据。完成后，单击【对账】按钮，核对库存管理系统和存货核算系统的期初数据是否一致，若一致，系统弹出“对账成功！”信息提示框。

④ 单击【确定】按钮，返回。

**7．输入应收款/应付款系统期初数据**

在应收款管理系统中，输入客户往来期初数据。输入方法参见第 8 章实验九。
同理，在应付款管理系统中，输入供应商往来期初数据。
最后，备份实验十账套数据。

## 复习思考题 9

1．供应链管理系统包括哪些主要模块，各模块的主要功能是怎样的？
2．供应链管理系统的数据流程是怎样的？
3．供应链管理系统初始化主要包括哪几项工作？
4．理解供应链管理系统各模块参数的含义。
5．供应链管理期初数据的主要内容是什么？以什么方式录入系统？
6．采购管理的期初数据与总账哪些科目存在关联？
7．库存管理的期初数据与总账哪些科目存在关联？
8．应付款管理的期初数据与总账哪些科目存在关联？

TEN

# 第10章 采购管理

**本章学习目标**

- 了解采购管理系统的功能，及其与其他系统的数据关系
- 熟悉普通采购业务的处理流程
- 了解采购暂估业务处理
- 熟悉直运采购业务、委托代销业务的处理流程
- 掌握普通采购业务处理、采购退货业务的操作

## 10.1 采购管理概述

### 10.1.1 功能概述

采购管理是用友U8供应链管理系统的一个子系统，它的主要功能包括以下几个方面。

#### 1. 采购系统初始设置

采购系统初始设置包括设置采购管理系统业务处理所需要的采购参数、基础信息及采购期初数据。

#### 2. 采购业务处理

采购业务处理主要包括请购、订货、到货、入库、采购发票、采购结算等及对采购业务全过程的管理。系统可以处理普通采购业务、受托代销业务、直运业务等业务类型。企业可根据实际业务情况，对采购业务流程进行可选配置。

### 3. 采购账簿及采购分析

采购管理系统可以提供各种采购明细表、增值税抵扣明细表、各种统计表及采购账簿供用户查询。同时提供采购成本分析、供应商价格对比分析、采购类型结构分析、采购资金比重分析、采购费用分析、采购货龄综合分析。

## 10.1.2　采购管理系统与其他系统的主要关系

采购管理系统既可以单独使用，也可以与用友 U8 管理系统的库存管理、存货核算、销售管理、应付款管理集成使用，采购管理系统与其他系统的主要关系如图 10-1 所示。

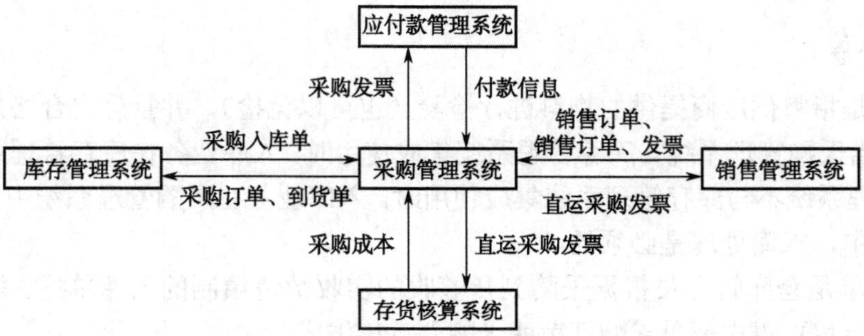


图 10-1　采购管理系统与其他系统的主要关系

采购管理系统可参照销售管理系统的销售订单生成采购订单，在直运业务必有订单模式下，直运采购订单必须参照直运销售订单生成，直运采购发票必须参照直运采购订单生成；如果直运业务非必有订单，那么直运采购发票和直运销售发票可相互参照。

库存管理系统可以参照采购管理系统的采购订单、采购到货单生成采购入库单，并将入库情况反馈到采购管理系统。

采购发票在采购管理系统录入后，在应付款管理系统中审核登记应付明细账，进行制单生成凭证。应付款管理系统进行付款并核销相应应付单据后回写付款核销信息。

直运采购发票在存货核算系统进行记账，登记存货明细表并制单生成凭证。采购结算单在存货核算系统进行制单生成凭证，存货核算系统为采购管理系统提供采购成本。

# 10.2　采购管理系统日常业务处理

## 10.2.1　普通采购业务处理

普通采购业务处理适合于大多数企业的日常采购业务，提供对采购请购、采购订货、到货处理、采购入库、采购发票、采购结算全过程管理。

### 1. 采购请购

采购请购是指企业内部各部门向采购部门提出采购申请，或采购部门汇总企业内部采购需求列出采购清单。请购是采购业务的起点，可以依据审核后的采购请购单生成采购订单。在采购业务流程中，请购环节是可省略的。

**2．采购订货**

采购订货是指企业与供应商签订采购合同或采购协议，确定要货需求。供应商根据采购订单组织货源，企业依据采购订单进行验收。在采购业务流程中，订货环节也是可选的。

**3．到货处理**

采购到货是采购订货和采购入库的中间环节，一般由采购业务员根据供方通知或送货单填写，确定对方所送货物、数量、价格等信息，以到货单的形式传递到仓库作为保管员收货的依据。在采购业务流程中，到货处理可选也可不选。

**4．采购入库**

采购入库是指将供应商提供的物料进行检验（也可以免检），并且确定合格后，放入指定仓库的业务。当采购管理系统与库存管理系统集成使用时，入库业务在库存管理系统中进行处理。当采购管理系统不与库存管理系统集成使用时，入库业务在采购管理系统中进行处理。在采购业务流程中，入库处理是必须的。

采购入库单是仓库管理员根据采购到货签收的实收数量填制的入库单据。采购入库单既可以直接填制，也可以由拷贝采购订单或采购到货单生成。

**5．采购发票**

采购发票是供应商开出的销售货物的凭证，系统根据采购发票确定采购成本，并据以登记应付账款。采购发票按业务性质分为蓝字发票和红字发票；按发票类型分为增值税专用发票、普通发票和运费发票。

采购发票既可以直接填制，也可以从“采购订单”、“采购入库单”或其他的“采购发票”拷贝生成。

**6．采购结算**

采购结算也称采购报账。在手工业务中，采购业务员拿着经主管领导审批过的采购发票和仓库确定的入库单到财务部门，由财务人员确定采购成本。在本系统中，采购结算是针对采购入库单的，根据发票确定其采购成本。采购结算的结果是生成采购结算单，它是记载采购入库单与采购发票对应关系的结算对照表。采购结算分为自动结算和手工结算两种方式。

自动结算是由计算机系统自动将供货单位相同的、存货相同且数量相等的采购入库单和采购发票进行结算。

使用“手工结算”功能可以进行正数入库单与负数入库单结算、正数发票与负数发票结算、正数入库单与正数发票结算，费用发票单独结算。手工结算时可以结算入库单中部分货物，未结算的货物可以在今后取得发票后再行结算。系统可以同时对多张入库单和多张发票进行报账结算。手工结算还支持到下级单位采购，付款给其上级主管单位的结算，还可支持三角债结算，即支持甲单位的发票可以结算乙单位的货物。

在实际工作中，有时费用发票在货物发票已经结算后才收到，为了将该笔费用计入对应存货的采购成本，需要采用费用发票单独结算的方式。

### 10.2.2　采购入库业务

按货物和发票到达的先后，将采购入库业务划分为单货同行、货到票未到（暂估入库）、票到货未到（在途存货）三种类型，不同的业务类型对应的处理方式不同。

#### 1．单货同行业务

当采购管理、库存管理、存货核算、应付款管理、总账集成使用时，单货同行的采购业务处理流程（省略请购、订货、到货等可选环节）如图 10-2 所示。

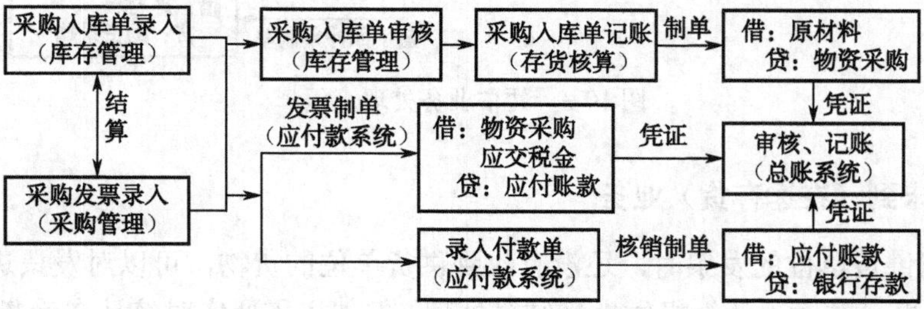


图 10-2　单货同行的业务处理流程

#### 2．货到票未到（暂估入库）业务

暂估入库是指本月存货已经入库，但采购发票尚未收到，不能确定存货的入库成本，月底时为了正确核算企业的库存成本，需要将这部分存货暂估入账，形成暂估凭证。对暂估业务，系统提供了下面三种不同的处理方法。

（1）月初回冲。进入下月后，存货核算系统自动生成与暂估入库单完全相同的“红字回冲单”，同时登录相应的存货明细账，冲回存货明细账中上月的暂估入库。对“红字回冲单”制单，冲回上月的暂估凭证。

收到采购发票后，录入采购发票，对采购入库单和采购发票做采购结算。结算完毕后，进入存货核算系统，执行“暂估处理”功能，进行暂估处理后，系统根据发票自动生成一张“蓝字回冲单”，其上面的金额为发票上的报销金额。同时登记存货明细账，使库存增加。对“蓝字回冲单”制单，生成采购入库凭证。

（2）单到回冲。下月初不做处理，采购发票收到后，在采购管理中录入并进行采购结算；再到存货核算中进行“暂估处理”，系统自动生成红字回冲单、蓝字回冲单，同时据此登记存货明细账。红字回冲单的入库金额为上月暂估金额，蓝字回冲单的入库金额为发票上的报销金额。在“存货核算”→“生成凭证”中，选择“红字回冲单”、“蓝字回冲单”制单，生成凭证，传递到总账。

（3）单到补差。下月初不做处理，采购发票收到后，在采购管理中录入并进行采购结算；再到存货核算中进行“暂估处理”，如果报销金额与暂估金额的差额不为零，则产生调整单，一张采购入库单生成一张调整单，用户确定后，自动记入存货明细账；如果差额为零，则不生成调整单；最后对“调整单”制单，生成凭证，传递到总账。

以单到回冲为例，暂估业务处理流程如图 10-3 所示。

对于暂估业务要注意：在月末暂估入库单记账前，要对所有没有结算的入库单填入暂估单价，然后才能记账。

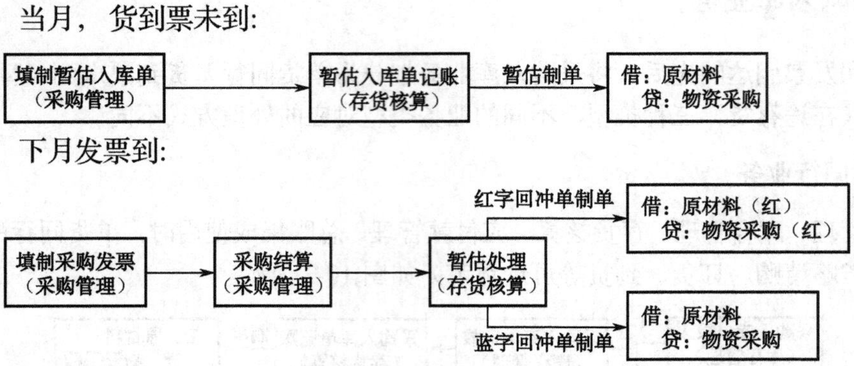


图 10-3　暂估业务处理流程

#### 3. 票到货未到（在途存货）业务

如果在收到供货单位的发票时，还没有收到供货单位的货物，可以对发票进行压单处理，待货物到达后，再一并输入计算机做报账结算处理。但如果需要实时统计在途货物的情况，就必须将发票输入计算机，待货物到达后，再填制入库单并做采购结算。

### 10.2.3　直运采购业务

直运采购业务是指产品无须入库即可完成的购销业务，由供应商直接将商品发给企业的客户，没有实务的入库处理，财务结算由供销双方通过直运销售发票和直运采购发票分别与企业结算。直运业务适用于大型电器、汽车和设备等产品的购销。

直运采购业务类型有两种：普通直运业务和必有订单直运业务。

### 10.2.4　采购退货业务

由于材料质量不合格、企业转产等原因，企业可能发生退货业务，针对退货业务发生的不同时间，软件中采用了不同的解决方法。

#### 1. 货到未入库

货虽收到，但未做入库手续。如果尚未录入采购入库单，此时只要把货退还给供应商即可，软件中不用做任何处理。

#### 2. 根据入库单是否已记账处理退货业务

从入库单角度来看，分为以下两种情况分别处理退货业务。

（1）入库单未记账。即已经录入“采购入库单”，但尚未记入存货明细账。此时又分为下面三种情况：

① 未录入“采购发票”。如果是全部退货，可删除“采购入库单”；如果是部分退货，可直接修改“采购入库单”。

② 已录入“采购发票”但未结算。如果是全部退货，可删除“采购入库单”和“采购发

票”；如果是部分退货，可直接修改“采购入库单” 和“采购发票”。

③ 已经录入“采购发票”并执行了采购结算。若结算后的发票没有付款，此时可取消采购结算，再删除或修改“采购入库单”和“采购发票”，若结算后的发票已付款，则必须录入退货单。

（2）入库单已记账。此时，无论是否录入“采购发票”，“采购发票”是否结算，结算后的“采购发票”是否付款，都需要录入退货单。

**3．根据采购发票是否已付款处理退货业务**

从采购发票角度来看，分为以下两种情况分别处理退货业务。

（1）采购发票未付款。当入库单尚未记账时，直接删除“采购入库单”和“采购发票”，已结算的“采购发票”需先取消结算再删除。当入库单已经记账时，必须录入退货单。

（2）采购发票已付款。此时，无论入库单是否记账，都必须录入退货单。

**4．退货处理**

退货业务处理流程如图 10-4 所示。

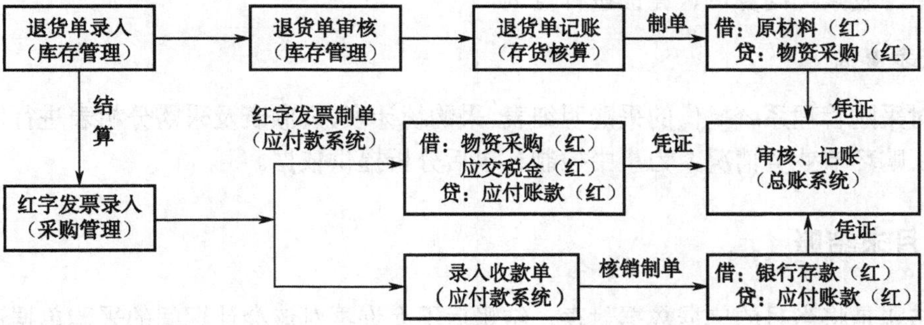


图 10-4　退货业务处理流程

## 10.2.5　现付业务

现付业务是当采购业务发生时，立即付款，由供货单位开具发票。现付业务处理流程如图 10-5 所示。

图 10-5　现付业务处理流程

## 10.2.6　受托代销业务

受托代销业务是一种先销售后结算的采购模式，是指商业企业接受其他企业的委托，为其代销商品，代销商品售出后，本企业与委托方进行结算，开具正式的销售发票，商品的所有权实现转移。

这种业务的处理流程如下。

（1）受托方接收货物，填制受托代销入库单。

（2）受托方售出代销商品后，手工开具代销商品清单交委托方。

（3）委托方开具发票。

（4）受托方进行“委托代销结算”，计算机自动生成“受托代销发票”和“受托代销结算单”。

本系统中，只有在建账时选择企业类型为“商业”，才能处理受托代销业务。对于受托代销商品，必须在存货档案中选中“是否受托代销”复选框，并且把存货属性设置为“外购”、“销售”。

### 10.2.7 综合查询

灵活运用采购管理系统提供的各种查询功能，可以有效提高信息利用和采购管理水平。

**1. 单据查询**

通过“入库单明细列表”、“发票明细列表”、“结算单明细列表”、“凭证列表查询”可以分别对入库单、发票、结算单、凭证进行查询。

**2. 账表查询**

通过对采购管理系统提供的采购明细表、采购统计表、余额表及采购分析表进行对比分析，可以掌握采购环节业务情况，为事中控制、事后分析提供依据。

### 10.2.8 月末结账

月末结账是将当月的单据数据封存，结账后不允许再对该会计期间的采购单据进行增加、修改和删除处理。

## 实验十一 采购管理

### 【实验目的】

掌握用友 U8 管理软件中有关采购管理的相关内容，掌握企业日常采购业务处理方法，理解采购管理系统各项参数设置的意义，理解采购管理与其他系统之间的数据传递关系。

### 【实验内容】

（1）普通采购业务处理。

（2）请购比价采购业务。

（3）采购退货业务。

（4）现结业务。

（5）采购运费处理。

（6）暂估处理。

（7）月末结账及取消。

## 【实验准备】

引入实验十账套数据。

## 【实验资料】

2014 年 1 月份采购业务如下。

### 1．普通采购业务

（1）1 月 1 日，业务员向迅捷公司询问杀毒软件的价格（50 元/套），觉得价格合适，随后向公司上级主管提出请购要求，请购数量为 30 套。业务员据此填制请购单。

（2）1 月 2 日，上级主管同意向迅捷公司订购杀毒软件 30 套，单价为 50 元/套，要求到货日期为“2014/01/03”。

（3）1 月 3 日，收到所订购的杀毒软件 30 套。采购员填制到货单。

（4）1 月 3 日，收到该笔货物的专用发票一张，发票号 7001。

（5）1 月 3 日，将所收到的货物验收入成品库。库管员填制采购入库单。

（6）业务部门将采购发票交给财务部门，财务部门确定此业务所涉及的应付账款及采购成本，材料会计记材料明细账。

（7）财务部门开出转账支票（票号 ZC1）一张，付清采购货款，并核销应付款。

### 2．采购现结业务

1 月 5 日，采购部向启星公司购买鼠标 200 个，单价为 82 元/个，验收入原料库。同时收到专用发票一张，票号为 85011。立即以转账支票形式（票号 Z011）支付货款。

### 3．采购运费处理

1 月 8 日，采购部向迅捷公司购买激光打印机 10 台，单价为 1 200 元/台，验收入成品库。同时收到专用发票一张，票号为 F003。另外收到运费发票一张，共计 50 元，税率为 7%。

### 4．暂估入库报销处理

1 月 9 日，收到启星公司提供的上月已验收入库的 130 盒硬盘的专用发票一张，票号为 12210，发票单价为 315 元/盒。进行暂估报销处理，确定采购成本及应付账款。

### 5．暂估入库处理

1 月 9 日，收到迅捷公司提供的鼠标 200 个，入原料库。由于到了月底发票仍未收到，故确定该批货物的暂估成本为 100 元/个，并进行暂估记账处理。

### 6．采购结算前退货

（1）1 月 10 日，收到启星公司提供的硬盘，数量 200 盒，单价为 300 元/盒。验收入原料库。

（2）1 月 10 日，仓库反映其中 3 盒有质量问题，要求退回供应商。

（3）1 月 10 日，收到启星公司开据的专用发票一张，其发票号为 A64408。进行采购结算。

### 7．采购结算后退货

1 月 13 日，从启星公司购入的部分硬盘质量有问题，退回 22 套，单价为 300 元/盒，同时收到票号为 665218 的红字专用发票一张。对采购入库单和红字专用采购发票进行结算处理。

## 【实验要求】

以账套主管身份完成全部业务处理，也可以以采购主管“徐乐”的身份进行采购业务处理。以仓库主管“康贝贝”的身份进行库存业务处理，以账套主管“贾涛”的身份进行存货核算业务处理和应付业务处理。

## 【操作指导】

### 1. 采购业务 1

业务类型：普通采购业务。

（1）在采购管理系统中填制并审核请购单。

① 进入采购管理系统，执行“请购”→“请购单”命令，进入“采购请购单”窗口。

② 单击【增加】按钮，输入日期“2014-01-01”，选择部门“采购部”。

③ 选择存货编码为“2004 杀毒软件”，输入数量为“30”、本币单价为“50”、需求日期为“2014-01-03”、供应商为“迅捷”。

④ 单击【保存】按钮，如图 10-6 所示，单击【审核】按钮。

⑤ 单击【退出】按钮，退出“采购请购单”窗口。

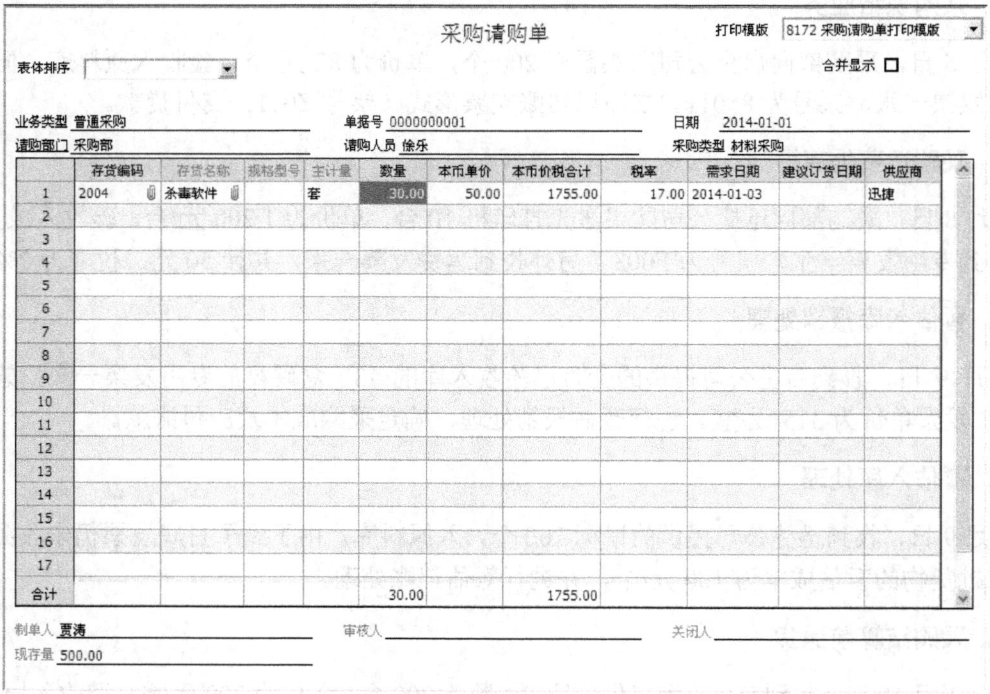
采购请购单

打印模版 8172 采购请购单打印模版

表体排序

合并显示 ☐

业务类型 普通采购　单据号 0000000001　日期 2014-01-01

请购部门 采购部　请购人员 徐乐　采购类型 材料采购

| | 存货编码 | 存货名称 | 规格型号 | 主计量 | 数量 | 本币单价 | 本币价税合计 | 税率 | 需求日期 | 建议订货日期 | 供应商 |
|---|---|---|---|---|---|---|---|---|---|---|---|
| 1 | 2004 | 杀毒软件 | | 套 | 30.00 | 50.00 | 1755.00 | 17.00 | 2014-01-03 | | 迅捷 |
| 2 | | | | | | | | | | | |
| 3 | | | | | | | | | | | |
| 4 | | | | | | | | | | | |
| 5 | | | | | | | | | | | |
| 6 | | | | | | | | | | | |
| 7 | | | | | | | | | | | |
| 8 | | | | | | | | | | | |
| 9 | | | | | | | | | | | |
| 10 | | | | | | | | | | | |
| 11 | | | | | | | | | | | |
| 12 | | | | | | | | | | | |
| 13 | | | | | | | | | | | |
| 14 | | | | | | | | | | | |
| 15 | | | | | | | | | | | |
| 16 | | | | | | | | | | | |
| 17 | | | | | | | | | | | |
| 合计 | | | | | 30.00 | | 1755.00 | | | | |

制单人 贾涛　审核人　关闭人

现存量 500.00

图 10-6 “采购请购单”窗口

（2）在采购管理系统中填制并审核采购订单。

① 执行“采购订货”→“采购订单”命令，进入“采购订单”窗口。

② 单击【增加】按钮，单击【生单】按钮旁下三角图标打开可选列表，选择“请购单”，打开“查询条件选择”对话框，单击【确定】按钮，进入“拷贝并执行”窗口。

③ 双击需要参照的采购请购单的“选择”栏，单击【OK 确定】按钮，将采购请购单相关信息带入采购订单。

④ 确认订单日期为“2014-01-02”，单击【保存】按钮，如图 10-7 所示。单击【审核】按钮，订单底部显示审核人姓名。

⑤ 单击【退出】按钮，退出“采购订单”窗口。

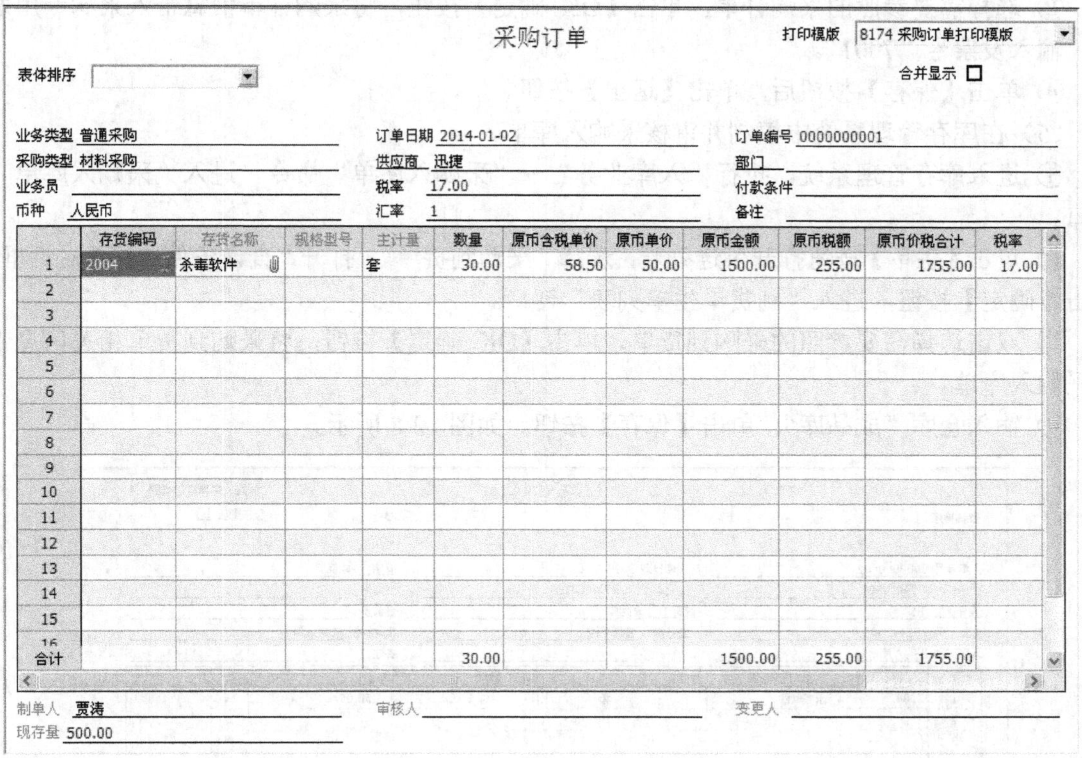
采购订单

打印模版 8174 采购订单打印模版

表体排序

合并显示 □

业务类型 普通采购　订单日期 2014-01-02　订单编号 0000000001

采购类型 材料采购　供应商 迅捷　部门

业务员　税率 17.00　付款条件

币种 人民币　汇率 1　备注

| | 存货编码 | 存货名称 | 规格型号 | 主计量 | 数量 | 原币含税单价 | 原币单价 | 原币金额 | 原币税额 | 原币价税合计 | 税率 |
|---|---|---|---|---|---|---|---|---|---|---|---|
| 1 | 2004 | 杀毒软件 | | 套 | 30.00 | 58.50 | 50.00 | 1500.00 | 255.00 | 1755.00 | 17.00 |
| 2 | | | | | | | | | | | |
| 3 | | | | | | | | | | | |
| 4 | | | | | | | | | | | |
| 5 | | | | | | | | | | | |
| 6 | | | | | | | | | | | |
| 7 | | | | | | | | | | | |
| 8 | | | | | | | | | | | |
| 9 | | | | | | | | | | | |
| 10 | | | | | | | | | | | |
| 11 | | | | | | | | | | | |
| 12 | | | | | | | | | | | |
| 13 | | | | | | | | | | | |
| 14 | | | | | | | | | | | |
| 15 | | | | | | | | | | | |
| 16 | | | | | | | | | | | |
| 合计 | | | | | 30.00 | | | 1500.00 | 255.00 | 1755.00 | |

制单人 贾涛　审核人　变更人

现存量 500.00

图 10-7 “采购订单”窗口

**注意：**

- 在填制采购订单时，单击鼠标右键可查看货物现存量。
- 如果在存货档案中设置了最高进价，那么当采购订单中货物的进价高于最高进价时，系统会自动报警。
- 如果企业要按部门或业务员进行考核，必须输入相关“部门”和“业务员”信息。
- 采购订单审核后，可在“采购订单执行统计表”中进行查询。

（3）在采购管理系统中填制到货单。

① 执行“采购到货”→“到货单”命令，进入“到货单”窗口。

② 单击【增加】按钮，单击【生单】按钮旁下三角图标打开可选列表，选择“采购订单”，打开“查询条件选择”对话框，单击【确定】按钮，进入“拷贝并执行”窗口。

③ 双击需要参照的采购订单的选择栏，单击【OK 确定】按钮，将采购订单相关信息带入采购到货单。

④ 输入采购部门，单击【保存】按钮，单击【审核】按钮。

⑤ 单击【退出】按钮，退出“采购到货单”窗口。

（4）在采购管理系统中填制并审核采购发票。

① 进入采购管理系统，执行“采购发票”→“专用采购发票”命令，进入“专用发票”窗口。

② 单击【增加】按钮，单击【生单】按钮从下拉列表中选择“采购订单”，进入“条件选择”。单击【确定】按钮，进入“拷贝并执行”窗口。

③ 选择需要参照的采购订单，单击【OK 确定】按钮，将采购订单信息带入采购专用发票，输入发票号“7001”。

④ 单击【保存】按钮后，单击【退出】按钮。

（5）在库存管理系统中填制并审核采购入库单。

① 进入库存管理系统，执行“入库业务”→“采购入库单”命令，进入“采购入库单”窗口。

② 单击【生单】按钮打开可选列表，选择“采购到货单”，打开“查询条件选择”对话框，单击【确定】按钮，进入“到货单生单列表”窗口。

③ 双击选择需要参照的采购到货单，单击【OK 确定】按钮，将采购到货单相关信息带入采购入库单。

④ 输入仓库“成品库”，单击【保存】按钮，如图 10-8 所示。

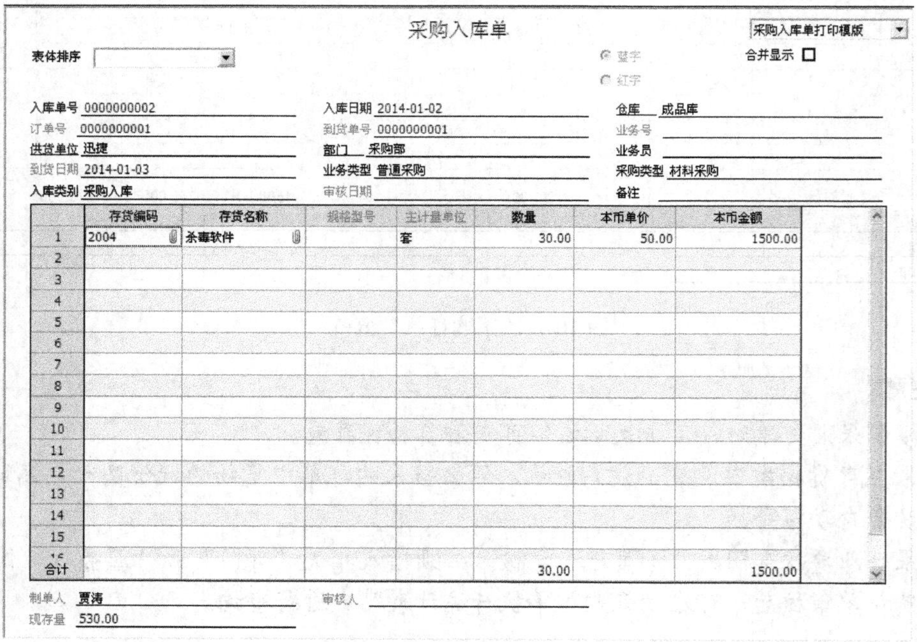
采购入库单

采购入库单打印模版

表体排序　　蓝字　红字　　合并显示

入库单号 0000000002　入库日期 2014-01-02　仓库 成品库

订单号 0000000001　到货单号 0000000001　业务号

供货单位 迅捷　部门 采购部　业务员

到货日期 2014-01-03　业务类型 普通采购　采购类型 材料采购

入库类别 采购入库　审核日期　备注

| | 存货编码 | 存货名称 | 规格型号 | 主计量单位 | 数量 | 本币单价 | 本币金额 |
|---|---|---|---|---|---|---|---|
| 1 | 2004 | 杀毒软件 | | 套 | 30.00 | 50.00 | 1500.00 |
| 2 | | | | | | | |
| 3 | | | | | | | |
| 4 | | | | | | | |
| 5 | | | | | | | |
| 6 | | | | | | | |
| 7 | | | | | | | |
| 8 | | | | | | | |
| 9 | | | | | | | |
| 10 | | | | | | | |
| 11 | | | | | | | |
| 12 | | | | | | | |
| 13 | | | | | | | |
| 14 | | | | | | | |
| 15 | | | | | | | |
| 合计 | | | | | 30.00 | | 1500.00 |

制单人 贾涛　审核人

现存量 530.00

图 10-8 “采购入库单”窗口

⑤ 单击【审核】按钮，系统弹出“该单据审核成功！”信息提示框，单击【确定】按钮，返回。

**注意：**

- 生单时参照的单据是采购管理系统中已审核未关闭的采购订单和到货单。
- 如果采购管理系统中设置了“必有订单业务模式”，那么，不可手工录入采购入库单。
- 当入库数量与订单/到货单数量完全相同时，可不显示表体。

（6）在采购管理系统中执行采购结算。

① 在采购管理系统中，执行“采购结算”→“手工结算”，打开“手工结算”对话框。

② 单击【选单】按钮，进入“结算选单”窗口。单击【查询】按钮，打开“查询条件选择”对话框。

③ 单击【确定】按钮，在上方窗口中选择要结算的发票，在下方窗口中选择要结算的入库单，如图 10-9 所示。

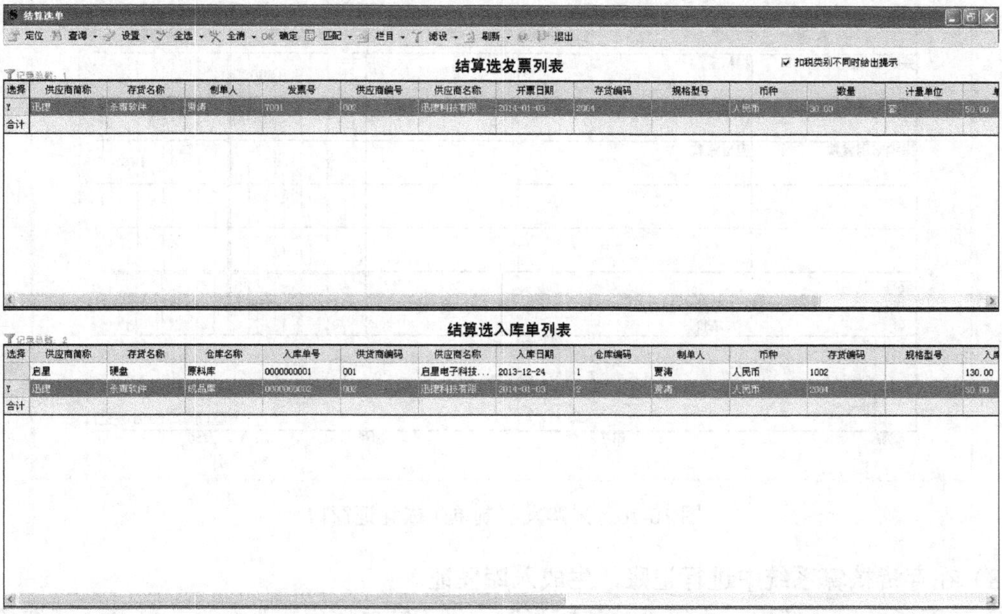


图 10-9　选择结算模式

④ 单击【OK 确定】按钮，返回手工结算列表。单击【结算】按钮，系统弹出“完成结算！”信息提示框。

⑤ 单击【确定】按钮，返回。

**注意：**

- 结算结果可以在“结算单列表”中查询。
- 结算完成后，在“手工结算”窗口，将看不到已结算的入库单和发票。
- 由于某种原因需要修改或删除入库单、采购发票时，需先取消采购结算。

（7）在应付款管理系统中审核采购专用发票，生成应付凭证。

① 在应付款管理系统中，执行“应付单据处理”→“应付单据审核”命令，打开“应付单查询条件”对话框。

② 选择供应商“迅捷”，单击【确定】按钮，进入“应付单据列表”窗口。

③ 选择需要审核的单据，单击【审核】按钮，系统弹出“审核成功！”信息提示框，单击【确定】按钮返回，退出。

④ 执行“制单处理”命令，打开“制单查询”对话框，选择“发票制单”，选择供应商“迅捷”，单击【确定】按钮，进入“采购发票制单”窗口。

⑤ 单击“全选”按钮或在“选择标志”栏中输入某数字作为选择标志，选择凭证类别为

“转账凭证”，单击【制单】按钮，进入“填制凭证”窗口。

⑥ 单击【保存】按钮，凭证左上角出现“已生成”标志，表示凭证已传递到总账，如图 10-10 所示。

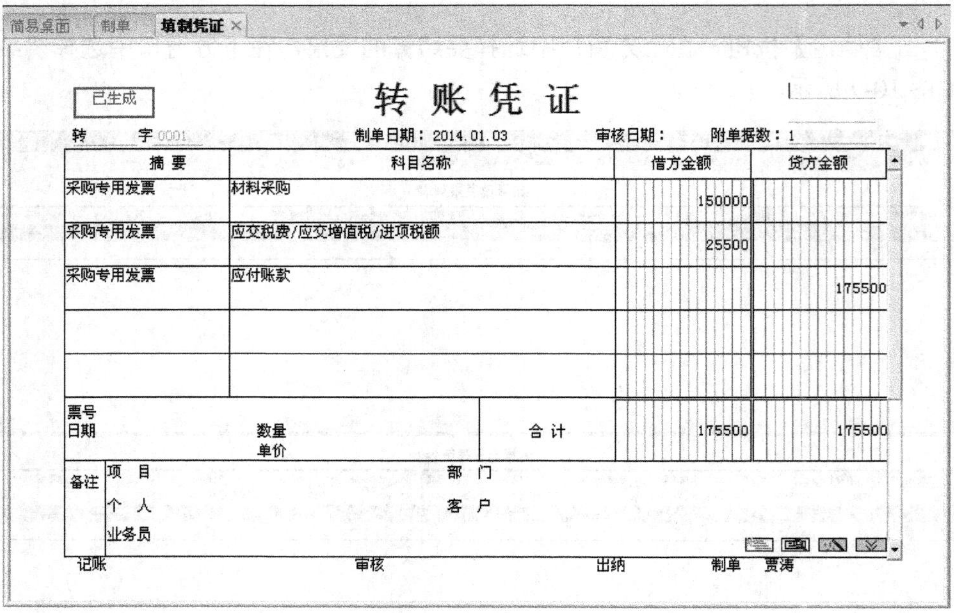


图 10-10　采购发票制单生成凭证窗口

（8）在存货核算系统中进行记账，生成入库凭证。

① 在存货核算系统中，执行“业务核算”→“正常单据记账”命令，打开“查询条件选择”对话框。

② 选择查询条件，单击【确定】按钮，进入“正常单据记账”窗口。

③ 选择要记账的单据，单击【记账】按钮，系统显示“记账成功”信息提示框，单击【确定】按钮退出。

④ 执行“财务核算”→“生成凭证”命令，进入“生成凭证”窗口。

⑤ 单击工具栏中的【选择】按钮，打开“查询条件”对话框。

⑥ 选择“采购入库单（报销记账）”，单击【确定】按钮，进入“未生成凭证一览表”窗口。

⑦ 选择要制单的记录行，单击【确定】按钮，进入“生成凭证”窗口。

⑧ 选择凭证类别为“转账凭证”，单击【生成】按钮，进入“填制凭证”窗口。

⑨ 单击【保存】按钮，凭证左上角出现“已生成”标志，表示凭证已传递到总账，如图 10-11 所示。

（9）在应付款管理系统中，进行付款处理并生成付款凭证。

① 在应付款管理系统中，执行“付款单据处理”→“付款单据录入”命令，进入“付款单”窗口。

② 单击【增加】按钮，选择供应商“迅捷”，结算方式“转账支票”，金额“1 755”，单击【保存】按钮。

③ 单击【审核】按钮，系统弹出“是否立即制单？”信息提示框，单击【是】按钮，进入“填制凭证”窗口。

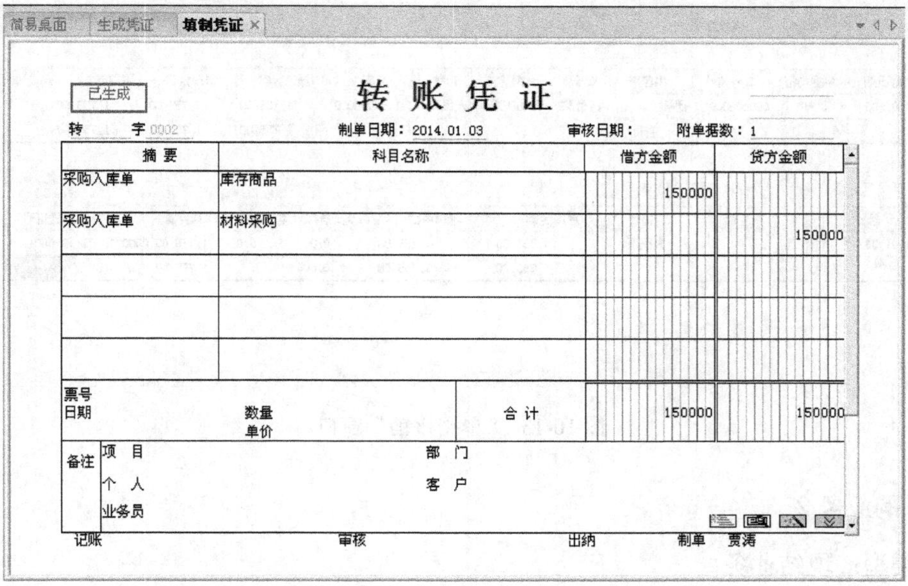

简易桌面　生成凭证　填制凭证

已生成

转 账 凭 证

转 字 0002　制单日期：2014.01.03　审核日期：　附单据数：1

| 摘要 | 科目名称 | 借方金额 | 贷方金额 |
|---|---|---|---|
| 采购入库单 | 库存商品 | 150000 | |
| 采购入库单 | 材料采购 | | 150000 |
| | | | |
| | | | |
| | | | |
| 票号 日期 | 数量 单价 合计 | 150000 | 150000 |

备注　项目　部门

个人　客户

业务员

记账　审核　出纳　制单　贾涛

图 10-11　采购入库单生成凭证窗口

④ 选择凭证类别“付款凭证”，单击【保存】按钮，凭证左上角出现“已生成”标志，表示凭证已传递到总账，如图 10-12 所示。

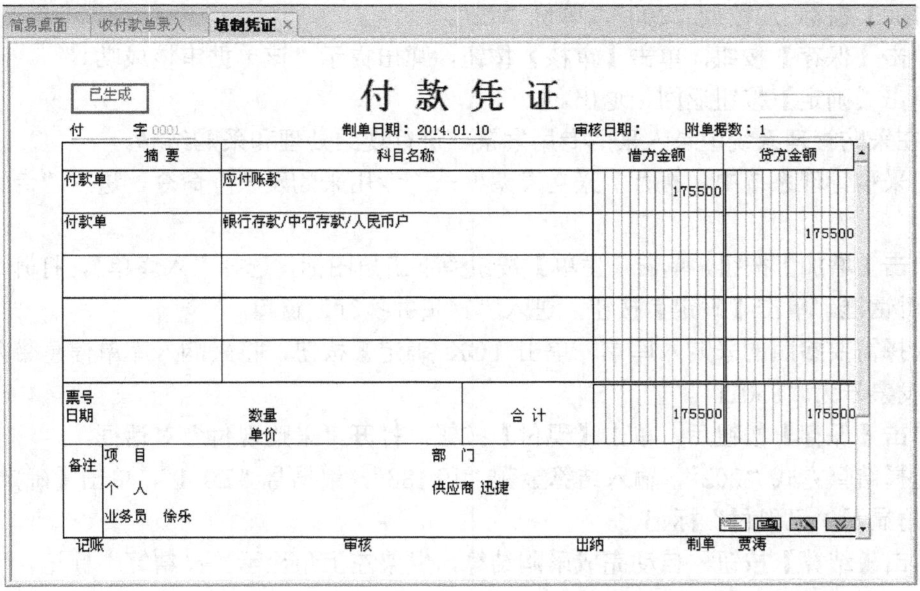

简易桌面　收付款单录入　填制凭证

已生成

付 款 凭 证

付 字 0001　制单日期：2014.01.10　审核日期：　附单据数：1

| 摘要 | 科目名称 | 借方金额 | 贷方金额 |
|---|---|---|---|
| 付款单 | 应付账款 | 175500 | |
| 付款单 | 银行存款/中行存款/人民币户 | | 175500 |
| | | | |
| | | | |
| | | | |
| 票号 日期 | 数量 单价 合计 | 175500 | 175500 |

备注　项目　部门

个人　供应商 迅捷

业务员 徐乐

记账　审核　出纳　制单　贾涛

图 10-12　付款单生成凭证窗口

⑤ 单击【核销】按钮，打开“核销条件”对话框，单击【确定】按钮返回。在采购专用发票的“本次结算”栏中输入“1 755”，如图 10-13 所示，单击【保存】按钮。

（10）相关查询。

① 在采购管理系统中查询“到货明细表”、“入库明细表”、“采购明细表”等报表。

② 在库存管理系统中，查询“库存台账”。

③ 在存货核算系统中，查询“收发存汇总表”。

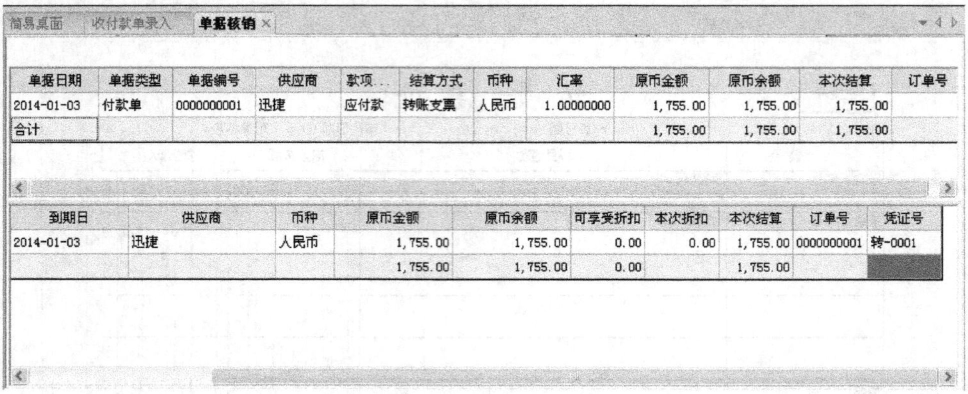


| 单据日期 | 单据类型 | 单据编号 | 供应商 | 款项... | 结算方式 | 币种 | 汇率 | 原币金额 | 原币余额 | 本次结算 | 订单号 |
|---|---|---|---|---|---|---|---|---|---|---|---|
| 2014-01-03 | 付款单 | 0000000001 | 迅捷 | 应付款 | 转账支票 | 人民币 | 1.00000000 | 1,755.00 | 1,755.00 | 1,755.00 | |
| 合计 | | | | | | | | 1,755.00 | 1,755.00 | 1,755.00 | |

| 到期日 | 供应商 | 币种 | 原币金额 | 原币余额 | 可享受折扣 | 本次折扣 | 本次结算 | 订单号 | 凭证号 |
|---|---|---|---|---|---|---|---|---|---|
| 2014-01-03 | 迅捷 | 人民币 | 1,755.00 | 1,755.00 | 0.00 | 0.00 | 1,755.00 | 0000000001 | 转-0001 |
| | | | 1,755.00 | 1,755.00 | 0.00 | | 1,755.00 | | |

图 10-13 “单据核销”窗口

**2．采购业务 2**

业务类型：现结业务。

（1）在库存管理系统中直接填制采购入库单并审核。

① 在库存管理系统中，执行“入库业务”→“采购入库单”命令，进入“采购入库单”窗口。

② 单击【增加】按钮，选择“原料库”，选择供应商“启星”，入库类别“采购入库”，存货编码“1003 鼠标”，数量“200”，单价“82”。

③ 单击【保存】按钮，单击【审核】按钮，弹出提示“该单据审核成功！”

④ 单击【确定】按钮返回，退出。

（2）在采购管理系统中录入采购专用发票，进行现结处理和采购结算。

① 在采购管理系统中，执行“采购发票”→“专用采购发票”命令，进入“专用发票”窗口。

② 单击【增加】按钮，单击【生单】按钮旁下三角图标，选择“入库单”，打开“查询条件选择”对话框。单击【确定】按钮，进入“拷贝并执行”窗口。

③ 选择需要参照的采购入库单，单击【OK 确定】按钮，将采购入库单信息带入专用发票。修改发票号为“85011”。

④ 单击【保存】按钮后，单击【现付】按钮，打开“采购现付”对话框。

⑤ 选择结算方式“202”，输入结算金额“19 188”，票据号“Z011”，单击【确定】按钮，发票左上角显示“已现付”标记。

⑥ 单击【结算】按钮，自动完成采购结算，发票左上角显示“已结算”标记。

（3）在应付款管理系统中审核发票，进行现结制单。

① 在应付款管理系统中，执行“应付单据处理”→“应付单据审核”命令，打开“单据过滤条件”对话框。

② 选择供应商“启星”，选择左下角“包含已现结发票”复选框，单击【确定】按钮，进入“单据处理”窗口。

③ 选择需要审核的单据，单击【审核】按钮，系统弹出“审核成功”信息提示框，单击【确定】按钮返回，退出。

④ 执行“制单处理”命令，打开“制单查询”对话框，选择“现结制单”，选择供应商“启

星”，单击【确定】按钮，进入“应付制单”窗口。

⑤ 选择凭证类别为“付款凭证”，选择要制单的记录行，单击【制单】按钮，进入“填制凭证”窗口。

⑥ 单击【保存】按钮，凭证左上角出现“已生成”标志，表示凭证已传递到总账，如图 10-14 所示。

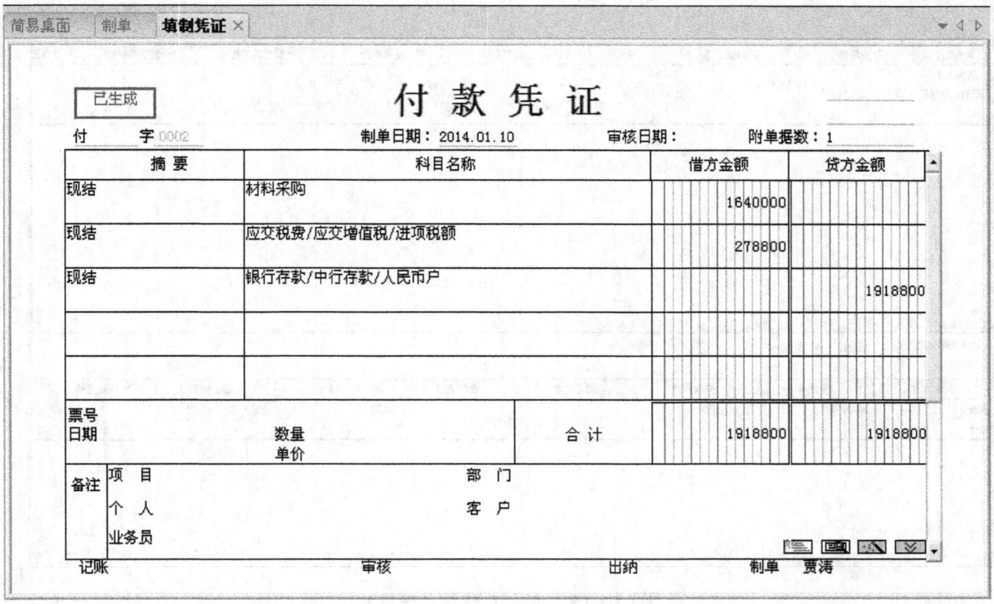


图 10-14　现结制单窗口

（4）在存货核算系统中记账，生成入库凭证。具体操作步骤参见采购业务 1。

### 3．采购业务 3

业务类型：采购运费处理。

（1）在库存管理系统中增加采购入库单。具体操作步骤参见业务 2。

（2）在采购管理系统中增加专用发票。具体操作步骤参见业务 2。

（3）在采购管理系统中填制运费发票并进行采购结算（手工结算）。

① 在采购管理系统中，执行“采购发票”→“运费发票”命令，进入“运费发票”窗口。

② 单击【增加】按钮，供货单位“迅捷”，存货“运费”，金额“50”，单击【保存】按钮后，单击【退出】按钮。

**注意：**

- 运费发票上的存货必须具有“应税劳务”属性。

③ 执行“采购结算”→“手工结算”，进入“手工结算”窗口。

④ 单击【选单】按钮，打开“结算选单”对话框。

⑤ 单击【查询】按钮，打开“查询条件选择”对话框，输入过滤条件，单击【确定】按钮，窗口上方显示未结算的发票，窗口下方显示未结算的采购入库单。

⑥ 双击选择要结算的入库单、专用发票和运费发票，单击【OK 确定】按钮，返回“手

工结算”窗口。

⑦ 选择费用分摊方式“按数量”，如图 10-15 所示。单击【分摊】按钮，系统弹出信息提示框，单击【是】按钮确定。系统自动完成分摊，显示提示信息“费用分摊（按数量）完毕，请检查！”单击【确定】按钮返回。

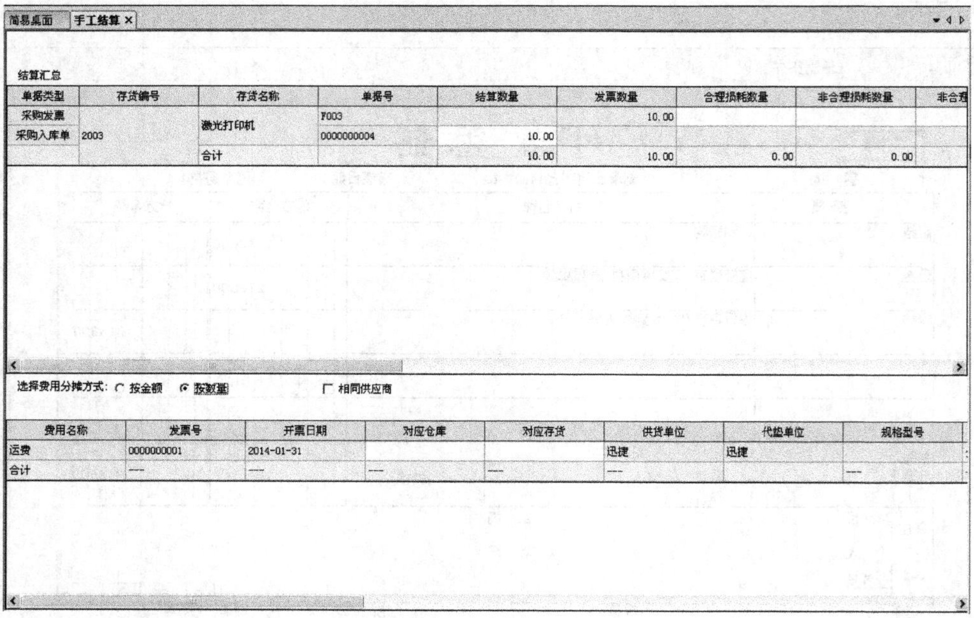


图 10-15 “手工结算”窗口

⑧ 单击【结算】按钮，系统进行结算处理，完成后弹出“完成结算！”信息提示框。单击【确定】按钮返回。已结算的采购入库单如图 10-16 所示。

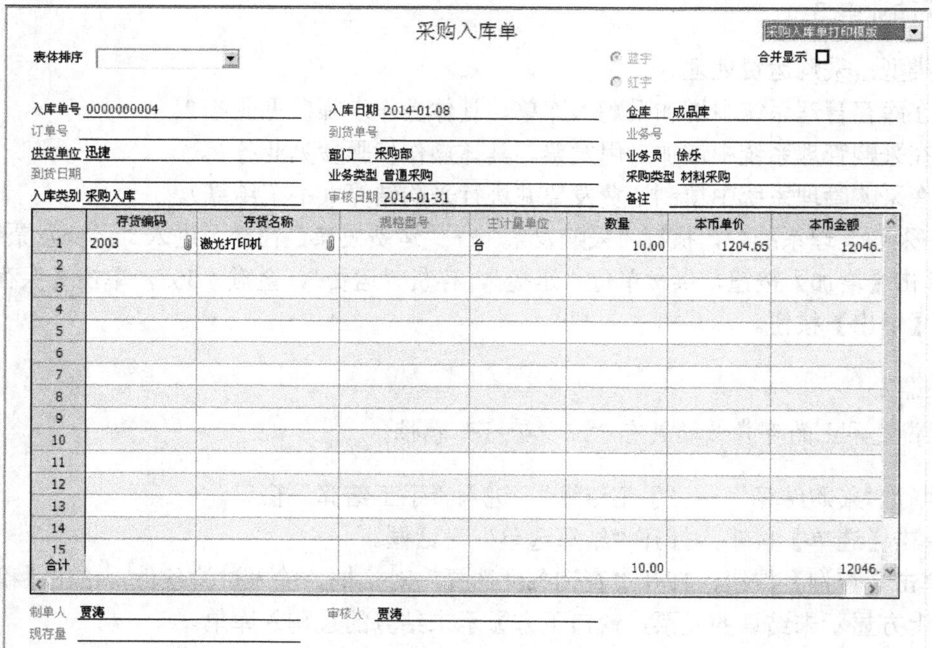


图 10-16 结算后的采购入库单

**注意：**

- 不管采购入库单上有无单价，采购结算后，其单价都被自动修改为发票上的存货单价。这里采购发票金额是 12 000 元，扣税后的运费发票金额是 46.50 元，存货入库成本共计 12 046.50 元，存货数量是 10 台，所以计算出的存货单价为 1 204.65 元。

**4．采购业务 4**

业务类型：上月暂估业务，本月发票已到。

业务特征：发票单价与入库单数量、单价均不同。

（1）在采购管理系统中填制采购发票。

① 在采购管理系统中，执行“采购发票”→“专用采购发票”命令，进入“专用发票”窗口。拷贝日期为 2013-12-24 的采购入库单生成专用发票。

② 修改发票号为“12210”，数量为“130”，单价为“315”，单击【保存】按钮。

（2）在采购管理系统中进行手工结算。

① 在采购管理系统中执行“采购结算”→“手工结算”命令，进入“手工结算”窗口。

② 单击【选单】按钮，打开“结算选单”对话框。

③ 单击【查询】按钮，修改过滤日期从“2013-12-01”到“2014-01-31”，单击【确定】按钮，显示符合条件的发票列表和入库单列表。

④ 选择要结算的入库单和发票，单击【OK 确定】按钮，返回“手工结算”窗口。

⑤ 单击【结算】按钮，系统弹出“完成结算！”信息提示框，单击【确定】按钮返回。

（3）在存货核算系统中执行结算成本处理并生成凭证。

① 在存货核算系统中，执行“业务核算”→“结算成本处理”命令，打开“暂估处理查询”对话框，选择“原料库”，选中“未全部结算完的单据是否显示”，单击【确定】按钮，进入“结算成本处理”窗口，如图 10-17 所示。

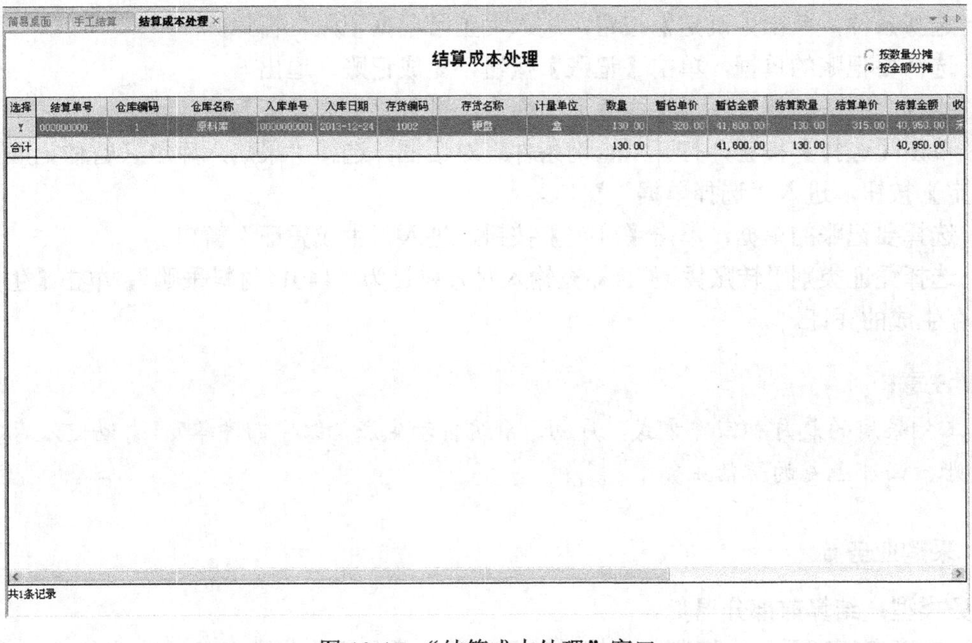


图 10-17　“结算成本处理”窗口

② 选择需要进行暂估结算的单据，单击【暂估】按钮，系统弹出“暂估处理完成”信息提示框，单击【确定】按钮返回。

③ 执行“财务核算”→“生成凭证”，进入“生成凭证”窗口。

④ 单击【选择】按钮，打开“查询条件”对话框，选择“红字回冲单、蓝字回冲单（报销）”，单击【确定】按钮返回。

⑤ 单击【全选】按钮，单击【确定】按钮，进入“生成凭证”窗口。

⑥ 选择凭证类别为“转账凭证”，输入红字回冲单对方科目“1401 材料采购”，单击【生成】按钮，进入“填制凭证”窗口。

⑦ 单击【保存】按钮，保存红字回冲单生成的凭证。

⑧ 单击【下张】按钮，单击【保存】按钮，保存蓝字回冲单生成的凭证。

（4）在应付款系统中进行发票审核及制单处理。具体操作步骤参见采购业务 1。

### 5. 采购业务 5

业务类型：暂估入库处理。

（1）在库存管理系统中填制并审核采购入库单。具体操作步骤参见采购业务 2。

**注意：**

- 采购入库单不必填写单价。

（2）月末发票未到，在存货核算系统中录入暂估入库成本并记账生成凭证。

① 在存货核算系统中，执行“业务核算”→“暂估成本录入”命令，进入“采购入库单成本成批录入查询”窗口。单击【确定】按钮，进入“暂估成本录入”窗口。

② 输入单价“100”，单击【保存】按钮，弹出“保存成功！”信息提示框，单击【确定】按钮返回。

③ 执行“业务核算”→“正常单据记账”命令，打开“正常单据记账条件”对话框。

④ 选择条件，单击【确定】按钮，进入“正常单据记账”窗口。

⑤ 选择要记账的单据，单击【记账】按钮，完成记账，退出。

⑥ 执行“财务核算”→“生成凭证”命令，进入“生成凭证”窗口。

⑦ 单击【选择】按钮，打开“查询条件”对话框。选择“采购入库单（暂估记账）”，单击【确定】按钮，进入“选择单据”窗口。

⑧ 选择要记账的单据，单击【确定】按钮，进入“生成凭证”窗口。

⑨ 选择凭证类别“转账凭证”，补充输入对方科目为“1401 材料采购”，单击【生成】按钮，保存生成的凭证。

**注意：**

- 本例采用的是月初回冲方式，月初，系统自动生成“红字回冲单”，自动记入存货明细账，回冲上月的暂估业务。

### 6. 采购业务 6

业务类型：结算前部分退货。

（1）在库存管理系统中填制并审核采购入库单。具体操作步骤参见采购业务 2。

（2）在库存管理系统中修改采购入库单。

① 在库存管理系统中，执行“入库业务”→“采购入库单”命令，进入“采购入库单”窗口。

② 找到要修改的采购入库单，单击【弃审】按钮，单击【修改】按钮，修改数量“200”为“197”，单击【保存】按钮，单击【审核】按钮，退出。

（3）在采购管理系统中根据采购入库单生成采购专用发票。

① 在采购管理系统中，执行“采购发票”→“专用采购发票”命令，进入“专用发票”窗口。

② 根据采购入库单生成专用发票。

③ 修改发票号为“A64408”，单击【保存】按钮。

（4）在采购管理系统中进行采购结算。

在采购管理系统中，对采购入库单、采购专用发票进行采购结算处理。

### 7. 采购业务 7

业务类型：采购结算后退货。

（1）在库存管理系统中填制红字采购入库单并审核。

① 在库存管理系统中，执行“入库业务”→“采购入库单”命令，进入“采购入库单”窗口。

② 选择右上角“红字”单选项，输入数量“-22”，单击【保存】按钮，单击【审核】按钮。

（2）在采购管理系统中填制红字采购专用发票并执行采购结算。

① 在采购管理系统中，执行“采购发票”→“红字专用采购发票”命令，进入“专用发票（红字）”窗口。

② 参照红字入库单生成“红字专用发票”，输入发票号“665218”，单击【保存】按钮，退出。

③ 在采购管理系统中，进行自动结算或手工结算。

### 8. 数据备份

在采购管理月末结账之前，进行账套数据备份。

### 9. 月末结账

（1）结账处理。

① 执行“月末结账”命令，打开“月末结账”对话框。

② 单击“选择标记”栏，出现“选中”标记。

③ 单击【结账】按钮，系统提示“月末结账完毕”，单击【确定】按钮，“是否结账”一栏显示“已结账”。

④ 单击【退出】按钮。

（2）取消结账。

① 执行“月末结账”命令，打开“月末结账”对话框。

② 单击“选择标记”栏，出现“选中”标记。

③ 单击【取消结账】按钮，系统提示“取消月末结账完毕”，单击【确定】按钮，“是否结账”一栏显示为“未结账”。

④ 单击【退出】按钮。

注意：

- 若应付款系统、库存管理系统或存货核算系统已结账，则采购系统不能取消结账。

## 复习思考题 10

1. 采购管理系统的功能有哪些？
2. 采购管理系统与其他系统的主要关系是什么？
3. 简述普通采购业务的处理流程。
4. 采购入库业务有几种模式，各自的处理流程是怎样的？
5. 简述采购退货业务的处理流程。
6. 简述直运采购业务、委托代销业务的处理流程。

ELEVEN

# 第11章 销售管理

**本章学习目标**

- 了解销售管理系统的功能
- 了解销售管理系统与其他系统的主要关系
- 熟悉普通销售业务的处理流程
- 掌握普通销售业务、销售退货业务的处理流程
- 熟悉其他销售业务的处理流程
- 掌握普通采购业务、采购退货业务的处理操作方法
- 熟悉其他销售业务的处理操作方法

## 11.1 销售管理概述

### 11.1.1 功能概述

销售管理是用友U8供应链管理系统的一个子系统，它的主要功能包括以下几种。

**1. 销售系统初始设置**

销售系统初始设置包括设置销售管理系统业务处理所需要的各种业务选项、基础档案信息及销售期初数据。

**2. 销售业务管理**

销售业务管理主要处理销售报价、销售订货、销售发货、销售开票、销售调拨、销售

退回、发货折扣、委托代销、零售业务等，并根据审核后的发票或发货单自动生成销售出库单，处理随同货物销售所发生的各种代垫费用，以及在货物销售过程中发生的各种销售支出。

在销售管理系统中，可以处理普通销售、委托代销、直运销售、分期收款销售、销售调拨及零售业务等业务类型。

**3. 销售账簿及销售分析**

销售管理系统可以提供各种销售明细账、销售明细表及各种统计表。销售管理系统还提供各种销售分析及综合查询统计分析。

## 11.1.2 销售管理系统与其他系统的主要关系

销售管理系统与其他系统的主要关系如图 11-1 所示。

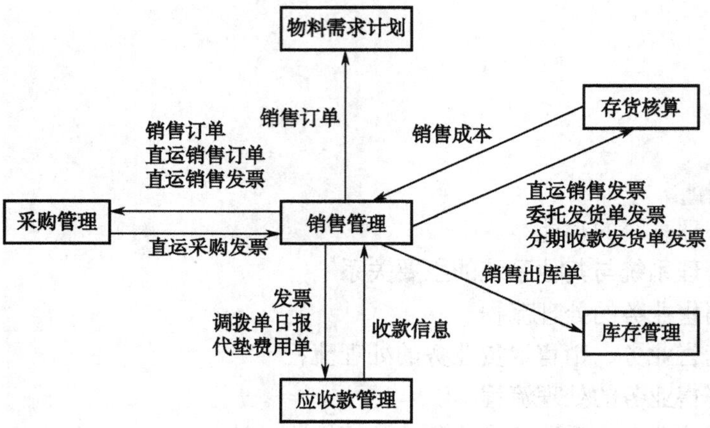


图 11-1 销售管理系统与其他系统的主要关系

采购管理可参照销售管理的销售订单生成采购订单；在直运业务必有订单模式下，直运采购订单必须参照直运销售订单生成；如果直运业务非必有订单，那么直运采购发票和直运销售发票可相互参照。

根据选项设置，销售出库单既可以在销售管理系统生成传递到库存管理系统审核，也可以在库存管理系统参照销售管理系统的单据生成销售出库单；库存管理为销售管理提供可用于销售的存货的可用量。

销售发票、销售调拨单、零售日报、代垫费用单在应收款管理中审核登记应收明细账，进行制单生成凭证；应收款系统进行收款并核销相应应收单据后回写收款核销信息。

直运销售发票、委托代销发货单发票、分期收款发货单发票在存货核算系统登记存货明细账，并制单生成凭证；存货核算系统为销售管理系统提供销售成本。

## 11.2 销售管理系统日常业务处理

### 11.2.1 普通销售业务处理

#### 1. 业务类型说明

普通销售业务模式适用于大多数企业的日常销售业务，与其他系统一起提供对销售报价、销售订货、销售发货、销售开票、销售出库、出库成本确定、应收账款确定及收款处理的全过程处理。用户也可以根据企业的实际业务应用，结合本系统对销售流程进行灵活配置。

（1）销售报价。销售报价是企业向客户提供货品、规格、价格、结算方式等信息，双方达成协议后，销售报价单可以转为有效力的销售合同或销售订单。企业可以针对不同客户、不同存货、不同批量提出不同的报价、折扣率。在销售业务流程中，销售报价环节是可以省略的。

（2）销售订货。销售订货是指企业与客户签订销售合同，在系统中体现为销售订单。若客户经常采购某产品，或客户是经销商，则销售部门无需经过报价环节即可输入销售订单。如果前面已有对客户的报价，也可以参照报价单生成销售订单。在销售业务流程中，订货环节也是可选的。

已审核未关闭的销售订单可以参照生成销售发货单或销售发票。

（3）销售发货。当客户订单交期来临时，相关人员应根据订单进行发货。销售发货是企业执行与客户签订的销售合同或销售订单，将货物发往客户的行为，是销售业务的执行阶段。除了根据销售订单发货外，销售管理系统也有直接发货的功能，即无须事先录入销售订单就可以将产品发给客户。在销售业务流程中，销售发货是必须的。

先发货后开票模式中，发货单由销售部门根据销售订单填制或手工输入，客户通过发货单取得货物所有权。发货单审核后，可以生成销售发票和销售出库单。开票直接发货模式中发货单由销售发票自动生成，发货单只做浏览，不能进行修改、删除、弃审等操作，但可以进行关闭、打开操作；销售出库单根据自动生成的发货单生成。

参照订单发货时，一张订单可多次发货，多张订单也可一次发货。如果不做“超订量发货控制”，可以超销售订单数量发货。

（4）销售开票。销售开票是在销售过程中企业给客户开具销售发票及其所附清单的过程，它是销售收入确定、销售成本计算、应交销售税金确定和应收账款确定的依据，是销售业务的必要环节。

销售发票既可以直接填制，也可以参照销售订单或销售发货单生成。参照发货单开票时，多张发货单可以汇总开票，一张发货单也可以拆单生成多张销售发票。

（5）销售出库。销售出库是销售业务处理的必要环节。在库存管理系统用于存货出库数量核算，在存货核算系统用于存货出库成本核算（如果存货核算销售成本的核算选择是依据销售出库单的）。

根据参数设置的不同，销售出库单可在销售系统生成，也可在库存系统生成。如果由销售管理系统生成出库单，只能一次销售全部出库；而由库存管理系统生成销售出库单，可实现一次销售分次出库。

（6）出库成本确定。销售出库（开票）之后，要进行出库成本的确定。对于先进先出、后进先出、移动平均、个别计价这四种计价方式的存货在存货核算系统进行单据记账时进行出库成本核算；而全月平均、计划价/售价法计价的存货在期末处理时进行出库成本核算。

（7）应收账款确定及收款处理。及时进行应收账款确定及收款处理是财务核算工作的基本要求，由应收款管理系统完成。应收款管理系统主要完成对经营业务转入的应收款项的处理，提供各项应收款项的相关信息，以明确应收账款款项来源，有效掌握收款核销情况，提供适时的催款依据，提高资金周转率。

### 2．业务流程

普通销售业务支持两种业务模式，先发货后开票业务模式和开票直接发货业务模式。以先发货后开票业务模式为例，其业务流程如图 11-2 所示。

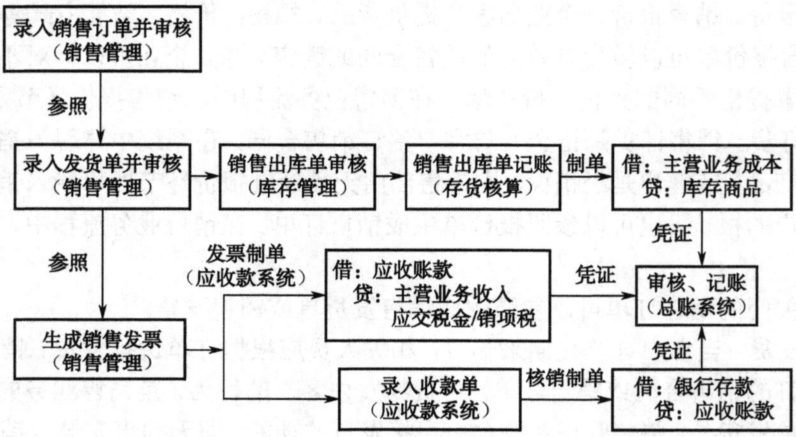


图 11-2　先发货后开票业务模式的业务流程

## 11.2.2　以订单为中心的销售业务

### 1．业务类型说明

销售订单是反映由购销双方确定的客户购货需求的单据，它可以是企业销售合同中关于货物的明细内容，也可以是一种订货的口头协议。以订单为中心的销售业务是标准、规范的销售管理模式，订单是整个销售业务的核心。整个业务流程的执行都回写到销售订单，通过销售订单可以跟踪销售的整个业务流程。

### 2．相关设置

如果企业选择使用以订单为中心的销售业务模式，则需要在销售管理系统中设置“必有订单”业务模式的相关参数，可以选择普通销售必有订单、委托代销必有订单、分期收款必有订单、直运销售必有订单。

### 3．业务流程

如果设置了“普通业务必有订单”，则其业务流程如图 11-3 所示。

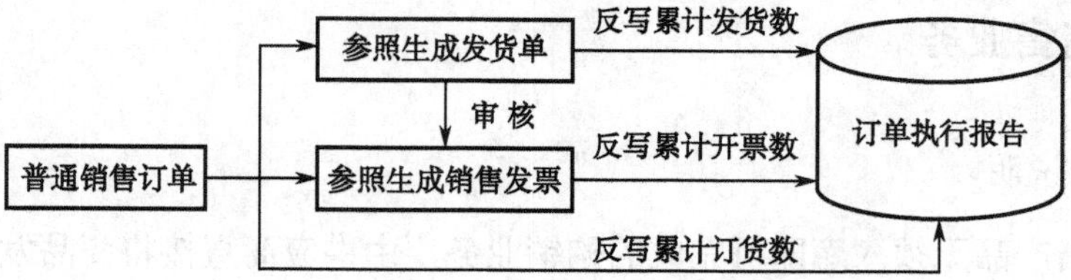


图 11-3　销售业务必有订单的业务流程

## 11.2.3　委托代销业务

### 1．业务类型说明

委托代销业务是指企业将商品委托他人进行销售但商品所有权仍归本企业所有的销售方式。委托代销商品销售后，受托方与企业进行结算，并开具正式的销售发票，形成销售收入，商品所有权转移。

### 2．相关设置

如果企业存在委托代销业务，需要分别在销售管理系统和库存管理系统中进行参数设置。只有设置了委托代销业务参数后，才能处理委托代销业务，账表查询中才增加相应的委托代销账表。为了便于系统根据委托代销业务类型自动生成凭证，需要在存货核算系统中进行委托代销相关科目的设置。

### 3．业务流程

委托代销业务的业务流程及单据流程如图 11-4 所示。

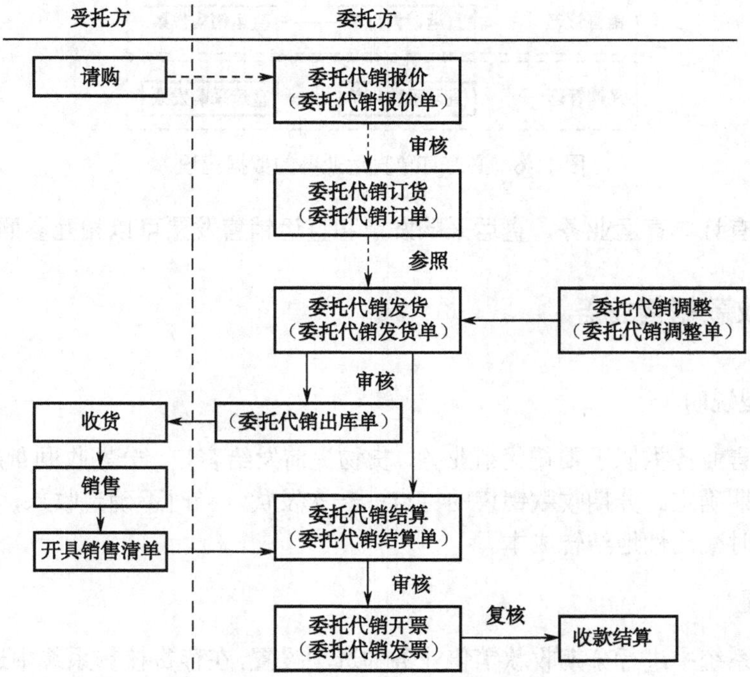


图 11-4　委托代销业务的业务流程及单据流程

## 11.2.4 直运销售业务

### 1．业务类型说明

直运业务是指产品无须入库即可完成的购销业务，由供应商直接将商品发给企业的客户。结算时，由购销双方分别与企业进行结算，企业赚取购销间差价。直运业务流程如图 11-5 所示。

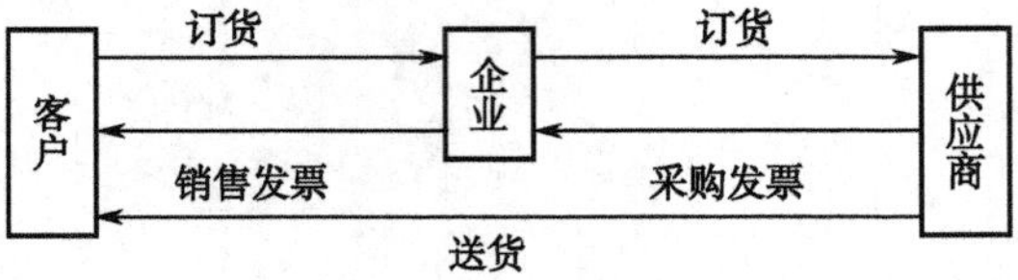


图 11-5　直运业务流程图

直运业务包括直运销售业务和直运采购业务。直运业务没有实物的出入库，货物流向是直接从供应商到客户，财务结算通过直运销售发票、直运采购发票解决。直运业务适用于大型电器、汽车、大型设备等产品的销售。

### 2．选项设置

直运销售业务分为两种模式：一种是只开发票，不开订单；另一种是先有订单再开发票。这两种模式分别称为普通直运销售业务（非必有订单）和必有订单直运销售。无论采用哪种模式，直运业务选项均在销售管理系统中进行设置。

### 3．业务流程

必有订单直运业务的数据流程如图 11-6 所示。

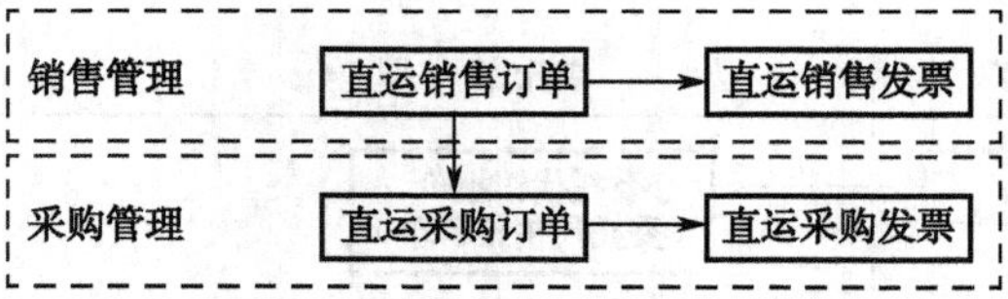


图 11-6　必有订单直运业务的数据流程

如果是非必有订单直运业务，直运采购发票和直运销售发票可以相互参照。

## 11.2.5 分期收款销售业务

### 1．业务类型说明

分期收款销售业务类似于委托代销业务，货物提前发给客户，分期收回货款，收入与成本按照收款情况分期确定。分期收款销售的特点：一次发货，当时不确定收入，分次确定收入，在确定收入的同时配比性地结转成本。

### 2．相关设置

在销售管理系统中进行分期收款销售业务的选项设置，在存货核算系统中进行分期收款销售业务的科目设置。

3．业务流程

分期收款销售业务处理流程及单据流程如图 11-7 所示。

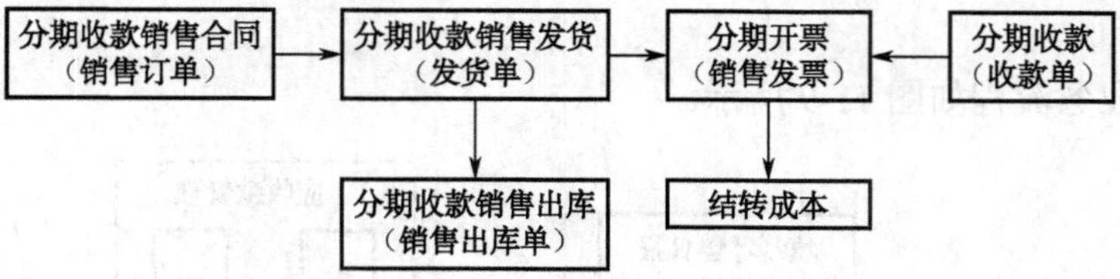


图 11-7 分期收款销售业务处理流程及单据流程

## 11.2.6 销售调拨业务

1．业务类型说明

销售调拨一般是处理集团企业内部有销售结算关系的销售部门或分公司之间的销售业务。销售调拨单是给有销售结算关系的客户（客户实际上是销售部门或分公司）开具的原始销售票据，客户通过销售调拨单取得货物的实物所有权。与销售开票相比，销售调拨业务只记销售收入而不涉及销售税金。调拨业务必须在当地税务机关许可的前提下方可使用，否则处理内部销售调拨业务必须开具发票。

2．业务流程

销售调拨业务的业务流程如图 11-8 所示。

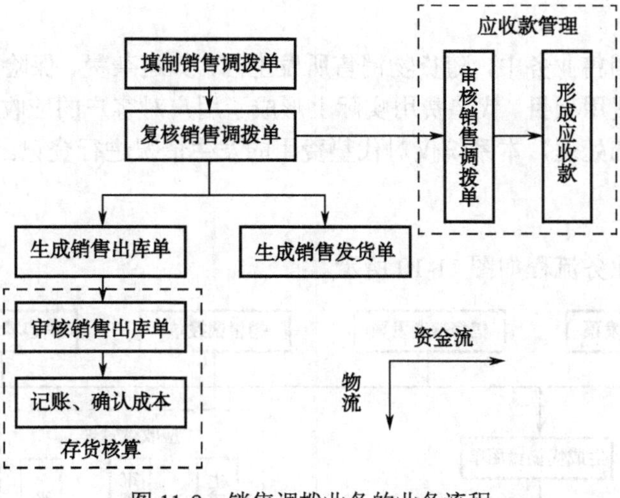


图 11-8 销售调拨业务的业务流程

## 11.2.7 零售业务

1．业务类型说明

零售业务是处理商业企业将商品销售给零售客户的销售业务，如果用户有零售业务，相应的销售票据是按日汇总数据，然后通过零售日报进行处理。这种业务常见于商场、超市及企业的各零售店。

**2．业务流程**

零售业务的业务流程如图 11-9 所示。

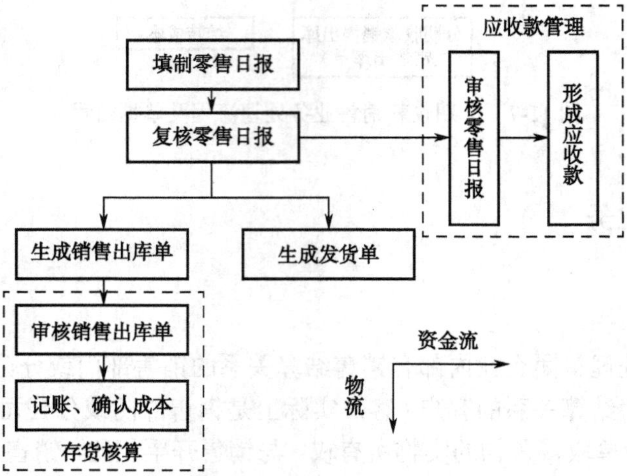


图 11-9　零售业务的业务流程

### 11.2.8　代垫费用

**1．业务类型说明**

代垫费用是指在销售业务中，随货物销售所发生的，如运杂费、保险费等暂时代垫，将来需向对方单位收取的费用项目。代垫费用实际上形成了用户对客户的应收款，代垫费用的收款核销由应收款管理系统处理，本系统仅对代垫费用的发生情况进行登记。

**2．业务流程**

代垫费用处理的业务流程如图 11-10 所示。

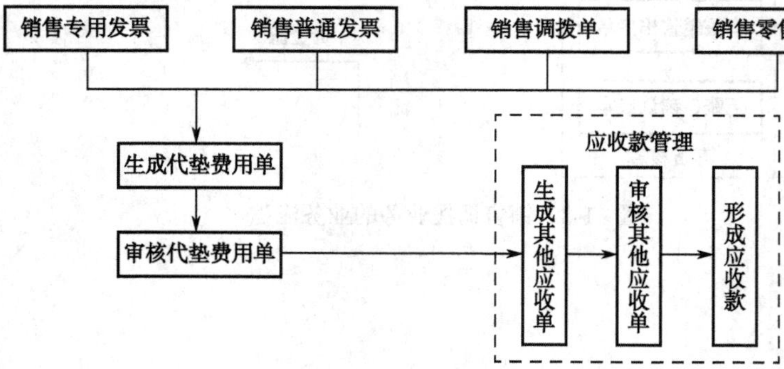


图 11-10　代垫费用处理的业务流程

## 11.2.9　销售退货业务

### 1．业务类型说明

销售退货是指客户因质量、品种、数量不符合规定要求而将已购货物退回。

### 2．业务流程

先发货后开票销售业务模式下的退货处理流程如图 11-11 所示。

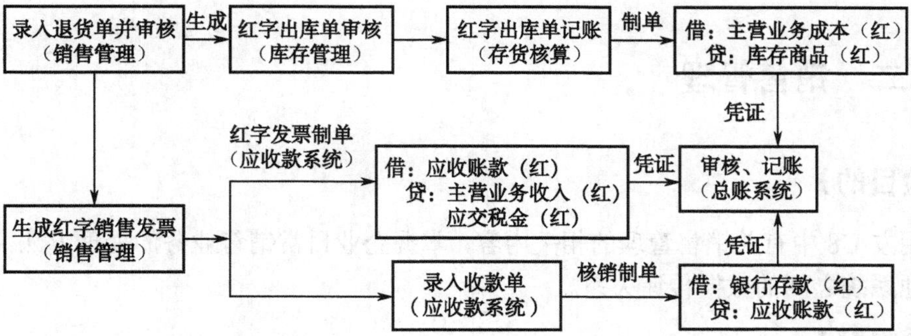


图 11-11　先发货后开票销售业务模式下的退货处理流程

开票直接发货销售业务模式下的退货处理流程：填制并审核红字销售发票，审核后的红字销售发票自动生成相应的退货单、红字销售出库单以及红字应收账款，并传递到库存管理系统和应收款管理系统。

## 11.2.10　现收业务

现收业务是指在销售货物的同时向客户收取货币资金的行为。在销售发票、销售调拨单和零售日报等销售结算单据中可以直接处理现收业务并结算，其业务流程如图 11-12 所示。

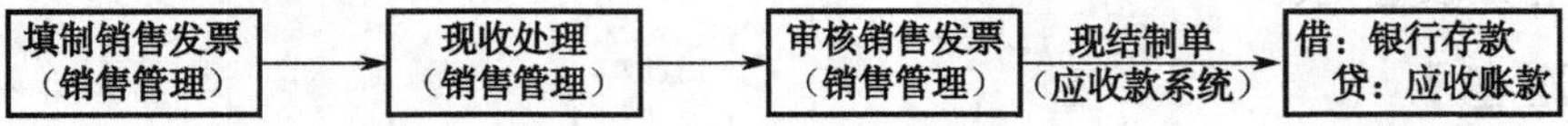


图 11-12　现收业务的业务流程

## 11.2.11　综合查询

灵活运用销售管理系统提供的各种查询功能，可以有效提高信息利用和销售管理水平。

### 1．单据查询

通过“销售订单列表”、“发货单列表”、“委托代销发货单列表”、“发票列表”、“销售调拨单列表”、“零售日报列表”可以分别对销售订单、发货单、委托代销发货单、销售发票、销售调拨单、零售日报进行查询。

**2．账表查询**

通过查询销售管理系统提供的销售明细表、销售统计表、余额表及销售分析表，实现对销售业务的事中控制及事后分析的管理。

### 11.2.12 月末处理

月末结账是将当月的单据数据进行封存，结账后不允许再对该会计期的销售单据进行增加、修改和删除处理。

## 实验十二 销售管理

**【实验目的】**

掌握用友 U8 中有关销售管理的相关内容，掌握企业日常销售业务的处理方法，理解销售管理与其他系统之间的数据传递关系。

**【实验内容】**

（1）普通销售业务处理。
（2）商业折扣处理。
（3）委托代销业务。
（4）分期收款销售业务。
（5）直运销售业务。
（6）现收业务。
（7）代垫费用处理。
（8）销售退货处理。
（9）销售账表查询。

**【实验准备】**

引入实验十账套数据。

**【实验资料】**

2014 年 1 月份销售日常业务如下。

**1．普通销售业务**

（1）2014/01/10，思睿公司想购买 10 台激光打印机，向销售二部了解价格。销售二部报价为 1 500 元/套。填制并审核报价单。

（2）2014/01/10，该客户了解情况后，要求订购 10 套，商定发货日期为 2014/01/12。填制并审核销售订单。

（3）2014/01/12，销售二部从成品库向思睿公司发出其所订货物，并据此开据专用销售发票一张，发票号为 2134。

（4）2014/01/12，业务部门将销售发票交给财务部门，财务部门结转此业务的收入及成本。

（5）2014/01/12，财务部收到思睿公司转账支票一张，金额 17 550 元。据此填制收款单并制单。

**2．商业折扣的处理**

（1）2014/01/13，销售一部向新京城市学院出售台式机 100 台，报价为 4 000 元/台，成交价为报价的 90%，货物从成品库发出。

（2）2014/01/13，根据上述发货单开据普通发票一张（发票号 3311）。

**3．现结业务**

（1）2014/01/14，销售一部向致远公司出售杀毒软件 30 套，报价（无税单价）为 60 元/套，货物从成品库发出。

（2）2014/01/14，根据上述发货单开据专用发票一张，发票号 3312。同时收到客户以转账支票支付的全部货款。票据号为 1188。

（3）进行现结制单处理。

**4．代垫费用处理**

2014/01/14，销售一部在向致远公司销售商品过程中发生了一笔代垫的邮寄费 20 元。客户尚未支付该笔款项。

**5．汇总开票业务**

（1）2014/01/15，销售二部向思睿公司出售笔记本 5 台，报价为 4 800 元/台，货物从成品库发出。

（2）2014/01/16，销售二部向思睿公司出售台式机 20 台，报价为 3 800 元/台，货物从成品库发出。

（3）2014/01/16，根据上述两张发货单开据专用发票一张（发票号 5566）。

**6．分次开票业务**

（1）2014/01/17，销售一部向致远公司出售激光打印机 30 台，报价为 1 400 元/台，货物从成品库发出。

（2）2014/01/17，应客户要求，对上述所发出的商品开据两张专用销售发票，第一张发票中所列示的数量为 20 台，发票号 2233；第二张发票上所列示的数量为 10 台，发票号为 7788。

**7．开票直接发货**

2014/01/18，销售一部向新京城市学院出售 2 台激光打印机，报价为 1 400 元/台，货物从成品库发出。并据此开据专用销售普通发票一张，发票号为 1234。

**8．一次销售分次出库**

（1）2014/01/18，销售一部向新京城市学院出售笔记本 20 台，由成品库发货，报价为 4 500 元/台，同时开据普通发票一张，发票号为 5678。

（2）2014/01/18，客户根据发货单从成品库领出笔记本电脑 12 台。

（3）2014/01/19，客户根据发货单再从成品库领出笔记本电脑 8 台。

### 9．超发货单出库

（1）2014/01/19，销售一部向新京城市学院出售杀毒软件 10 套，由成品库发货，报价为 60 元/套。开据发票时，客户要求再多买 2 套，根据客户要求开据了 12 套的普通发票一张，发票号 2026。

（2）2014/01/19，客户从成品仓库领出 12 套杀毒软件。

### 10．分期收款发出商品

（1）2014/01/20，销售二部向思睿公司出售 20 台激光打印机，由成品库发货，报价为 1 400 元/台。客户要求以分期付款形式购买该商品。经协商，客户分两次付款，并据此开据相应销售专用发票。第一次开据的专用发票数量为 10 台，发票号为 4321。

（2）业务部门将该业务所涉及到的出库单及销售发票交给财务部门，财务部门据此结转收入及成本。

### 11．委托代销业务

（1）2014/01/21，销售一部委托致远公司代为销售激光打印机 50 台，售价为 1 400 元/台，货物从成品仓库发出。

（2）2014/01/22，收到致远公司的委托代销清单一张，结算 15 台，售价为 1 420 元/台。立即开据销售专用发票给致远公司。

（3）2014/01/22，业务部门将该业务所涉及到的出库单及销售发票交给财务部门，财务部门据此结转收入及成本。

## 【实验要求】

以账套主管“贾涛”的身份进行销售业务处理。

## 【操作指导】

### 1．销售业务 1

业务类型：普通销售业务。

进入销售管理系统，执行“设置”→“销售选项”命令，不选择“报价含税”，如图 11-13 所示。

（1）在销售管理系统中填制并审核报价单。

① 进入销售管理系统，执行“销售报价”→“销售报价单”命令，进入“销售报价单”窗口。

② 单击【增加】按钮，输入报价日期“2014-01-10”，销售类型为“批发”，客户名称“思睿”，销售部门“销售二部”。

③ 选择货物名称“2003 激光打印机”，输入数量“10”、报价“1 500”。

④ 单击【保存】按钮，单击【审核】按钮，保存并审核报价单，退出，如图 11-14 所示。

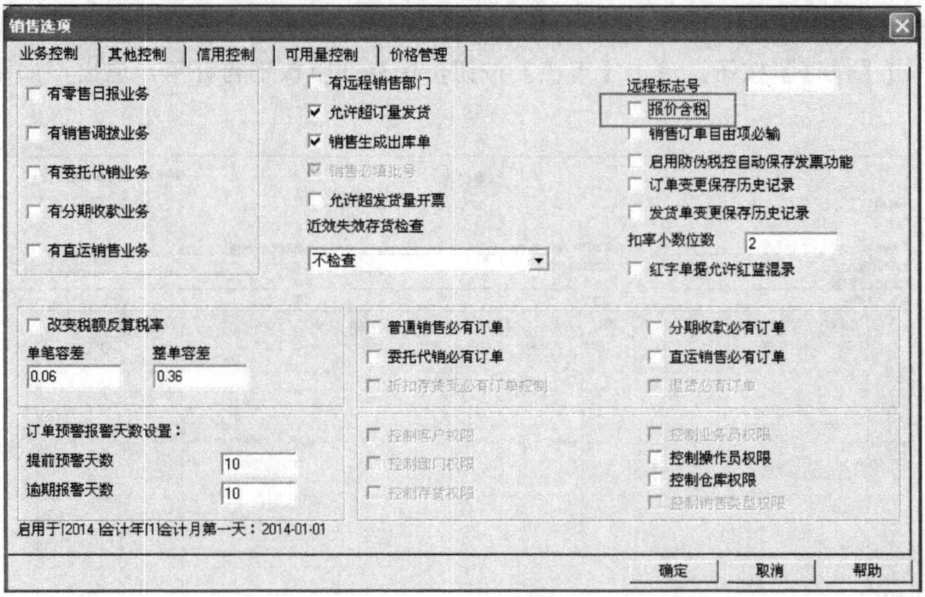


图 11-13　销售选项设置

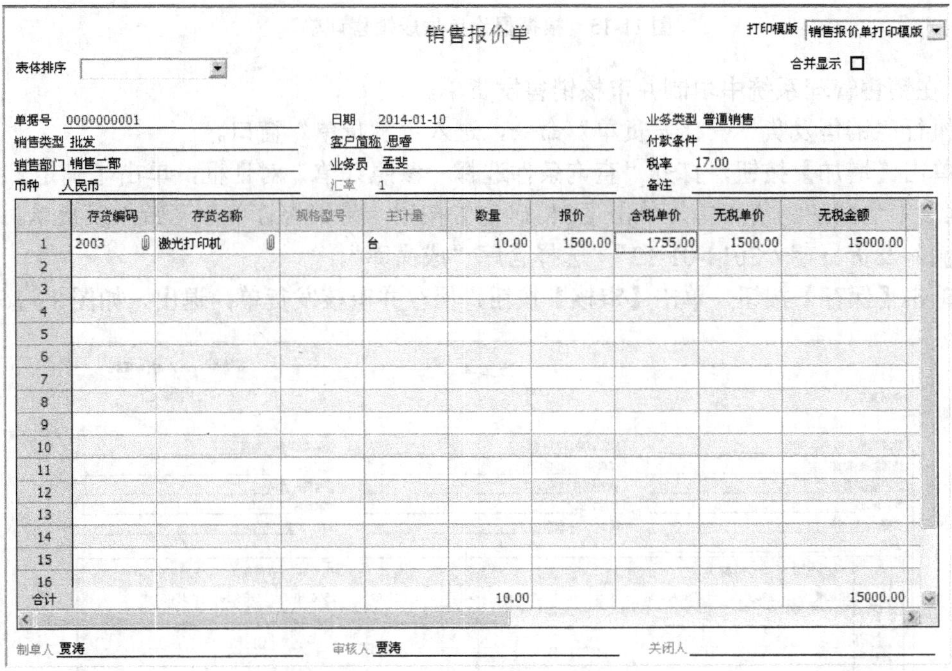


图 11-14　输入销售报价单

（2）在销售管理系统中填制并审核销售订单。

① 执行“销售订货”→“销售订单”命令，进入“销售订单”窗口。

② 单击【增加】按钮，单击【生单】按钮旁边三角图标，从列表中选择“报价”，打开“查询条件选择—订单参照报价单”对话框。

③ 单击【确定】按钮，进入“参照生单”窗口，选择步骤 1 中录入的报价单，从下边窗口中选择要参照的记录行，单击【OK 确定】按钮，将报价单信息带入销售订单。

④ 修改销售订单表体中第 1 行末“预发货日期”为“2014-01-12”。

⑤ 单击【保存】按钮，单击【审核】按钮，保存并审核销售订单，退出，如图 11-15 所示。

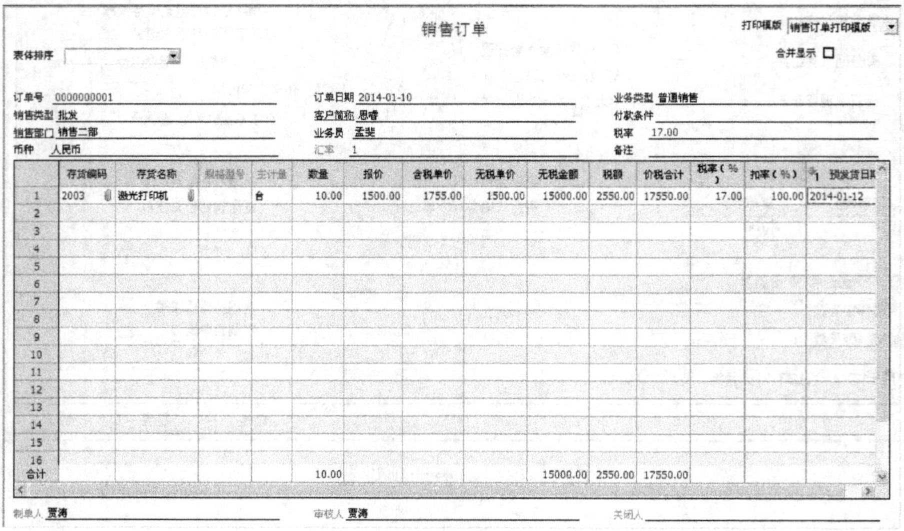

销售订单

打印模版 销售订单打印模版

表体排序

合并显示

| | | |
|---|---|---|
| 订单号 0000000001 | 订单日期 2014-01-10 | 业务类型 普通销售 |
| 销售类型 批发 | 客户简称 思睿 | 付款条件 |
| 销售部门 销售二部 | 业务员 孟斐 | 税率 17.00 |
| 币种 人民币 | 汇率 1 | 备注 |

| | 存货编码 | 存货名称 | 规格型号 | 主计量 | 数量 | 报价 | 含税单价 | 无税单价 | 无税金额 | 税额 | 价税合计 | 税率（%） | 扣率（%） | 预发货日期 |
|---|---|---|---|---|---|---|---|---|---|---|---|---|---|---|
| 1 | 2003 | 激光打印机 | | 台 | 10.00 | 1500.00 | 1755.00 | 1500.00 | 15000.00 | 2550.00 | 17550.00 | 17.00 | 100.00 | 2014-01-12 |
| 合计 | | | | | 10.00 | | | | 15000.00 | 2550.00 | 17550.00 | | | |

制单人 贾涛　审核人 贾涛　关闭人

图 11-15　根据报价单生成销售订单

（3）在销售管理系统中填制并审核销售发货单。

① 执行“销售发货”→“发货单”命令，进入“发货单”窗口。

② 单击【增加】按钮，打开“查询条件选择—参照订单”对话框，单击【确定】按钮，选择步骤 2 中生成的销售订单，单击【OK 确定】按钮，将销售订单信息带入发货单。

③ 输入发货日期“2014-01-12”，选择仓库“成品库”。

④ 单击【保存】按钮，单击【审核】按钮，保存并审核发货单，退出，如图 11-16 所示。

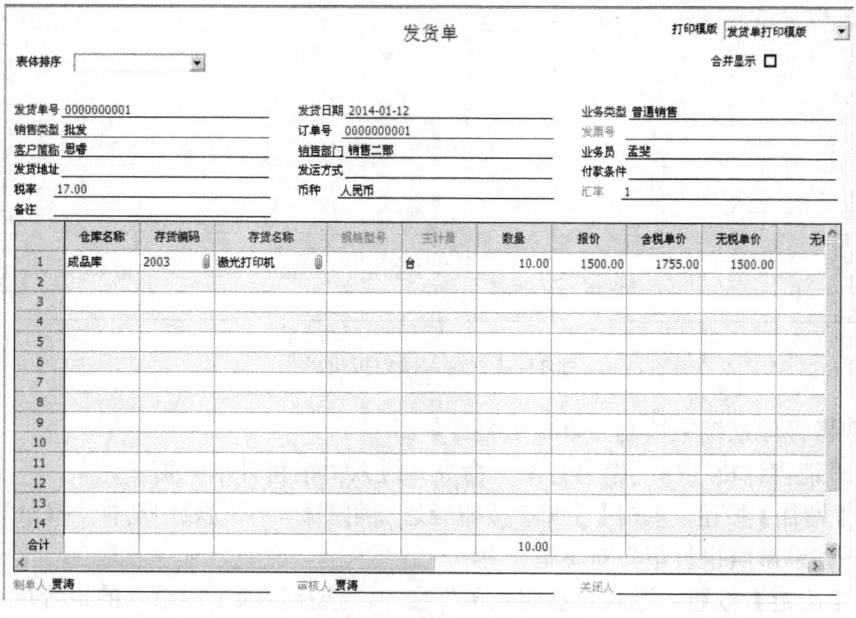

发货单

打印模版 发货单打印模版

表体排序

合并显示

| | | |
|---|---|---|
| 发货单号 0000000001 | 发货日期 2014-01-12 | 业务类型 普通销售 |
| 销售类型 批发 | 订单号 0000000001 | 发票号 |
| 客户简称 思睿 | 销售部门 销售二部 | 业务员 孟斐 |
| 发货地址 | 发运方式 | 付款条件 |
| 税率 17.00 | 币种 人民币 | 汇率 1 |
| 备注 | | |

| | 仓库名称 | 存货编码 | 存货名称 | 规格型号 | 主计量 | 数量 | 报价 | 含税单价 | 无税单价 |
|---|---|---|---|---|---|---|---|---|---|
| 1 | 成品库 | 2003 | 激光打印机 | | 台 | 10.00 | 1500.00 | 1755.00 | 1500.00 |
| 合计 | | | | | | 10.00 | | | |

制单人 贾涛　审核人 贾涛　关闭人

图 11-16　根据销售订单生成销售发货单

（4）在销售管理系统中根据发货单填制并复核销售发票。

① 执行“设置”→“销售选项”，打开“选项”对话框。单击“其他控制”页签，选择新增发票默认“参照发货”，单击【确定】按钮返回。

② 执行“销售开票”→“销售专用发票”命令，进入“销售专用发票”窗口。

③ 单击【增加】按钮，打开“查询条件选择—发票参照发货单”对话框，单击【确定】按钮，选择要参照的发货单，单击【OK 确定】按钮，将发货单信息带入销售专用发票。

④ 修改发票号为“2134”，单击【保存】按钮。单击【复核】按钮，复核销售专用发票，单击【退出】按钮，如图 11-17 所示。

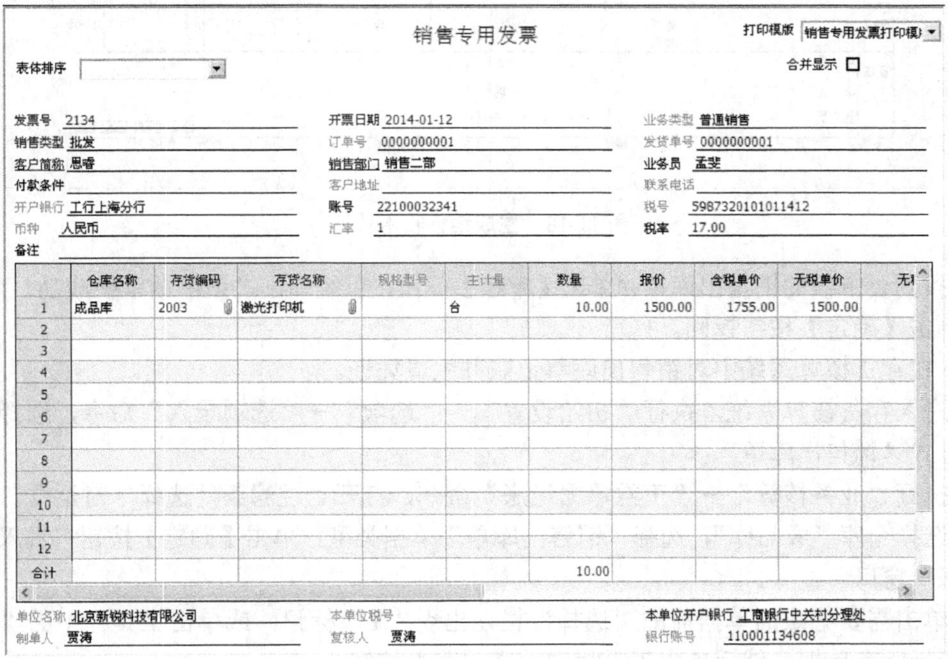


图 11-17　根据销售发货单生成销售发票

（5）在应收款管理系统中，审核销售专用发票并生成销售收入凭证。

① 在应收款系统中，执行“应收单据处理”→“应收单据审核”命令，打开“应收单过滤条件”对话框，单击【确定】按钮，进入“应收单据列表”窗口。

② 选择要审核的单据，单击【审核】按钮，系统弹出“该单据审核成功”信息提示框，单击【确定】按钮返回，退出。

③ 执行“制单处理”命令，打开“制单查询”对话框。

④ 选中“发票制单”复选框，单击【确定】按钮，进入“销售发票制单”窗口。

⑤ 选择凭证类别为“转账凭证”、单击工具栏中的【全选】按钮，选择窗口中的所有单据。单击【制单】按钮，屏幕上出现根据发票生成的转账凭证。

⑥ 修改制单日期，输入附件数，单击【保存】按钮，凭证左上角显示“已生成”红字标记，表示已将凭证传递到总账系统，如图 11-18 所示。

（6）在库存管理系统中审核销售出库单。

① 启动库存管理系统，执行“出库业务”→“销售出库单”命令，进入“销售出库单”窗口。

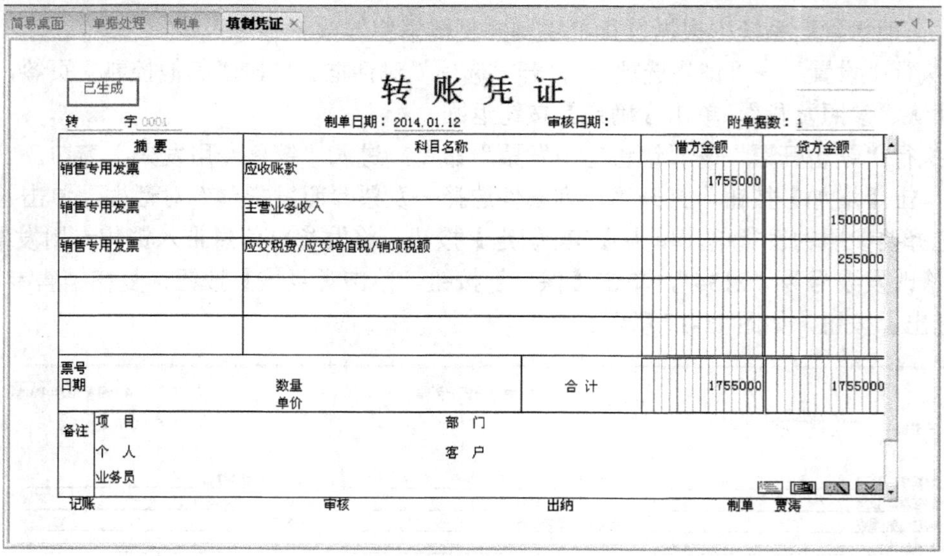

简易桌面 | 单据处理 | 制单 | 填制凭证

已生成

转账凭证

转 字 0001　　制单日期：2014.01.12　　审核日期：　　附单据数：1

| 摘要 | 科目名称 | 借方金额 | 贷方金额 |
|---|---|---|---|
| 销售专用发票 | 应收账款 | 1755000 | |
| 销售专用发票 | 主营业务收入 | | 1500000 |
| 销售专用发票 | 应交税费/应交增值税/销项税额 | | 255000 |
| | | | |
| | | | |
| 票号 日期　数量 单价 | 合计 | 1755000 | 1755000 |

备注　项目　　部门

个人　　客户

业务员

记账　　审核　　出纳　　制单　贾涛

图 11-18　生成销售收入凭证

② 找到要审核的销售出库单，单击【审核】按钮，系统弹出“该单据审核成功！”信息提示框，单击【确定】按钮返回。

（7）在存货核算系统中对销售出库单记账并生成凭证。

① 进入存货核算系统，执行“初始设置”→“选项”→“选项录入”命令，选择销售成本核算方式“销售出库单”。

② 执行“业务核算”→“正常单据记账”命令，打开“过滤条件选择”对话框。

③ 选择仓库“成品库”，选择“销售出库单”单据类型，单击【确定】按钮，进入“正常单据记账”窗口。

④ 单击需要记账的单据前的“选择”栏，出现“Y”标记，或单击工具栏中的“全选”按钮，选择所有单据，然后单击工具栏中的【记账】按钮。

⑤ 系统开始进行单据记账，记账完成后，单据不在窗口中显示。

⑥ 执行“财务核算”→“生成凭证”命令，进入“生成凭证”窗口。

⑦ 单击【选择】按钮，打开“查询条件”对话框，选择“销售出库单”，单击【确定】按钮，进入“选择单据”窗口。

⑧ 单击需要生成凭证的单据前的“选择”栏或单击工具栏中的【全选】按钮，然后单击工具栏中的【确定】按钮，进入“生成凭证”窗口。

⑨ 选择凭证类别为“转账凭证”，单击【生成】按钮，系统显示生成的转账凭证。

⑩ 修改确定无误后，单击工具栏中的【保存】按钮，凭证左上角显示“已生成”红字标记，表示已将凭证传递到总账系统，如图 11-19 所示。

（8）在应收款管理系统中输入收款单并制单。

① 进入应收款管理系统，执行“收款单据处理”→“收款单据录入”命令，进入收款单录入窗口。

② 输入收款单信息。

③ 单击【保存】按钮，单击【审核】按钮，系统提示“是否立即制单？”信息，单击【是】按钮。

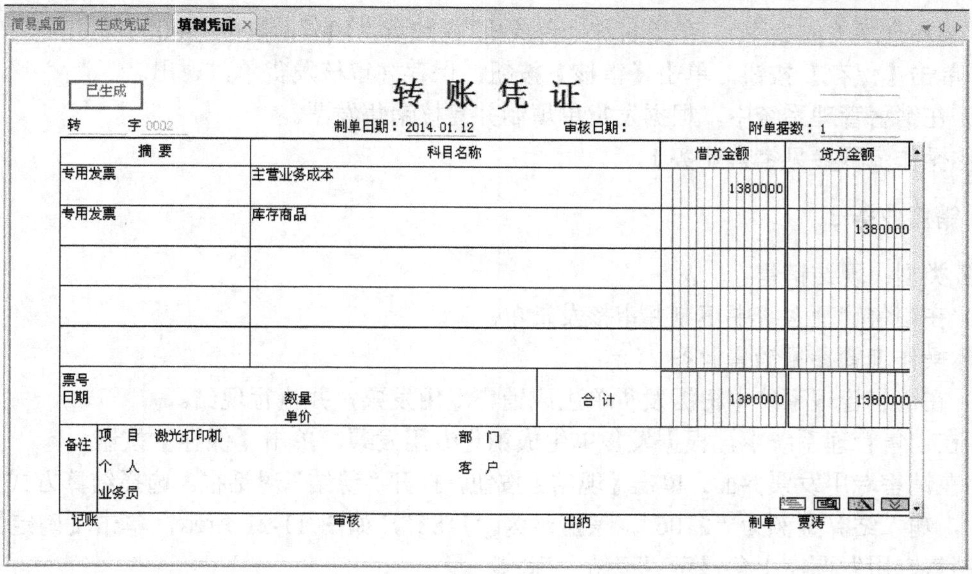


图 11-19 生成销售成本凭证

④ 在填制凭证窗口，单击【保存】按钮，如图 11-20 所示。

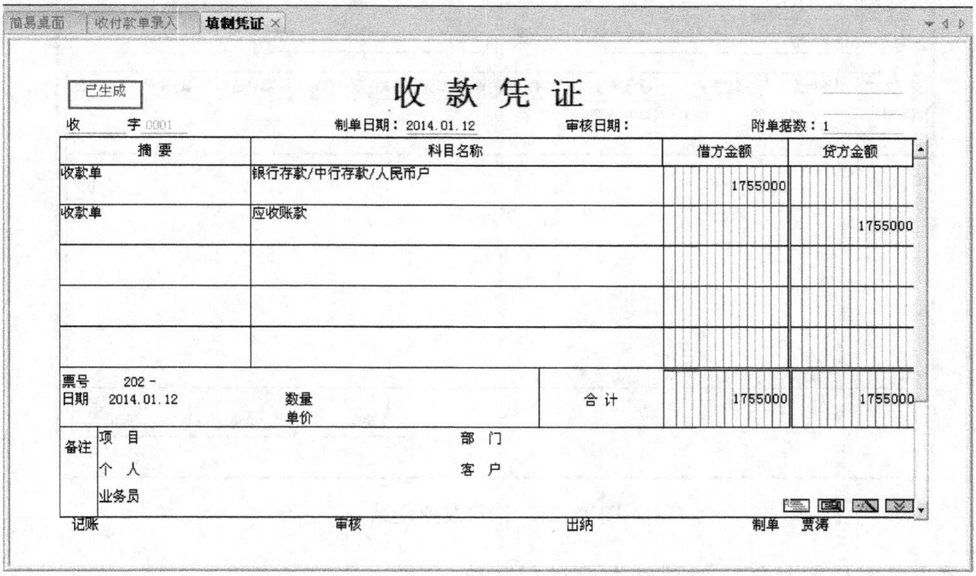


图 11-20 生成收款凭证

## 2. 销售业务 2

业务类型：商业折扣的处理。

（1）在销售管理系统中填制并审核发货单。

① 执行“销售发货”→“发货单”命令，进入“发货单”窗口。

② 单击【增加】按钮，打开“参照订单”对话框，单击【取消】按钮，进入“发货单”窗口。

③ 输入发货日期“2014-01-13”，客户“新京城市学院”，销售部门“销售一部”。

④ 选择仓库“成品库”，存货名称“台式机”，数量“100”，报价“4 000”，扣率“90%”。

⑤ 单击【保存】按钮，单击【审核】按钮，保存并审核发货单，退出。

（2）在销售管理系统中，根据发货单填制并复核销售发票。

具体操作步骤参见销售业务 1。

### 3. 销售业务 3

业务类型：现结销售。

（1）在销售管理系统中填制并审核发货单。

具体操作步骤参见销售业务 2。

（2）在销售管理系统中根据发货单生成销售专用发票，并执行现结。

① 在销售管理系统中，根据发货单生成销售专用发票，单击【保存】按钮。

② 在销售专用发票界面，单击【现结】按钮，打开“现结”对话框。选择结算方式为“转账支票”，输入结算金额为“2106”，票据号为“1188”，如图 11-21 所示，单击【确定】按钮返回，销售专用发票左上角显示“现结”标志。

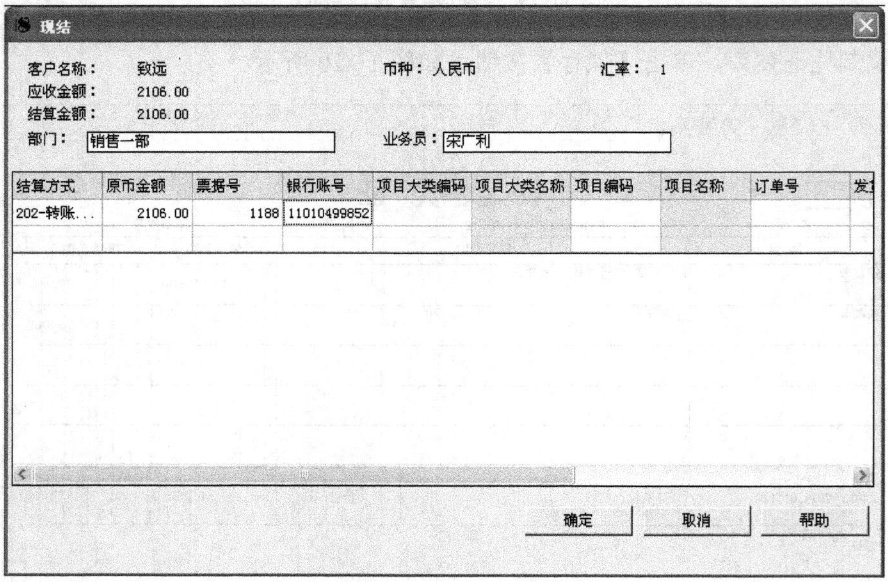


图 11-21 销售发票现结

③ 单击【复核】按钮，对现结发票进行复核。

**注意：**

- 应在销售发票复核前进行现结处理。
- 销售发票复核后才能在应收款系统中进行“现结”制单。

（3）在应收款管理系统中进行应收单据审核和现结制单。

① 进入应收款系统，执行“应收单据处理”→“应收单据审核”命令，打开“单据过滤条件”对话框。

② 选中“包含已现结发票”复选框，单击【确定】按钮，进入“应收单据列表”窗口。

③ 审核步骤 2 的销售专用发票。

④ 执行“制单处理”命令，打开“制单查询”对话框。选中“现结制单”复选框，单击【确定】按钮，进入“应收制单”窗口。

⑤ 单击需要制单的单据行的“选择标志”栏，输入任一标志，选择凭证类别为“收款凭证”，输入制单日期，单击【制单】按钮，生成收款凭证。

⑥ 修改确定无误后，单击【保存】按钮，凭证左上角出现“已生成”红色标记，表示凭证已传递到总账，如图 11-22 所示。

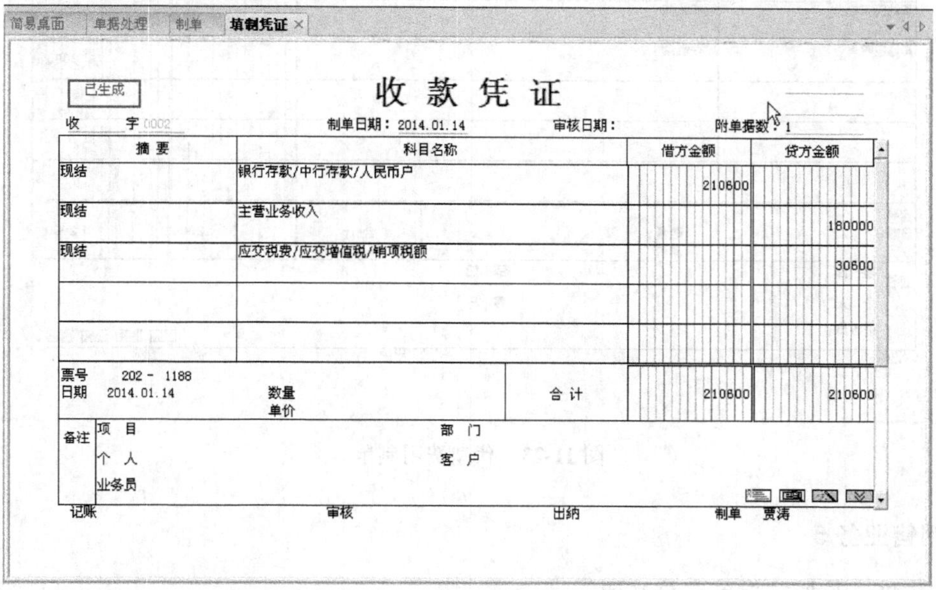


图 11-22　现结制单

**4．销售业务 4**

业务类型：代垫费用处理。

（1）在企业应用平台中设置费用项目。

① 在企业应用平台的“基础设置”页签中，执行“基础档案”→“业务”→“费用项目分类”命令，进入“费用项目分类”窗口。增加项目分类“1 代垫费用”。

② 执行“业务”→“费用项目”命令，进入“费用项目”窗口。增加“01 邮寄费”并保存。

（2）在销售管理系统中填制并审核代垫费用单。

① 在销售管理系统中，执行“代垫费用”→“代垫费用单”命令，进入“代垫费用单”窗口。

② 单击【增加】按钮，输入代垫日期“2014-01-14”；客户“致远”；销售部门“销售一部”；费用项目“邮寄费”；代垫金额“20”，保存并审核。

（3）在应收款管理系统中对代垫费用单进行审核并确定应收。

① 在应收款管理系统中，执行“应收单据处理”→“应收单据审核”命令，在“应收单过滤条件”对话框中单击【批审】按钮对代垫费用单形成的其他应收单进行审核。

② 执行“制单处理”命令，打开“制单查询”对话框。选择“应收单制单”，单击【确定】按钮，进入“制单”窗口。

③ 选择要制单的单据，选择凭证类型为“付款凭证”，单击【制单】按钮，生成一张转账凭证，输入贷方科目“1001”，单击【保存】按钮，如图 11-23 所示。

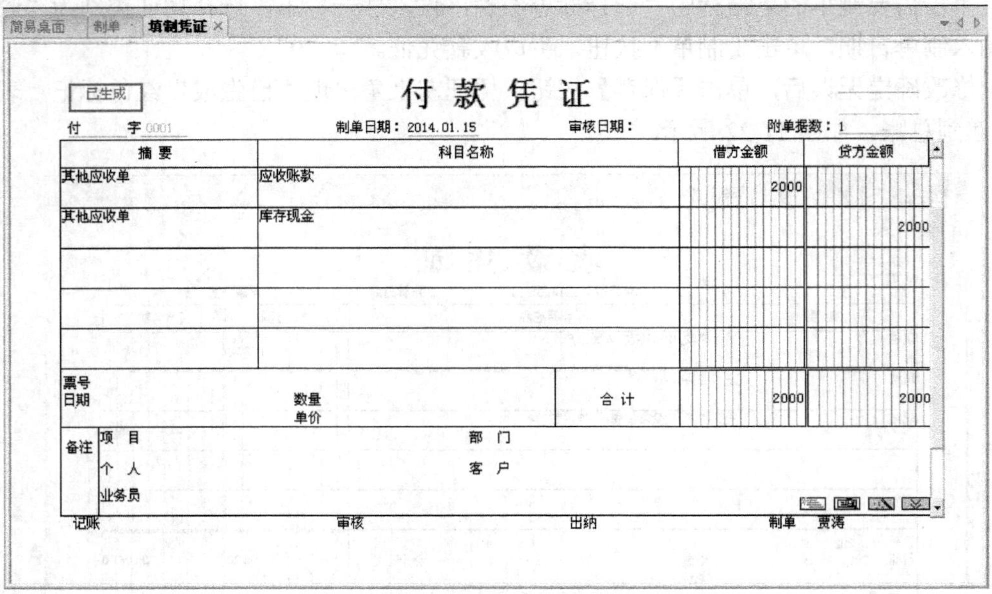


图 11-23 代垫费用制单

### 5. 销售业务 5

业务类型：多张发货单汇总开票。

（1）在销售管理系统中填制并审核两张发货单。

具体操作步骤参见业务 2。

（2）在销售管理系统中，参照上述两张发货单填制并复核销售发票。

① 在销售管理系统中，执行“销售开票”→“销售专用发票”命令，进入“销售专用发票”窗口。

② 单击【增加】按钮，打开“选择发货单”对话框。选择客户“思睿”，单击【过滤】按钮。

③ 单击【全选】按钮，单击【OK 确定】按钮，将发货单信息汇总反映在销售专用发票上。

④ 单击【保存】按钮，单击【复核】按钮，保存并复核销售专用发票。

### 6. 销售业务 6

业务类型：一张发货单分次开票。

（1）在销售管理系统中填制并审核发货单。具体操作步骤参见业务 2。

（2）在销售管理系统中，根据上述发货单分次填制两张销售发票并复核。

① 在销售管理系统中，执行“销售开票”→“销售专用发票”命令，进入“销售专用发票”窗口。

② 单击【增加】按钮，打开“选择发货单”对话框；选择客户“致远”，单击【过滤】按钮。

③ 选择要开具销售专用发票的发货单，单击【OK 确定】按钮，发货单信息带到销售专用发票上。修改开票日期“2014-01-17”，数量“20”，保存并复核。

④ 单击【增加】按钮，打开“选择发货单”对话框；选择客户“致远”，单击【过滤】按钮。

⑤ 选择要开具销售专用发票的发货单，注意此时发货单上“未开票数量”一栏显示“10”，单击【OK 确定】按钮，发货单信息带到销售专用发票上。修改开票日期“2014-01-17”，保存并复核。

**7．销售业务 7**

业务类型：开票直接发货业务。

（1）在销售管理系统中，填制并复核销售普通发票。

① 在销售管理系统中，执行“销售开票”→“销售普通发票”命令，进入“销售普通发票”窗口。

② 单击【增加】按钮，打开“选择发货单”对话框；单击【取消】按钮，返回“销售普通发票”窗口。

③ 按实验要求输入销售普通发票内容并复核。

（2）在销售管理系统中，查询销售发货单。执行“销售发货”→“发货单”命令，进入“发货单”窗口，可以查看到根据销售专用发票自动生成的发货单。

（3）在库存管理系统中，查询销售出库单。在库存管理系统中，执行“出库业务”→“销售出库单”命令，进入“销售出库单”窗口，可以查看到根据销售发票自动生成的销售出库单。

**8．销售业务 8**

业务类型：一次销售分次出库。

（1）在销售管理系统中，设置相关选项。在销售管理系统中，执行“设置”→“销售选项”命令，进入“选项”窗口。在“业务控制”页签中，去掉“销售生成出库单”复选框中的“✓”，单击【确定】按钮返回。

**注意：**

- 修改该选项的前提是原操作模式下的单据（发货单、发票）必须全部审核。

（2）在销售管理系统中，填制并审核发货单。具体操作步骤参见业务 2。

（3）在销售管理系统中，根据发货单开具销售普通发票并复核。具体操作步骤参见业务 2。

（4）在库存管理系统中，根据发货单开具销售出库单。

① 在库存管理系统中，执行“出库业务”→“销售出库单”命令，进入“销售出库单”窗口。

② 单击【生单】按钮，打开“选择发货单”对话框。

③ 单击【确定】按钮，选择要参照的发货单，窗口下方显示发货单表体内容。移动水平滚动条，在记录行末修改“本次出库数量”为“12”，单击【OK 确定】按钮，系统弹出“确定要生单吗？”信息提示框，单击【是】按钮，生成销售出库单。

④ 单击【审核】按钮，系统提示“该单据审核成功！”信息，单击【确定】按钮返回。

⑤ 同理，填制第 2 张销售出库单，出库数量为“8”。

### 9．销售业务 9

业务类型：超发货单出库、开票。

（1）在库存管理系统和销售管理系统中修改相关选项设置。

在库存管理系统中，执行“初始设置”→“选项”命令，打开“库存选项设置”对话框。单击“专用设置”选项卡，选中“允许超发货单出库”选项。单击【确定】按钮返回。

在销售管理系统中，执行“设置”→“销售选项”命令，打开“销售选项”对话框；选中“允许超发货量开票”选项；单击【确定】按钮返回。

（2）在企业应用平台中修改存货档案，设置超额出库上限为“20%”。

① 在企业应用平台中的“基础设置”页签中，执行“基础档案”→“存货”→“存货档案”命令，进入“存货档案”窗口。

② 找到“杀毒软件”记录行，单击【修改】按钮，打开“修改存货档案”对话框。

③ 单击“控制”选项卡，在“出库超额上限”一栏中输入“0.2”，单击【保存】按钮。

（3）在销售管理系统中，填制并审核发货单。具体操作步骤参见业务 2。

（4）在销售管理系统中，填制并复核销售普通发票。具体操作步骤参见业务 2，注意修改开票数量为“12”。

（5）在库存管理系统中，根据发货单生成销售出库单。

① 在库存管理系统中，执行“出库业务”→“销售出库单”命令，进入“销售出库单”窗口。

② 单击【生单】按钮，打开“销售发货单列表”对话框。

③ 单击【确定】按钮，进入“销售生单”窗口。选择要参照的发货单，选中“生单后是否编辑”复选框，单击【OK 确定】按钮返回，修改销售出库单上的数量为“12”，审核销售出库单。

④ 在销售管理系统中，查询该笔业务的发货单，发现“数量”一栏已根据销售出库单修改为“12”。

### 10．销售业务 10

业务类型：分期收款发出商品。

（1）在销售管理系统中修改相关选项设置。在销售管理系统中，执行“设置”→“销售选项”命令，打开“销售选项”对话框；单击“业务控制”选项卡，选中“有分期收款业务”及“销售生成出库单”复选框；单击【确定】按钮返回。

（2）在存货核算系统中进行分期收款业务相关科目设置。在存货核算系统中，执行“初始设置”→“科目设置”→“存货科目”命令，进入“存货科目”窗口，设置所有仓库“分期收款发出商品科目”为“1406 发出商品”。

（3）在销售管理系统中填制并审核发货单。

**注意：**

- 填制发货单时选择业务类型为“分期收款”，数量为“20”。

（4）在存货核算系统中执行发出商品记账，生成出库凭证。

① 在存货核算系统中，执行“业务核算”→“发出商品记账”命令，打开“查询条件选

择”对话框。

② 选择业务类型“分期收款”，单据类型“发货单”，仓库“成品库”，单击【确定】按钮，进入“未记账发出商品一览表”窗口。

③ 选择要记账的单据，单击【记账】按钮，退出。

④ 执行“财务核算”→“生成凭证”命令，进入“生成凭证”窗口；单击【选择】按钮，打开“查询条件”对话框。

⑤ 在单据列表中，选择“分期收款发出商品发货单”，单击【确定】按钮，进入“未生成凭证单据一览表”窗口。

⑥ 选择要记账的发货单，单击【确定】按钮，进入“生成凭证”窗口；单击【生成】按钮，生成出库凭证。

借：发出商品　　　　　　27 600

　贷：库存商品　　　　　　27 600

（5）在销售管理系统中根据发货单填制并复核销售专用发票。

**注意：**

- 参照发货单时，选择业务类型为“分期收款”。
- 修改开票数量为“10”。

（6）在应收款管理系统中，审核销售专用发票及生成应收凭证。具体操作步骤参见业务 2。

（7）在存货核算系统中，对销售发票进行记账并生成结转销售成本凭证。

① 在存货核算系统中，执行“业务核算”→“发出商品记账”命令，打开“查询条件选择”对话框。

② 选择单据类型“销售发票”，业务类型“分期收款”，仓库“成品库”，单击【确定】按钮，进入“发出商品记账”窗口。

③ 选择要记账的单据，单击【记账】按钮。

④ 执行“财务核算”→“生成凭证”命令，进入“生成凭证”窗口；单击【选择】按钮，打开“查询条件”对话框。

⑤ 在单据列表中，选择“分期收款发出商品专用发票”，单击【确定】按钮，进入“未生成凭证单据一览表”窗口。

⑥ 选择要记账的发货单，单击【确定】按钮，进入“生成凭证”窗口；单击【生成】按钮，生成出库凭证。

借：主营业务成本　　　　13 800

　贷：发出商品　　　　　　13 800

（8）查询分期收款相关账表。在存货核算系统中，查询发出商品明细账；在销售管理系统中，查询销售统计表。

### 11．销售业务 11

业务类型：委托代销业务。

（1）初始设置调整。

① 在存货核算系统中，执行“初始设置”→“选项”→“选项录入”命令，将“委托代销成本核算方式”设置为“按发出商品核算”，单击【确定】按钮，保存设置。

② 在销售管理系统中，执行“设置”→“销售选项”命令，在“业务控制”页签中选择“有委托代销业务”，单击【确定】按钮。

（2）委托代销发货处理。

① 在销售管理系统中“委托代销”→“委托代销发货单”中填制并审核委托代销发货单。

② 在库存管理系统中审核销售出库单。

③ 在存货核算系统中对委托代销发货单进行发出商品记账（输入单价为“1 400”），生成出库凭证；在生成凭证前，输入发出商品的科目编码为“1406”。

借：发出商品　　　　69 000

　　贷：库存商品　　　　69 000

（3）委托代销结算处理。

① 在销售管理系统中，参照委托代销发货单生成委托代销结算单。

**注意：**

- 修改委托代销结算数量为“15”。

② 单击【审核】按钮，打开“请选择发票类型”对话框；选择“专用发票”，单击【确定】按钮，退出。

③ 在销售管理系统中查看根据委托代销结算单生成的销售专用发票并复核。

**注意：**

- 委托代销结算单审核后，由系统自动生成相应的销售发票。
- 系统可根据委托代销结算单生成“普通发票”或“专用发票”两种发票类型。
- 委托代销结算单审核后，由系统自动生成相应的销售出库单，并将其传递到库存管理系统。

④ 在应收款管理系统中，审核销售发票生成销售凭证。

借：应收账款　　　　24 921

　　贷：主营业务收入　　　　21 300

　　　　应交税金/应交增值税/销项税额　　　　3 621

⑤ 在存货核算系统中，结转销售成本。在存货核算系统中，执行“发出商品记账”，对委托代销销售专用发票进行记账。然后在“生成凭证”中，对委托代销发出商品专用发票生成凭证。发出商品的科目编码为“1406”。

借：主营业务成本　　　　20 700

　　贷：发出商品　　　　20 700

⑥ 委托代销相关账表查询。在销售管理系统中，查询委托代销统计表；在库存管理系统中，查询委托代销备查簿。

## 复习思考题 11

1. 销售管理系统的功能有哪些？
2. 销售管理系统与其他系统的主要关系是什么？

3．简述普通销售业务的处理流程。

4．简述销售退货业务的处理流程。

5．简述以订单为中心的销售业务、委托代销业务、直运业务、分期收款销售业务的处理流程。

6．简述销售调拨业务、零售业务、现收业务、代垫费用等业务的处理流程。

TWELVE

# 第 12 章 库存管理

**本章学习目标**

- 了解库存管理系统的功能
- 了解库存管理系统与其他系统的主要关系
- 掌握入库业务、出库业务的处理流程
- 熟悉其他库存业务的处理流程
- 掌握入库业务处理、出库业务处理的操作方法
- 熟悉其他业务处理的操作方法

## 12.1 系统概述

### 12.1.1 功能概述

库存管理是用友 U8 供应链管理系统的一个子系统，它的主要功能包括以下几个方面。

**1. 日常收发存业务处理**

库存管理系统的主要功能是对采购管理系统、销售管理系统及库存管理系统填制的各种出入库单据进行审核，并对存货的出入库数量进行管理。

除管理采购业务、销售业务形成的入库和出库业务外，还可以处理仓库间的调拨业务、盘点业务、组装拆卸业务、形态转换业务等。

### 2. 库存控制

库存管理系统支持批次跟踪、保质期管理、委托代销商品管理、不合格品管理、现存量（可用量）管理、安全库存管理，对超储、短缺、呆滞积压、超额领料等情况进行报警。

### 3. 库存账簿及统计分析

库存管理系统可以提供出入库流水账、库存台账、受托代销商品备查簿、委托代销商品备查簿、呆滞积压存货备查簿供用户查询，同时提供各种统计汇总表。

## 12.1.2 库存管理系统与其他系统的主要关系

库存管理系统既可以和采购管理、销售管理、存货核算集成使用，也可以单独使用。在集成应用模式下，库存管理系统与其他系统的主要关系如图 12-1 所示。

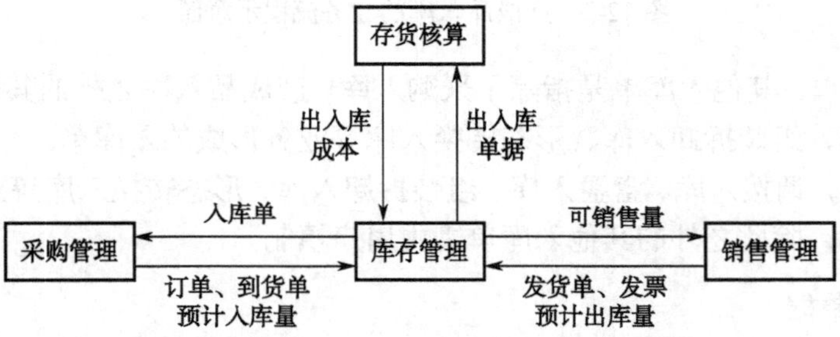


图 12-1 库存管理系统与其他系统的主要关系

库存管理系统可以参照采购管理系统的采购订单、采购到货单生成采购入库单，库存管理系统将入库情况反馈到采购管理系统。采购管理系统向库存管理系统提供预计入库量。

根据选项设置，销售出库单可以在库存管理系统填制、生成，也可以在销售管理系统生成后传递到库存管理系统，库存管理系统再进行审核。如果在库存管理系统生成，则需要参照销售管理系统的发货单、销售发票。销售管理系统为库存管理系统提供预计出库量。库存管理系统为销售管理系统提供可用于销售的存货的可用量。

库存管理系统为存货核算系统提供各种出入库单据。所有出入库单均由库存管理系统填制，存货核算系统只能填写出入库单的单价、金额，并可对出入库单进行记账操作，核算出入库的成本。

# 12.2 库存管理日常业务处理

## 12.2.1 入库业务处理

库存管理系统主要是对各种入库业务进行单据的填制和审核。

### 1. 入库单据

库存管理系统管理的入库业务单据主要包括以下几种。

（1）采购入库单。采购业务员将采购回来的存货交到仓库时，仓库保管员对其所购存货进行验收并确定，填制采购入库单。生成采购入库单的方式有四种：参照采购订单、参照采购到货单、检验入库（与 GSP 集成使用时）、直接填制。采购入库单的审核相当于仓库保管员对采购的实际到货情况进行质量、数量的检验和签收。

（2）产成品入库单。产成品入库单是管理工业企业的产成品入库、退回业务的单据。

对于工业企业，企业对原材料及半成品进行一系列加工后，形成可销售的商品，然后验收入库。只有工业企业才有产成品入库单，商业企业没有此单据。

产成品在入库时一般是无法确定产品的总成本和单位成本的，因此，在填制产成品入库单时，一般只有数量，没有单价和金额。

产成品入库的业务流程如图 12-2 所示。

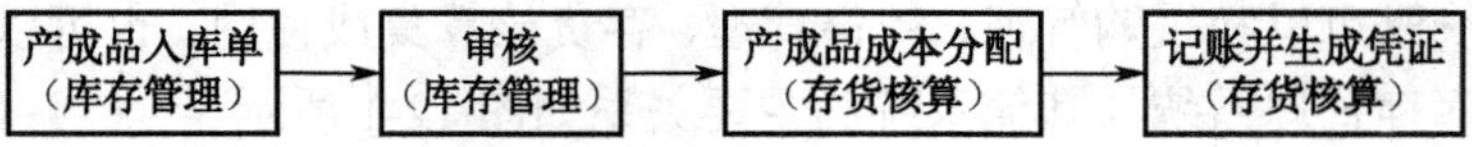


图 12-2　产成品入库的业务流程示意图

（3）其他入库单。其他入库单是指除了采购入库、产成品入库之外的其他入库业务，如调拨入库、盘盈入库、组装拆卸入库、形态转换入库等业务形成的入库单。

需要注意的是，调拨入库、盘盈入库、组装拆卸入库、形态转换入库等业务可以自动形成相应的其他入库单，除此之外的其他入库单需由用户填制。

#### 2．审核入库单据

库存管理系统中的审核具有多层含义，既可表示通常意义上的审核，也可用单据是否审核代表实物的出入库行为，即在入库单上的所有存货均办理了入库手续后，才能对入库单进行审核。

### 12.2.2　出库业务处理

#### 1．销售出库

如果没有启用销售管理系统，则销售出库单需要手工增加。

如果启用了销售管理系统，则在销售管理系统中填制的销售发票、发货单、销售调拨单、零售日报，经复核后均可以参照生成销售出库单。根据选项设置，销售出库单可以在库存管理系统填制、生成，也可以在销售管理系统生成后传递到库存管理系统，库存管理系统再对其进行审核。

#### 2．材料出库

材料出库单是工业企业领用材料时所填制的出库单据，材料出库单也是进行日常业务处理和记账的主要原始单据之一。只有工业企业才有材料出库单，商业企业没有此单据。

#### 3．其他出库

其他出库是指除销售出库、材料出库之外的其他出库业务，如维修、办公耗用、调拨出库、盘亏出库、组装拆卸出库、形态转换出库等。

需要注意的是：调拨出库、盘盈出库、组装出库、拆卸出库、形态转换出库等业务可以自动形成相应的其他出库单，除此之外的其他出库单需由用户填制。

### 12.2.3　其他业务

#### 1．库存调拨

库存管理系统中提供了调拨单用于处理仓库之间存货的转库业务或部门之间的存货调拨业务。如果调拨单上的转出部门和转入部门不同，就表示是部门之间的调拨业务；如果转出部门和转入部门相同，但转出仓库和转入仓库不同，就表示是仓库之间的转库业务。

#### 2．盘点

库存管理系统中提供了盘点单用来定期对仓库中的存货进行盘点。存货盘点报告表是证明企业存货盘盈、盘亏和毁损，调整存货实存数的书面凭证，经企业领导批准后，即可作为原始凭证入账。

本功能提供两种盘点方法：按仓库盘点和按批次盘点，还可对各仓库或批次中的全部或部分存货进行盘点，盘盈、盘亏的结果可自动生成出入库单。

**注意：**

- 上次盘点的仓库的存货所在的盘点表未记账之前，不应再对此仓库此存货进行盘点，否则账面数不准确。即同一时刻不能有两张相同仓库相同存货的盘点表未记账。
- 盘点前应将所有已办理实物出入库但未录入的出入库单或销售发货单、销售发票全部录入计算机中。
- 盘点前应将所有委托代管或受托代管的存货进行清查，并将这些存货与已记录在账簿上需盘点的存货区分出来。盘点表中的盘点数量不应包括委托代管或受托代管的数量。
- 盘点开始后至盘点结束前不应再办理出入库业务。即新增盘点表后，不应再录入出入库单、发货单及销售发票等单据，也不应办理实物出入库业务。
- 盘点表中的账面数，为增加盘点表中的存货的那一时刻该仓库该存货的现存量，它为库存系统中该仓库该存货的账面结存数减去销售系统中已开据发货单或发票但未生成出库单的数量的差。

#### 3．组装与拆卸

有些企业中的某些存货既可单独出售，又可与其他存货组装在一起销售。例如，计算机销售公司既可单独出售显示器、主机、键盘等，又可按客户的要求将显示器、主机、键盘等组装成计算机销售。如果企业库存中只存有组装好的计算机，但客户只需要购买显示器，那么，只能将计算机进行拆卸，然后将显示器出售给客户。

组装是指将多个散件组装成一个配套件的过程。组装单相当于两张单据：一张是散件出库单，另一张是配套件入库单。配套件和散件之间是一对多的关系。配套件和散件之间的关系在产品结构中设置。用户在组装之前应先进行产品结构定义，否则无法进行组装。

拆卸是指将一个配套件拆卸成多个散件的过程。拆卸单相当于两张单据：一张是配套件出库单，另一张是散件入库单。配套件和散件之间是一对多的关系。配套件和散件之间的关系在产品结构中设置。用户在拆卸之前应先进行产品结构定义，否则无法进行拆卸。

**4．形态转换**

由于自然条件或其他因素的影响，某些存货会由一种形态转换成另一种形态，如煤块由于风吹、雨淋变成了煤渣，活鱼由于缺氧变成了死鱼等，从而引起存货规格和成本的变化。因此，库管员需根据存货的实际状况填制形态转换单（也称规格调整单），报请主管部门批准后进行调账处理。

## 实验十三　库存管理

### 【实验目的】

掌握用友 U8 管理软件中有关库存管理的相关内容，掌握企业库存日常业务的处理方法，理解库存管理与其他系统之间的数据传递关系。

### 【实验内容】

（1）入库业务处理。
（2）出库业务处理。
（3）其他业务处理。
（4）库存账簿查询。
（5）月末结账。

### 【实验准备】

引入实验十账套。

### 【实验资料】

2014 年 01 月份库存业务如下。

**1．产成品入库业务**

2014/01/05，成品库收到生产部生产的 50 台台式机，做产成品入库。

2014/01/08，成品库收到生产部生产的 30 台台式机，做产成品入库。

随后，收到财务部门提供的完工产品成本，其中台式机的总成本 260 000 元，立即做成本分配，记账生成凭证。

**2．材料领用**

2014/01/10，生产部向原料库领用硬盘 50 盒，用于生产台式机。记材料明细账，生成领料凭证。

**3．出库跟踪入库**

有一存货“2005 三维建模从入门到精通”多媒体软件，在库存管理时，需要对每一笔入库的出库情况做详细统计。

2014/01/10，采购部向启星公司购进 100 套“三维建模从入门到精通”多媒体软件，单价为 65 元/套。入成品库。

2014/01/11，采购部向迅捷公司购进 50 套“三维建模从入门到精通”，单价为 68 元/套。入成品库。

2014/01/12，收到上述两笔入库的普通发票，发票号分别为 2211 和 3356。

2014/01/13，销售一部向新京城市学院销售 30 套“三维建模从入门到精通”，从成品库发货。

**4．调拨业务**

2014/01/14，将原料库中的 80 个“鼠标”调拨到成品库中。

**5．盘点预警设置**

2014/01/15，根据上级主管要求，CPU 芯片应在每周五进行一次盘点。

**6．盘点业务**

2014/01/16，对材料库的“CPU 芯片”存货进行盘点，盘点后，发现 CPU 芯片多 5 盒。经确定成本为 1 200 元/盒。

**7．其他入库业务**

2014/01/16，销售一部收到赠品“三维建模从入门到精通”500 套，单价 65 元/套。

**8．其他出库业务**

2014/01/16，企管办领取 100 个鼠标，用于捐助教育。

**9．组装业务**

2014/01/16，应客户急需，生产当日组装了 20 台台式机。

**【实验要求】**

（1）本实验以库存管理与供应链其他子系统集成应用为实验条件，不再处理单纯的采购入库、销售出库业务，相关业务处理参见采购管理、销售管理。

（2）以“贾涛”的身份进入库存管理系统，填制各种出入库单据并进行审核。之后进入存货核算系统，对各种出入库单进行记账，生成出入库凭证。

**【操作指导】**

**1．库存业务 1**

业务类型：产成品入库。

（1）在库存管理系统中录入产成品入库单并审核。

① 执行“入库业务”→“产成品入库单”命令，进入“产成品入库单”窗口。

② 单击【增加】按钮，输入入库日期“2014-01-05”，选择仓库“成品库”，入库类别“产成品入库”，部门“生产部”。

③ 选择产品编码“2001　台式机”，输入数量“50”。

④ 单击【保存】按钮。

⑤ 单击【审核】按钮，完成对该单据的审核，如图 12-3 所示。

⑥ 同理，输入第 2 张产成品入库单。

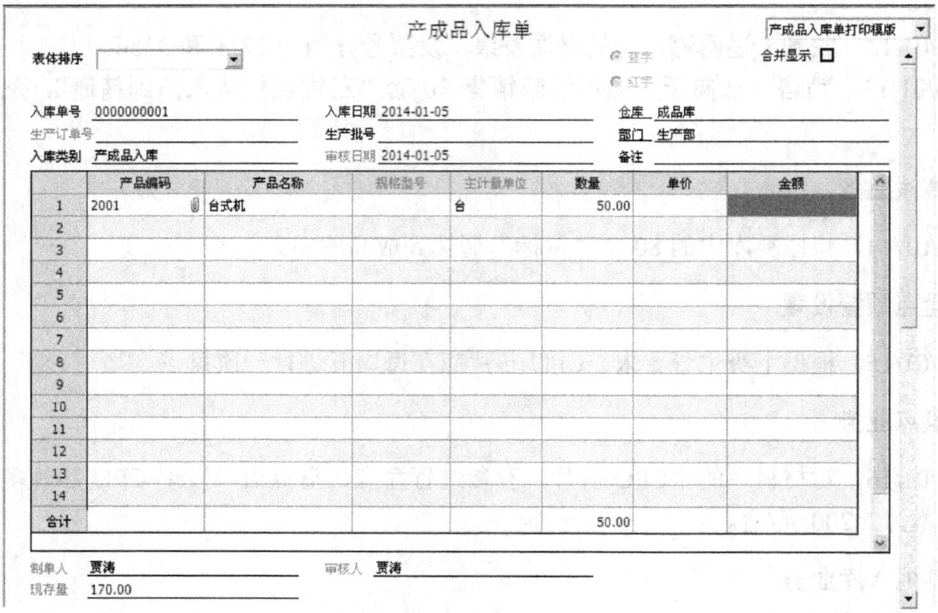


图 12-3　填制并审核产成品入库单

**注意：**

● 产成品入库单上无须填写单价，待产成品成本分配后系统会自动写入。

（2）在存货核算系统中录入生产总成本并进行产成品成本分配。

① 执行“业务核算”→“产成品成本分配”命令，进入“产成品成本分配”窗口。

② 单击【查询】按钮，打开“产成品成本分配表查询”对话框。选择“成品库”，单击【确定】按钮，系统将符合条件的记录带回“产成品成本分配表”。

③ 在“2001　台式机”记录行“金额”栏内输入“260 000”。

④ 单击【分配】按钮，系统弹出提示“分配操作顺利完成！”单击【确定】按钮返回，如图 12-4 所示。

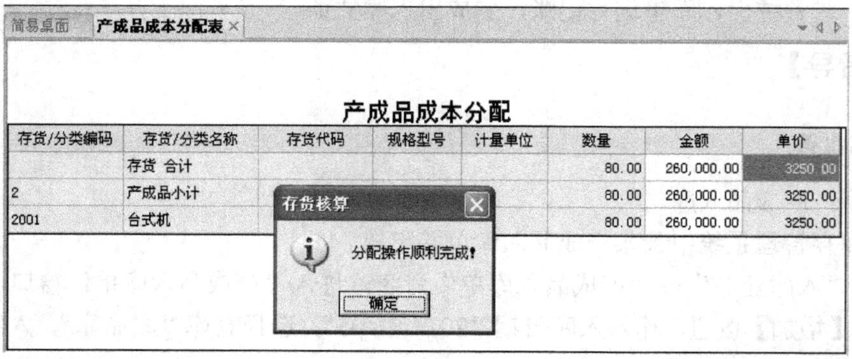


图 12-4　输入产成品成本分配金额并分配产成品成本

⑤ 执行“日常业务”→“产成品入库单”命令，进入“产成品入库单”窗口，可查看入库存货单价 3 250 元。

（3）在存货核算系统中对产成品入库单进行记账并生成凭证。

① 执行“业务核算”→“正常单据记账”命令，对产成品入库单进行记账处理。

② 执行“财务核算”→“生成凭证”命令，选择“产成品入库单”生成凭证。在生成凭证界面，单击【合成】按钮，可合并生成入库凭证，如图 12-5 所示。

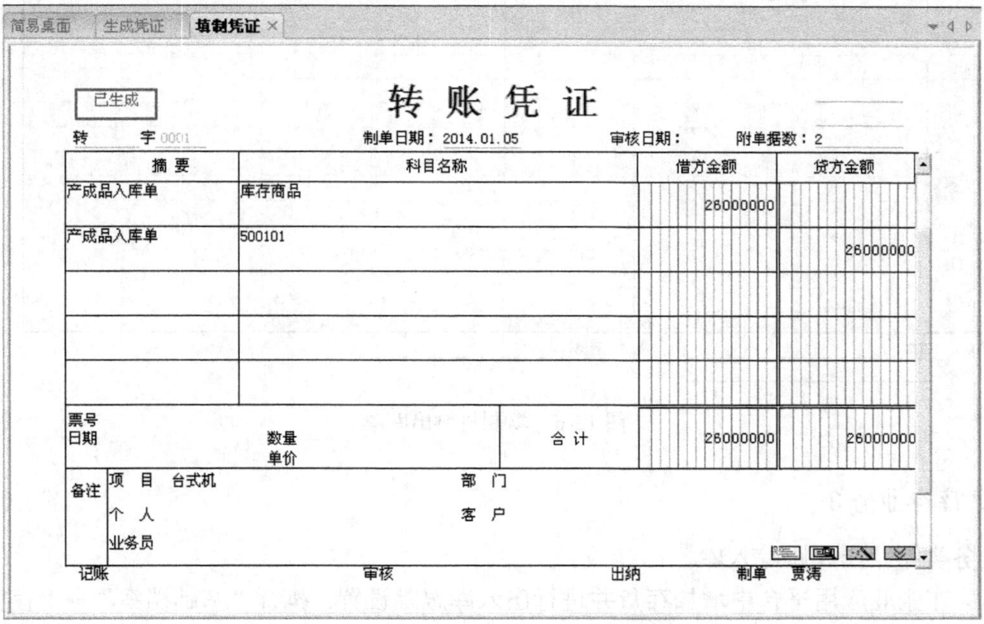


图 12-5 产成品入库单生成凭证

**注意：**

● 生产成本/直接材料为项目核算科目，本业务项目为“台式机”。

### 2. 库存业务 2

业务类型：材料领用出库。

（1）在库存管理系统中填制材料出库单。

① 执行“出库业务”→“材料出库单”命令，进入“材料出库单”窗口。

② 单击【增加】按钮，填写出库日期“2014-01-10”，仓库“原料库”，出库类别“材料领用出库”，部门“生产部”。

③ 选择“1002 硬盘”，输入数量“50”。

④ 单击【保存】按钮，单击【审核】按钮，如图 12-6 所示。

（2）在存货核算系统中对材料出库单记账并生成凭证。

① 执行“业务核算”→“正常单据记账”命令，对材料出库单进行记账。

② 执行“财务核算”→“生成凭证”命令，选择材料出库单生成凭证。

借：生产成本/直接材料　　　26 800　（项目：台式机）

　贷：原材料/生产用原材料　　　26 800

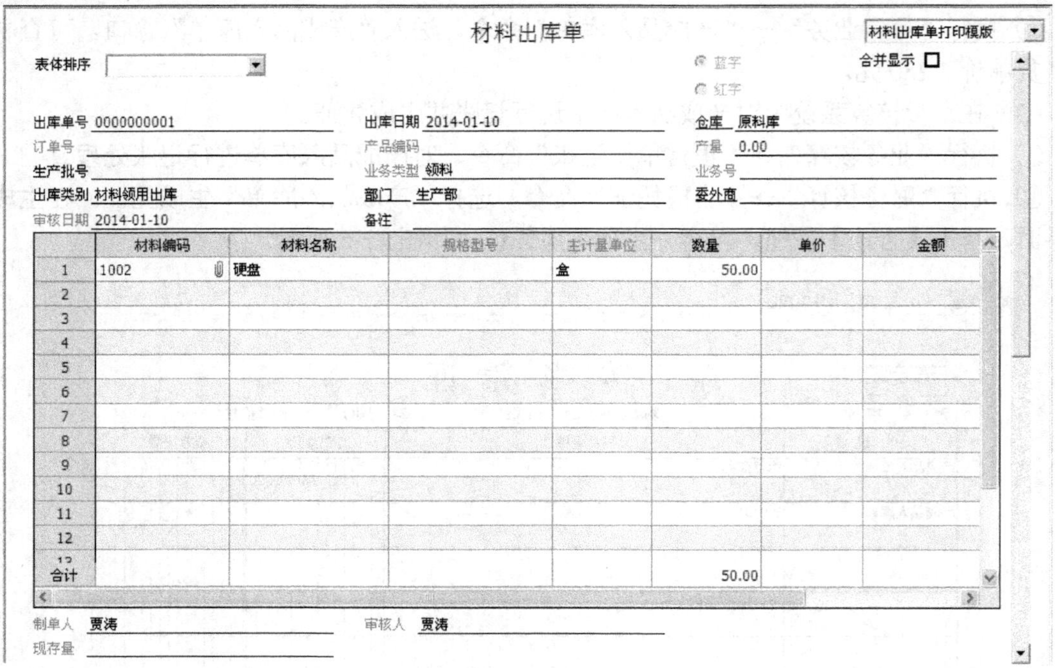


图 12-6　填制材料出库单

### 3．库存业务 3

业务类型：出库跟踪入库。

（1）在企业应用平台中增加存货并进行出入库跟踪设置。执行“基础档案”→“存货”→“存货档案”命令，增加存货“2005 三维建模从入门到精通”，具有“内销、外购”属性，在“控制”选项卡中选中“出库跟踪入库”选项。

（2）在企业应用平台中，对销售发货单进行单据设计。在企业应用平台的“基础设置”页签中，选择“单据设置”→“单据格式设置”命令，进入“单据格式设置”窗口；选择“销售管理”→“发货单”→“显示”→“发货单显示模板”，进入“发货单”窗口；单击【表体项目】按钮，打开“表体”对话框；选择“入库单号”项目，单击【确定】按钮；退出“单据格式设置”窗口，单击【保存】按钮保存设计结果。

（3）在库存管理系统中分别填制并审核采购入库单。

（4）在采购管理系统中参照采购入库单生成采购普通发票。

（5）在存货核算系统中对采购入库单进行记账处理。

（6）在销售管理系统中填制销售发货单并审核（选择对应第 2 次采购入库的入库单），如图 12-7 所示。

**注意：**

- 对于出库跟踪入库的存货，出库时需要输入相应的入库单号。
- 设置自动出库跟踪入库时，系统分配入库单号的方式有两种：“先进先出”和“后进先出”，可以在库存管理“初始设置”→“选项”中的通用设置页签中选择。
- 对于出库跟踪入库的存货，不允许超可用量出库。

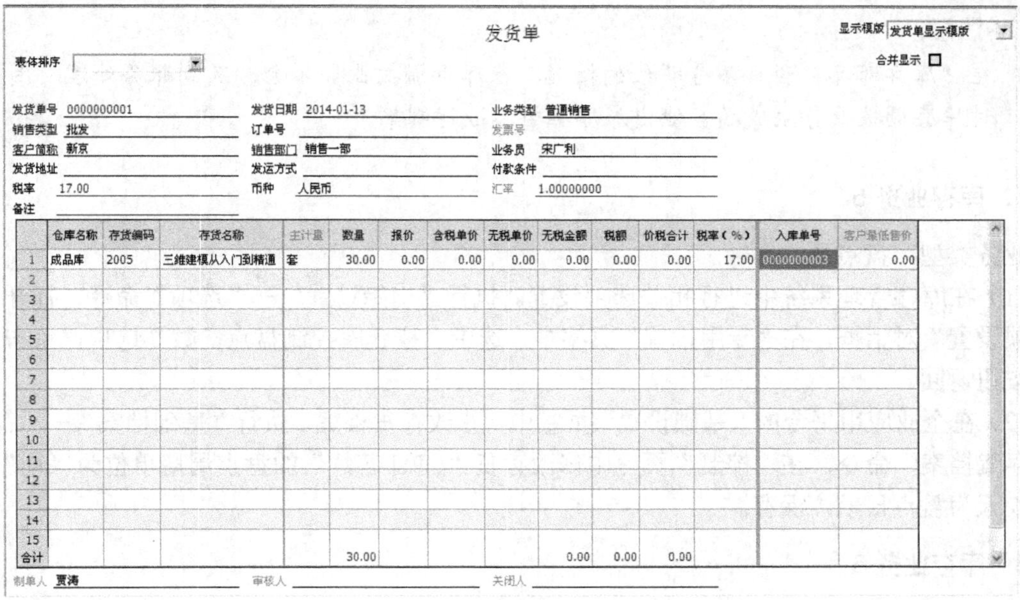
发货单

显示模版 发货单显示模版

表体排序

合并显示

发货单号 0000000001　发货日期 2014-01-13　业务类型 普通销售

销售类型 批发　订单号　发票号

客户简称 新京　销售部门 销售一部　业务员 宋广利

发货地址　发运方式　付款条件

税率 17.00　币种 人民币　汇率 1.00000000

备注

| | 仓库名称 | 存货编码 | 存货名称 | 主计量 | 数量 | 报价 | 含税单价 | 无税单价 | 无税金额 | 税额 | 价税合计 | 税率（%） | 入库单号 | 客户最低售价 |
|---|---|---|---|---|---|---|---|---|---|---|---|---|---|---|
| 1 | 成品库 | 2005 | 三維建模从入门到精通 | 套 | 30.00 | 0.00 | 0.00 | 0.00 | 0.00 | 0.00 | 0.00 | 17.00 | 0000000003 | 0.00 |
| 2 | | | | | | | | | | | | | | |
| 3 | | | | | | | | | | | | | | |
| 4 | | | | | | | | | | | | | | |
| 5 | | | | | | | | | | | | | | |
| 6 | | | | | | | | | | | | | | |
| 7 | | | | | | | | | | | | | | |
| 8 | | | | | | | | | | | | | | |
| 9 | | | | | | | | | | | | | | |
| 10 | | | | | | | | | | | | | | |
| 11 | | | | | | | | | | | | | | |
| 12 | | | | | | | | | | | | | | |
| 13 | | | | | | | | | | | | | | |
| 14 | | | | | | | | | | | | | | |
| 15 | | | | | | | | | | | | | | |
| 合计 | | | | | 30.00 | | | | 0.00 | 0.00 | 0.00 | | | |

制单人 贾涛　审核人　关闭人

图 12-7　存货出入库跟踪

### 4．库存业务 4

业务类型：库存调拨——仓库调拨。

（1）在库存管理系统中填制调拨单。

① 执行“调拨业务”→“调拨单”命令，进入“调拨单”窗口。

② 单击【增加】按钮，输入调拨日期“2014-01-14”；选择转出仓库“原料库”，转入仓库“成品库”，出库类别“其他出库”，入库类别“其他入库”。

③ 选择存货编码“1003 鼠标”，数量“80”，单击【保存】按钮。

④ 单击【审核】按钮。

**注意：**

- 调拨单保存后，系统自动生成其他入库单和其他出库单，且由调拨单生成的其他入库单和其他出库单不得修改和删除。
- 转出仓库的计价方式是移动平均、先进先出、后进先出时，调拨单的单价可以为空，系统根据计价方式自动计算填入。

（2）在库存管理系统中对调拨单生成的其他出入库单进行审核。

① 执行“入库业务”→“其他入库单”命令，进入“其他入库单”窗口。

② 单击【审核】按钮。

③ 同理，完成对其他出库单的审核。

（3）在存货核算系统中对其他出入库单记账。

① 执行“业务核算”→“特殊单据记账”命令，打开“特殊单据记账条件”对话框。

② 选择单据类型“调拨单”，单击【确定】按钮，进入“特殊单据记账”窗口。

③ 选择要记账的调拨单，单击【记账】按钮。

**注意：**

- 在“库存商品”科目不分明细的情况下，库存调拨业务不会涉及到账务处理，因此，对库存调拨业务生成的其他出入库单暂不进行制单。

### 5．库存业务 5

业务类型：盘点预警。

（1）在库存管理系统中进行相关选项设置。执行“初始设置”→“选项”命令，打开“库存选项设置”对话框，在“专用设置”页签中，选中“按仓库控制盘点参数”选项，单击【确定】按钮返回。

（2）在企业应用平台的“基础设置”页签中，修改存货档案。执行“基础档案”→“存货”→“存货档案”命令，在“控制”页签中修改存货“CPU 芯片”的盘点周期单位为“周”，每周第 5 天为盘点日期，保存。

### 6．库存业务 6

业务类型：盘点业务。

（1）在库存管理系统中增加盘点单。

① 执行“盘点业务”命令，进入“盘点单”窗口。

② 单击【增加】按钮，输入盘点日期“2014-01-16”，选择盘点仓库“原料库”，出库类别“其他出库”，入库类别“其他入库”。

③ 单击【选择】按钮，打开“选择存货”对话框。选择存货中的原材料下的“CPU 芯片”，单击【OK 确定】按钮，返回盘点单。

④ 输入存货“CPU 芯片”的盘点数量“305”，单击【保存】按钮。

⑤ 单击【审核】按钮，如图 12-8 所示。

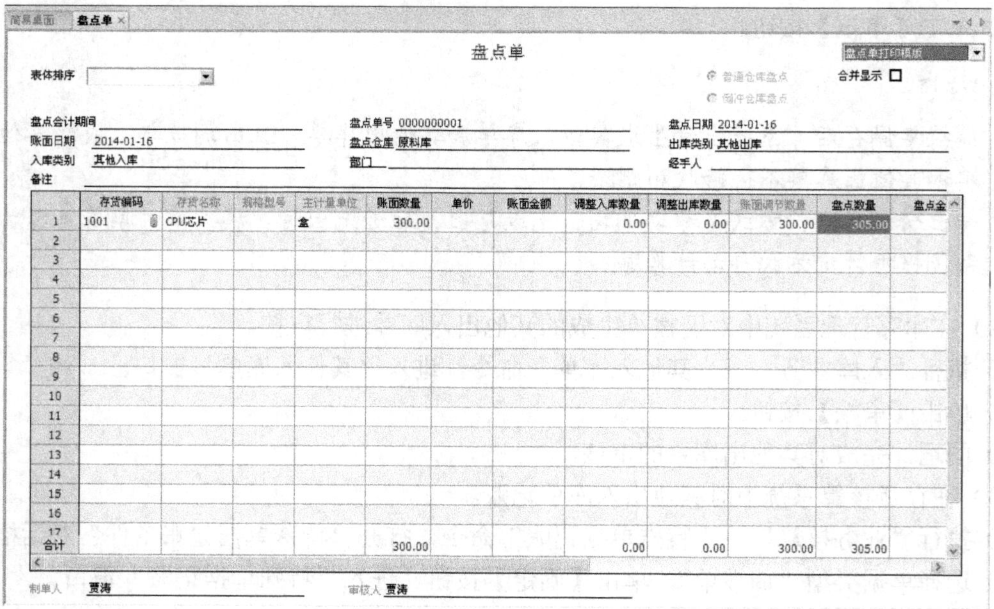


图 12-8　盘点单窗口

**注意：**

- 盘点单审核后，系统自动生成相应的其他入库单和其他出库单。
- 单击“盘库”按钮，表示选择盘点仓库中所有的存货进行盘点；单击“选择”按钮，表示按存货分类批量选择存货进行盘点。
- 盘点单中输入的盘点数量是实际库存盘点的结果。
- 盘点单记账后，不能再取消记账。

（2）在库存管理系统中对盘点单生成的其他入库单进行审核。

（3）在存货核算系统中修改其他入库单的单价，对其他入库单进行记账并生成凭证。

借：原材料/CPU 芯片　　　　　　6 000

　贷：待处理财产损溢　　　　　　6 000

**7．库存业务 7**

业务类型：其他入库——赠品入库。

（1）在库存管理系统中录入其他入库单并审核。

① 执行“入库业务”→“其他入库单”命令，进入“其他入库单”窗口。

② 单击【增加】按钮，输入入库日期“2014-01-16”，选择仓库“成品库”，入库类别“其他入库”，部门“销售一部”。

③ 选择存货编码“2005 三维建模从入门到精通”，输入数量“500”，单价“65”。

④ 单击【保存】按钮。

⑤ 单击【审核】按钮，完成对该单据的审核。

（2）在存货核算系统中对其他入库单记账。

（3）在存货核算系统中生成凭证。

借：库存商品　　　　　　32 500

　贷：资本公积　　　　　　32 500

**8．库存业务 8**

业务类型：其他出库。

（1）在库存管理系统中录入其他出库单并审核。

① 执行“出库业务”→“其他出库单”命令，进入“其他出库单”窗口。

② 单击【增加】按钮，输入出库日期“2014-01-16”，选择仓库“原料库”，出库类别“其他出库”，部门“企管办”。

③ 选择存货编码“1003 鼠标”，输入数量“100”，单价“98”。

④ 单击【保存】按钮。

⑤ 单击【审核】按钮，完成对该单据的审核。

（2）在存货核算系统中对其他出库单记账。

（3）在存货核算系统中生成凭证。

借：营业外支出　　　　　　9 800

　贷：原材料/鼠标　　　　　　9 800

**9．库存业务 9**

业务类型：组装业务。

（1）在库存管理中进行相关选项设置。

在库存管理系统中，执行“初始设置”→“选项”命令，打开“库存选项设置”对话框。在“通用设置”页签中选中“有无组装拆卸业务”选项，单击【确定】按钮返回。库存管理菜单下出现“组装拆卸”功能菜单。

（2）定义产品结构。

① 执行“基础档案”→“业务”→“产品结构”命令，进入“产品结构”窗口，定义散件与组装件之间的关系。

② 单击【增加】按钮，打开“增加产品结构”对话框。选择母件名称“2001 台式机”；子件分别为“CPU 芯片、硬盘、鼠标”，定额数量均为“1”；存放仓库均为“原料库”；单击【保存】按钮。

（3）在库存管理系统中录入组装单。

① 执行“组装拆卸”→“组装单”命令，进入“组装单”窗口。

② 单击【增加】按钮，输入日期“2014-01-16”，选择配套件“台式机”，单击【展开】按钮，系统弹出“是否展到末级”提示信息框，单击【是】按钮，系统将产品结构信息带到组装单。选择入库类别“其他入库”，出库类别“其他出库”，部门“生产部”。

③ 在单据的第一行，选择仓库“成品库”，输入数量“20”。

④ 单击【保存】按钮，单击【审核】按钮。

**注意：**

- 组装单保存后，系统自动生成相应的其他入库单和其他出库单。
- 组装单保存后生成的其他出库单和其他入库单无单价，一般需要在存货核算系统中通过修改单据功能输入单价。

（4）在库存管理系统中对组装单生成的其他入库单和其他出库单进行审核。

（5）在存货核算系统中修改其他入库单单价。修改其他入库单“台式机”的单价为“3 200”元。

（6）在存货核算系统中对其他入库单、其他出库单记账。

**注意：**

- 组装拆卸业务一般不涉及账务处理，因此，对组装拆卸业务生成的其他出入库单暂不进行制单。

**10．数据备份**

在库存日常业务处理完毕后，进行账套数据备份。

**11．月末处理**

（1）对账。

执行“财务核算”→“与总账对账”命令，进入“与总账对账表”窗口，选择对账月份，查看对账结果。

（2）月末结账。

① 执行“业务核算”→“月末结账”命令，打开“月末结账”对话框。

② 单击【确定】按钮，系统弹出“采购系统尚未结账，不能继续！”提示信息，单击【确定】按钮返回。

## 复习思考题 12

1．库存管理系统的功能有哪些？
2．库存管理系统与其他系统的主要关系是什么？
3．简述产成品入库业务、材料出库业务的处理流程。
4．哪些业务可自动形成其他入库单？哪些业务可自动形成其他出库单？
5．盘点的方法有哪几种，各需注意什么问题？
6．举例说明组装与拆卸业务。
7．举例说明形态转换业务。

THIRTEEN

# 第 13 章 存货核算

本章学习目标

- 了解存货核算系统的功能
- 了解存货核算系统与其他系统的主要关系
- 掌握出入库业务调整的业务处理
- 理解假退料业务，掌握相应的业务处理
- 熟悉其他业务的处理操作方法

## 13.1 系统概述

### 13.1.1 功能概述

存货核算是用友 U8 供应链管理系统的一个子系统，存货核算系统主要针对企业存货的收发存业务进行核算，掌握存货的耗用情况，及时准确地把各类存货成本归集到各成本项目和成本对象上，为企业的成本核算提供基础数据。

存货核算系统的主要功能包括存货出入库成本的核算、暂估入库业务处理、出入库成本的调整、存货跌价准备的处理等。

### 13.1.2 存货核算系统与其他系统的主要关系

存货核算系统与其他系统的主要关系如图 13-1 所示。

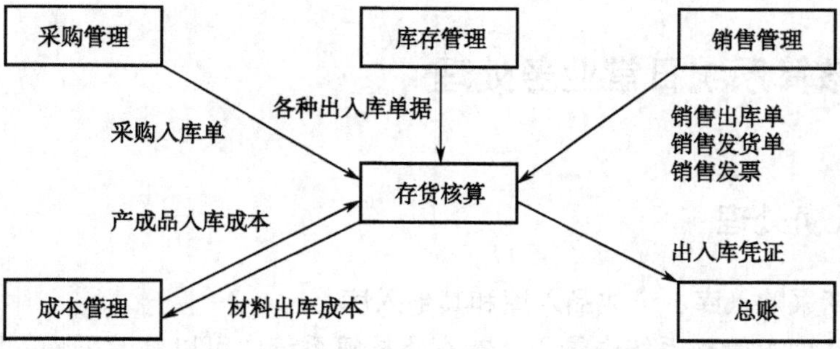


图 13-1　存货核算系统与其他系统的主要关系

存货核算系统可对采购管理系统生成的采购入库单进行记账，对采购暂估入库单进行暂估报销处理。存货核算系统可对库存管理系统生成的各种出入库单据进行记账核算。企业发生的正常销售业务的销售成本可以在存货核算系统根据所选的计价方法自动计算；企业发生分期收款业务和委托代销业务时，存货核算系统可以对销售系统生成的发货单和发票进行记账并确认成本。在存货核算系统中，进行了出入库成本记账的单据可以生成一系列的物流凭证传入总账系统，实现财务和业务的一体化。成本管理系统可以将存货核算系统中材料出库单的出库成本自动读取出来，作为成本核算时的材料成本；成本管理系统完成成本计算后，存货核算系统可以从成本管理系统读取其计算的产成品成本并且分配到未记账的产成品入库单中，作为产成品入库单的入库成本。

### 13.1.3　存货核算系统应用模式

存货核算系统既可以和采购管理、销售管理、库存管理集成使用，也可以只与库存管理联合使用，也可以单独使用。

#### 1．集成应用模式

当存货核算系统与采购管理、销售管理、库存管理集成使用时，在库存管理系统中录入采购入库单，在销售管理系统中录入发货单，审核后自动生成销售出库单或在库存管理系统中参照销售订单或发货单生成销售出库单，传递到存货核算系统，在存货核算系统中，对各种出入库单据进行记账，并生成出入库凭证。

#### 2．与库存管理联合使用

当存货核算系统与库存管理联合使用时，在库存管理系统中录入各种出入库单据，并进行审核，在存货核算系统中对各种出入库单据记账，生成凭证。

#### 3．独立应用模式

如果存货核算系统单独使用，那么所有的出入库单据均由存货核算系统填制。

## 13.2 存货核算系统日常业务处理

### 13.2.1 入库业务处理

入库业务包括采购入库、产成品入库和其他入库。

采购入库单在库存管理系统中录入，在存货核算系统中可以修改采购入库单中的入库金额，采购入库单中数量的修改只能在该单据填制的系统进行。

产成品入库单在填制时一般只填写数量，单价与金额既可以通过修改产成品入库单直接填入，也可以由存货核算系统的产成品成本分配功能自动计算填入。

大部分其他入库单都是由相关业务直接生成的，如果与库存管理系统集成使用，可以通过修改其他入库单的操作对盘盈入库业务生成的其他入库单的单价进行输入或修改。

### 13.2.2 出库业务处理

出库单据包括销售出库、材料出库和其他出库。在存货核算系统修改出库单据中的单价或金额。

### 13.2.3 单据记账

单据记账是将所输入的各种出入库单据记入存货明细账、差异明细账、受托代销商品明细账等。单据记账应注意以下几点。

（1）无单价的入库单据不能记账，因此记账前应对暂估入库的成本、产成品入库单的成本进行确认或修改。

（2）各个仓库的单据应该按照实践顺序记账。

（3）已记账单据不能修改和删除。如果发现已记账单据有错误，在本月未结账状态下可以取消记账；如果已记账单据已经生成凭证，则不能取消记账，除非先删除相关凭证。

### 13.2.4 调整业务

出入库单据记账后，发现单据金额错误，如果是录入错误，通常采用修改方式进行调整。但如果遇到由于暂估入库后发生零出库业务等原因所造成的出库成本不准确或库存数量为零而仍有库存金额的情况，就需要利用调整单据进行调整。

调整单据包括入库调整单和出库调整单。它们都只针对当月存货的出入库成本进行调整，并且只调整存货的金额，不调整存货的数量。

出入库调整单保存即记账，因此已保存的单据不可修改或删除。

### 13.2.5 暂估处理

存货核算系统中对采购暂估入库业务提供了月初回冲、单到回冲、单到补差三种方式，暂估处理方式一旦选择不可修改。无论采用哪种方式，都要遵循以下步骤：待采购发票到达后，在采购管理系统填制发票并进行采购结算，然后在存货核算系统中完成暂估入库业务成本处理。

### 13.2.6 生成凭证

在存货核算系统中，可以将各种出入库单据中涉及存货增减和价值变动的单据生成凭证传递到总账。

对比较规范的业务，在存货核算系统的初始设置中可以事先设置好凭证上的存货科目和对方科目，系统将自动采用这些科目生成相应的出入库凭证，并传送到总账。

在执行生成凭证操作时，一般由在总账中有填制凭证权限的操作员来完成。

### 13.2.7 综合查询

存货核算系统中提供了存货明细账、总账、出入库流水账、入库汇总表、出库汇总表、差异（差价）分摊表、收发存汇总表、存货周转率分析表、入库成本分析、暂估材料余额分析等多种分析统计账表。

在查询过程中，应注意查询条件输入的准确性和灵活性。

### 13.2.8 月末处理

存货核算系统的月末处理工作包括期末处理和月末结账两部分。

#### 1．期末处理

当存货核算系统日常业务全部完成后，进行期末处理，系统自动计算全月平均单价及本会计月出库成本，自动计算差异率（差价率）以及本会计月的分摊差异（差价），并对已完成日常业务的仓库（部门）做处理标志。

#### 2．月末结账

存货核算系统期末处理完成后，就可以进行月末结账了。如果是集成应用模式，必须待采购管理、销售管理、库存管理全部结账后，存货核算系统才能结账。

#### 3．与总账系统对账

为保证业务与财务数据的一致性，需要进行对账。对账是指将存货核算系统记录的存货明细账数据与总账系统存货科目和差异科目的结存金额和数量进行核对。

## 实验十四 存货核算

**【实验目的】**

掌握用友 U8 管理软件中有关存货核算的相关内容，掌握企业存货日常业务处理方法，理解存货核算系统与其他系统之间的数据传递关系。

【实验内容】

（1）入出库单据处理。

（2）暂估业务处理。

（3）生成凭证。

（4）存货账簿查询。

（5）月末处理。

【实验准备】

引入实验十三账套数据。

【实验资料】

2014 年 1 月份存货业务如下。

（1）2014/01/20，向迅捷公司订购杀毒软件 100 套，单价为 50 元/套，将收到的货物验收入成品库。

（2）2014/01/20，销售一部向致远公司出售杀毒软件 30 套，无税单价为 70 元/套，货物从成品库发出。

（3）2014/01/25，将 1 月 20 日发生的采购杀毒软件的入库成本增加 100 元。

（4）2014/01/25，调整 1 月 20 日出售给致远公司的杀毒软件的出库成本 200 元。

（5）2014/01/30，根据生产部的统计，有 2 盒硬盘当月尚未耗用完。先做假退料处理，下个月再继续使用。

【实验要求】

以“贾涛”的身份进入存货核算系统进行操作。

【操作指导】

**1．存货业务 1**

在库存管理系统中，输入采购入库单并审核，在存货核算系统中记账并生成凭证。

注意：

- 记账时选择“采购入库单（暂估记账）”，生成凭证的对方科目编码为“1401”。

**2．存货业务 2**

在存货核算系统中，执行“初始设置”→“选项”→“选项录入”命令，选择销售成本核算方式为“销售出库单”。

在销售管理系统中输入销售发货单并审核，在库存管理系统中审核销售出库单，在存货核算系统中记账并生成凭证。

**3．存货业务 3**

（1）在存货核算系统中录入调整单据。

① 执行“日常业务”→“入库调整单”命令，进入“入库调整单”窗口。

② 单击【增加】按钮，选择“成品库”，输入日期“2014-01-25”，选择收发类别“采购入库”，部门“采购部”，供应商“迅捷”。

③ 选择存货编码“2004　杀毒软件”，调整金额 100 元。

④ 单击【保存】按钮，如图 14-1 所示。

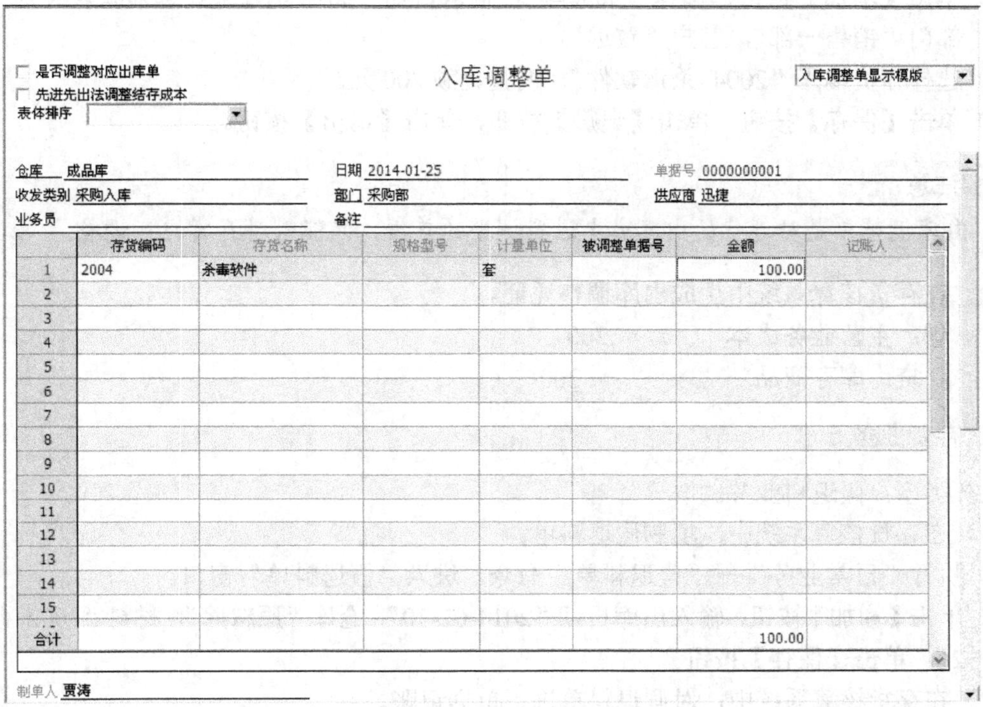


图 14-1　入库调整单

⑤ 单击【记账】按钮。

**注意：**

- 入库调整单是对存货的入库成本进行调整的单据，可针对单据进行调整，也可针对存货进行调整。

（2）在存货核算系统中生成入库调整凭证。

① 执行“财务核算”→“生成凭证”命令，进入“生成凭证”列表窗口。单击【选择】按钮，打开“查询条件”对话框。

② 选中“入库调整单”选项，单击【确定】按钮，进入“生成凭证”窗口。

③ 单击单据行前的“选择”栏，出现选中标记“1”，单击【确定】按钮，出现凭证列表。

④ 选择凭证类别为“转账凭证”，单击【生成】按钮，系统显示生成的转账凭证。

借：库存商品　　　　　　　　1 000

　　贷：材料采购　　　　　　　　1 000

（3）查询相关账簿。执行“账表”→“分析表”→“入库成本分析”命令，查看“杀毒软件”的入库成本从“5 000”变为“5 100”。

### 4．存货业务 4

（1）在存货核算系统中录入出库调整单据。

① 执行“日常业务”→“出库调整单”命令，进入“出库调整单”窗口。

② 单击【增加】按钮，选择“成品库”，输入日期“2014-01-25”，选择收发类别“销售出库”，部门“销售一部”，客户“致远”。

③ 选择存货编码“2004 杀毒软件”，调整金额 200 元。

④ 单击【保存】按钮；单击【记账】按钮，单击【退出】按钮。

**注意：**

- 出库调整单是对存货的出库成本进行调整的单据，只能针对存货进行调整。

（2）在存货核算系统中生成出库调整凭证。

借：主营业务成本　　　　　200

　贷：库存商品　　　　　　　200

### 5．存货业务 5

业务类型：假退料业务。

（1）在存货核算系统中，填制假退料单。

① 执行“日常业务”→“假退料单”命令，进入“假退料单”窗口。

② 单击【增加】按钮，输入出库日期“2014-01-30”，仓库“原料库”，材料“1002 硬盘”，数量“-2”，单击【保存】按钮。

（2）在存货核算系统中，对假退料单进行单据记账。

（3）在存货核算系统中，查询 CPU 芯片的明细账。执行“账表”→“账簿”→“明细账”命令，选择查询“CPU 芯片”，查看假退料对材料明细账的影响。

**提示：**

- 月末结账后，再次查询该材料明细账，看有什么结果。

### 6．账簿查询

在存货日常业务处理完毕后，进行存货账表查询。

### 7．数据备份

在存货日常业务处理完毕后，进行账套数据备份。

### 8．月末处理

（1）期末处理。

① 执行“业务核算”→“期末处理”命令，打开“期末处理”对话框。

② 选择需要进行期末处理的仓库，单击【确定】按钮，系统自动计算存货成本，完成后，弹出“期末处理完毕！”信息提示框，单击【确定】按钮返回。

**注意：**

- 如果存货成本按全月平均法或计划价/售价方式核算，当月业务全部完成后，用户要进行期末处理。
- 存货核算期末处理需要在采购管理、销售管理、库存管理系统结账后进行。
- 期末处理之前应检查需要记账的单据是否已全部记账。

（2）月末结账。

① 执行“业务核算”→“月末结账”命令，打开“月末结账”对话框。

② 单击【确定】按钮，系统弹出“月末结账完成！”信息提示框，单击【确定】按钮返回。

（3）与总账系统对账。

① 执行“财务核算”→“与总账系统对账”命令，进入“与总账对账表”窗口。

② 单击【退出】按钮返回。

## 复习思考题 13

1. 存货核算系统的功能有哪些？
2. 存货核算系统与其他系统的主要关系是什么？
3. 简述入库业务、出库业务的具体内容。
4. 什么情况下需用到调整单据？调整单据有哪几种？
5. 什么是假退料？请举例说明。
6. 暂估处理有哪几种方式，需遵循的步骤是什么？